눈먼 땅을
황금으로 바꾸는
투자전략

맹지탈출

눈먼 땅을
황금으로 바꾸는
투자전략

맹지탈출

이 인 수 (코랜드연구소장) 지음

개정판을 내면서

　우리나라 국토 면적에서 맹지가 차지하는 비율은 어느 정도 될까? 통계적으로 정확한 수치는 없지만 상당히 높은 비율을 차지할 것이라는 건 분명하다. 특히 임야와 농지인 경우, 맹지가 차지하는 비율은 우리가 생각하는 이상일 것이다. 맹지에 대해 상담을 하면서 지적도를 열람해본 결과 적어도 임야는 60~70%, 농지는 30~40% 정도를 차지하지 않을까 싶다. 이것은 수많은 맹지 소유자들이 집을 짓거나 땅을 매도하고자 할 때, 도로 확보나 땅값을 제대로 받을 수 없어 적잖은 스트레스를 받는 경우가 많음을 의미한다.

　맹지소유주의 권리인 주위토지통행권 행사를 방해하며 앞 토지소유주가 길을 막는 경우, 집을 짓고자 도로사용승낙을 요청하였으나 승낙을 해주지 않는 경우, 맹지를 가로막고 있는 땅을 주변 시세의 몇 배를 부르거나 무조건 팔지 않겠다고 하는 경우, 현황도로를 막거나 상상 이상으로 고가 매입을 요구하는 경우 등으로 맹지소유주들은 속이 터진다.

　이것뿐만 아니다. 공무원들까지 가세하여 맹지소유주들을 속 터지게 하고 있다. 천신만고 끝에 토지 매입이나 사용승낙을 받아 도로까지 통로를 확보하고 건축허가를 신청하였으나, 특히 현황도로가 지나가고 있는 경우 민원이 있거나 민원 발생이 예견된다고 하여 법과 자치법규 등을 무시하고 토지사용승낙서를 무조건 받아오라고 한다. 말도 안 된다고 생각되지만 이런 일이 비일비재하게 발생하고 있다. 민원 발생이 예상된다고 하여 규정에도 없는 서류를 요구하는 경우가 많으니 이해할 수 없다. 이는 맹지소유주를 두 번 죽이는 꼴이다.

맹지는 지적법상으로 해결을 할 수도 있지만, 사실상의 통로(관습상의 도로)를 통해 이를 해결하는 경우가 많다. 건축법 제45조 제1항에는 '주민이 오랫동안 통행로로 이용하고 있는 사실상의 통로로서 해당 지방자치단체의 조례로 정하는 경우'에 해당되면 이해관계인의 동의를 받지 아니하고 건축위원회의 심의를 거쳐 도로를 지정할 수 있다고 되어 있어 위 법에 따라 각 지자체가 해당 건축조례로 정해놓도록 하고 있다.

도로는 토지에 있어 매우 중요한 요소이다. 토지의 가치나 가격을 좌우하는 가장 중요한 요인 중 하나가 바로 '도로'다. 도로가 토지의 생명을 좌우한다고 해도 지나치지 않다. 어떤 땅이 도로에 접해 있느냐 그렇지 않느냐에 따라 그 토지의 용도와 가격이 하늘과 땅만큼 달라진다.

'맹지'는 바로 타인의 토지에 둘러싸여 이런 도로에 어떤 접속면도 갖지 못하는 토지를 말한다. 즉 도로에 붙어 있지 못한 토지이다. 도로에 접해 있지 못하다 보니 우선 출입이 불편하다. 반드시 남의 토지를 거쳐서 드나들어야 한다. 그러니 늘 인접 토지소유주에게 피해를 주게 되고 또 그 사람의 허락을 받아야 하는 불편함이 있다.

또 맹지에는 건축법상 건물을 세울 수 없도록 되어 있다. 맹지에는 건축허가가 나지 않는다. 어떤 사람이 맹지에다 집을 지어놓고 매일 인접 토지를 지나다닌다면 그 인접 토지소유자는 얼마나 피해가 많겠는가.

맹지는 이렇듯 불편함이 많은 토지라서 가격이 낮다. 용도도 아주 제한적이다.

하지만 맹지가 도로와 접하게 되면 이 토지는 그동안의 모든 족쇄로부터 풀려나게 된다. 이제는 도로가 생겼으므로 자유로운 통행이 가능하다. 인접 토지소유주에게 통행 허가를 구할 필요도 없고, 건축도 가능해진다. 토지의 가치가 크게 올라간다. 따라서 토지의 가격도 급상승하게 된다.

이렇듯 도로는 한 토지의 가치와 가격을 결정하는, 생명을 좌우하는 결정적 요인이다. 가령 어느 지역에 큰 도로가 생겨난다는 정보가 발표되면 그 즉시 그 지역의 토지 가격이 상승한다. 따라서 토지에 투자하는 분들은 도로개설에 관한 정보에 빨라야 한다. 토지 투자에서는 도로에 관한 정보가 바로 '돈'이다.

어느 지역에 도로가 난다는 것은 이 지역에 새로운 시설 혹은 추가적인 시설이 들어선다는 것을 의미한다. 신설되는 도로를 따라 새로운 주택이나 상가, 혹은 공장 등이 들어설 것이다. 이는 도로 주변의 토지들이 보다 더 생산적이고 경제적인 용도로 이용된다는 것을 의미한다.

토지의 가격은 토지의 용도에 따라 달라진다. 같은 토지라도 어떤 용도로 이용되느냐에 따라 토지의 가격이 달라진다. 그런데 도로가 생김으로써 주변 토지의 용도가 더 생산적이고 효율적인 용도로 이용되므로 당연히 토지 가격이 올라가게 된다. 따라서 토지 투자자로 성공하려면 한 손에는 지도를, 다른 한 손에는 도로개설에 관한 정보를 잡기를 바란다.

특별한 경우가 아니고는 맹지는 투자 대상에서 제외하는 것이 좋다. 어떤 개발사업에 의해 그 지역 전체가 집단적으로 개발이 되는 경우를 제외하고 맹지는 아무런 희망이 없다. 그런데 투자자들에 따라서는 간혹 맹지를 구입하는 경우도 있다. 바로 이런 경우이다.

여기 맹지가 하나 있다. 바로 그 앞에 있는 토지는 도로에 접해 있다. 그리고 이 맹지가 아주 싼값(경우에 따라서는 공시지가 이하로)에 매물로 나왔다. 이때 맹지를 싼값에 사고 나서 바로 앞에 도로에 붙은 토지도 마저 구입한다. 그런 다음 두 토지를 합병을 하게 되면 원래 맹지였던 토지의 가격이 상승하므로 높은 투자 수익을 얻게 된다.

왜 맹지에 투자하는가?
토지를 매입하는 사람들은 누구나 도로에 접해 있는지 여부를 가장 중요하게 본다. 도로에 접해 있다고 해도 토지의 어느 부분이, 얼마나 도로에 접해 있는지를 본다. 가능하면 토지의 넓은 면적이 도로에 접해 있어야 하고 또한 가능하면 큰 도로에 접한 토지를 선호한다.

이러다 보니 토지의 가격은 얼마나 큰 도로에, 얼마나 많은 면적이 좋게 도로에 접해 있는가에 따라서 결정된다. 이런 이유로 도로에 접해 있지 않은 토지, 즉 맹지는 거들떠보지 않는 토지가 되어버린다.

하지만 특이하게도 부동산 투자 전문가나 일명 '고수'라는 사람들은 모두가 외면하는 맹지에 많은 관심을 가지며 투자한다. 도로에 붙어 있지 않으면 개발 가능성이 떨어지고 활용 가치도 떨어지는 것은 당연한 일이다.

맹지투자는 도로에 접한 토지로 전환시킬 수 있다는 전제가 있는 상태에서만 가능하다. 또한 그런 도로를 확보하기 위한 추가 비용도 필연적이다. 따라서 반드시 원가 대비 추가 비용을 감안해 주변 시세에 비해 얼마나 낮은 가격에 매입해 수입을 올릴 수 있는지 계산에 넣고 토지를 분석해야 한다. 바로 이런 점이 아무나 맹지투자를 할 수 없게 하는 요인이다. 즉 맹지투자의 성공 여부는 "도로를 어떻게 확보할 것인가?" 하는 문제에서 출발해 '길을 낼 수 있는 충분한 가능성'을 가진 맹지를 찾는 안목과 실력에 달려 있다.

앞서 발간했던 초판『맹지탈출』에 성원을 보내주신 독자 여러분들에게 먼저 감사의 말씀을 드리면서 초판에서 다루지 못했던 내용을 조금 더 보강하고 그동안 독자로부터 받았던 많은 질문들을 반영해 개정판을 출간하게 되었다.

모쪼록 본서가 맹지투자뿐만 아니라 비도시지역 맹지 문제 해결에 조금이나마 도움이 되었으면 하는 바람이다. 이 책이 '맹지'라고 하는 퍼플오션(Purple Ocean)에 도전해 성공적인 투자를 하는 데 도움이 되었으면 한다.

코랜드연구소장 이인수

차례

역발상 투자 : 치유할 수 있는 하자, '맹지'

우리나라의 땅은 약 3천만 개의 필지로 이루어져 있다고 한다. 잘생긴 땅, 험하게 생긴 땅, 전원주택용으로 잘 빠진 땅, 아파트를 지어 주거공간으로 이용될 땅 등….

도시지역이든 농림지역이든 이용하기 편리하도록 국토관리계획으로 틀을 짜서 각 지역별로 도시계획을 수립하고 지역, 구역, 지구 등으로 지정하여 땅을 개발한다. 이때 땅의 족보가 바뀜과 동시에 가치가 달라지게 마련이다.

전 국토는 엄연히 국토계획법이라는 법률 아래 체계적이고 계획적으로 관리 운용되고 있는데, 여기에서 가장 기본적인 관리수단이 바로 교통시설이다. 또한 그 중에서도 도로는 각 지역을 연결해 주는 근간이자 도시계획의 시발점이다.

그러므로 도로가 없으면 어떤 개발 행위도 하지 못한다. 결과적으로 도로는 땅에 있어서 인체의 핏줄과 같다. 따라서 도로가 없는 맹지는 개발 행위를 할 수 없기 때문에 가치가 적고, 당연히 값이 싸다. 이는 행정상의 도로 외에 현황상의 실제 도로를 만들어 땅을 이용하기도 하는 주된 이유이다.

도로는 토지의 생명줄

토지에서 가장 중요한 요소는 무엇일까? 바로 도로다. 도로가 토지의 가치나 가격을 좌우하는 가장 중요한 요인이다. 도로는 '죽은 땅'이냐, '살아있는 땅'이냐를 판가름하는 토지의 혈관이라고 할 수 있다.

한 번도 땅을 사고 팔아보지 않은 이에게 토지 매입에서 가장 먼저 고려해야 할 사항이 무엇이냐고 질문한다면 아마도 매입 비용 다음으로 많이 돌아올 대답은 바로 '도로를 확보할 수 있느냐?'의 문제일 것이다. 그만큼 토지에 있어 도로의 중요성은 이제 상식으로 자리잡은 지 오래다.

그럼에도 불구하고 현장 실무상에서 도로는 일반 토지투자자들은 물론 전문가들에게조차 여전히 풀어내기 힘든 난제에 속한다. 상황에 따라 수많은 변수들이 존재하고, 문제를 해결하기 위해 치러야 할 비용 또한 상당하다.

땅의 가치는 궁극적으로 그 땅에 건축물을 올릴 수 있느냐와 같은 토지 이용 행위의 문제로 귀결된다. 이를 위해선 건축하고자 하는 건물의 목적에 맞는 조건을 갖춘 토지를 매입해야 하는데, 여기서 필수불가결한 요소가 바로 진입도로를 갖추고 있느냐 하는 문제이기 때문이다.

도로는 토지의 생명을 좌우한다고 해도 지나치지 않다. 도로에 접해 있느냐 그렇지 않느냐에 따라 그 토지의 용도와 가격이 하늘과 땅만큼 달라진다.

'맹지'라고 부르는 땅이 있다.

맹지란 타인의 토지에 둘러싸여 도로와 어떤 접속면도 갖고 있지 못한 토지를 말한다. 즉 도로에 붙어 있지 못한 토지다.

맹지는 불편한 점이 많다. 도로에 접해 있지 못하다 보니 우선 출입이 불편하다. 반드시 남의 토지를 거쳐서 드나들어야 한다. 그러니 늘 인접토지 소유자에게 피해를 끼치게 되고 인접토지 소유자의 허락을 받아야 하는 불편이 있다. 또 맹지에는 건축법상 건물을 세울 수 없도록 되어 있다.

맹지투자, 알고 하자

어떤 사람이 맹지에 집을 지어놓고 매일 인접토지를 지나다닌다면 그 인접토지의 소유자는 많은 피해를 받을 수밖에 없다. 맹지는 이렇듯 불편함이 많은 토지라서 가격이 낮고, 용도 또한 아주 제한적이다.

시골에 소재한 맹지는 대개 버려져 있거나 인접토지 소유자의 허락을 받아 농사를 짓는 정도로 사용되고 있다. 아직은 이웃사람이 농사를 짓기 위해 내 땅을 지나다니는 것쯤은 큰 문제로 여기지 않는 따뜻한 인심이 살아 있기 때문이다.

시골에 있는 농지를 구입할 때는 바로 이런 점을 주의해야 한다. 현장에 가서 보았을 때 농로가 있어 도로에 접한 토지라고 판단하고 샀다가 나중에 알고 보니 도로가 아니라 맹지였다는 이야기를 종종 듣기 때문이다. 그래서 시골의 농지를 구입할 때는 제일 먼저 지적도를 발급받아 도로에 접한 땅인지 아닌지부터 확인해야 한다.

그런데 이 맹지에 도로가 생기면 어떻게 될까? 그 땅은 그동안 묶여 있던 모든 족쇄로부터 풀려나게 된다. 당연히 도로가 생겼으므로 자유로운 통행이 가능하다. 인접토지 소유자로부터 통행 허가를 구할 필요가 없고, 건축도 가능해진다. 따라서 토지의 가치가 크게 올라가게 되고 땅값도 급상승하게 된다.

이렇듯 도로는 토지의 가치와 가격을 결정하는, 생명을 좌우하는 결정적 요인이다. 가령 어느 지역에 큰 도로가 생긴다는 정보가 발표되면 그 즉시 그 지역의 토지가격이 상승한다. 따라서 토지에 투자하는 이들은 도로개설에 관한 정보를 빨리 얻을 수 있어야 한다. 토지투자에서 도로에 관한 정보는 바로 '돈'이다.

어느 지역에 새로운 도로가 생긴다는 것은 그 지역에 새로운 시설 혹은 추가적인 시설이 들어선다는 것을 의미한다. 신설되는 도로를 따라 새로운 주택이나 상가 혹은 공장 등이 들어설 것이다. 이는 도로 주변의 토지들이 보다 더 생산적이고 경제적인 용도로 이용된다는 것을 의미한다.

토지의 가격은 토지의 용도에 따라 달라진다. 같은 토지라도 어떤 용도로 이용되느냐에 따라 가격이 달라진다. 그런데 도로가 생김으로써 주변 토지의 용도가 더 생산적이고 효율적인 용도로 이용할 수 있게 되었으므로 토지 가격이 올라가는 것은 당연하다. 토지투자자로 성공하려면 한 손에는 지도를, 다른 손에는 도로개설에 관한 정보를 잡고 있어야 하는 이유이다.

투자와 도로 그리고 맹지

어떤 땅을 사야 값이 오를까? 모든 투자자들이 가장 궁금해 하는 내용이라고 할 수 있다.

그렇다면 땅값은 어떻게 정해지는 것일까?

부동산 특히, 토지의 가치를 결정하는 3가지 요소를 든다면 용도지역, 지목, 도로라고 할 수 있다.

여기서 도로는 사람을 모으는 역할을 하는 가장 중요한 요소가 되는데, 간단하게 설명하자면 도로란 사람과 차량이 통행할 수 있는 길을 말한다. 처음으로 부동산 투자를 하는 사람이라면 도로가 얼마나 중요한 요소인지를 즉시 깨닫게 된다. 돈이 움직이는 통로가 바로 도로라고 할 수 있기 때문이다. 부동산투자를 고려하는 사람이라면 제일 먼저 도로 상황을 분석할 수 있어야 한다는 것이 기본상식이다.

도로라고 해서 다 같은 것이 아니다. 설치 및 존재의 근거에 따라 다양한 종류가 있고, 건축법상 건축허가 여부와 관련된 사항이 가장 중요하다. 이러한 도로가 언제 어디에 어떤 규모로 설치될 것인지를 미리 정확히 알 수 있다면 부동산투자는 거의 성공한 것으로 생각해도 과언이 아니다.

전국의 도로망이 앞으로 어떻게 형성되고 변화될지에 대한 전체적인 정보는 행정기관이 수립해서 알려주는 각종 부동산 관련 계획을 통해서 사전에 어느 정도 파악할 수 있다. 국토종합계획을 통해서 전국 도로망 확보의 기본방향을 확인해야 하며, 광역도시계획, 특히 수도권 광역도시계획을 통해 각 도시를 연결하는 도로망 확보 계획을 확인하고 부동산투자에 나서야 한다.

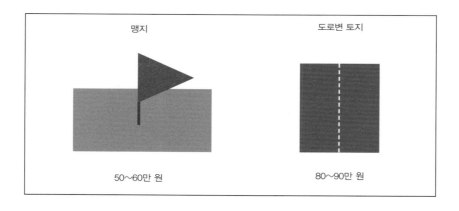

특정 도시에서의 도로 설치의 방향은 그 도시의 도·시·군 기본계획을 통해 알 수 있다. 특히 도·시·군 기본계획을 통해서 확인할 수 있는 시가화 예정용지 주변의 도로설치계획에 주목해야 한다. 예전에는 지자체에서 지형도면을 그려서 알려주었으나 지금은 지형도면을 작성하지 않는다.

구체적인 도로 설치는 도·시 관리계획에 의해 행하여지므로, 도·시 관리계획 입안을 위한 공고·열람 사항을 지자체 홈페이지 등을 통해 확인해야 한다. 도로 설치를 위해서는 위에서 설명한 부동산에 관한 각종 행정계획의 수립이 필요하지만 구체적인 도로 설치를 위해서는 개별 법령에 그근거가 필요하다.

도로에 대한 근거법령은 건축법, 도로법, 사도법, 도시계획시설의 결정·구조 및 설치기준에 관한 규칙 등 다양하지만 일반인들이 가장 익숙한 도로의 근거 법률은 건축법이다. 건축법상 원칙적으로 도로에 2미터 이상을 접해야 건축이 가능하다. 고속도로나 자동차전용도로는 대지에 접해 있어도 건축법상의 도로로 인정되지 않으므로 건축허가를 받을 수 없다.

맹지는 건축이 불가능하다는 이유로 토지 가격이 낮게 형성되어 있지만 맹지에서 탈출하게 되면 최소 2배 이상으로 토지 가격이 상승하는 것이 일반적이다. 특히 인터체인지 주변의 맹지가 도로가 개설되어 맹지에서 탈출하게 되면 3~4배 이상의 지가상승을 기대할 수도 있다. 맹지탈출을 위한 도로개설은 법령과 실무상으로 많은 노하우가 필요하므로 전문가의 도움을 받는 것이 안전하다고 생각된다.

토지투자를 위해서는 건축법 이외의 도로 설치의 근거 규정들에 대해서도 기본적인 이해가 필요하다. 〈토지이용계획확인서〉에 표시되는 도로는 도시계획시설의 결정·구조 및 설치기준에 관한 규칙에 근거한 광로, 대로, 중로, 소로 등이다. 고속도로는 도로의 구조·시설 기준에 관한 규칙에 그 근거를 두며, 농어촌도로정비법에도 도로에 대한 규정이 존재한다.

건축을 하는 데 지장이 없는 도로는 토지의 지적상 지목이 '도'이며 지적도에 경계가 표시되어 있고, 소유자가 국國 또는 시市, 군郡으로 되어 있는 도로다.

한편, 지적도상에는 도로가 없지만 실제로 오래 전부터 사실상 도로로 사용하여 사람들과 차량이 출입하는 길이 있다. 바로 현황도로이다. 대지가 현황도로에 접해 있을 때는 건축허가 여부를 확신할 수 없고, 구체적인 사정과 지방자치단체에 따라서 건축허가 여부가 달라진다는 점을 주의하여야 한다.

맹지투자, 묻혀 있는 황금을 찾아서

맹지盲地는 말 그대로 길이 없는 땅이다. 일반적으로 도로가 없어 건축이 불가능한 땅, 별로 환영받지 못하는 땅이지만 생각하기에 따라 발상을 달리하면 투자가치가 높은 땅이기도 하다.

도로가 있는 땅에 비해 가격이 저렴하고, 도로만 개설할 수 있다면 많은 시세차익을 얻을 수 있는 땅이라고 보면 된다. 특히, 경매나 공매의 경우 감정평가서에 맹지를 감안해 지가가 산정되어 있기 때문에 입찰가 자체가 아주 낮은 가격에서 출발한다. 응찰자 역시 거들떠보지 않아 2~3회 유찰은 기본이다. 한 번 유찰될 때마다 30% 저감된다고 보면, 두 번만 유찰돼도 최저가의 49%에 경매가 진행된다. 감정 가격도 시세 이하라고 보면 시세의 반값 이하에 내 땅을 마련할 수 있다는 것이다.

맹지라도 상황에 따라 건축 행위를 할 수 있다. 지적도나 임야도에는 도로가 없지만 현황도로가 있는 경우 건축허가가 나오기도 한다. 물론 특별한 경우, 매우 제한적으로 가능하므로 현황도로가 있다고 덥석 계약부터 하는 어리석음은 범하지 말자. 현황도로가 있으므로 무조건 건축이 가능하다는 중개업자의 말만 믿지 말라는 뜻이다.

지자체의 조례에 따라 차이는 있지만 주민들이 20년 이상 사실상 도로로 이용하고 있는 경우를 관습상도로라 하여 토지소유주의 동의 없이 도로로 규정하는 경우가 있다. 5가구 이상이 통상적이고 관습적으로 사용하는 경우 건축허가가 가능하다. 현황도로를 이용하여 건축허가가 나왔다면 인접토지도 가능하다고 보면 된다.

다만 상황에 따라, 지자체에 따라 다를 수 있고 토지소유주의 동의서가 필요한 경우도 있으므로 토목측량사무소나 지자체의 민원실에 문의해보는 게 요령이다.

현황도로도 없을 경우에는 도리 없이 가로막고 있는 토지의 소유자에게 토지사용승낙서를 받아야 한다. 진입로로 사용하는 부분을 분할하여 매입하면 좋겠지만 대부분 시세보다 많은 금액을 요구할 것이고 그것도 쉽지 않은 게 현실이다. 주의해야 할 부분은 토지사용승낙서를 반드시 문서로 남겨야 한다는 것이다.

일정한 형식은 없지만 사용하려는 토지의 위치나 사용료 등을 명백히 기재해야 나중에 분쟁이 없으므로 반드시 확인하는 게 요령이다.

내가 받은 토지사용승낙서는 땅을 매도하면 효력이 사라진다. 토지사용승낙서에 '명의자 변경시에도 효력을 인정한다.'라는 단서를 달았다고 해도, 행정관청에서는 다시 토지사용승낙서를 받아 오라고 요구한다.

도로 부분을 소유자와 공유지분으로 하는 방법도 좋기는 하지만 지주의 동의가 있어야 가능한 문제다. 제일 좋은 방법은 토지사용승낙서를 받은 후 도로포장을 하는 것이지만 이것도 소유자와 합의가 이루어져야 한다.

임야의 경우에는 토지사용승낙서가 있어도 맹지에는 개발이 불가능하다. 앞에 있는 임야나 농지를 매입하거나 개발을 포기해야 한다는 말이다. 개발행위는 할 수 없지만 임야를 크게 훼손하지 않는 소극적인(?) 행위는 얼마든지 가능하다. 조경수나 더덕 등 약초 등을 재배할 수도 있고 남향의 좋은 터라면 묘지로 분할하여 다시 되팔아 수익을 올릴 수도 있다.

예를 들어, 농림지역이면서 보전산지이며 북향을 바라보고 있는 임야가 있다고 해보자. 과연 이 땅의 시세는 얼마나 될까?

보나마나 평당 몇 천 원이면 매입이 가능할 것이다. 경매로 이런 산이 나왔다면 아마도 3~4번 유찰은 기본일 것이다. 이런 땅도 생각하기에 따라 많은 수익을 올릴 수 있다. 요즘 너무 많이 재배하는 추세이기는 하지만 장뇌삼이나 산야초는 웰빙, 로하스 시대에서 좋은 사업아이템이 될 수 있다. 장뇌삼의 경우는 북향의 임야가 더 좋다고 하니 이보다 더 좋은 선택은 없을 듯하다. 토지투자에도 발상의 전환이 요구되는 시대다.

누구나 싸고 좋은 땅을 원한다. 하지만 그런 땅은 없다. 그런 땅을 찾는다면 괜한 시간만 낭비하는 꼴이 되기 십상이다.

내가 알고 지내는 한 지인은 벌써 3년째 눈먼 땅을 찾아 강원도 곳곳을 누비고 있다. 참으로 답답한 노릇이다.

완벽한 땅을 찾을 것이 아니라 내게 맞는 적당한 투자 대상을 물색하는 게 현명한 방법이라는 말이다.

거듭 말하거니와 남들이 거들떠보지도 않는 맹지나 험지險地도 생각하기에 따라 좋은 투자 대상이 될 수 있다. 물론 그러기 위해서는 투자 대상에 대한 권리분석도 중요하지만 땅을 보는 거시적인 안목이 더욱 필요하다고 생각된다.

PART
1

맹지의 판독

맹지란 어떤 토지를 말하는가?

맹지는 과연 죽어 있는 땅인가?

토지를 매입하는 사람들은 누구나 도로에 접해 있는지 여부를 가장 중요하게 본다. 도로에 접해 있다고 해도 토지의 어느 부분이, 얼마나 도로에 접해 있는지를 본다. 가능하면 토지의 넓은 면적이 도로에 접해 있어야 하고 또한 가능하면 큰 도로에 접한 토지를 선호한다.

따라서 땅값은 얼마나 큰 도로에, 얼마나 많은 면적이 도로와 유리하게 접해 있는가에 따라서 결정된다. 이런 이유로 도로에 접해 있지 않은 토지, 즉 맹지는 거들떠보지 않는 토지가 되어버린다.

하지만 특이하게도 부동산 투자 전문가나 일명 '고수'라 불리는 사람들은 모두가 외면하는 맹지에 많은 관심을 가지며 투자한다. 도로에 붙어 있지 않으면 개발 가능성이 떨어지고 활용 가치도 떨어지는 것이 당연한 일인데, 왜 그들은 도로가 없는 맹지에 투자하는 것일까?

그 이유는 단 한 가지다.

도로에 붙어 있거나 접근성이 좋은 토지는 가격이 높기 때문이다. 토지 가격은 도로에 접한 면적에 따라 정해진다.

고수는 맹지를 노린다

맹지는 당연히 도로에 접한 주변 토지들에 비해 상대적으로 가격이 저렴할 수밖에 없다. 그래서 투자경험이 많은 전문가는 싼 가격에 매입해 도로를 설치함으로써 높은 수익을 낼 수 있기 때문에 맹지를 그냥 지나치지 않는다. 누가 보아도 좋은 토지는 가격이 높게 형성돼 있어 큰 시세차익을 남기기 어렵다. 이것이 부동산투자 고수들이 맹지에 관심을 갖는 이유다.

일반적인 투자방식에서 도로에 유리하게 붙어 있는 토지에 투자하면 이미 오를 만큼 오른 땅값을 떠안고 매입할 수밖에 없다. 현재의 땅값만 떠안고 사면 그나마 다행이다. 누가 봐도 보기 좋은 토지의 가격에는 이미 미래에 발생할 수익까지 포함되어 있을 가능성이 많다.

가격이 이미 오를 대로 오른 토지를 매입하거나 심지어 미래에 발생할 가치까지 포함된 가격으로 토지를 구입한다면 어떻게 수익을 기대할 수 있을까?

모든 투자와 마찬가지로 부동산투자 역시 수익을 올리기 위한 목적을 가지고 있다. 그런데 수익이 나지 않는 토지를 매입하는 것을 투자라고 할 수는 없다. 이런 이유로 부동산투자 전문가들이나 소위 '고수'들은 평범한, 누가 봐도 좋다고 생각하는 토지에는 투자하지 않는다. 오히려 다른 사람들이 꺼리고, 관심을 갖지 않는, 수요가 없어서 가격이 많이 하락한 토지를 매입한다.

맹지는 도로에 접해 있는 토지에 비해 평균적으로 약 50%, 즉 절반 정도의 가격으로 형성되어 있다. 도로에 접해 있는 토지와 맹지의 가격 차이는 지역에 따라 차이는 있지만 전국적으로 거의 비슷한 가격 차이를 유지한다. 이것은 전국 어디서나 맹지를 매입해 단점을 보완하면 곧 100%의 가격 상승으로 인한 수익을 기대할 수 있다는 뜻이기도 하다.

하지만 맹지를 싸게 구입했다고 해서 수익을 보장하는 것은 아니다. 맹지에서 수익을 올리기 위해서는 맹지의 단점을 보완해야 한다. 때문에 맹지투자 성공 여부는 도로를 어떻게 확보할 것인지, 즉 길을 낼 수 있는 맹지인지 아닌지를 찾는 안목이나 실력이 있어야 가능한 투자일 것이다.

눈이 없는 땅과 도로

어떤 토지든 개발을 하거나 인·허가를 받기 위해서는 반드시 도로가 필요하다. 도로가 없는 땅을 '맹지'라 한다. 눈이 없는 땅이란 말이란 의미다. 누누히 이야기하지만 도로는 그만큼 중요하다.

고향에 있는 토지에 도로가 없다면 미리 도로를 만들어 놓는 것이 좋다. 지적도나 현황상 도로가 있다 해도 실제로 이용하려고 하면 문제가 있는 경우도 많다. 이웃과 협의해 도로의 이용에 문제가 없도록 해 두는 것이 좋다.

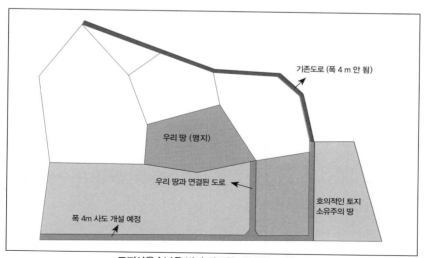

토지사용승낙을 받아 사도를 개설하는 경우 예시

도로는 지적과 현황상 모두 있어야 하고 공용이거나 자신의 소유라야 한다. 지적상 도로도 현황에서는 없을 때가 있고, 지목에는 없는데 현황상 존재하는 도로도 있다.

지적상 도로가 현황상 없을 때는 도로로 복구할 수 있는지 살펴봐야 한다. 하천 등으로 유실된 경우도 많기 때문이다.

지적에 없는 도로가 현황에 있을 때나 개인 소유인 도로면 인·허가 관청과 협의를 해야 한다. 현황도로나 다른 사람 소유의 도로로 허가를 받을 수도 있다. 물론 쉽지는 않다.

맹지에 도로를 만드는 방법은 다음과 같다.
① 도로에 해당하는 토지를 매입하는 방법.
② 도로에 해당하는 토지소유주로부터 토지사용승낙서를 받는 방법.
③ 다른 사람의 도로일 경우에는 도로사용승낙서를 받는 방법.

토지를 매입해 도로를 만들면 간편하지만 토지소유주가 쉽게 팔지 않는다. 턱없는 가격을 요구하거나 필요도 없는 토지까지 매입하라고 요구하기도 한다.

도로에 해당하는 토지소유주로부터 토지를 빌려서 도로를 사용할 수도 있는데, 토지사용승낙서를 받은 뒤 인감도장 날인 및 인감증명서를 첨부하면 된다. 물론 토지소유주가 쉽게 승낙서를 써 주지 않기 때문에 대가를 지불해야 한다.

사용승낙서를 받았다고 해서 도로가 되는 것은 아니다. 도로전용허가를 받아야 하기 때문이다. 하천이나 구거 등이 있을 때는 하천점용허가, 구거점용허가 등을 받아야 한다. 도로가 있고, 지목이 도로로 되어 있다면 그 도로의 소유주라고 해도 통행을 막을 수 없다.

하지만 인·허가를 받기 위해서는 일반적으로 도로소유자의 도로사용승낙서를 받아야 한다. 공유도로인 경우 지분이 조금이라도 있다면 자신의 도로와 똑같이 생각하면 된다. 토지전용을 받아 집을 지을 때는 개발행위 허가를 받고 건축신고를 해야 한다. 이때는 기본적으로 폭 4미터 이상의 도로를 요구한다. 하지만 농촌마을에서 4미터 이상의 도로를 확보하기란 사실상 어렵기 때문에 지자체의 실정에 맞게 규정돼 있는 편이다.

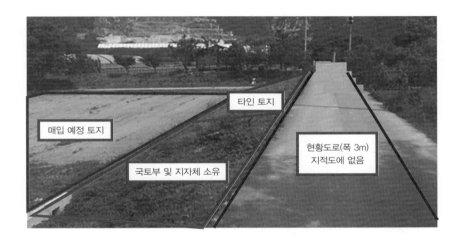

토지의 생명줄, 도로

토지전문가들과 토지투자 관련 서적에서 자주 강조하는 투자원칙 중 하나는 바로 "맹지를 피하라"이다. 반복해서 이야기하고 있지만 맹지란 길(도로)과 연결되지 않은 '고립된' 땅으로, 그 자체로는 건축허가가 나지 않기 때문이다.

그런데 문제는 전국의 시골 땅들 가운데 상당수가 길이 없는 맹지라는 것이다. 당연히 맹지의 가격은 도로와 접해 있는 주변 토지에 비해 훨씬 싸다. 그렇다면, 맹지는 천덕꾸러기일 뿐인가? 아니다. 맹지도 나름이다.

오히려 잘만 활용할 수 있다면 전원생활의 꿈을 이루는 지름길이 될 수도 있고, 고수익을 올리는 귀하신 몸이 될 수도 있다.

시골 맹지는 토지소유주가 도로에 접한 주변의 다른 필지 소유자와 동일인인 경우가 많다. 따라서 이런 맹지를 매입할 때라면, 길과 연결된 인접 필지에 진입로를 확보하는 조건으로 계약하면 굳이 기피할 이유가 없다.

물론 이런 땅은 대개 매도자(토지소유주)가 먼저 진입로를 개설해 주는 조건으로 매물로 내놓는다. 그렇기에 현재 상태는 맹지임에도 거의 시세에 준하는 가격을 요구하기도 한다. 이런 경우 진입로 부지는 가급적 별도의 분할 측량을 실시해 소유권을 넘겨받는 게 바람직하지만, 여의치 않다면 토지소유주로부터 사용승낙을 받아 공증을 해야 한다.

이때 추후에 문제가 생길 경우를 대비해 '사용승낙 도로부지를 영구히 사용한다.' '사용승낙 도로가 포함된 땅을 매도할 경우 매수인이 사용승낙 조건을 승계토록 한다.' 등의 조건을 달아 안전장치를 확보해야 한다.

따라서 아주 엄밀하게 말한다면, 맹지는 이와 같은 토지사용승낙을 받기도 어려운 땅을 의미한다고 할 수 있다.

하지만 보통 일반인들은 처음부터 진입로가 확보된 땅이 아닌 경우 당연히 맹지로 여기며, 사용승낙을 받을 수 있다고 하더라도 꺼리는 게 사실이다. 가격 또한 이런 기피심리가 반영돼 주변 시세보다 싸다.

도로로 읽는 맹지투자

맹지와 접해 있는 땅이 도로를 확보하고 있는 경우, 두 필지를 일정 간격을 두고 매입해 합치는 것(합필)도 맹지투자의 한 방법이다. 이처럼 길이 확보되면 그때부터 맹지의 팔자도 확 달라진다. 고립된, 죽어 있던 땅이

단번에 알짜 땅으로 거듭나게 되는 것이다.

흔히 기획부동산에서 쪼개 파는 땅은 대부분 맹지다. 이들은 개별필지로 연결되는 도로를 사도로 만든다. 하지만 지나치게 많이 쪼개서 팔기 때문에 개별등기는 물론 개발행위허가 및 건축 과정에서 많은 어려움에 부딪히게 된다. 이런 이유로 기획부동산이 쪼개서 매도하는 땅은 고소, 소송 등 분쟁이 끊이지 않는다.

일반인들이 미운 오리새끼에서 백조로 탈바꿈할 잠재력을 지니고 있는 맹지를 매입하려면 어떻게 해야 할까? 먼저 해당지역의 땅을 손금 보듯 꿰고 있고, 진입로를 만들어내는 법률지식과 실무에 밝은 실력 있는 토박이 중개업자를 만나는 게 중요하다. 실수요자나 토지투자자 또한 맹지를 사기 전에 어떻게 진입로를 확보함으로써 땅 전체의 쓰임새를 높일 것인지 최소한 수차례 방문해 꼼꼼하게 설계해봐야 한다.

도로가 없어 '죽어 있는 땅'으로 불리는 맹지를 살아 있는 땅, 가치 있는 땅으로 만들기 위해서는 진입로를 내야 한다. 그래야 건축이 가능하다. 어떤 방법이 있을까?

먼저 맹지와 연결되는 현황도로가 있는 경우다. 현황도로란 지적도에서 보면 도로로 표시되어 있지 않지만 실제로는 현재 도로로 사용되고 있는 길을 말한다. 현황도로가 있다면 개발행위허가(농지전용) 및 건축허가(신고)를 받기가 좀 더 용이해진다.

하지만 초보 토지투자자들이 가장 많이 저지르는 실수는 바로 이 현황도로만 믿고 덜컥 매매계약을 하는 데서 일어난다. 그래서 현황도로라 하더라도 건축이 가능한 도로로 볼 수 있는지 없는지를 반드시 해당 관청에 문의해 확인해야 한다. 또 현황도로로 건축허가를 받아도 도로로 편입된 토지소유주가 소송을 걸면 중간에 건축이 중단될 수 있으므로 사전에 허

락을 구하는 게 좋다.

현황도로가 없다면, 지적도상 도로와 접해 있는 다른 토지소유주로부터 토지사용승낙을 받아 진입로를 확보하는 방법이 있다. 이때, 토지소유주와 오폐수관로를 묻는 것도 반드시 명시해야만 나중에 뒤탈이 없다.

문제는 사용승낙을 해 주는 다른 토지소유주가 통상 그 대가로 매매 시세의 몇 배 이상을 요구한다는 것이다. 자칫하면 배보다 배꼽이 더 큰 상황이 빚어질 수 있으므로 계약 전에 미리 꼼꼼하게 따져보고 이에 대한 협상을 끝내두는 게 좋다.

현황도로도 없고 사용승낙을 받기도 어렵다면 난감해진다. 하지만 만약 맹지가 도로로 연결되는 하천이나 구거를 끼고 있다면 이 하천이나 구거점용을 통해 진입로를 확보할 수 있다. 물론 가능한지 여부는 반드시 해당 관청에 문의해야 한다.

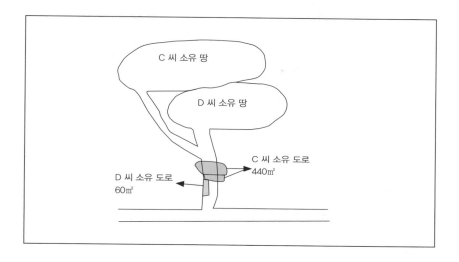

이때 소하천구역, 하천구역 등 하천선이 그어진 경우 실제 도로로 쓸 만한 폭의 구거나 하천부지가 있다고 하더라도 하천선 안쪽으로 도로를 개설하기는 어렵다. 또 구거에 접한 다른 토지소유주들로부터 동의서를 받아오도록 요구하는 경우도 많다. 또 하천이나 구거가 지적도에 표시되어 있는 것처럼 지나갈 것이라는 맹신은 절대 금물이다.

맹지를 매입할 때 도로 못지않게 중요한 체크포인트는 바로 오폐수관로이다. 관로가 연결되지 않으면 건축허가를 받을 수 없기 때문이다. 맹지에 구거가 접해 있다면 가장 이상적이지만 지목상 구거라고 해서 모두 가능한 것은 아니며, 현재 구거로서의 기능을 하고 있어야 한다.

무엇보다 집을 지을 목적으로 맹지를 사는 경우에는 반드시 사전에 해당 관청에 개발행위사전심사를 신청하도록 한다. 개발행위사전심사는 해당 공무원들이 실사를 벌여 왜 그 땅에 건축허가가 나지 않는지, 아니면 건축을 하기 위해서는 어떤 요건이 필요한지에 대해 상세히 알려준다.

Tip : 토지(맹지)투자와 오폐수관로

집을 지으려면 먼저 택지기반공사를 해야 한다. 허가가 완료되고 허가증을 교부한 후 시작하면 되는데, 산지 (임야) 의 경우 허가 없이 공사를 하면 큰 문제가 될 수 있으므로 특히, 주의해야 한다.

택지기반공사를 할 때는 땅속에 묻어야 하는 것들이 많다. 대표적인 것이 우수관로, 상수도, 오폐수관로 등 세 가지다. 여기에 문제가 생기면 땅을 다시 파야 하므로 일이 커질 수 있고 비용도 많이 들고, 큰 재해를 당할 수도 있기 때문에 특히 신경을 써야 한다.

택지공사를 할 때 우선 고려할 것은 배수다. 비가 왔을 때 물이 잘 빠질 수 있도록 관로계획을 세워야 하는데, 그렇지 않으면 침수, 붕괴 등 재해를 당할 수 있기 때문이다. 집을 지을 때는 대부분 날씨가 좋은 시기여서 별생각 없이 넘어가는 경우가 많지만, 장마철 폭우가 내렸을 때 문제가 생기게 된다.

상수도를 사용할 수 있는 곳이라면 기존 관로와 연결하면 되지만 전원주택의 경우는 상수도가 없는 곳이 많다. 이때는 지하수를 찾아야 하는데, 아무곳에서나 쉽게 구할 수 없고, 지하수를 얻는다 해도 수질이 좋지 않은 경우가 종종 있다.

지하수개발을 할 때 30 미터 정도 깊이에서 물을 얻을 수 있다면 200~300 만 원 정도의 비용이 든다. 만약 이 정도 깊이에서 물을 얻기 힘들어 암반층을 뚫고 내려가야 한다면 100 미터 내외가 되는데, 이때는 900~1,000 만 원 정도의 비용이 든다.

화장실이나 주방 등에서 사용한 생활하수는 정화조에서 걸러 오폐수관로를 통해 구거나 하천 등으로 유입되도록 한다. 이때 물의 흐름이 원활해야 하고 관을 묻을 때 연결부가 끊어지거나 깨지지 않도록 주의해야 하며 특히, 겨울철에 관로가 얼어 불편을 겪는 경우가 많으므로 미리 대비해 동결선 이하로 묻는 것이 좋다.

맹지투자, 과연 돈이 될까?

진입로가 없다는 이유로 가치가 낮은 맹지를 접도接道 상태로 만들 수만 있다면 다른 경쟁 토지보다 더 큰 수익을 올릴 수 있다는 것은 이제 초보자라도 알 수 있는 상식이다. 그래서 남들이 보지 못하는 도로를 확보할 수 있는 가능성을 찾아내는 실력을 갖춘다면, 맹지는 그야말로 토지투자에 있어 흙속에 묻힌 진주라고 할 수 있는 것이다.

그러나 일반투자자들은 "맹지투자로 큰돈을 벌었다."는 소문은 들었어도 "어떤 식으로 개발해서 돈을 벌었다."라는 노하우에 대해서는 잘 알지 못한다. 혹 그런 방법을 귀동냥을 해서 알게 되었다고 해도 현장의 현황과 관련 법률에 대해 잘 모르고 막연한 기대를 가지고 매입했다가 영원히 맹지로부터 벗어나지 못하는 경우도 많다. 누구나 쉽게 할 수 있다면 묻혀 있는 황금이 그대로 있을 리 만무한 것이다.

맹지투자는 맹지로부터 벗어날 수 있는 가능성을 가지고 있다는 전제가 있을 때만 가능하다. 그래서 그런 전제를 찾아낼 수 있는 눈과 실력이 중요한 것이다. 당연히 원가와 추가비용을 감안해 주변 땅값에 비해 어느 정도 낮은 가격이며, 어느 정도의 수익을 올릴 수 있을지 계산에 넣고 토지를 분석해야 한다. 그래서 맹지투자는 아무나 할 수 없는 것이다.

토지투자에서 주의해야 할 점들에 대해 한번이라도 챙겨본 사람이라면 '맹지'가 얼마나 위험한 투자처인지에 대해 잘 알고 있을 것이다. 일부 토지투자의 고수라고 불리는 사람들이 이런 맹지탈출을 활용한 투자법으로 큰 차익을 남기기도 하지만 사실 대다수 맹지는 심폐소생술이 불가능한 땅이기 때문이다.

그래서 초보투자자들에게 이런 기적을 바라는 것은 거의 어렵다. 따라서 필자는 애초 위험한 투자처라고 할 수 있는 맹지가 아닌 가능성이 있는 투자처를 더욱 꼼꼼히 살피라고 조언하곤 한다.

맹지란 도로와 접해 있지 않아 건축이 불가능한 토지라고 설명했는데, 이 말은 맹지투자를 위해서는 도로에 대해 해박한 지식을 갖추고 있어야 함을 의미한다. 즉 우리가 일반적으로 알고 있는 도로와 건축법상 도로, 그리고 건축허가를 받을 수 있는 토지투자 개념에서의 도로는 조금 다르고, 바로 이 점에서 큰 차이가 난다. 도로에 대해 잘 몰라서 현황도로만 보고 매입을 했다가 낭패를 당하는 경우도 많고, 지적도상에 도로가 표시돼 있어 계약했는데, 막상 현장에 가보니 도로가 사라진 경우도 있다. 때문에 반드시 각종 공부서류와 현장답사를 병행해 확인해야 한다.

알고 보니 내 땅이 맹지라면 어떻게 해야 할까?
역발상을 통해 직접 사도를 만들어 맹지탈출을 할 수 있다. 예상치도 못한 도로를 만드느라 배보다 배꼽이 더 크다고 생각할 수 있지만 실제로 사도를 개설하는 것은 생각보다 쉽고 다양한 방법으로 만들 수 있다. 일반 모래를 시작으로 자갈, 시멘트, 아스팔트 등 사실상 '도로'로 구분만 지으면 되기 때문이다.

물론, 길이와 폭에 따라 비용이 달라질 수 있으나 맹지탈출을 위해서라면 이 정도는 감수해야 하지 않을까? 평생 팔리지 않는 땅을 가지고 있을 것인지 아니면 주변 땅값과 같은 가치를 가진 땅으로 끌어올릴 것인지는 토지소유주가 판단해서 결정할 문제다.

물론 모든 맹지를 살릴 수 있기만 하다면 더없이 좋겠지만 실제로는 불가능하다. 그런 점에서 도로를 만들 수 있는 여지를 가지고 있는 맹지는 그래도 희망을 품고 있는 땅이라고 할 수 있다.

뒤늦게 자신의 땅이 맹지라는 것을 알게 됐다면 망연자실하지 말고 주변 전문가의 도움을 청해보는 것이 좋을 것 같다. 물론 이 책에서도 상세히 설명하도록 할 것이다.

맹지투자에서 명심해야 할 두 가지

일반적으로 맹지는 매입하지 않는 게 좋다. 더구나 도시계획조차 없는 맹지는 더욱 더 위험이 크다. 매도를 하려고 해도 팔리지 않기 때문이다. 토지투자의 핵심은 환금성에 있다. 도로 사정만 좋으면 어떻게든 제 값을 받고 팔 수 있는 게 땅이다.

하지만 토지투자에는 사실 정답이란 게 없다. 보통 투자자들에게 "맹지, 임야, 개발제한지역, 군사보호지역, 농림지역은 하지 않는 게 낫다."라고 조언하기는 하지만 리스크가 크다고 해서 무조건 안 된다는 법은 없다. 그래서 땅 팔자는 귀신도 모른다는 말이 있다.

최근 강을 조망하고 있는 여수의 임야가 공시지가 대비 13배 정도에 거래된 사례를 봤다. 극히 드물기는 하지만 한번씩 로또가 터지기도 하는 것이다. 물론 그 로또의 주인공은 20년 전부터 그 토지를 가지고 있었던 소유주라는 점이었고, 실제로 단기투자로 임야를 사서 대박을 치는 경우는 아직까지 본 기억조차 거의 없다.

실제로 저런 지역에 투자해서 재미를 보려면 적어도 20년의 시간과 리스크는 감수해야 한다. 의미가 잘못 전해져서 개발제한구역의 맹지에 투자하는 사태가 빈번히 발생되기도 하고 개발지 인근에 아무 맹지에나 투자하는 이들이 많아 맹지 투자에 대한 두 가지 팁을 간단히 공유하고자 한다.

첫째, 맹지에 투자하고 싶다면 개발계획이 있는 지역의 맹지를 선점하라는 것이다.

　개발될 맹지라는 것은 현재는 맹지지만 도시계획이 잡힌 땅이란 걸 의미한다. 토지이용계획서를 가지고 실제로 사례를 보도록 하자.

　지도에서 보는 별색 선이 국지도로라고 해서 계획도로를 얘기한다. 현재는 맹지지만 추후 개발이 되어서 도로가 생기면 도로에 접하게 되는 것이다. 이런 땅은 싸게만 잡을 수 있다면 도시개발 후 시세차익을 볼 수 있다.

　두번째, 합필할 가능성이 있는 맹지에 주목하자.

　일단 붙어 있는 2개의 맹지를 살펴보겠다. 설명을 위해 고른 예시로 실제 사례는 아니다.

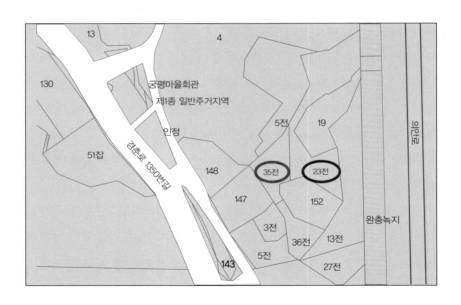

　지도를 보면 붙어 있는 별색 원으로 표시된 35 전과 검은 원으로 표시된 23 전을 볼 수 있는데, 둘 다 맹지다. 붙어 있는 땅이지만 35번지 맹지와

20번지 맹지는 투자가치가 상당히 다르다.

35번지 별색 원의 맹지 공시지가는 제곱미터 당 1,171,000원으로 평당 380만 원 정도이고 거래시세는 800~900만 원 안팎이다.

그럼 이번엔 23번지의 토지이용계획서를 뜯어보겠다.

공시지가는 제곱미터 당 1,160,000원이고, 공시지가 380만 원 정도이다. 마찬가지로 시세는 800~900만 원.

위에 35번지랑 공시지가 단돈 만 원 차이가 난다. 그러나 가치는 상당히 다르다. 같은 맹지지만 35번지는 앞에 147번지의 대지와 합필이 될 가능성이 있다. 맹지에서 해제된다는 의미다.

합필이 되는 경우는 지주끼리 협약하든 아니면 새로운 지주가 나타나든 여러 경우가 생길 수 있다. 아무튼 현재 147번지의 거래시세는 1,200만 원 전후로 예측되는데 합필이 되면 35번지 역시 1200만 원의 가격까지 쫓아오게 된다. 시세차익으로 약 300~400만 원을 볼 수 있게 되는 것이다.

하지만 23번지같은 경우는 합필할 대상이 없다. 합필을 해도 맹지기 때문이다. 같은 맹지라도 35번이 23번보다 추후 가능성에서 맹지를 벗어날 가능성이 높다는 걸 알 수 있다.

매력적인 맹지, 혹은 저평가된 맹지를 찾아내 투자하고자 한다면 위에서 언급한 두 가지 팁을 참고하도록 하자.

맹지의 판별

지적도로 보는 맹지 구별법

지적도상에서 볼 때 맹지인 것처럼 보이지만 실제로는 맹지가 아닌 땅을 예를 들어 살펴보겠다. (여기서 든 예에 포함되지 않는다면 맹지다.)

① 구거(지적도상 '구'라고 표시되어 있음)에 붙어 있는 필지.
도로와 필지 사이에 구거가 붙어 있는 경우는 흄관이나 다리를 놓아 진입로를 만들어 건물을 지을 수 있으므로 맹지가 아니다.

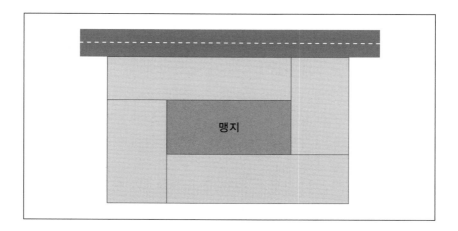

② 현재 폐가라 하더라도 건축물대장이나 무허가건축물대장에 집으로 등재되어 있는 필지.

맹지라고 해도 집이 있다면 맹지가 아니며, 리모델링을 하는 것이 가능하다. 하지만 철거를 하고 신축을 할 경우에는 문제가 복잡해질 수 있다. 관할시·군청에 따라 도로와 맹지 사이에 붙어 있는 필지의 소유자로부터 토지사용승낙서를 받아오도록 요구할 수 있기 때문이다.

대부분 그냥 넘어가는 것으로 알고 있으나 까다로운 담당자를 만나면 문제가 생긴다. 법적인 면에서 진입로 토지소유주로부터 토지사용승낙서를 받아야 하는 것이 맞기 때문이다. (이런 경우, 상황에 따라 처리해야 한다.)

▶ 이런 경우는 대부분 과거에 마을사람들끼리 각자의 땅을 인정하고 맹지든 말든 자기 땅에 집을 짓는 것을 허용했기 때문에 생긴 것이다. 토지와 건축에 관한 법이 상당히 허술한 시절에 있었던 일로 그는 당시의 법을 지금의 법에 적용시키려는 것은 욕심이다.

③ 필지에 붙어 있는 도로가 사도(개인 소유의 도로)여서 앞의 도로소유자가 길을 없애고 밭으로 만들 소지가 있는 필지.

여기에는 두 가지 경우가 있다.

▶ 이 도로 끝에 집이 없는 경우는 맹지다. 아무리 실재하는 현황도로일지라도 사도이며, 이 사도에 연결되는 필지들 중 집이 한 채라도 없으면 이 사도소유자에게 토지사용승낙서를 받아야 한다.

▶ 반대의 경우라면 맹지가 아니다. 즉 이 사도 뒤쪽으로 집이 있어 그 도로를 막아서는 안 되는 경우다. 이런 경우에는 건축을 할 수 있다. 현황도로가 인정되는 것이다. 만일 사도소유자가 이 도로를 막으려면 그 사도에 붙어 있는 건물주를 위해 새로 진입로를 만들어줘야 하는 의무가 있기 때문이다. 따라서 그 집 앞에 있는 필지들은 지적도상 맹지일지라도 집을 지을 수 있는 것이다. (간혹 까다로운 담당공무원을 만나면 그런 사유에도 불구하고 토지사용승낙서를 받아오라는 요구를 하기도 한다.)

④ 관습도로이며, 마을사람들이 각자 포장된 도로 부분에 해당되는 토지의 소유권을 국가에 이전하지는 않았지만 마을에 공여한 경우.

지적도상 도로는 없으나 실제로는 포장도로가 있다. 이것은 마을사람들이 인정하고 도로 부분에 해당되는 토지를 포장하는 것을 국가에서 인정한 경우다.

땅은 개인 소유이나 포장된 부분은 국가 소유인 것인데, 이 경우도 지적도에는 없으나 현황상 포장도로에 붙어 있는 맹지라고 해도 일반 맹지와는 다른 필지다. 만약, 비포장도로라면 상황이 조금 다르다.

위에서 설명한 4가지 경우는 지적도상 맹지임에도 실제로는 건축을 할 수 있는 가장 일반적인 필지다. (맹지가 아니라는 의미.)

대신 이런 필지를 매입할 때 조심해야 하는 것은 ③, ④번 항목에서 관할 시·군청의 건축과 등의 담당공무원이 완벽한 법적 서류를 구비하도록 요구하는 경우라면, 부동산업자든 토지소유주의 말이든 믿을 수 없다는 것이다. 토지소유주와 중개자가 현지인이라는 점에서 자신이 있다고 말하는 경우가 많지만 현실은 다를 수 있다는 것이다. 그들은 허가절차상 건축허가 결정권자가 아니기 때문이다.

따라서 이런 지적도상 맹지인 토지는 관할 시·군청에 모든 서류들을 들고 들어가서 건축이 가능한지 재차 확인하고, 필요한 절차를 꼼꼼히 챙긴 후에 계약을 하는 것이 현명하다.

그리고 ②번 항목에서 주의할 점은 지적도상 도로가 없고, 쓰러져가는 폐가라도 있다면 다행이지만 만일 나대지(집은 철거해서 없어지고 지목만 대지)인 경우에는 빼도 박도 못하는 맹지라는 것이다. 앞의 토지소유주가 토지사용승낙서를 써 주거나, 도로만큼 추가 매입을 해야 건축허가가 나오기 때문이다. 따라서 이런 경우는 토지사용승낙서를 받는다 해도 나중에 매도하게 되는 경우를 생각을 해야 하고, 이런 단점만큼 토지 가격을 낮춰서 매수해야 하는 것이 당연하다.

토지사용승낙서를 받아 집을 지어 살고 있으므로 모든 문제가 해결되었다고 생각할 수도 있지만 세월이 흘러 매각을 하려고 할 때는 또 다른 문제다. 그때 매입을 하고자 하는 사람 역시 지금의 나와 같은 생각을 할 것이기 때문이다.

예를 들어 포장이 되어 있지 않은 국유지 도로가 있다. 물론 그 도로의 끝에는 집이 없고, 매입하고자 하는 땅이 국유지인 비포장 오솔길을 통과해야 진입할 수 있는 개울가에 붙어 있다. 그렇다면 이 땅에는 집을 지을 수 있을까?

만일 지적도에 그 비포장도로가 "도로"로 표시되어 있지 않다면, "임도"로라도 등록되어 있지 않다면, 앞에서 설명했던 것처럼 비포장도로 뒤로 집이 없으므로 건축을 할 수 없다.

국유지는 쉽게 사용할 수 있을 것이라고 생각하는 경우가 많은데, 절대로 쉽게 생각하면 안 된다. 국유지라고 해서 마음대로 쓸 수 있을 것이라고 생각하고 건축허가를 구하면 난관에 봉착하기 쉽다. 때로는 국유지 통과가 더 힘들다. 융통성이 거의 없기 때문이다.

어찌어찌 해서 집을 지을 수는 있어도 건축물대장에 올리기 힘들다. 서류상 조금이라도 의심스럽다면 무조건 관할 관청에 들어가서 확실한 답변을 듣고 계약을 해야 한다. 어차피 건축을 하고자 할 경우 최종 결정을 해주는 곳은 관할 관청 담당자이기 때문이다.

물론 담당자도 인간인지라 지역마다, 상황에 따라 조금씩은 판단 결과가 다르고, 사례마다 조금씩 차이가 나는 경우가 있다. 법으로 확실하게 규정된 것은 누구나 똑같은 대답을 내놓지만 결국 그 외의 수많은 사례들은 담당자의 판단에 의존하기 때문이다.

도로와 맹지를 분별하는 지적도 스터디

지적도상에서 축척을 활용한 맹지의 판독

일반적으로 사용되는 1:1,200 지적도의 선 두께는 0.2밀리미터 내외이다. 이런 점을 감안하면 토지의 경계를 선의 안쪽과 바깥쪽의 두 가지 경우로 해석하는 경우, 약 24센티미터까지 경계 차이가 날 수 있다.

지적도상에서 축척을 잘 활용한다면 맹지인지 아닌지 어렵지 않게 파악할 수 있고 투자에 활용할 수 있을 것이다.

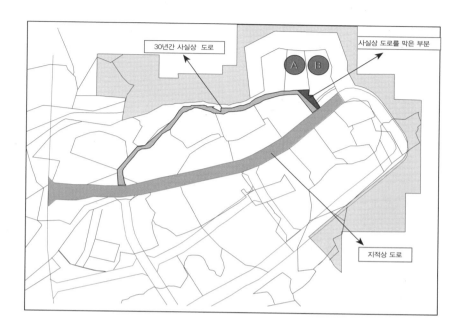

맹지의 지적도 판독 스터디 1

아래의 1/600 축적 지적도에서 108-1번지 전田 앞의 화살표가 가리키는 뾰족한 삼각형 토지가 궁금할 것이다. 물론 108-2는 도로가 확실하고 문제는 사이에 낀 뾰족한 삼각형 토지가 도로가 아니라면 108-1번지 전田은 맹지일 수도 있다. 물론 108-5는 도로가 확실하고 사이에 낀 뾰족한 삼각형 토지가 도로가 아니라면 108-1번지 전田은 맹지일 수도 있다.

지적도를 볼 때는 이런 점을 필히 체크해야 한다. (이런 토지를 잘못 매입하면 길을 내는 비용이 땅값보다 더 든다.)

축척을 확대해서 보니 지목이 '도道'라고 확인할 수 있었다. 108-1번지 전은 확실히 도로에 접한 토지임이 확인된다.

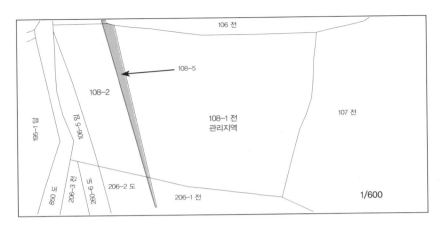

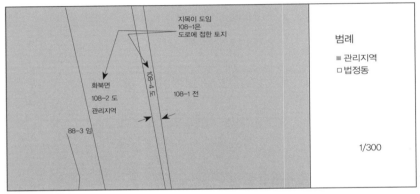

▶ A는 도로폭, 축적 1/1,200에서 1센티미터는 실제 거리로 12미터이다. 그러므로 A가 1센티미터라면 도로폭은 12미터다.

지적도를 잘 보아야 하는 것은 토지투자의 고수로 가는 기본적인 능력이다. 토지는 개별성이 가장 강한 부동산이므로 반복해서 지적도를 보며 훈련을 쌓아 지적도만 보고도 한눈에 현장 지형 및 지세를 추론할 수 있어야 한다. 그래야 토지투자에서 성공할 수 있고, 어느 토지를 보아도 속지 않는다.

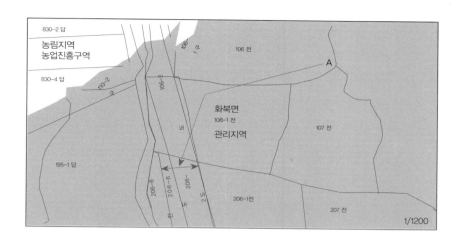

맹지의 지적도 판독 스터디 2

〈토지이용규제정보서비스〉를 확인해보니 700번지는 맹지가 아닌 것

같았다. 예정도로에 접해 있기 때문이다. 아직 도로가 개설되지는 않았지만 위성지도를 보면 도로폭이 4미터가 넘어 건축허가에는 문제가 없을 것으로 보였는데, 중개사는 700번지 토지를 맹지라고 하였다.

예정도로와 700번지 토지는 기가 막힐 정도로 떨어져 있었다. 스케일로 측정을 해보니 두 뼘 정도밖에 차이가 나지 않아 마치 맹지가 요술을 부리는 것 같았는데, 700번지 토지소유주는 이 땅이 맹지라는 것을 알고 매입했는지 궁금했다.

결국 맹지소유자가 건물을 지으려고 하자 700-69번지 토지소유주는 땅 전체 매입하라고 요구했다. 700-69번지 토지소유주 입장에서 보면 도로가 개설될 경우, 땅이 두 조각으로 나뉘게 된다.

두 토지소유주 사이에 기싸움이 시작되었다. 단 두 뼘 때문에 6억 원을 주고 700-69번지 전체를 매입하자니 맹지소유자는 가슴이 아프다.

과연 승자는 누가 될까?

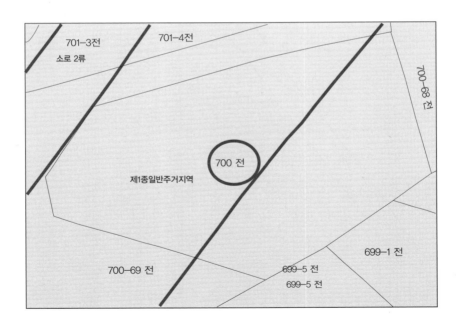

접도구역에 붙은 땅은 맹지일까?

접도구역은 '국가 소유의 땅'이라고 알려져 있지만, 국가는 도로를 확장할 때 투입되는 토지보상금을 대신해 '확장 토지'로 활용하기 위해 주로 사용되었던 땅이기도 하다.

이에 따라 그 동안 일반국도는 도로경계선으로부터 5미터 이내, 고속도로는 20미터 이내가 접도구역으로 지정돼 토지 개발이 불가능했다. 실제로 많은 투자자들이 이 같은 이유로 접도구역에 붙어 있는 땅을 마치 '맹지'를 보듯 하며 투자를 꺼리기도 한다.

필자는 접도구역 땅을 선호하는 편은 아니지만, 그리 심각하게 생각하지는 않는 편이다. 100평의 땅 중에 약 20평이 접도구역이라면 80평의 땅에 건물을 짓고, 나머지 땅은 주차장으로 활용하는 등의 발상의 전환을 한 덕분이었다.

그러나 이와 같은 발상의 전환 자체를 위험하게 생각하는 이들 역시 많아 실제로 접도구역이 접한 토지에 대한 선호가 높지는 않다. 앞으로는 이런 접도구역의 가치가 더욱 상승할 것으로 보고 있다. 지난 2015년 6월부터 이 접도구역 투자 요건이 크게 완화됐기 때문이다.

도로변 접도구역 규제를 푼 효과로 서울 여의도 넓이의 18배에 달하는 땅을 이용할 수 있다고 한다. 덕분에 도시지역, 주거지역, 상업지역의 접도구역과 군도로 접도구역의 대부분이 폐지돼 이들과 저촉된 땅들은 지가 상승 기대감이 껑충 뛰었다. 그동안 접도구역에서 선호된 좁고 긴 형태의 토지 대신, 넓고 긴 형태의 토지의 가치가 더욱 오르게 된 셈이다. 쓸모 없는 땅이라 맹지처럼 취급을 당했던 접도구역에 접한 땅이 오히려 귀한 땅으로 신분 상승을 한 것이다.

이 모든 결과가 바로 국가의 정책에서 비롯된 것이라는 것도 무시할 수 없는 부분이다. 토지투자는 국가 정책을 지켜보는 것에서 시작된다. 우리는 정책을 현실적으로 거스를 수 없다. 접도구역 폐지가 그러하듯이 국가의 정책에 따라 토지의 운명이 변하기도 한다는 것을 잊지 않고 그 안에서 빠른 대응력을 키우는 것이 토지의 가치를 키우는 방법이 된다는 것을 잊지 말자.

맹지를 만드는 비도시지역 도로

토지를 매입하고자 하는 사람들은 어느 정도 맹지에 대한 개념을 이해하고 있지만 도로에 관한 문제는 단순하게 접근하기 어려운 경우가 많다. 포장이 되어 있는 도로 중 지목이 "도로"인 경우에는 개인 소유의 사도라도 원칙적으로 건축인·허가를 내주지만 해당 사도소유자가 민원을 제기하면 민원 해결을 이용자에게 떠넘긴다.

사도의 분쟁

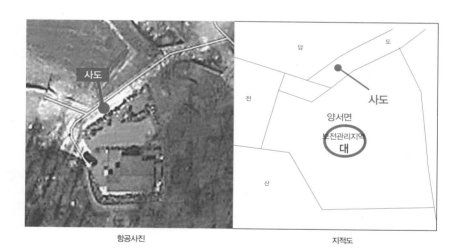

항공사진   지적도

위 경우처럼 잘 포장되어 있고 지목이 "도로"인 경우라도 사도인 경우 문제가 발생할 수 있다. 이 정도까지는 공부를 하고 토지를 구입하려는 사람들도 종종 보기는 하지만 좀 더 깊게 분석을 해보고자 한다.

예전에는 타인의 토지를 통해서 건축인·허가 및 도로개설시 해당 토지 소유주에게 "토지사용승낙서"만을 받아서 도로를 개설했다.

도로인 경우, 불특정 다수가 이용해도 무방하다는 단서가 토지사용승낙서에 들어가지만 도로에 관한 분쟁이 끊임없이 발생하고, 소유권 변동으로 토지소유주가 변경된 경우 기존의 토지사용승낙서의 효력이 없어지므로 지금은 토지사용승낙서뿐만 아니라 "도로지정동의서"를 해당 관청에 제출하도록 지자체 조례가 개정되었다.

그렇다면, 사도는 모두 위험한 것인가? 사용하기 힘든 것인가?

해당 사도를 통행하는 가구가 3~5가구 이상이라면, 경우에 따라서는 문제가 되지 않을 수도 있다. 많은 사람들이 이용하는 마을도로가 개인소유 토지를 지나가는 가는 경우도 마찬가지다. 오래전부터 여러 사람들이 통행하던 길을 개인이 소유한 사도라고 해서 함부로 막을 수는 없기 때문이다.

하지만 반드시 그런 것만은 아니다. 마을사람들의 항의와 원성에도 불구하고 자기 재산권을 지키겠다는 일념으로 통행을 방해하는 경우도 많기 때문이다. 도로를 완전히 막지는 못하지만 소형차량만 간신히 지나다닐 정도로 도로폭을 좁히는 방법으로 도로를 제대로 사용하지 못하도록 하는 경우가 종종 있는 것이다.

도로폭(차량교행) 관련 분쟁

좌측 사진과 같이 도로에 벽이나 펜스를 설치해 도로폭을 좁히는 방법, 돌 또는 기타 구조물로 도로폭을 제한하는 경우가 있다.

실제로 사진에 보인 예는 중형차 정도만 돼도 사이드미러가 옹벽이나 펜스에 스칠 정도로 아슬아슬하다. 당연히 대형 차량(공사 차량)은 통행할 수가 없다. 집을 짓고 싶어도 지을 수 없다는 말이다.

이 도로 뒤쪽의 전원주택들은 이 도로를 통해서 통행을 하고 있는데, 정성을 들여 지은 고급 전원주택들임에도 이와 같은 도로 문제로 인해 통행에 불편을 겪고 있다.

포장도로인지, 비포장도로인지의 문제

전원주택단지가 형성되어 있지만 진입로 초입부에 있는 개인 소유의 사도 문제로 인해 통행에 불편을 겪고 건축인·허가도 받지 못하는 사례다.

승용차 정도만 아슬아슬하게 통행할 수 있을 정도이며, 야간에 차량이 개울로 두 번이나 빠졌다는 말도 들었다.

보편적으로 개인 소유의 토지에 도로가 포장돼 오래 전부터 다수가 이용하고 있었다면(마을도로와 같이), 지목이 도로가 아니라 해도 현황도로로 인정받아 관청에서 건축인·허가를 받을 수 있다.

또한 해당 현황도로를 통해 건축인·허가가 나온 적이 있고, 그 현황도로를 통해 통행을 해야 하지만 먼저 허가를 득한 곳보다 앞쪽에 위치한 토지라면 인·허가 받을 수 있는 확률은 더 높다. (아래 그림 참조)

여기서 중요한 것은 누가 포장공사를 했느냐 하는 것이다. 국가 또는 지자체에서 예산을 투입해 개인 소유의 토지에 도로공사를 했다면 공공도로로 인정을 받는 셈이 된다. 시골길 특히, 농촌마을 내 도로는 사유지의 도로에 포장이 되어 있는 경우가 많다.

하지만 이 또한 분쟁의 소지가 전혀 없는 것은 아니다. 이와 관련된 내용도 아래에 다루고 있다.

목적건축물이 없는 도로준공만으로는 도로 인정이 어렵다

다수가 이용하는 마을길을 통해서 전원주택단지등을 개발할 때, 그 도로가 엄연한 국유지도로(소유주가 국가이며, 지목도 도로인 경우)라도 시골 마을길이라면 큰 공사를 하기 전에 마을 주민과 충분한 협의를 해야 한다. 그렇지 않으면 마을에서 길을 막아 중장비등의 출입을 하지 못하도록 할 수도 있다. 시골길은 공식적이든 비공식적이든 100% 안전하다고 장담할 수 없다는 이야기다.

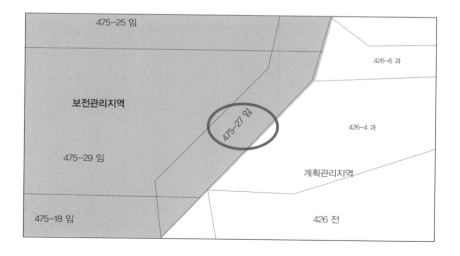

간혹 지적도를 보면 앞의 그림과 같이 도로가 포장돼 있고 실제로 도로 역할을 하고 있는데, 지목이 "도로"가 아닌 경우가 있다. 지목이 변경되지 않은 경우는 여러 가지가 있겠지만 대부분 목적사업이 완료되지 않았기 때문이다.

여기서 목적사업이란 건축허가를 받아 주택 또는 창고와 같은 건축물을 건축하는 것으로 개발행위허가를 득하는데, 해당 건축물의 건축이 완료되어 준공을 필하지 못하면, 도로포장공사를 완료해도 도로로 지목변경이 되지 않는다.

특히 전원주택단지를 개발할 때 건축허가를 득해서 도로를 먼저 개설한 뒤에 건축물의 건축하지 않거나 기타 이유로 준공을 못 받은 경우 도로포장공사를 완료했다고 하더라도 도로의 지목은 여전히 "도로"가 아니다.

이런 길에 연결된 토지를 구입한 경우 포장도로에는 접해 있지만, 건축 인·허가를 못 받을 수도 있다. 이 도로 역시 사도이므로(공유자가 다수라도), 해당 토지소유주들의 토지사용승낙서와 도로지정동의서를 받아야만 한다. 내가 해당 토지에 지분을 가지고 있다고 해도 나머지 공유자들로부터 위 서류를 받아야 한다. 그 서류들은 첨부서류로 인감증명서가 필요로 하고, 인감도장으로 날인되어야 한다. 타인에게 인감증명서를 쉽게 발부해 주는 경우는 없다.

새마을도로라도 안전하지 않다

도로에 관한 다른 사례를 살펴보자.

다음 사진에서 타원형 부분 그리고 a와 b는 다음 지적도와 같은 지점 이다.

b 부분은 사유지로서 아주 오래 전에 포장된 마을도로지만 지목은 "도로"가 아니다.

흔히 새마을도로라고 불리는 도로로 개인 소유의 토지에 마을길로 사용되기 위해 관청에서 포장공사를 한 경우다. 현재는 아스콘포장까지 되어있다. 수많은 주민이 통행하는 마을도로지만 a 방향으로 주택건축허가를받아서 신규도로를 개설하려고 했는데, 문제가 발생했다.

b에 포장된 단면이 a와 접해서 포장이 되었다면, 사도이지만 인·허가 및 통행에 아무런 지장이 없었을 것인데, a 토지와 b 토지가 접하는 타원형 별색으로 표시한 부분이 살짝 포장이 되어 있지 않은 것이다. 즉 a 쪽토지가 맹지가 된 셈이다.

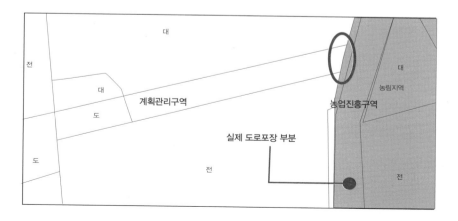

토지를 매수할 때 육안으로만 마을도로에(실제로는 b의 토지에 포장된 현황도로) 접해 있다고 판단해서 맹지인지 모르고 매수를 했고, 측량을 해보니 마을도로의 포장된 면이 a에서 조금 떨어져 있었다.

a 토지소유주가 군청에 건축허가를 넣자 b 토지소유주로부터 토지사용승낙서를 받아오라고 요구했다.

실제로 a 토지는 6년 전에 필자의 지인이 소유하고 있던 토지여서 사실상 맹지 상태였던 것을 b 토지소유주와 협의해 토지사용승낙서를 받아 정상적인 건축허가를 냈고, a 지점에 포장공사를 했다. 물론 지목도 "도로"로 변경했다.

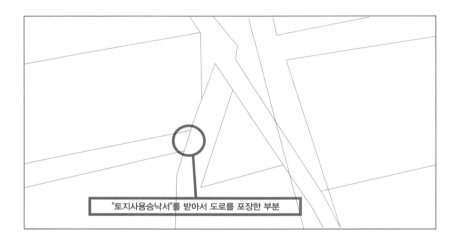

"토지사용승낙서"를 받아서 도로를 포장한 부분

여기서 생각해봐야 할 것은 b 토지가 지적도상 도로라면 a 토지와 접한 부분까지 살짝 포장이 덜 되어도 문제가 없다는 점이다. 하지만 b 토지는 지목이 "도로"가 아니므로 포장한 면이 a 토지에 접하지 않으면 문제가 된다.

그러므로 개인 소유의 토지에 포장한 지목이 "도로"가 아닌 현황도로(마을도로)에 접해 있다면, 포장된 면이 내 토지에 접해 있는지 명확하게 살펴봐야 할 것이다.

도로포장을 훼손한 경우도 심각하다

이 사례는 매우 특이한 케이스다. 개발업자와 토지를 분양받아 집까지 지어서 살던 사람 사이에 다른 분쟁이 생겼는데, 감정적인 문제까지 번져 개발업자가 포장된 도로 약 70미터의 오르막구간 포장을 걷어 버렸다. 사실상 도로를 끊어버린 것이다.

이 문제는 5년째 해결이 되지 않고 있는데, 토지를 분양받아 집을 짓고 살던 사람은 집을 팔고 싶어도 팔지를 못하고, 눈이 오거나 폭우가 내릴 때는 차가 올라갈 수가 없어서 걸어 다녀야 하는 상황이다. 평소에도 웬만한 승용차는 포장을 걷어버린 오르막길을 오르기 힘들다.

도로 하부의 우수, 오수관로도 중요하다

이제 도로와 관련된 조금은 다른 사례를 살펴보자. 토지가 도로에 접해야 한다는 것은 알고 있다. 하지만 도로에 반드시 우수관, 오폐수관이 매설되어 있어야 한다는 것에 대해서는 잘 모르는 사람들이 의외로 많다.

도로를 개설할 때 도로 밑에 흄관과 맨홀 등의 관로를 설치해야 하는데, 설치가 되어 있지 않은 도로가 적지 않다. 그런 도로에 접한 토지는 생활하수 및 우수를 배출할 수 없어 건축허가를 받을 수가 없다.

앞 사진을 보자. 해당 부지는 도로보다 지대가 낮다. 도로공사를 하면서 흄관을 설치했지만 도로보다 지대가 낮아서 오폐수 및 우수를 원활하게 배출할 수 없고, 부지 아래쪽으로 연결된 도로 쪽으로는 관로 연결이 되어 있지 않다. 도로보다 지대가 낮은 토지를 피해야 하는 이유 중 하나다.

아래 사진 속의 도로는 지목이 "도로"이고, 아스콘으로 잘 포장되어 있는 국유지 도로다.

마을길로 이용하고 있지만 아래 사진 속의 도로도 문제가 있다. 바로 흄관이 매설되어 있지 않은 점이다. 본 도로에 접해 있는 토지 중 구거 부지에 접하지 않는 한 우수 및 오폐수를 배출할 수 없다. 관로가 없는 맹지인 셈이다.

만일 하수관로(흄관)가 매설되어 있다고 가정해보자. 도로 위쪽 밭은 하수를 배출시킬 수 있지만, 도로 아래쪽 논은 지대가 낮아 배출시키기 어렵다. 오히려 비가 많이 온다면 도로를 타고 논 쪽으로 물이 흘러내릴 것이다.

도로의 경사와 가감속차로(연결금지구간) 적용도 유의하라

이번 사례는 마을도로나 사도 문제와는 좀 다른 이야기다. 아래 사진의 토지는 지방도 2차로 도로에 접해 있다. 2차로 국유지 도로에 접해 있으니 도로 문제는 없을 것이라고 생각할 수 있을 것이다. 하지만 관리청으로부터 도로연결허가를 받지 못하면, 아무런 건축행위를 할 수 없는 사실상 맹지가 된다.

실제로 이 토지는 도로연결불허가를 받았다. 불허가를 받은 이유는 도로의 경사 때문이다. 당시 도로의 경사도가 8도 이상이 되면, 해당 관청에서 도로연결허가를 해 주지 않았다. 본 토지에 접한 도로의 경사도는 8도를 조금 넘는 수치였다.

더구나 내리막 곡선구간에 접해 있으므로 차량 진출입시 위험성 때문에 연결허가를 해 주지 않는 것인데, 만일 반대편 오르막 차로였다면 담당자에 따라서 연결허가를 받을 수도 있는 문제였다.

이외에도 해당 관청에 도로연결허가 및 도로점용허가를 받을 경우 여러 가지로 세심하게 살펴봐야 할 것들이 많다. 불허가처분시 이의를 제기할 수 있지만, 이의가 받아들여지는 경우는 흔치 않다.

다음에는 도로 문제가 있었지만, 해결된 사례를 들어 보겠다.

사유지를 도로로 사용하는 경우 1

아래 왼쪽 사진들을 보면 사유지 도로이므로 승용차만 통행을 허락한다는 알림판이 걸려 있다. 본 도로를 통해서 전원주택단지 조성 또는 전원주택 건축을 제한한다는 의미이다.

　위 사진과 같이 큰 바위를 이용해서 도로폭을 좁혀 놓았다가 합의가 되어 현재는 대형 차량의 통행제한을 하지 않고 있다. 아래 사진을 보면 통행 제한 알림판과 도로 양쪽에 놓여 있던 큰 바위가 없어진 것을 확인할 수 있다.

도로로 사용하는 경우 2

이번 사례 역시 도로폭을 좁혔다가 다시 넓힌 경우이다. 이 사례의 항공사진을 보면 마을도로가 사유지를 통해서 지나가는 것을 알 수 있다.

이렇듯 시골길 중 특히 마을도로는 사유지를 통과하는 경우를 드물지 않게 볼 수 있는데, 오래 전부터 마을도로로 이용되어 왔고, 마을주민들 다수가 사용하기에 완전히 통행을 막을 수는 없지만 개인 소유의 토지이므로 도로폭을 좁히는 펜스 설치는 가능하다.

이 지역은 외지인들이지 지속적으로 들어와 터를 잡는 곳으로 전원주택지 개발로 인해 대형 공사차량이 빈번하게 드나들면서 분진을 날리는 등 피해를 입자 펜스를 설치했다고 한다.

소형 차량만 간신히 다닐 정도로 도로폭능 좁혔다가 합의를 통해 펜스응 집 쪽으로 물러나 다시 설치했다.

| 문제 해결 전 | 문제 해결 후 |

시골길은 왜 끊임없이 문제가 생기는 것일까?

위에서 살펴보았지만, 무엇보다 사유지 도로라는 것에 근원적 문제가 있다고 할 수 있다. 개인의 재산권 보호와 공공의 이익(또는 타인의 이익)이 부딪치면서 발생된다. 물론 감정적인 대립으로 도로분쟁이 발생하기도 하지만 대부분 금전적인 문제로 봐야 할 것이다. 필자의 경험으로는 감정적인 문제로 도로분쟁이 생기게 되면, 돈으로도 해결하기 힘든 경우를 더러 보았다.

여기서 한 가지 입장을 바꿔서 생각해봐야 할 문제가 있다. 내 집 앞마당으로 다수의 이용자가 통행하는 도로가 지나간다고 할 때 도로를 막는 행위를 비난만 할 일은 아니라는 것이다.

물론 금전적으로 지나친 요구를 하는 경우도 있다. 원주민뿐만 아니라 외지에서 온 사람들 중 상식에 벗어날 정도로 지나친 요구를 하는 경우도 더러 있다. 최근 지인으로부터 들었던 이야기로, 사도 문제 때문에 몇 평 되지도 않는 땅을 1억 원을 주고 사용하기로 합의를 보았다는 말도 들었다.

여기에서 소개한 사례 외에도 도로에 관한 이야기는 무궁무진할 정도로 많다. 실선(폭 1~2미터 미만) 비포장 국유지도로에 접한 토지의 건축인·허가의 가능 여부, 구거를 점용하여 도로를 개설하는 방법, 맹지를 구입한 후 도로와 연결해서 가치를 올리는 방법, 도로점용허가, 도로시공방법 등등…. 이렇듯 토지에 있어 도로는 생명줄이다. 어떤 도로에 접해 있느냐에 따라서 토지의 가치도 달라진다.

PART
2

맹지의 주요 이슈

현황도로에 대한 오해와 편견

현황도로에 대한 일반적 인식

우리나라의 경우 도시계획구역 이외의 관리지역, 농림지역 등에서 법적인 도로(지적법상 도로, 도로법상 도로 등)에 접해 있는 토지는 거의 없다고 봐야 한다. 즉 현재 사용 중인 도로의 80~90% 이상이 현황도로(개인 소유인 사도)인 셈이다. 그래서 건축법을 처음 제정할 무렵 "도로에 접해야만 건축허가를 받을 수 있다."라고 정했더라면 건축을 할 수 있는 토지는 거의 없었을 것이라고 해도 과언이 아니다.

현황도로

사실상 도로로 사용되고 있으나 지적도상에 표기되지 않은 도로

ⓒ 서울특별시 도시계획국

과거 땅값이 쌌던 시대에는 도시계획구역 이외의 지역의 경우 현황도로가 없더라도 건축이 가능했고, 얼마 전까지만 해도 현황도로가 있으면 건축허가나 건축신고 또는 건축물대장 기재신청처리를 해 주었다.

하지만 지가地價가 오르면서 현황도로에 대한 토지가격도 올라가게 되었고, 현황도로 소유자들이 자신의 땅을 찾기 위해 다른 사람들이 통행하지 못하도록 막는 등 권리행사 단계에 와 있는 실정이다.

사실 이러한 사항은 민법에 관련된 것으로서 소유권을 찾기 위해서는 민사적 절차에 따라야 한다. 하지만 아직까지는 법원 문턱이 높을 뿐만 아니라 절차가 복잡하고 비용도 많이 들기 때문에 보다 문턱이 낮은 행정기관을 찾아가 왜 자기 소유의 토지를 현황도로로 인정해 허가를 내주었는지 따지는 등 민원 발생이 점차 증가하는 추세에 있다.

또한 반대의 입장에 있는 민원인들도 현황도로에 의해 건축허가 또는 신고처리를 해 주어서 건물을 지었고, 적법하게 도로로 인정받아 건축을 하였으므로 도로를 막지 못하도록 해야 한다고 항의한다. 애써 지은 건물이 무용지물이 되었으므로 허가를 내 준 행정기관이 책임을 지라는 것이다.

결국 이런 갈등과 민원에 따라 행정기관에서도 현황도로를 그냥 도로로 인정을 해 줄 수 없는 지경에 이르렀고, 그 피해는 결국 국민들이 받아야 하는 실정이 되었다.

이런 상황은 각 지방자치단체별로 적용 방법이 다르다. 땅값이 싼 강원도와 같은 경우는 현황도로가 인정되는 것 같고, 지가가 높은 수도권 인근 지역 등에는 건축법이 필요 없는 지경이 되어, 민법을 건축법과 연계해서 무조건 현황도로에 대해서도 토지소유주의 동의를 받으라고 하는 실정이다. 즉 건축법 적용을 하지 않아도 되는 것을 건축법에 의한 법적 도로로 만들어서 허가 등을 내주고 있는 실정이다.

"건축법에 의한 법적도로" 적용이라 함은 현황도로의 토지소유주 동의를 받아 도로폭, 길이, 면적 등을 지정해 공고하는 것으로서 이를 건축허가시 시장, 군수가 위치를 지정한 도로를 말한다.

이것은 시·군별로 적용방법 또한 천차만별인데, 예를 들어 포천시의 경우에는 포장이 된 도로의 경우에는 현황도로로 인정을 해 주고 있다. 즉 포장된 토지가 농지 또는 임야, 하천 등인 경우 관련부서의 관련법 협의를 거쳐서 위법행위가 아니라고 판단될 경우, 즉 농지법 위반 또는 산지관리법 위반 등등에 한하여 현황도로로 인정을 해 주고 있는 실정이다. 하지만 이것 역시 지역별 담당자별 유권해석이 분분하며, 정답이 없다는 게 현실이다.

토지 매입시 도로가 적법한지에 대해서 관련 시·군(지방자치단체)에 질의를 해서 도로로 인정돼 건축허가 또는 신고가 가능한지를 서면으로 받아 놓는 방법이 가장 좋을 듯하다.

현황도로란 지적도에 도로로 표시되어 있지 않으나 수십 년 동안 도로로 이용되었던 '사실상의 도로'를 말한다. 이 사실상의 현황도로는 기능면에서는 손색이 없을지 몰라도 막상 건축하고자 할 때는 큰 문제에 봉착하고 만다.

왜냐하면 건축허가를 받기 위해서는 국토계획 및 이용에 관한 법률, 도로법, 사도법 등에 의하여 고시되어 개설되거나 건축허가시 허가권자가 그 위치를 지정·공고한 도로여야만 하는데, 현황도로는 거기에 해당되지 않기 때문이다.

만약 부득이하게 건축허가를 받기 위해 현황도로를 건축허가나 신고시에 허가권자로부터 도로로 지정받고자 하는 경우라면 도로로 지정하고자하는 토지소유주의 동의와 이 도로에 대한 이해 관계자의 동의를 받아 건축을 하고자 하는 사람이 이에 대한 증빙자료를 갖추어 건축허가신청시 제출하여 처리하여야 한다.

Tip, 사도와 현황도로의 비교

현황도로를 설명하면서 사실인 관습, 관습법상 도로로 설명을 시작한다면 과연 초보 토지투자자인 경우 끝까지 읽어낼 사람이 얼마나 있을까?

그래서 법률 전문가들이 볼 때 구멍이 좀 있더라고 투자자로서 빈틈이 없는 정도라면 굳이 어려운 용어를 쓸 필요가 없다고 본다. 그런 자세로 법률 용어를 가져다 쓰지 않고 현황도로에 대해 설명해보고자 한다.

현황도로는 어떻게 생겨났을까? 현황도로는 도시(지자체) 계획으로 만들어진 도로가 아니라 자연발생적으로 사람이 다니다 보니 생겨난 길이다. 지적도상 "도로"로 된 경우도 있으나 그렇지 않은 경우가 더 많다. 그런 의미에선 오래전에 불법이 있었다고 볼 수도 있다. 불특정 다수가 언제부터인가 타인의 땅을 길로 삼아 밟고 다니다 보니 자연발생적으로 도로가 된 것이 바로 현황도로의 전형이기 때문이다.

남의 땅을 밟고 다니고, 게다가 그 땅을 기반시설로 하여 건물까지 지었다면, 법률관계상 불법이 맞아 보인다. 하지만 이미 다수의 사람들이 도로로 사용하고 있으므로 이것을 막을 수는 없다. 이것이 현황도로이다.

지자체 소유가 아닌 개인 소유라는 공통점이 있지만 현황도로는 사도와 다르다. 사도는 특정한 몇몇 사람들이 자기네의 목적에 따라 자기네들만 통행하려고 만든 것이라는 점 때문이다.

현황도로는 언제, 누가 만들었는지 불명확한 도로인 데 반해 사도는 그것이 아주 분명하다. 다음 사진에서 지도상 경매에 나온 도로는 전형적인 사도로, 동그라미를 친 곳은 특정한 몇몇이, 과거에 저 필지를 개발하면서 개설한 도로이다.

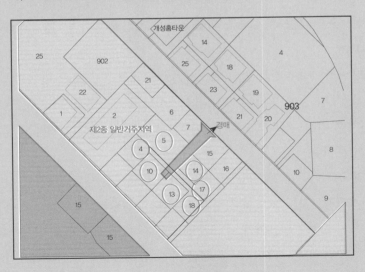

반면 현황도로는 다르다.

	국토의 계획 및 이용에 관한 법률에 따른 지역·지구 등	계획관리지역, 공공시설용지, 주거용지, 지구단위계획구역, 소로2류(폭 8m ∼ 10m)(저촉)
지역지구 등 지정여부	다른 법령 등에 따른 지역·지구 등	가축사육제한구역(절대제한지역(모든 축종 제한지역)) 〈가축분뇨의 관리 및 이용에 관한 법률〉
토지이용규제 시행령 제9조 제4항 각 호에 해당하는 사항		
확인도면		

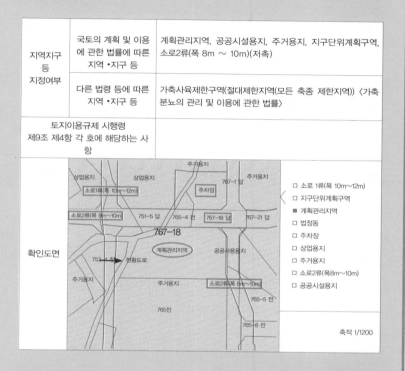

아주 반듯한 계획관리지역의 땅이 경매에 나왔다. 소로 2 류에 접해 있다고 되어 있고 지목이 "답"이거나 "전"인 것으로 보아 아직 도로가 개설되지 않았을 가능성이 커 보인다. (이를테면 767-18 번지와 같은 땅) 아직 도로가 개설되지 않은 땅이라면 사실상 맹지로 보아야 할 것이다. 그런데, 스카이뷰를 보니 예정도로가 전혀 개설되지 않았음에도 도로가 해당 물건을 관통하고 있었다. 그렇다면 내 땅이니 내 임의로 막을 수 있는 것일까?

막으면 바로 국가의 제재를 받게 된다. 구속된다는 말이다. 저 길로 옛날부터 동네 사람들이 통행을 했고 토지소유주는 그들이 통행하지 못하도록 막지 않은 것이다. 그러므로 이제 와서 내 땅이라고 막을 수는 없다.

그럼 저 땅을 산 사람은 어떻게 될까? 가운데 현황도로를 끼고 있는 사실상 두 덩어리의 땅인 셈이다. 도로 부분은 건물을 짓지 못하므로 도로로만 써야 한다. 과연 그게 끝일까?

하지만 저 도로를 막을 수 있는 또 다른 방법도 있다.

다음은 어떤 맹지소유자의 현황도로에 대한 질의에 회신을 했던 내용인데, 이것을 보면 현황도로에 대한 이해에 도움이 될 것으로 보인다.

1. 귀하의 토지를 경유하지 않고는 안쪽에 사는 5가구가 통행이 불가능하다면, 이들 5가구는 귀하의 토지를 통행할 권리가 있습니다.

▶ 이것을 민법상 '주위토지통행권'이라고 한다. 자신의 토지가 이 경우에 해당한다면, 내가 도로를 폐쇄하면 상대방도 '통행방해금지가처분신청' 등 법적 대응이 가능하다.

2. 이들은 가급적 귀측이 손해가 가장 적은 쪽으로 통행할 의무가 있고, 귀측의 요구에 의하여 토지사용료를 지급할 의무가 있습니다.

▶ 이들이 20년 이상을 토지사용료 지급 없이 공연하고 평온하게 통행해 왔다면 시효 취득이 인정되어 토지사용료를 지급하지 않아도 된다. 토지사용료는 당사자간에 협의하기 나름일 것이고, 협의가 안 되면 재판을 통해 법원의 결정에 따르면 된다. 그러나 그 금액은 상대적으로 매우 적다.

3. 귀하가 토지사용료 청구가 가능한 것인지는 현지 사정을 모르므로 알 수 없으나, 상대방이 거꾸로 뭔가 청구한다는 말은 어불성설로 보입니다.

4. 만약에 도로를 약간 우회하면 귀하가 토지 이용상 유리하고, 상대방에게 큰 불편이 없는 것이라면 상대방과 타협해보시고, 응하지 않아 법원에 제소한다면 양쪽의 주장을 들어보고 합리적으로 조정, 결정해 줄 것입니다.

5. 이런 일로 변호사 선임은 하실 필요가 없습니다.

양 당사자의 의견이 가장 중요한 것이므로 변호사가 할 일이 별로 없고, 관계법령도 그리 복잡한 것이 아닙니다. 다만 서면작성 방법, 소송절차 따위가 생소하다면 법무사의 조력을 얻으십시오. 막상 재판이 열리면, 재판장이 양쪽 말을 들어보고 조정을 하게 되는데, 변호사는 자기 의견이 있을 턱이 없으므로 오히려 불편합니다.

이웃간의 문제이므로 대화로 타협을 하는 것이 가장 좋으나 상대가 전혀 들고자 하지 않고 일방적인 주장을 하는 상황이라면 법원을 이용하는 것도 한 방법입니다. 내용증명만 보내도 주눅이 들어서 고분고분해지는 경우도 많습니다.

또 다른 맹지소유자의 현황도로에 대한 질의에 대한 회신답변 내용이다.

1. 현재 사용 중인 농로를 토지소유주가 바뀌었다고 해서 폐쇄하는 것은 불가능하리라 예상됩니다.

귀하는 귀하의 소유 토지를 본래 목적인 농지로 사용하기 위한 '주위토지통행권'이 있고, 현재 사용 중인 2미터 도로는 과도하다고 볼 수 없기 때문입니다. 만약에 현황도로의 소유자가 도로를 폐쇄한다면, 법원에 〈주위토지통행권확인청구의 소〉를 제기할 수 있고, 재판에 걸리는 시일을 감안하여 〈주위통행방해금지 가처분〉 신청을 할 수 있을 것입니다.

2. 귀하는 현황도로 소유자의 토지사용료를 부담할 책임이 있습니다. 그러나 터무니없는 사용료를 청구한다면 이를 거부하고 법원의 조정을 받으십시오.

3. 귀하가 현황도로 토지를 매입할 의무는 없습니다.

폭 2미터 현황도로는 농사를 짓는 데는 큰 무리가 없습니다. 그러나 장차 농지전용을 하자면 폭 4미터 이상의 지적상 도로가 필요합니다. 따라서 큰 무리가 되지 않는다면 평소에 도로 부지를 매입해 두는 게 좋은데, 터무니없는 값을 부른다고 해도 잘 타협을 해보는 수밖에는 마땅한 다른 대책이 없습니다. 그것이 맹지를 절대 꺼리는 이유입니다.

Tip : 맹지 통행권은 어떻게 보장받나 ?

1. 시안의 개요
▶ 원고는 30년 이상 도시 근교 마을에서 주택을 소유하고 살고 있음,
▶ 그동안 큰 도로에서 집으로 들어오는 골목길을 이용하여 살아 오고 있었는데, 어느날 누군가 골목길 땅의 주인이라면서 통행로의 일부를 철조망으로 막아 버림.

Q. 얼마 전 투자를 목적으로 토지 및 상가건물을 산 A 는 매수한 토지의 유일한 출입통로 옆 땅을 소유한 B 로부터 자기 땅을 침범하지 말라는 항의를 받았다 . 지적 측량을 해보니 A 가 산 땅의 입구를 B 의 땅이 대부분 차지하고 있어 진입하기 위한 입구가 1 미터도 채 되지 않았다 . A 가 토지 및 상가를 이용하려면 최소한 차량이 지나갈 수 있는 너비여야 하는데 , 이를 어떻게 해결해야 할까 ?

A. 관행상 오랜 기간 별다른 경계선 없이 토지를 사용하는 경우가 많다 보니 , 토지가 매매된 직후 토지 경계에 대한 분쟁이 심심치 않게 발생하고 있다 . 이 경우 취득시효의 법리가 문제될 여지가 있으나 그 요건이 까다로워 실무상 통행권에 대한 분쟁으로 이어지는 경우가 상당히 많다 .
민법 제 219 조에 따르면 , 맹지인 경우 유상으로 주위 토지를 통행할 수 있는 권리 , 즉 '주위토지 통행권' 이 인정되고 있다 . 하지만 맹지가 아니라 사람이 드나들 만한 통로가 존재하는 경우라면 보다 넓은 통행로 확보를 위한 규정은 없다 .
앞선 사례에서 A 가 매수한 토지의 출입구는 유일하게 입구분이며 , 폭이 1 미터 정도밖에 되지 않아 B 의 토지를 침범하지 않고는 차량이 A 의 상가 주차장으로 진입하기 어려운 상황이다 . 판례에 따르면 , 통행지 소유자의 침해를 최소화하는 범위 내에서 현재 토지의 용법에 따른 이용범위의 통행권을 인정하고 있다 .
따라서 A 는 입구 토지소유주인 B 의 침해를 최소화하는 범위에서 토지의 사용 용법에 따라 상가 건물로 차량 1 대가 진입할 수 있는 너비만큼의 통행권을 B 로부터 인정받을 수 있을 것이다 . 이 경우 A 는 B 에게 침범하는 토지에 상응하는 통행료 및 통로개설 비용을 지급할 의무가 있다 .

하지만 통행료를 지급하지 않더라도 채무불이행의 문제만 발생할 뿐 통행권이 소멸되지는 않는다.

다만, ① A가 합리적인 다른 통로를 낼 여지가 있는 경우 ② B의 소유지가 평온한 주거지로 사용되고 있는 경우 ③ A가 스스로 다른 입구를 폐쇄하여 이를 자초한 경우에는 A가 B의 토지를 침범하면서까지 통행권을 인정받을 수는 없을 것이다.

Tip. : 도로의 소유자 확인은 필수

일반적인 토지의 가치를 따질 때 가장 먼저 확인하는 것은 도로와 접했느냐 하는 것이다. 하지만 일반매매나 토지경매시 지적도상 분명히 도로와 접해 있는데, 사실상 맹지인 경우가 있다. 다시 말해 아스팔트로 포장되어 있는 도로라 하더라도 도로의 소유주가 국가가 아니라면 맹지나 다름 없다는 말이다.

일반적으로 경매나 일반거래시 각종 서류들을 확인하지만 도로 부분의 소유자에 대해서는 확인을 하지 않는 것이 다반사이고, 일단 경매나 매매를 완료한 후 건축을 목적으로 '건축허가신청'을 하였을 때 접한 토지의 "도로"가 개인이 소유로 되어 있다면 100% 건축허가는 반려된다.

이유는 도로소유자의 '토지사용승낙서'를 첨부하라고 하는데, 본인은 전혀 쓸모없는 도로라 하더라도 그런 서류를 받으려면 정말 쉬운 일이 아니기 때문이다.

관련 토지 내에 등기된 건축물이 존재한다면 '토지사용승낙' 역시 승계되기 때문에 별문제가 없지만 아무것도 없는 토지라면 국가를 상대로 소송을 준비해야 하고, 승소할 확률도 많지 않다.

필자 역시 부끄럽게도 위와 같은 토지를 일반매매로 3억 5천만 원에 매입했다가 3년간 대출금 이자를 포함해 약 1억 원을 까먹고 손을 들었던 경험이 있다. 1억 원이라는 수업료를 낸 셈인데, 이제는 역으로 "도로"라고 나오는 물건의 경매를 찾으러 다닌다

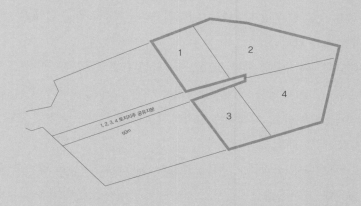

질의응답으로 보는 현황도로의 이해

Q : 현황도로 사용승낙서를 써 주게 되면 지적도상 도로로 기입 표시되는지요?

A : 건축법에서는 현황도로 역시 도로라고 봅니다.

현황도로라 할지라도 현황도로의 지목이 "도"로 되어 있지 않을 경우에는 현황도로의 소유자에게 도로로 사용해도 된다는 인감증명서가 첨부된 도로사용승낙서를 받아야 합니다. 현황도로 소유자 입장에서는 자기 땅에 지상권이 설정되어 불이익을 당하기 때문에 꺼릴 수밖에 없습니다. 멀쩡한 자기 땅을 남 좋은 일에 헌납하게 되는 경우이지요.

Q : 현황도로 대지소유자가 끝까지 승낙을 해 주지 않으면 다른 방법은 없는지요?

A : 현황도로 지주가 도로사용승낙을 하지 않을 경우라도 끝까지 설득하는 것이 가장 좋은 방법입니다. 이것이 여의치 않을 경우 법에 의지하는 방법이 있기는 합니다.

"1975년도 이전에도 현황도로로 사용하였다면 도로사용승낙서를 받지 않아도 된다."는 협의를 ○○지자체에서 내린 적이 있습니다. 1975년 건축법을 개정하면서 그 이전에는 인정하지 않았던 현황도로를 인정하게 된 것이지요.

물론 1975년도 이전에도 현황도로로 사용했다는 내용을 입증할 수 있어야 합니다. 토목측량설계사무소에서 자세한 내용을 파악해 보십시오.

도로가 임야이거나 현황도로가 임야인 경우 공유지분으로 도로가 되어 있는 경우가 많습니다. 이때 도로소유자들의 토지(도로)사용승낙서를 받아야 합니다. 도로, 건축물, 임야(나무 심는 것)는 지상권으로 한 번 토지사용 승낙 받으면 30년입니다. 일정액의 사용료 주어야 건축허가가 가능할 것입니다.

경매시 도로를 보유한 사람들이 순순히 토지사용승낙서를 해 줄 것인지 여부는 상담자의 능력에 달려 있으며, 애당초 그런 토지는 경매를 받지 않았어야 합니다.

부동산투자(중개업)에서도 경매교환분양권은 대체로 좋아하지 않습니다.

Q : 현황도로가 20년 이상 유지된 것이라면 시효취득이 된다고 하는데, 이와 같은 경우에도 성립되는지요? 20년 이상 무사히 사용되어 왔다면 토지소유주가 확보할 수 있는 권리는 무엇이겠습니까? 시효취득이라 함은 토지에 대한 권리가 완전히 넘어가는 것을 의미합니까?

A : 이런 경우 취득시효에는 두 가지가 있습니다. 지역권의 취득시효와 소유권의 취득시효입니다. 지역권은 통행할 수 있는 권리를 등기하는 것을 말하고, 소유권의 취득시효는 소유권 자체가 넘어가는 것을 말하는데, 상대가 질문자에게 취득시효를 주장할 수는 없습니다. 하지만 질문자께서 그대로 방치해 20년이 지나면 취득시효를 주장할 수 있습니다.

지적도상에는 도로가 없는 맹지이지만 출입을 위한 현황도로가 있는 경우가 있습니다. 이런 경우에 그 길이 다수인이 통행하는 유일한 통로인 경우+이용자의 세대수가 5인 이상인 경우+수 년 동안 주민들이 도로로 이용해 왔으며, 시장·군수가 이미 인정한 관습도로인 경우에는 원 지주의 도로사용승낙서를 받지 않고도 부지 담당공무원의 현장확인과 사실증명 그리고 지정공고의 절차를 거쳐 건축허가를 내주는 경우도 있습니다.

이와 같은 현황도로를 건축법에서는 현황도로라고 부르며 현황도로는 개인의 토지라도 임의대로 차단할 수가 없으며 다만 민법상의 사용료 부분만이 남을 뿐입니다.

만일 현황도로가 행정기관 소유의 토지이고 유일한 통로라면 행정기관에서는 마땅히 통로를 양보해 주어야 하고 그에 소요되는 부지는 정당한 가격으로 개인에게 매입 되어야 합니다.

만약 그것을 빌미로 행정기관이 건축허가를 해 주지 않는다면 그것은 행정기관의 횡포이므로 상급기관에 행정심판 혹은 법원에 행정소송을 제기하여 개인의 권리를 보장받아야 할 것입니다.

이것은 1975년 12월 31일 개정된 "너비 4미터 이상의 도로는 너비 4미터 미만의 도로와는 달리 시장, 군수가 도로로 지정하지 않은 사실상의 도로라 하더라도 건축법상의 도로에 해당한다 할 것이니, 사실상의 도로가 그 너비가 4미터 이상으로서 1975년 12 월 31일 이전에 이미 주민들의 통행로로 이용되고 있었다면 이는 건축법상의 도로에 해당한다." (1994년 1월 28일 대법원 제3부)라고 한 건축법 부칙 제2조 규정에 따른 것입니다.

즉 1975년 12월 31일 이전에 도로로 사용된 4미터 이상의 도로는 건축법상의 도로로 인정될 수도 있으나 그 이후의 경우는 건축법상 도로로 인정이 되지 않으며 건축시나 허가신고시에 허가권자의 지정·공고를 받아야 한다는 것입니다.

그러나 사실상의 경우 현실적으로 1975년 12월 31일 이전부터 사용되고 있었다는 판단의 여부, 다수의 실질적 통행 여부의 판단 방법, 동일로변상에 건축물이 이미 존재하는지 유무 등 관련 지자체, 지역별 또는 허가권자에 따라 그 판단기준이 다를 수 있으므로 부지 확보 전에 해당관청에 미리 확인을 해보는 것이 좋겠습니다.

시·도별	조항	이해관계인의 동의를 받지 않아도 되는 경우
서울특별시	27	1. 복개된 하천·구거부지 2. 제방도로 3. 공원 내 도로
부산광역시	27	불특정 다수인이 장기간 계속 사용해 온 통행로

대구광역시	21	너비 4m 이상인 통과도로 또는 건축법 시행령 제32조의 3의 규정에 규정된 기준 이상인 도로로서 다음 각 호의 어느 하나와 같다. 1. 통행로로 사용되는 토지의 소유자가 행방불명된 경우 2. 전기·수도·하수도·가스 등 공공기반시설이 설치되어 있는 경우 3. 기타 허가권자가 이해관계인의 동의가 필요하지 아니하다고 인정하는 경우
인천광역시	24	1. 국토의 계획 및 이용에 관한 법률에 의하여 결정고시가 되었으나 미개설된 도로 안에 포함되어 있는 통로 2. 여객 자동차 운수사업법에 의한 시내버스(한정면허 포함) 노선으로 이용하고 있는 사실상의 통로 3. 복개된 하천, 구거부지로서 폭 4m 이상의 포장된 통로 4. 제방도로 및 공원 내 도로로서 건축물이 접하여 있는 통로 5. 사실상 주민이 이용하고 있는 통로를 도로로 인정하여 건축을 허가하였으나 도로로 지정한 근거가 없는 통로
광주광역시	30	1. 통행로로 사용되는 토지소유주가 행방불명된 경우 2. 복개된 하천·구거부지 3. 제방도로 4. 공원 내 도로 5. 사실상 주민이 사용하고 있는 통로로서 건축물이 접해 있는 것
대전광역시	28	1. 복개된 하천 및 구거부지 2. 공원 내 도로 3. 제방도로 4. 통행로로 사용되는 토지소유주가 행방불명된 경우
세종 특별자치시	31	사유지인 경우에는 포장(아스팔트나 콘크리트 등으로 포장된 것을 말한다.) 되어 사용 중인 경우로 한정한다. 1. 공공사업에 의하여 개설되어 부민들이 장기간 이용하고 있는 사실상의 도로 2. 5호(기구) 이상의 주민들이 수 년간 통행로로 사용하고 있는 경우로서 등 통로가 유일한 통로인 경우 3. 도로 사용을 목적으로 주민이 통로로 사용하고 있는 복개된 하천·제방·구거·농로·공원 안 도로 그 밖에 이와 비슷한 국·공유지 4. 현재 주민이 사용하고 있는 통로를 이용하여 건축허가(신고)된 사실이 있는 건축물의 진입로로 사용하는 도로
울산광역시	23	1. 사람들이 장기간 통로로 이용하고 있는 사실상의 통로로서 해당 통로가 하나뿐인 통로인 경우. 또는 당해 통로를 이용하여 건축허가한 사실이 있는 통로 2. 하천이나 제방 등으로 연결되는 통로인 경우(제방도로 포함) 3. 사실상의 도로로서 새마을사업 등으로 포장 또는 확장이 된 도로 4. 복개된 하천 또는 구거부지

실무에서 자주 언급되는 현황도로 관련 질문

대지는 건축이 가능한 땅을 말하는데, 건축이 가능하기 위해서는 반드시 도로에 2미터 이상을 접해야 한다.

다만, 대지 주위에 교통, 광장, 공원, 유원지 등 건축이 금지되고 공중의 통행에 지장이 없는 공지가 있는 경우, 당해 건축물의 출입에 지장이 없다고 허가권자가 인정하는 경우는 그러하지 아니하다.

대지에 접하는 통과 도로는 그 너비가 4미터 이상 막다른 도로는 그 도로 길이에 따라 2~6미터 이상이어야 하며, 그 도로에 접하는 길이는 최소 2미터가 되어야 한다.

그러나 연면적의 합계가 2천 제곱미터 이상인 건축물을 건축하는 대지는 너비 6미터 이상의 도로에 4미터 이상이 접해야 한다.

여기서, 도로라 함은 자동차만의 통행에 사용되는 도로는 제외한다.

Q : 미개설된 너비 6미터의 예정도로가 접한 경우에 2천 제곱미터 이상의 건축물의 허가가 가능한가요?

A : 건축법 제2조 제15호에서 도로법, 도시계획법 등 관계법에서 결정고시된 것도 도로로 보고 있으므로 미개설되었다 하더라도 건축허가가 가능합니다.

Q : 교통광장에 접한 경우 건축이 가능합니까?

A : 교통광장은 도로가 아니지만 보행 및 차량의 통행에 지장이 없다고 시장 등이 인정하는 경우에는 도로의 기능이 있다고 보아 건축이 가능합니다.

Q : 진입도로가 없는 대지에 너비 6미터의 통로를 설치할 계획으로 건축허가가 가능한가요?

A : 도로지정절차를 거쳐 도로관리대장을 작성해야만 건축법에 의한 도로로 인정되어 건축이 가능합니다.

Q : 연면적 합계가 2천 제곱미터 이상인 건축물을 건축할 대지에 접한 도로의 너비가 6미터가 안 된다면 2천 제곱미터 이하의 건축물로 각각 나누어서 건축하면 가능한가요?

A : 불가능합니다. 연면적의 합계란 한 대지 내에 건축하는 각각의 연면적을 합한 것을 말하기 때문에 그 면적이 2천 제곱미터가 넘는다면 반드시 너비 6미터 이상의 도로에 접해야 합니다.

현황도로라도 4미터 이상의 너비라면 OK

이런 항변이 있을 수 있다.

"아무리 법도 좋지만, 수십 년간 도로로 사용해 왔고 또 도로의 너비도 4미터가 넘는데, 뭔가 융통성은 있어야 하는 게 아닌가?"

옳은 말이다.

1975년 12월 31일 개정된 건축법 부칙 제2조 규정을 보면 현황도로라 하더라도 너비가 4미터 이상인 경우에는 건축법상 도로로 인정하도록 되어 있다.

"너비 4미터 이상의 도로는 너비 4미터 미만의 도로와는 달리 시장, 군수가 도로로 지정하지 않은 사실상의 도로라 하더라도 건축법상의 도로에 해당한다 할 것이나, 사실상의 도로가 너비가 4미터 이상으로서 1975년 12월 31일 이전에 이미 주민들의 통행로로 이용되고 있었다면 이는 건축법상의 도로에 해당한다." (1994년 1월 28일 대법원 제3부) 요컨대 1975년 12월 31일 이전에 통행로로 사용된 너비 4미터 이상의 현황도로는 별도의 수고를 하지 않고서도 건축물의 건축이 가능하다는 말이다.

Q : 반대로 1975년 12월 31일 이전의 통행로이긴 하지만 4미터가 안 되는 도로의 경우는 건축법상 도로가 되지 않는 것입니까?

A : 그렇습니다.

Q : 그렇다면 너비는 4미터가 넘지만, 1975년 12월 31일 이후에 생긴 사실상의 도로, 즉 현황도로는 어떻습니까?

A : 마찬가지로 건축법상의 도로가 아닙니다. 이 경우에도 도로가 되기 위해서는 건축허가나 건축신고시에 허가권자가 위치를 지정·공고할 경우에만 가능합니다.

현황도로의 사례 분석

대지를 매입할 당시의 대화 내용입니다.
Q :
군청 관계자 a : "현황도로가 있는가?"
본인 : "자동차가 진입할 수 있는 도로가 있다."
군청 관계자 a : "그러면 건축이 가능하다."

위와 같은 문의를 거쳐 대지를 매입하였습니다. 하지만 1개월여의 준비 과정을 거쳐 착공신고를 위해 시청을 방문해 문의하니 해당지역 담당자의 설명은 달랐습니다.
군청 관계자 b : "이 지역은 적도상 막다른 도로이고 도로폭이 6미터 이상이어야 함에도 2미터에 불과하므로 건축이 불가하다."

본인 : "대지를 매입할 때 도로폭에 관하여 언급을 하지 않았고, 실제 막다른 도로도 아닌 통과도로이며 진입측 도로의 폭은 3미터 이상이다."

군청 관계자 b : "그러면 진입로에 포함된 토지소유주들로부터 도로를 사용해도 좋다는 동의서와 인감날인, 인감증명서를 첨부해서 제출해라."

이렇게 해서 마을 관계자분들께 사정 이야기를 하고 동의서를 작성해 서명 및 인감 날인과 인감증명서까지 첨부하여 제출하였습니다.

이제 측량을 할 차례가 되었습니다. 측량은 두 번에 걸쳐서 해야 하는데, 경계측량을 한 후에 착공신고를 하면서 건축기준선을 정하기 위해 분할측량을 해야 한다고 합니다. 분할측량이 되지 않으면 준공이 되지 않는다고 하고, 분할측량은 도로로 나갈 부분을 구획을 정하여 번지수 등록을 별도로 하고 지목도 "도"로 표시가 된다고 합니다.

도로변에 대지가 접해 있으므로 도로로부터 후퇴하여 건축선을 정해야 하는데, 기준이 막다른 도로와 통과도로의 경우 두 가지가 다르다고 합니다. 검색을 해보니 막다른 도로는 도로 중심으로부터 3미터, 통과도로는 중심으로부터 2미터를 확보해야 한다고 합니다. 즉 각각 도로폭이 6미터, 4미터는 되어야 한다는 거지요.

지적도상에는 길이 끊어져 있으므로 6미터 도로폭을 확보해야 하므로 건축경계선은 도로 중심으로부터 3미터 후퇴해야 한다고 합니다.

그렇게 하면 현재 대지에 접해 있는 도로가 약 2미터이므로(진입로 측은 3미터 이상이 됨) 대지는 경계로부터 2미터를 후퇴해야 하고, 차후에 길로 나가게 될 면적이 약 70제곱미터가 됩니다.

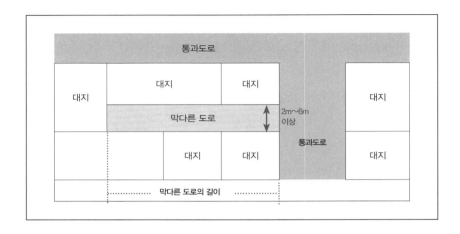

그렇지만 만약 현황도로를 인정해 준다면 마당으로 1미터 폭을 더 확보할 수가 있게 되어서 이 부분이 가능한지 궁금합니다.

진입로 이후 부분의 도로는 폭이 약 2미터 이상인데, 이 도로에 대해서도 지적도상 도로가 아니므로 현황도로의 토지소유주들로부터 동의서를 받아야 하는지, 안 받아도 되는지, 받아도 소용이 없는지?

집을 짓는다는 것이 쉽지 않다는 것은 생각하고 있었지만 전혀 예상치 못했던 부분에서 터지는 일들은 쉬 감당이 되지 않네요. 조언을 부탁드립니다.

A : 현황도로라 하여 4미터 폭만 확보해도 된다는 뜻이 아닙니다. 건축법에서는 막다른 도로일 경우, 막다른 도로의 길이가 35미터 이상일 경우에는 6미터의 도로폭(읍면 지역은 4미터)을 확보하도록 되어 있습니다.

질문자의 설명대로라면 읍면 지역이 아닌 도시지역으로서 35미터 이상의 막다른 도로에 해당하는 것 같으므로 6미터 도로폭을 확보하여야 하는 것으로 판단됩니다.

하 지만 통과도로인 경우 소요 너비에 미달되는 도로는 도로 중심선에서 1/2 수평거리를 후퇴하여 건축선을 지정하도록 되어 있습니다. 통과도로라면 소요 폭 4미터만 확보하면 됩니다. 따라서 중심선에서 내 땅으로 2미터만 이격하면 됩니다.

현황도로 : 허가권자의 지정 · 공고 절차가 필요

건축 관계자들이 흔히 쓰는 용어인 현황도로는 지적도에 도로로 표시되어 있지 않으나 수십 년 동안 도로로 이용되어 온 '사실상의 도로'를 일컫는 말이다. 토지를 구매하는 사람의 입장에선 "지적도에 나오고 나오지 않고가 뭐 그리 중요한가? 도로만 있으면 되지…."라고 생각할 수도 있다.

하지만 큰 오산이다. 현황도로, 즉 사실상의 도로는 기능면에서는 손색이 없을지 몰라도 막상 건축을 하고자 할 때는 빛 좋은 개살구에 지나지 않게 된다. 왜냐하면 앞서도 말했듯이 건축허가를 받기 위해서는 도시계획법, 도로법, 사도법 등에 의하여 고시돼 개설되거나 건축허가시 허가권자가 그 위치를 지정·공고한 도로가 있어야 하는데, 현황도로는 그렇지 않기 때문이다.

Q : 지적도에 도로로 표시되지 않았다고 해서 수십 년 동안 사용한 도로를 인정할 수 없다는 말입니까?

A : 결론적으로 그렇습니다. 건축을 하기 위해서는 사도법에 의한 사도 개설허가를 받거나 건축허가나 신고시에 허가권자가 그 위치를 도로로 지정·공고하는 경우에만 가능합니다.

Q : 건축허가나 신고시에 허가권자로부터 도로로 지정받을 수 있는 방법과 절차는 어떻게 됩니까?

A : 도로로 지정하고자 하는 토지소유주의 동의와 이 도로에 대한 이해관계자의 동의를 얻어야 하는데, 건축을 하고자 하는 사람이 이에 대한 증빙자료를 갖추어 건축허가신청시에 제출하면 됩니다.

도로의 너비, 연장, 구간, 위치 등을 확인하여 건축허가신청 절차를 밟아 허가가 된 경우는 도로로 지정한 것으로 보아야 합니다. 이때 허가권자는 별도의 도로관리대장을 작성, 관리하도록 규정하고 있습니다.

통로는 도로가 아니다

어느 토지에 통로가 없어 전혀 다닐 수 없는 맹지(도로가 없어서 다닐 수 없는 토지)인 경우 토지소유주는 그 주위의 토지를 통행할 수 있고, 필요한 경우에는 통로通路의 개설을 요구할 수 있을까?

민법 제219조의 규정에 따르면 가능하다.

이때 통로개설시 그 토지소유주의 손해가 가장 적은 장소와 방법을 선택해야 하며 그 대신 통행권자는 토지소유주의 손해를 보상해 주어야 한다. 다만, 이 경우 확보해야 할 통로 너비에 대한 특별한 규정은 없다. 건축허가에 필요한 도로 너비나 자동차 운행이 가능할 정도의 너비까지 확보해 주어야 할 의무는 없다고 보는 것이 통설이다.

이와 관련한 대법원 판결문을 보면, "주위토지통행권의 범위는 통행권을 가진 자에게 필요할 뿐 아니라 이로 인한 주위 토지소유주의 손해가 가장 적은 장소와 방법의 범위 내에서 인정되는 것이므로 사람이 주택에 출입하여 다소의 물건을 공로로 운반하는 등의 일상생활을 영위하는 데 필요한 범위의 노폭까지 인정되고, 토지의 이용 방법에 따라서는 자동차 등이 통과할 수 있는 통로의 개설도 허용되지만 단지 생활상의 편의를 위해다소 필요한 상태라고 여겨지는 정도에 그치는 경우까지 자동차의 통행을 허용한 것은 아니다."(대법 94. 10. 21. 94 다 16076)라고 되어 있다.

확보된 통로에 대해서는 그 토지소유주가 마음대로 폐쇄하거나 장애물을 설치하여 통행을 방해할 수 없다. 이와 관련한 대법원 판결에 의하면 교통방해죄에 해당한다.

형법 제185조 소정의 육로라 함은 사실상 일반 공중의 왕래에 공용되는 육상의 통로를 널리 일컫는 것으로서 그 대지의 소유 관계 또는 통행인의 많고 적음 등은 가리지 않는 것이며, 주민들에 의하여 공로로 통하는 유일한 통행로로 오랫동안 이용되어온 폭 2미터의 골목길을 자신의 소유라는 이유로 폭 50센티미터 내지 75센티미터 가량만 남겨 두고 담장을 설치해 주민들의 통행을 현저히 곤란하게 하였다면 일반 교통방해죄에 해당한다. (대법 94. 11. 4. 94 도 2112)

차와 사람이 함께 다닐 수 있는 도로

건축법에 있어서 도로는 매우 중요하다. 건축하고자 하는 대지가 도로에 접했는지 아닌지에 따라 건축허가 가능 여부가 결정되고 또한 건축물의 규모도 전면 도로의 너비에 의해 달라지기 때문이다.

건축법에서 도로라 함은 보행과 자동차 통행이 동시에 가능한 너비 4미터 이상의 통과도로여야 한다. 그리고 도시계획법, 도로법, 사도법 등 기타 관계법령에 의하여 신설되거나 변경에 관한 고시가 된 예정도로와 지적상 도로가 없는 경우라도 건축허가 신고시에 허가권자가 그 위치를 지정·공고한 도로는 건축법에 의한 도로로 본다.

현황도로일지라도 자동차 통행만 가능한 고속도로, 고가도로, 자동차전용도로 등은 대지에 접해 있다 하더라도 사실상 대지에 접근하기가 불가능하고 보행 또한 불가능하므로 건축법에 의한 도로로 인정하지 않는다.

자동차전용도로 이외에 따로 보행이 가능한 도로가 있다면 건축허가는 가능하다. 도로는 개설되어 사용할 수 있어야 함이 원칙이나, 도시계획 예정도로라도 우선 통행에 지장이 없는 통로가 따로 있다면 그 예정도로를 건축법에 의한 도로로 보아 건축이 가능하다.

그 도시계획 예정도로가 사유지일 때는 소유자의 동의를 따로 받을 필요가 없다고 건설교통부에서 해석하고 있다.(건설부 건축 01254-20733. 90. 8. 11) 왜냐하면 향후 공공기관에서 도로를 개설할 때에 보상을 하기 때문이다. 통과도로의 너비는 4미터 이상이어야 한다. 그러나 막다른 도로는 도로의 길이에 따라 너비가 다르다.

건축법 시행령 제3조의 3 (지형적 조건 등에 따른 도로의 구조 및 너비)

막다른 도로의 길이 도로의 너비

막다른 도로의 길이	도로의 너비
10m 미만	2m
10m 이상 35m 미만	3m
35m 이상	6m(도시지역이 아닌 읍·면 지역은 4m)

법 제2조 제1항 제11호에서 "대통령령이 정하는 구조 및 너비의 도로" 라 함은 다음 각호의 1에 해당하는 도로를 말한다.〈개정 2002.12.26〉

1. 지형적 조건으로 차량통행을 위한 도로의 설치가 곤란하다고 인정하여 시장·군수·구청장이 그 위치를 지정·공고하는 구간 안의 너비 3미터 이상(길이가 10미터 미만인 막다른 도로인 경우에는 너비 2미터 이상)인 도로.

2. 제1호에 해당하지 아니 하는 막다른 도로로서 당해 도로의 너비가 그 길이에 따라 각각 다음 표에 정하는 기준 이상인 도로.

현황도로도 절대 안전하지 않은 도로 분쟁

도로사용승낙서 받기

현행법상 지목이 "도로"로 표기되지 않은 포장도로의 경우에 다수가 출입하는 현황도로(지목이 "도로"가 아닌 경우로서 포장이 되어 있는 도로)로 인정되어 토지사용승낙 없이 포장도로를 경유하여 진입하는 토지의 개발행위허가가 가능하다.

단, 개발행위라는 법규가 생겨난 이후에 인·허가를 득한 신규개설도로의 경우는 목적사업이 준공되어야 하며 목적사업이 준공되지 않은 포장도로를 이용한 추가 허가(이런 도로를 '계획상 도로'라 함)는 불가하다.

사진의 도로는 오래 전부터 포장이 되어 다수(5가구 이상)가 출입하는 도로다. 이 현황도로를 경유하여 진입하는 토지의 대부분이 개발행위허가를 득하였으나 토지소유주가 무단히 도로사용을 금하여 한동안 폐쇄되었으

며 분쟁으로 인한 소송까지 재기돼 판결을 받은 상태다.

판결문에는 "본 도로는 개인의 사유 토지로서 타인이 무단 사용하는 것에 대하여 법적으로 문제를 제기한 토지소유주(도로소유자)의 도로 폐쇄는 이유 있다." 하여 토지소유주의 손을 들어 주었다.

토지소유주의 배려로 대형 차량은 출입할 수 없지만 승용차 정도는 출입하고 있는데, 이 정도면 주민들이 공동 부담하여 땅값을 주고 도로를 넓혀야 하지만 아무도 나서고 있지 않은 채로 몇 년을 이렇게 사용하고 있는 중이었기 때문이다.

토지를 구입할 때 인·허가에 아무런 지장 없이 현황도로를 경유한다 하여도 이런 문제가 발생하므로 주의하여야 할 것 같다. 간혹 토지사용승낙서를 받고 인·허가를 득하여 건축한 후 제3자에게 매도한 뒤에 토지사용승낙을 받은 도로가 폐쇄되는 경우를 보기도 한다.

이때 토지사용승낙자에게 항의하면 이런 얘기를 한다.

"내가 승낙한 건 예전 소유자이지 새로운 소유자 명의로 승낙해 준 것은 아니다."

이때에도 새로 인수한 제3자는 대항력이 없어진다. 분명히 수임자가 아니기 때문이다. 이러한 경우를 대비해 승낙서를 받을 때는 수임자와 수락 토지 지번을 꼭 함께 기입하고 사용자가 바뀌어도 무관하다는 단서를 달아 놓아야 하며 승낙서가 필요할 경우 재발급을 해 준다는 단서도 함께 달아야 한다.

토지를 구매할 때 현황도로에 대해서는 꼭 유의해야 한다. 만일 사전조사에서 도로소유자가 불평을 많이 한다는 소문이 들리면 주의해야 할 일이다. 심기가 불편해지면 막아버리는 것이 현황도로다.

TIP.

✕ 토지사용승낙과 제 3 자 대항력

1. 도로는 사도와 공도가 있다 .

2. 사도란 공부상 (지적도 , 토지대장) 에는 도로지만 그 소유자가 개인인 경우가 있다 .

3. 따라서 도로가 국공유지 등으로 되어 있다면 사용하는 데 아무런 문제가 없지만 사유지인 경우
   에는 사용에 제한이 따를 수 있다 .

4. 또한 토지사용승낙이란 채권관계를 말하므로 제 3 자에게는 대항력이 없다 .

5. 매수시에는 토지사용승낙서를 매수인 앞으로 다시 받아야 유효하다 .

▶ 토지사용승낙의 승계

도로개설 목적으로 토지사용승낙을 해 주었더라도 소유권 및 사용이나 매매할 수 있는 권리는 그
대로 존재한다 .

1. 승낙을 받고 도로를 개설한 사람이 토지에 도로개설을 위한 포장등 토목공사나 지상공작물을
   설치했을 경우 이 포장 (석축 , 토목공사 등 포함) 부분은 지상권이 성립하게 되어 다른 사람
   이 포장된 부분을 사용하게 된다면 당연히 포장한 사람 (도로개설자) 에게 사용동의를 먼저
   받아야 한다 .

2. 도로개설 부분을 나중에 다른 사람에게 포함해서 매매한다면 민법상 앞 사람에게 승낙해 준 토
   지사용승낙은 무효가 된다 . 따라서 도로개설 부분을 포함해서 매수한 새로운 사람은 개설된
   도로에 대하여 소유권을 행사하며 , 개설된 도로에 대하여 또다시 사료를 청구해서 받거나
   차단할 수 있는 권리가 생긴다 . 이렇게 되면 토지 매도인은 기 수령한 사용료 반환 문제뿐만 아
   니라 먼저 사용승낙을 받아 도로를 개설한 사람으로부터 손해배상청구를 당할 수 있다 .

   이런 경우 토지 매매시에는 반드시 먼저 승낙해 준 도로개설 부분에 대하여 명확하게 매매계약
   서 특약사항에 기재할 필요가 있다 . 즉 먼저 ○○○에게 해 준 도로개설 승낙에 대하여는 매수
   인이 조건 없이 승계하기로 한다 등등 . 아니면 차제에 계약조건으로 개설도로 부분을 분할 측량
   해서 도로사용자 지분으로 공동 등기하도록 하든지 또 다른 방법으로는 매매계약 전에 도로
   개설 부분에 대하여 귀하 토지를 승역지 , 도로개설자 토지를 요역지로 해서 지역권 설정 (도로
   사용 목적) 을 하는 것이 가장 좋을 것이다 .

   이러한 경우를 대비해 승낙서를 받을 때 수임자와 수락토지 지번을 함께 기입하고 사용자가 바
   뀌어도 무관하다는 단서를 꼭 달아 놓아야 하며 승낙서가 필요할 경우 재발급을 해 준다는 단
   서도 함께 달아야 한다 .

토지(도로)사용 동의서

1. 토지(도로)의 표시

토지소재지				지목	지적 (m²)	사용승낙 면적(m²)	비고
시·군	읍·면	동·리	지번				
계							

2. 토지(도로) 소유지 또는 사용권자

주소	
성명	주민(법인)등록번호

3. 토지(도로) 사용자

주소	
성명	주민(법인)등록번호
사용목적	사용목적

상기 토지(도로)의 소유자 또는 사용권자인 본인은 상기 토지는 현황도로로서 아래 사용권자가

진출입로로 사용함에 대하여 이의 및 문제를 제기하지 않을 것을 동의합니다.

년   월   일

토지소유주
            주소 :
            주민(법인)등록번호 :
            성명(상호명) :

            주소 :
            주민(법인)등록번호 :
            성명(상호명) :

* 동의자 인감증명 1 통

OO군수(시장)   귀하

수없이 일어나는 도로분쟁

실제로 현장에서 상담을 하다 보면 많은 분들이 도로 문제로 인해 고통을 받고 있다는 걸 확인할 수 있다.

양평 지역만 하더라도 수십 아니 수백 군데에서 도로로 인한 크고 작은 민원이나 분쟁이 끊이지 않고 있어 큰 사회문제가 되고 있다. 이것은 개인의 소유권이란 '사권보장'과 "도로"라는 공적 재산과의 충돌이라고 볼 수 있는데, 딱 떨어지는 정답이나 해결책이 없으니 참 답답한 문제다.

먼저 개발하고자 하는 토지(건축 포함)가 도로에 직접 접하고 있다면 개발행위허가를 받는 데 아무 문제가 없는 최상의 조건이라 할 수 있지만, 도로에 직접 접하지 않은 경우가 많다는 게 문제다. 따라서 개발행위허가를 받으려면 지적법상 도로에서 해당 필지까지 진입할 수 있는 도로를 확보해야 한다. 그것을 인·허가와 관련하여 진입로라고 한다.

대개의 경우는 이해당사자가 있다면 그 이해당사자의 승낙을 받아 도로(사도)개설 허가를 받은 후 개발이나 건축을 한다. 그리고 준공 후에는 사용승낙을 받은 사도 부분은 지목이 "도"로 바뀌는 것이다.

일단은 건축법상 도로의 조건을 알아보자.

일반적으로는 건축물의 대지는 2미터 이상이 도로에 접해야 한다. 그리고 건축을 하려고 할 때, 흔히 접하는 막다른 도로의 경우에는 주도로에서 그 필지까지의 거리가 10미터 미만일 경우는 2미터의 너비, 10~35미터 미만일 경우는 3미터의 너비, 35미터 이상은 6미터 도시지역이 아닌 읍·면 지역은 4미터가 되어야 한다.

이어서 현장에서 분쟁이 많은 공부상 도로와 현황상 도로에 대해 알아보자.

일단 개발행위를 하기 위해서는 지적도상 도로이고, 그 현황에서도 도로, 즉 그 공부상 도로와 현황상 도로가 일치함을 원칙으로 한다.

그런데 우리가 실질적인 투자나 개발(건축)행위를 할 때 흔히 겪는 계약의 경우는, 현황은 지적도상 길 없는 땅(맹지라 한다)이나, 도로사용승낙을 조건으로 매매가 체결되는 경우가 많다.

이때는 사용승낙을 해 준 토지소유주(승역지)의 인감이 첨부된 승낙서(토지사용승낙서)가 있으면 계약은 별 문제없이 체결될 수 있으나, 문제는 이때부터다.

다행히 토지를 매입한 사람(요역지)이 애초의 계획대로 개발(건축)행위를 하여, 준공을 받아서 지목이 "도"로 바뀌면 아무 문제가 없다. 하지만 어떠한 이유 때문에 그 행위를 하지 못한 상태에서 첫째, 본인(요역지 소유자)이 토지를 다시 매매하는 경우나, 승낙서를 써 준 토지소유주(승역지 소유자)의 소유권이 바뀔 경우, 이때부터 문제가 어려워진다.

먼저 원칙적으로는 첫째의 경우 현 토지소유주가 사용승낙서를 받았다면, 후의 계약자에게 승계를 시켜주면 되고, 둘째 경우는 승낙서를 해 준 소유자의 소유권이 바뀔 경우에도 전의 소유자가 다른 필지의 소유자에게 사용승낙을 해 주었기 때문에 그 승낙서는 유효하다.

그런데 현장에서의 여러 경우들을 보면 그렇게 원칙대로, 간단하게 해결될 문제가 아니다. 일단 허가 목적대로 개발 행위를 하지 않았기 때문에 현재 공부상 소유자와 사용승낙서상 명의인이 동일하지 않을 경우, 관청에서는 나중에 있을지 모르는 민원 등을 생각해서 현재 소유자의 명의로 된 사용승낙서(인감첨부)를 다시 요구한다.

물론 토지사용승낙서를 받은 사람이나 해 준 사람이나, 승낙서를 해 줄 당시에는 어떤 종류든 반대급부가 있었기 때문에 사용승낙서를 해 주었을 것이다. 그것이 금전이든 아니면 내가 개발한 토지를 팔기 위해서든 1차 당사자 사이에서는 문제가 거의 발생하지 않는다.

문제는 이후에 소유권 이전이 이루어져 책임 공방이 벌어질 때이다.

여기서 명확히 알아야 할 것이 있다. 그것은 관청에서의 인·허가에 관련된 문제와 민형사상의 법적인 문제는 별개의 문제로 판단해야 한다는 것이다. 즉 위의 둘째 경우처럼 사용승낙을 해 준 토지소유주(승역지)가 매매를 하여 소유권 이전이 이루어질 당시, 그 내용을 매수할 매수인에게 도로 부분의 "사용승낙의 승계"를 특약사항으로 매매를 하더라도, 그 매수인이 기존의 토지사용승낙서를 갖고 있는 요역지 토지소유주에게는 "도로"에 대해 청구권, 즉 "지료 청구권"이란 민사상의 권리가 당연히 존재하는 것이다.

그래서 필자도 "도로사용승낙서"에 관한 토지 컨설팅은 언제나 어렵고 조심스러울 수밖에 없다. 언제나 상황과 경우에 따라 다르게 적용되기 때문이다.

단, 한 가지 조언을 하자면 현재 길이 없는 토지를 매매하거나 개발을 할 경우 가급적이면 승낙서를 받아야 할 부분(도로 부분)의 사용승낙서를 받을 때 승낙서보다 비용이 들더라도, 적은 면적이라도 소유권을 가져올 수 있다면 나중에 도로 문제에 있어 호미를 써서 막을 일을 괭이를 써서 막게 되는 걸 방지할 수 있다는 것이다.

도로 부분의 소유권을 확보한다면, 도로 부분의 소유권은 공유 형태가 될 것이므로 일종의 담보를 행사하는 것이라 할 수 있다.

전국적으로 "도로" 문제 때문에 굉장히 많은 민원이 발생한다는 사실로 볼 때에도, 최초의 사용승낙서를 받은 경우에는 그 목적 행위를 조금 무리가 되더라도 빠르게 진행해서 공부상 "도"로 만들어 놓는 것이 가장 좋은 방법이라고 보인다.

복잡한 토지사용승낙서의 문제 해결

주위토지통행권

민법은 인접하는 부동산 상호간의 이용을 조절하기 위해서 각 소유자가 가지는 권리를 어느 정도 제한하고, 각 소유자에게 협력의무를 부담시키는 여러 규정을 두고 있다.

이렇게 토지의 통행과 관련해서는 어느 토지와 공로 사이에 그 토지의 용도에 필요한 통로가 없는 경우, 그 토지소유주는 주위의 토지를 통행 또는 통행로로 하지 아니하면 공로에 출입할 수 없거나 과도한 비용을 요하는 때에는 그 주위의 토지를 통행할 수 있고, 필요한 경우에는 통로를 개설할 수 있으며, 이 경우 통행권자는 통행지 소유자의 손해를 보상하여야 한다고 규정하고 있다.

또 필요한 경우에는 통로를 개설할 수 있다고 하여도 이로 인해 그 토지소유주가 입게 되는 손해를 가장 최소화하는 장소와 방법을 선택하여야 하고, 만일 손해가 발생하면 이를 보상하여야 한다.

그리고 일단 주위토지통행권이 발생되었다고 하여도 나중에 그 토지에 접하는 공로가 개설됨으로써 주위토지통행권을 인정할 필요성이 없어지게 되면 그 통행권 역시 소멸하게 된다.

따라서 토지소유주가 일방적으로 통로를 폐쇄하거나, 지나치게 좁은 통로만을 남겨두는 경우에는 법원에 통행방해의 배제를 구하는 소송을 제기할 수도 있으며, 긴급한 경우에는 통행방해 배제의 가처분을 신청할 수도 있다.

그러나 주위토지통행권을 판결에 의해서 확보한다 하여도 단순히 현재에 사용하고자 하는 통행에 따른 문제만 해결되는 것으로서 맹지소유자가 어떤 개발행위에 따른 허가를 받기 위해서는 통행로의 소유자로부터 도로부분을 매수하든지 아니면 토지사용승낙서가 첨부되지 못하면 행위허가를 받을 수 없음을 참고해야 한다.

토지사용승낙서

도로를 위한 토지사용승낙서

주택이나 건물, 공장 등 모든 토지를 개발할 때 반드시 필요한 조건이 있다. 그 중 진입도로는 필수조건으로서 개발목적(조건, 용도)에 따라 진입도로 넓이(폭)를 차등하여 규정하는 경우가 대부분이다.

문제는 진입도로가 없는 맹지나 폭이 좁아 허가조건에 미달하는 경우이다. 이 경우에 인접토지를 진입도로로 매입하여 도로로 사용하면 문제가 없으나 매입하지 못하는 경우가 문제이다.

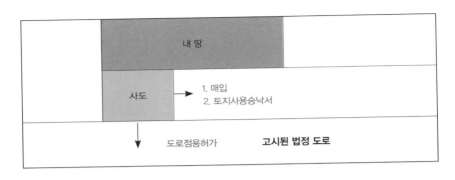

도로를 매입하지 못하는 경우에도 진입도로로 이용해야 하는 인근 토지 소유주로부터 도로사용승낙서를 받아 허가를 득하는 방법이 있다.

문제는 많은 사람들이 단순히 도로사용승낙서만 받는다는 것이다. 이 경우 간혹 행정기관에서 허가를 내주지 않는 경우가 있다. 그 이유는 위치를 특정하여 필지를 분할하는 절차를 거치지 않고 도로사용승낙서와 인감증명서만 받았기 때문이다.

따라서 인접토지를 진입도로로 사용하기 위해 도로사용승낙서를 받은 경우 반드시 주의해야 하는 것은 진입도로로 사용하는 부분을 분할해 그 필지를 특정하여 도로사용승낙서(인감증명서 첨부)를 받아야 한다는 것이다. 이렇게 해야만 행정관청에서 해당 필지에 대하여 도로 고시를 한 후 허가를 내주는 것이다.

① 도로 사용 목적의 토지사용승낙서는 새로 주택을 지으려는 자의 건축허가 요건인 진입도로를 개설하기 위한 그리고 토지소유주의 행정관청의 도로지정에 대한 승낙 의사 표시이다.

② 토지사용승낙서는 주택 신축자에 대한 토지소유주의 토지사용을 허락하는 채권계약으로서, 유상(돈을 받는 경우) 승낙은 토지임대차와 유사하고, 무상(돈을 안 받는 경우) 승낙은 토지사용 대차와 유사한 것이다.

주택의 승계인은 기존 허가시에 신설된 도로 토지에 대해 공법적으로는 사용할 수 있는 것이나, 사법적으로는 도로토지소유주에게 사용료를 내야 한다.(유상 승낙인 경우)

일단 토지사용승낙에 의해 도로로 지정되어 개설되면 주택의 양수인이나 제3자는 반사적 이익으로 그 진입도로를 쓰는 것이지 남의 땅인 도로에 어떤 정당한 사용권이 있다는 뜻은 아닌 것이다. 따라서 주택의 양수인은 반사적 이익으로 진입도로를 사용할 수는 있으나 사용할 권리를 주장할 수는 없다.

권리란 일정범위 내에서 배타적인 것이며, 처분할 수 있도록 법이 인정하는 것이다. 일단 도로로 지정되면 토지사용승낙을 해 준 지주라도 함부로 승낙을 철회하여 도로를 폐지할 수는 없으므로 그 한도 내에서 주택 승계인은 종전과 같이 도로를 쓴다는 것이지만 사용료는 새로 협의해야 한다.

▶ 토지 매수인과 상속인은 이미 지정된 도로를 마음대로 폐지할 수는 없어도 사법적으로는 종전 토지사용승낙서에 구속되지 않으므로 토지(도로) 사용자에 대하여 새로운 조건의 지료를 청구할 수 있다.

토지사용승낙서는 토지소유주가 다른 사람에게 토지사용의 권원을 증명하는 것으로서 토지를 매입하는 매수자가 잔금을 지불하지 않고 등기이전을 하기 전에 건축허가 등을 받기 위한 필수서류다.

토지소유주가 토지사용승낙을 해 주면 매수인은 관할관청에 개발행위허가 및 건축허가를 받을 수가 있다. 또한 매수인이 잔금을 치르지 않더라도 이미 허가가 나와 있다면 허가를 취소할 수 없고 매수인이 토지를 사용한다고 하여 중단시킬 수도 없다. 필히 토지사용승낙서에는 토지소유주의 인감증명서를 첨부해 두어야 한다.

경매낙찰시 : 토지사용승낙의 승계 여부

Q : 토지소유주 외의 자가 토지소유주의 사용승낙을 받아 개발행위허가를 받은 후 경매로 토지소유주가 변경된 경우에 새로운 토지소유주가 개발행위 명의변경허가를 신청할 때 기존 개발행위허가를 받은 자의 동의서를 첨부하여야 하는지?

A : 토지소유주 외의 자가 토지소유주의 사용승낙을 받아 개발행위허가를 받은 후 경매로 토지소유주가 변경된 경우, 새로운 토지소유주가 개발행위 명의변경허가를 신청할 때, 경매로 인한 토지소유권 변동으로 기존 토지사용권이 소멸되었다면 기존 개발행위허가를 받은 자의 동의서를 첨부하지 않아도 되나 경매로 인한 토지소유권 변동으로 기존 토지사용권이 소멸되지 않았다면 기존 개발행위허가를 받은 자의 동의서를 첨부하여야 합니다.

그 이유는 토지소유권 또는 토지사용권의 확보는 개발행위허가를 받기 위한 하나의 요건이라고 할 것인바, 하나의 토지에 대하여 정당한 사용권이

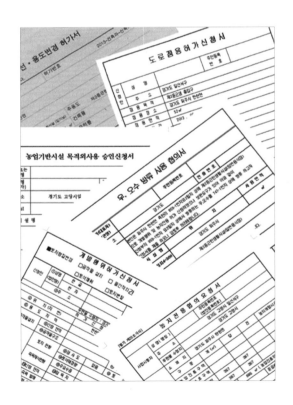

따로 설정되어 있는 경우에는 그 토지소유주라고 하더라도 개발행위허가를 받을 수 없다고 보아야 할 것이기 때문입니다.

이 사안과 같이 토지소유주 외의 자가 개발행위허가를 받은 후 경매로 토지소유주가 변경되고 새로운 토지소유주가 개발행위 명의변경허가를 신청하는 경우에 기존 개발행위허가를 받은 자의 동의서를 제출하여야 하는지 여부는 경매로 인한 토지소유권의 변동으로 기존 개발행위허가를 받은 자의 토지사용권이 소멸되는지 여부에 따라 달라진다고 할 것입니다.

토지소유주 외의 자가 토지소유주의 사용승낙을 받아 개발행위허가를 받은 후 경매로 토지소유주가 변경된 경우라도, 기존 개발행위허가를 받은 토지소유주 외의 자가 민법, 민사집행법 등에 따라 경락인에게 대항할 수 있는 경우가 있을 수 있습니다.

예를 들어 민사집행법 제91조 제2항에서는 매각 부동산 위의 모든 저당권은 매각으로 소멸된다고 규정하면서, 같은 조 제3항에서는 지상권·지역권·전세권 및 등기된 임차권은 저당권·압류채권·가압류채권에 대항할 수 없는 경우에는 매각으로 소멸된다고 규정하고 있고, 같은 조 제4항에서는 같은 조 제3항의 경우 외의 지상권·지역권·전세권 및 등기된 임차권은 매수인이 인수하되(본문), 그 중 전세권의 경우에는 전세권자가 같은 법 제88조에 따라 배당요구를 하면 매각으로 소멸된다(단서)고 규정하고 있습니다.

지상권·지역권·전세권 및 등기된 임차권이 저당권·압류채권·가압류채권보다 시간적으로 앞서 등기되어 선순위 권리인 경우에는 지상권·지역권·전세권(배당요구를 하지 않은 경우로 한정됨) 및 등기된 임차권은 경매로 인하여 소멸되지 않는다고 할 것인 바, 이러한 권리에 기반한 토지사용권은 경매로 토지소유권이 변동된 이후에도 계속하여 유지된다고 할 것입니다.

건축법상 도로와 현황도로의 차이

도로라고 해서 모두 도로는 아니다. 최소한 건축법에서만은 그렇다는 얘기다.

건축물을 짓기 위해서는 반드시 도로와 접해야 한다. 이때 도로는 사람과 자동차의 통행이 가능한 도로를 뜻한다. 자동차만 다닐 수 있는 도로, 즉 고속도로나 자동차전용도로는 대지에 접해 있어도 이는 건축법상의 도로로 인정되지 않는다. 따라서 건축허가도 받을 수 없다.

반대로 사람만 다니는 도로는 어떨까?

계단식 도로나 막다른 도로는 자동차 통행이 불가능하기 때문에 원칙적으로는 건축허가가 나지 않는다.

그러나 주차장이 불필요한 소규모 건축물이나 인근에 따로 주차장을 확보할 조건으로 건물을 지을 경우엔 보행도로만으로도 건축허가를 받을 수 있다.

도시계획법이나 도로법, 사도법 등에 의해 고시된 도로는 문제가 없지만 속칭 현황도로는 사정이 다르다. 도로로 인정받기 위해서는 건축허가나 신고를 할 때 허가권자가 도로로 지정·공고해야 한다.

이해관계자의 동의가 필요하고 도로로 지정되면 건축허가와 동시에 그 내용을 게시판을 통해 알려야 한다. 허가권자는 도로대장을 작성해 일반인들이 열람할 수 있도록 해야 한다.

문제는 이해관계자의 동의를 얻기가 쉽지 않다는 점이다. 동의를 요구할 때 과다한 대가를 요구하거나 고의적으로 동의를 기피하는 등 민원이 예상된다. 뿐만 아니라 이해관계자가 해외에 거주하고 있어 도저히 연락할 방법이 없거나 주민들이 장기간 통행로로 이용하고 있었던 사실상의 통로까지 동의를 요구해 건축허가를 받지 못하는 경우도 많다. 이 때문에 정부는 개정된 건축법을 통해 이와 같은 문제점의 해결책을 제시했다.

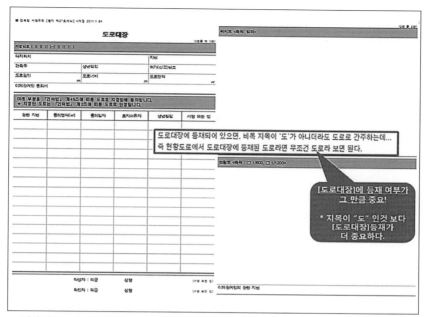

허가권자는 도로대장을 작성해 일반인이 열람할 수 있어야 함.

　현실적으로 이해관계자의 동의를 받을 수 없다고 허가권자가 인정하거나, 건축법상의 도로는 아니지만 주민이 통로로 사용하고 있는 복개천, 제방, 공원 내 도로, 산속 도로나 골목길의 경우 조례가 정하는 바에 따라 이해관계자의 동의 없이도 도로로 지정·공고할 수 있도록 했다. 이때 건축위원회의 심의에서 객관적인 증명절차를 거쳐야 한다. 이해관계자가 단순히 해외에 거주한다는 사실만으로 도로로 지정할 경우 사유재산권 침해의 소지가 있기 때문이다.

　한편 한번 도로로 지정되면 이후에 그 도로를 이용해 건물을 짓는 다른 사람들은 별도의 동의를 받을 필요가 없다.

　땅을 매입하고자 지적도를 들고 현장을 가서 직접 답사할 때에 다음과 같은 세 가지 경우가 있을 수 있다.

① 지적도에 도로가 존재하고 실제로도 도로가 있는 경우.

이때에는 실제 도로폭과 지적도상 도로폭이 같은지를 확인하고 도로의 지목과 소유자를 확인하면 된다.

지적상 문제가 없는 도로는 토지의 지적상 지목이 "도로"이며 지적도에 경계가 표시되어 있어야 하고, 소유자가 국國 또는 시市, 군郡으로 되어 있어야 한다.

② 지적도상에는 도로가 표시되어 있으나 현재는 논이나 밭 또는 임야 상태로 있어 실제로는 전혀 도로가 보이지 않는 경우.

이것을 지적상 도로라고 한다. 지적상 도로는 국가 또는 지자체 소유의 공公도로와 개인 또는 종중 소유의 사도가 있다. 공도로는 문제가 없지만 사도인 경우에는 도로 부지를 구입하거나 또는 토지소유주의 토지사용승낙서를 첨부해야 건축허가가 가능하다.

또 지적상 도로는 지적도상 도로폭이 건축법상 요건에 맞는가를 보아야 한다. 지적도상 도로가 현재 도로로 사용되고 있지 않으면 신규도로 개설이 되므로 지적상 폭이 4미터 이하일 경우 건축허가가 불가능하다.

또 공사를 위해서는 허가시까지 도로를 실제로 복원할 수 있는가 하는 것을 검토해야 한다. 도로에 주민이 채소 등을 심어 경작하는 경우 토지소유주라 할지라도 함부로 걷어낼 수 없기 때문에 민원이 발생하는 경우가 많다. 나무가 있다면 나무 소유자가 옮기고 난 후에, 채소나 곡식은 아무래도 추수 후에 공사를 해야 한다.

③ 지적도상에는 도로 표시가 없는데, 실제로는 오래 전부터 마을 사람들과 트랙터나 차량이 다니는 길이 있는 경우.

이것을 통상 현황도로라고 한다. 즉 현황도로는 지목이 "도로"로 되어 있지 않고 "전" "답" "잡종지" 또는 "임야"나 "구거" 등으로 표기되며 별도로 도로 경계가 없으나 현재 도로로 사용되는 것을 말한다.

건축법상 건축을 위하여 신규도로를 개설하고자 할 때에 건축허가에 맞는 도로폭은 지역과 도로 상황에 따라 다르다. 원칙적으로 건축을 위한 도로는 폭 4미터 이상 도로여야 하며(건축법 제2조 제1항 제11호) 건축을 하고자 하는 대지는 2미터 이상 도로에 접하여야 한다.(건축법 제33조)

그러나 도로가 막다른 도로일 경우에는 다소 다르다. 즉 막다른 도로의 길이가 10미터 미만인 경우에는 도로폭은 2미터만 되어도 건축이 가능하고, 10~35미터인 경우에는 폭이 3미터 이상이 되어야 하며, 35미터 이상인 경우에는 6미터가 되어야 한다. 하지만 읍면 지역인 경우에는 막다른 도로가 35미터 이상인 경우에도 4미터면 된다. (건축법 시행령 제3조의 3)

하지만 이러한 조건은 건축허가를 내기 위해 도로를 신설할 때의 조건이며, 지적상 폭이 2미터가 되지 않아도 지적상 도로가 현재 도로로 사용되고 있으면 건축허가가 가능하다고 한다.(전직 관련 실무자 의견)

다음으로 지적도상에는 없는 현황도로만을 이용해 건축허가를 받고자 할 때에는 다음의 조건을 충족해야 한다.

① 현황도로는 5가구 이상의 작은 마을의 실제 거주민이 사는 주택에서 일상 사용되는 도로여야 한다.

② 도로 부지로 사용하고 있는 토지소유주가 해당 관청에 도로사용에 대한 이의를 제기하지 않아야 한다.

③ 전에 이와 같은 현황도로를 이용하여 건축허가를 받은 사실이 있으면 쉽게 건축허가를 받을 수 있다. 이러한 경우, 법이 규정한 도로폭(신설 도로폭)에 미달하더라도 현황도로를 이용하여 건축허가를 받을 수 있다고 한다. (전직 관련 실무자의 의견)

그러나 비록 현황도로일지라도 그 토지소유주가 새로이 통행을 방해 또는 저지하는 등 적극적인 보상요구가 있을 때에는 민법상 주위통행요구권과 보상 규정에 따라 적절한 합의보상으로서 사용을 재개할 수밖에 없다.

이상의 현황도로와 지적상 도로에 관한 설명은 임야에 개설되는 "임도"인 경우에는 전혀 해당되지 않는다. 임도는 별도의 산과 임야를 위한 도로이므로 건축법상의 건축물을 위한 도로와는 그 취지나 목적이 다르기 때문이다.

건축허가와 도로의 요건

이해관계인의 동의가 필요한 건축허가의 도로 지정

건축허가에서 시장·군수가 도로의 위치를 지정·공고하려면 그 도로에 대한 이해관계인의 동의를 얻어야 한다.(법 제45조 제1항) 또한 도로의 폐지·변경을 하려는 경우에도 이해관계인의 동의를 얻어야 한다.(법 제45조 제2항)

여기서 이해관계인이란 토지소유주를 말하는 것이나, 소유자로부터 처분권 또는 그 배타적 사용·수익권을 승계 받은 사람도 포함된다고 폭넓게 해석하여야 한다.(민법 제211조) 왜냐하면 도로는 공익·공공·공용시설이기 때문이다.

배타적 사용·수익권이란 도로로 사용되는 토지(한 필지의 일부분도 가능)의 사용승낙을 받아서 도로를 개설·유지·관리하면서 이용하는 사람을 말하는 것으로, 개설 또는 유지·관리하지 않으면서 이용하는 사람은 포함하지 않는다.

그런데 이해관계인의 동의를 받지 않고, 지자체장이 건축위원회의 심의를 거쳐 도로로 지정할 수 있는 경우가 있다.(법 제45조 제2항 단서)

여기서 건축위원회의 심의결과에 대해서 왈가왈부할 수는 없으나, 원래 건축허가를 위한 도로란 지자체장이 건축물을 이용할 건축주를 위해 만들어 주어야 할 기반시설(공익·공공·공용시설)로서 그 지정은 지자체장의 의무이므로 건축위원회의 심의는 허가권자의 의도대로 하는 것이 긍정적인 결과일 것이다.

도로 현황과 건축행위시 도로의 인정 여부

지적상 도로	현황상 도로	조건	포장 여부	포장 주체	건축시 도로 인정 여부
O	O	국유	불문	불문	인정
		사유	포장	개인	사용승낙서 필요
				지자체	인정 (별도 문의 요망)
			비포장		사용승낙서 필요
X	X				부정
O	X	취득 후 개설 가능 (사도인 경우는 사용승낙서 필요)			인정
		취득 후 개설 가능 (소유자 불문)			부정
X	O	현황도로가 국유			인정 (별도 문의 요망)
		현황도로가 사유	포장	개인	사용승낙서 필요
				지자체	인정 (별도 문의 요망)
			비포장		사용승낙서 필요

동의가 필요 없는 도로 지정

① 허가권자가 이해관계인이 해외에 거주하는 등의 사유로 이해관계인의 동의를 받기가 곤란하다고 인정하는 경우이다.(법 제45조 제1항 제1호)

이 조문은 소유자의 해외거주뿐만 아니라 사망(상속인이 없거나 찾기 어려운 경우), 행방불명 등으로 소유자를 찾을 길이 없는 경우이다.

이 조문이 있는 이유는, 법률의 제한을 제외한 소유자의 소유권은 절대적인데, 허가권자가 소유자를 백방으로 찾고자 노력했지만 찾지 못할 경우를 예상하기 때문이다.

하지만 이 조문은 바뀔 수도 있다. 이제는 해외 거주자도 연락을 쉽게 할 수 있기 때문이다. 즉 단지 소유자의 행방을 모른다고 하여 배타적 사용수익권을 포기한 것으로 볼 수는 없기 때문이다.

② 주민이 오랫동안 통행로로 이용하고 있는 사실상의 통로로서 해당 지방자치단체의 조례로 정하는 것인 경우이다.(법 제45조 제2항 제2호)

이 조례는 각 지자체마다 천차만별인데, 한마디로 정의하면 배타적 사용수익권을 포기한 경우를 말한다. 포기의 근거를 지자체장이 찾을 수 없는 경우도 포함된다.

여기서 지자체 조례로 위임한 이유는 지자체장이 그 사실상 통로(현황도로등)가 만들어진 상황을 잘 알고 있으므로 그 토지소유주의 권리를 보호하되, 공공시설인 도로를 이용하는 주민의 편리 등을 고려하여 합리적으로 판단하라는 것이다.

하지만 조례가 애매하게 되어 있는 지역의 허가담당 공무원들은 "포장된 곳은 동의 없이, 비포장인 곳은 동의가 필요하다."는 식의 행정편의주의적인 해석을 하고 있는 곳이 많으므로 그 대지가 소재하는 지자체 건축조례를 꼭 살펴보는 습관을 가져야 한다.

각 지자체 건축조례 비교

어떤 지자체는 2가지 사례만 적어서 주민분쟁을 촉발하는 곳도 있고, 어떤 지자체는 맹지소유자가 주위토지통행권을 행사하지 않도록 철저하게 준비한 곳도 있다.

다음의 각 건축조례를 활용해 적극적으로 공무원을 설득하거나, 지자체 조례를 고치거나, 소송을 통하여 해결할 수 있는 방법을 찾아보자.

토지소유주가 행방불명인 경우

[광주광역시] 1. 통행로로 사용되는 토지소유주가 행방불명인 경우

하천 · 구거 부지를 이용하는 경우

[공주시] 1. 하천 · 구거 등 국 · 공유재산

[청주시] 1. 국가나 지방자치단체 소유의 복개된 하천 · 구거부지

[광주광역시] 2. 복개된 하천 · 구거부지

[파주시] 1. 도로 목적으로 복개된 하천 및 구거부지.

[인천광역시] 3. 복개된 하천, 구거부지로서 폭 4미터 이상의 포장된 통로.

새마을사업으로 포장된 도로

[울산광역시] 3. 사실상의 도로로서 새마을사업 등으로 포장 또는 확장이 된 도로.

주거환경개선사업 등으로 만들어진 도로

[구리시] 2. 주거환경 개선 등 공공사업으로 설치되어 공중의 통행로로 사용중인 사실상의 도로.

[공주시] 2. 공공사업, 주민공동사업 등으로 개설된 것.

제방도로를 이용하는 경우

[청주시] 2. 국가나 지방자치단체 소유의 제방도로.

[울산광역시] 2. 하천, 제방 등으로 연결되는 통로인 경우(제방도로 포함).

[파주시] 2. 안전에 지장이 없는 제방도로.

[인천광역시] 4. 제방도로 및 공원 내 도로로서 건축물이 접하여 있는 통로.

공원 내 도로를 이용하는 경우

[광주광역시] 4. 공원 내 도로

[파주시] 3. 공원계획에 의한 공원 내 도로.

건축물이 접해 있는 도로를 이용하는 경우

[광주광역시] 5. 사실상 주민이 사용하고 있는 통로로서 건축물이 접해 있는 것.

[울산 광역시] 1. 사람들이 장기간 통로로 이용하고 있는 사실상의 통로로서 해당 통로가 하나뿐인 통로인 경우 또는 당해 통로를 이용하여 건축을 허가한 사실이 있는 통로.

[파주시] 4. 건축허가 또는 신고 받은 사실이 있는 건축물의 진·출입로로 사용되고 있는 도로.

[천안시] 4. 사실상 주민이 사용하고 있는 통로로서 건축물이 접해 있는 것.(동 통로를 이용하여 건축을 허가한 사실이 있는 도로를 포함)

[인천광역시] 5. 사실상 주민이 이용하고 있는 통로를 도로로 인정하여 건축허가를 하였으나 도로로 지정한 근거가 없는 통로.

농로를 이용한 경우

[수원시] 2. 농업생산기반정비사업으로 설치되거나 그밖에 농지의 보전이나 농업생산에 이용되는 도로.(다만, 농가주택·농업용 창고 등의 건축을 위한 도로지정에 한한다.)

유일한 통로인 경우

[울산광역시] 1. 사람들이 장기간 통로로 이용하고 있는 사실상의 통로로서 해당 통로가 하나뿐인 통로인 경우 또는 당해 통로를 이용하여 건축을 허가한 사실이 있는 통로.

[김해시] 2. 집단적 마을이 형성된 곳의 마을주민 다수가 유일한 통로로 사용하는 도로.

도시계획시설로 고시되었으나, 미개설된 도로 안에 포함되어 있는 통로

[인천광역시] 1. 「국토의 계획 및 이용에 관한 법률」에 의하여 결정고시가 되었으나 미개설된 도로 안에 포함되어 있는 통로.

시내버스 노선으로 이용하고 있는 사실상의 통로

[인천광역시] 2. 여객자동차 운수사업법에 의한 시내버스(한정 면허 포함) 노선으로 이용하고 있는 사실상의 통로.

기타 시장이 공익상의 도로로 인정하는 도로

[김해시] 4. 기타 시장이 공익상 도로로 인정해야 한다고 판단되는 도로.

허가권자의 의지에 따라 달라진다

위 조례를 종합해 보면, 도로란 공익시설이므로 지자체장이 만들어야 할 시설이라는 것을 간접적으로 알 수 있다. 다만, 지자체가 예산 부족과 과거 건축법과 국토계획법 등에 근거가 없었기 때문에 이런 혼란을 초래되고 있지만 허가권자는 이미 만들어진 통로(현황도로)를 건축법의 기준에 맞게 잘 집행해야 할 것이다.

실제로 많은 토지소유주들이 행정편의주의적인 발상에 눌려 건축허가에서 불이익을 받는 사례가 너무나도 많다.

다만 오랫동안 도로로 사용했다고 하더라도 토지소유주의 배타적 사용수익권의 포기가 없었다면, 그 토지소유주의 권리도 보호되어야 하기 때문에 지자체장은 적절하게 건축조례를 개정함으로써 건축허가로 인한 국민의 불편이 최소화하도록 노력해야 할 것이다.

PART
3

도로를 알면
맹지가 보인다

맹지와 도로의 함수관계

길은 토지투자에서 가장 중요하게 점검해야 하는 요소 중 하나다. 도로는 토지의 사용은 물론 발전성을 가늠할 수 있는 척도이며, 투자자의 투자 결심에 매우 큰 영향을 미친다.

도로의 유무, 도로의 종류, 폭과 포장 여부 등이 토지가격을 결정하는 데 있어 중요한 변수가 되므로 땅을 볼 때는 기본적으로 도로가 있는지 또 어떻게 접해 있는지를 우선적으로 보아야 한다.

도로의 의미

도로로 사용되는 토지가 도로로 지정되었을 경우에는 지적법상 "도로" 지목으로 등록된다. 도로는 토지와 관련된 법률상 두 가지 다른 의미를 가진다.

첫째, 도로는 토지의 교통이 편리해지고 접근성을 좋게 함으로써 땅값을 올린다.

도로는 토지의 개발 전망과 투자가치를 높이는 가장 중요한 요소가 된다. 이 경우의 도로란 고속도로, 터널, 국도, 지방도로 등 도로법상의 도로와 철도, 연륙교, 운하 등 주로 자동차가 다니는 길을 말한다. 통과도로라고 할 수 있다.

둘째, 도로는 건축물을 올리는 데 있어서 반드시 갖추어야 할 필수적 허가요건이다.

도로가 없는 곳에서는 어떠한 건물도 지을 수 없다. 이러한 도로는 사람들이 다닐 수 있는 "진입도로"를 의미하는 건축법과 국토계획법상의 도로를 말한다.

통과도로는 도로법상의 도로로서, 기본적으로 도로법의 적용을 받고 있다. 도로법 제2조에서 "도로라 함은 일반의 교통에 사용되는 도로로서 제11조에 열거한 것을 말한다."고 규정되고, 동법 제11조에는 도로의 종류로 고속도로, 일반도로, 특별시도와 광역시도, 지방도, 시도, 군도, 구도 등 7가지를 열거하고 있다.

통과도로는 입지와 접근성 등 투자요인과 밀접한 관련이 있다. 지적법상 도로는 차와 사람이 다니는 부분 외에도 터널, 교량, 도선장, 도로용 엘리베이터 및 고속도로 휴게소 등 도로와 일체가 되어 그 효능을 다하게 하는 시설 및 그 정착물을 포함한다.

도로는 그 소유자에 따라 국도國道, 공도公道, 사도私道로 구분할 수 있다. 도로는 국가와 지방자치단체의 소유가 원칙이나 개인소유인 사도도 있으며, 사도에 관하여는 별도의 사도법이 있다.

사도법에 의하면 사도를 개설하고자 하는 자는 시, 구, 군 등 지자체의 개설허가를 받아야 한다. 폐지의 경우도 동일하다. 도로개설을 위한 토지분할은 분할 최소 면적의 제한을 받지 않는다. 사도를 개설한 자는 그 도로를 이용하는 타인으로부터 사용료를 징수할 수 있다. 그러나 관할 관청의 사전허가 없이 임의로 무단 통행금지나 도로를 폐쇄할 수 없다.

도로저촉과 접도구역 완충녹지

경매감정평가서를 보면 때때로 "도로저촉" "도로 접"이라는 용어가 보이는데, 이 경우에는 도로관련 부서에 구체적인 내용을 확인해보아야 한다.

접도구역인 경우도 있다. 접도구역이란 도로 구조의 손괴를 방지하고 미관을 보존하며, 교통에 대한 위험을 방지하기 위해 도로관리청이 도로의 양쪽 경계선으로부터 일정거리를 지정해 고시된 구역이다.

접도구역에서는 형질 변경, 공작물 신축, 증축, 개축이 허용되지 않는다. 건물이나 공작물을 신축하기 위해 가설건축물 등을 설치하여 도로를 사용하려면 도로점용허가를 받아야 한다.

현재 접도구역은 고속도로의 경우 전구간 양쪽 각각 20미터로 지정되어 있고, 일반국도와 지방도 및 군郡도(*군도는 현재 접도구역 폐지)는 5미터로 폭이 지정되어 있다. 마을 안이나 시市도, 구區도는 접도구역이 지정되지 않는다.

도시지역에는 도로의 미관과 교통안전을 위해 도로변에 완충녹지를 설정하는 경우가 있다. 완충녹지에는 길을 낼 수 없고 통행도 할 수 없어 건축물 신축시 주의를 요한다.

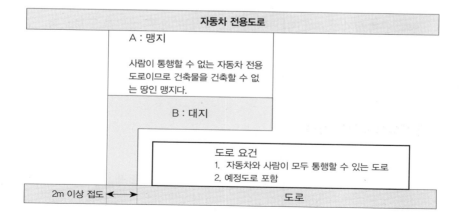

건축법상의 도로

집을 지을 때 건축허가를 받으려면 원칙적으로 보행 및 자동차 통행이 가능한 폭 4미터의 도로에 2미터 이상을 접해야 한다.

다만 관리지역, 농림지역 또는 자연환경보전지역 안의 동 또는 읍 지역과 500인 미만의 섬 지역에서의 건축물의 건축 및 이에 수반하는 토지 형질변경을 하는 경우에는 이러한 폭 4미터의 조건이 완화된다.(국토계획법시행령 별표1. 개발행위허가기준)

또 막다른 도로의 길이가 10미터 미만일 경우에는 폭이 2미터라도 허용된다. 막다른 도로의 길이가 10~35미터일 경우에는 폭 3미터인 경우에도 건축법상 도로로 인정된다. 그러나 막다른 길의 거리가 35미터 이상인 경우는 폭 6미터이어야 한다.

반대로 연면적의 합계가 600평(2천 제곱미터) 이상인 건축물의 대지는 너비 6미터 이상의 도로에 4미터 이상 접해야 하는 것으로 요건이 강화된다.

건축법상 건축의 허가요건인 진입도로가 되는 요건은 두 가지가 있다.

첫째, 국토계획법, 도로법, 사도법을 근거로 신설, 고시된 도로인 경우가 일반적이다.

둘째, 건축허가신고시 지자체장이 그 위치를 지정, 공고한 도로로서, 이 경우에는 도시계획상 향후 도로로 지정될 예정인 예정도로를 포함한다.

건축법상 도로의 정의

여기서 건축법에서 도로의 정의가 규정되어 있는 법 제2조 제1항 제11

호를 보면, "11. '도로'란 보행과 자동차 통행이 가능한 너비 4미터 이상의 도로(지형적으로 자동차 통해가 불가능한 경우와 막다른 도로의 경우에는 대통령령으로 정하는 구조와 너비의 도로)로서 다음 각 목의 어느 하나에 해당하는 도로나 예정도로를 말한다."

가. 국토계획법, 도로법, 사도법, 그 밖의 관계법령에 따라 신설 또는 변경에 관한 고시가 된 도로.

나. 건축허가 또는 신고시에 특별시장·광역시장·도지사·특별자치도지사 또는 시장·군수·구청장(자치구)이 위치를 지정하여 공고한 도로.

이 법조문을 해석해보면, 원칙적으로 4미터 이상의 도로(자동차전용도로 제외)에 접해 있거나, 그 도로에 2미터 이상의 통로를 연결할 수 있는 대지는 건축허가를 받을 수 있는 것이다.

물론 영 제28조에 의하여 2~3천 제곱미터 이상의 건축물은 6미터 이상의 도로를 확보해야 하고, 국토계획법 등 타법에 별도의 규정이 있는 경우에는 그 도로 너비를 확보해야 한다. 그리고 (예외적으로) 지형상 자동차 통행이 불가능하다고 인정되는 경우는 3미터 이상, 막다른 도로인 경우에는 2미터 이상을 건축법의 도로로 본다고 규정되어 있으므로, 이 규정을 잘 이해하여 활용해야 한다.(영 제3조의 3)

건축법상 기존도로와 신설도로

먼저 어떤 토지에 건축허가를 받기 위해 그 건축법의 대지로부터 공로(건축법의 도로로 지정되기 전의 도로를 포함한다.)로 진입할 수 있는 통로가 있는 경우와 통로가 없는 경우를 가상해볼 수 있다. 즉 기존 통로가 있어 그 통로를 이용하여 건축허가를 받을 수 있는 경우가 있고, 통로가 없어 (개발행위허가를 통하여) 새로이 도로를 개설해야 하는 경우가 있다.

기존의 통로가 건축법의 도로의 너비 규정에 맞는 경우에는, 허가권자가 건축법의 도로로 지정·공고하면 되지만(이미 지정·공고된 도로를 이용하는 경우에는 다시 지정하지 않아도 됨), 적정한 너비의 기존 통로가 있어도 허가권자가 그 통로를 건축법의 도로로 지정하지 않았거나 건축법의 지정기준에 미달되는 경우에는 개발행위허가와 농지 또는 산지전용허가를 통해 그 너비를 충족하여, 그 도로의 위치를 지정하여 건축허가와 별도로 허가권자가 건축법의 도로로 지정·공고하여야 한다.(법 제2조 제1항 제11호 나목)

건축법상 '도로'는 너비 4-3-2미터 이상

건축허가에 있어 건축주가 확보해야 하는 도로(진입로)에 관한 규정은 건축법(이하 '법'이라 한다.) 제2조 제1항 제11호와 제44조 제1항(건축물의 대지는 2미터 이상이 도로에 접하여야 한다.)에 있다.

이 두 조문을 해석하면, 건축을 하려는 사업부지(건축법의 대지)는 4미터(예외적으로 3~2미터 가능) 이상의 (건축법의) 도로에 2미터 이상이 접하도록 건축허가 신청자가 만들어야 한다는 것이다.

다만 국토계획법의 용도지역이 비도시지역이면서, 행정구역이 면 단위 지역인 곳은 법 제3조에 의해 법 제44~46조를 적용하지 않는다. 또한 비도시지역이면서 읍·동 지역은 법 제5조에 의해 허가권자가 적용을 완화하는 곳도 있다.

그러므로 토지소유주가 건축허가 또는 신고여부에 따라 자기 토지의 가치를 판단하려면 법 제2조, 제3조, 제5조, 제44조, 제45조, 제46조를 종합적으로 이해하여야 한다.

4미터 미만 도로로 건축할 경우, 허가신청시 (지정)도로를 확보

건축법의 도로는 '보행과 자동차 통행이 가능한 도로'를 말하는 것이므로 건축허가에 필요한 도로는 4미터 이상이 원칙이고, 그 미만의 도로가 있는 대지는 맹지라고 생각하기 쉽다.

하지만 건축주가 건축허가를 신청할 때에 확보하여야 할 통로는 4미터 미만이라도 이미 (허가권자인 시장·군수가) 건축법의 도로로 지정하였거나, 지정하지 않았더라도 지적법의 지목이 도로인 경우 그리고 오랫동안 주민이 통행한 도로인 경우에는 4미터 미만이라도 맹지가 아닐 수 있다.

법정도로(건축법 제2조 제1항 제11호 가목)는 너비가 모두 4미터 이상이므로 건축법의 도로 너비 기준에 맞으나(자동차 전용도로 제외), 건축허가시에 위치를 지정할 도로는 4미터 미만인 경우도 많으므로 토지소유주는 어떤 경우 4미터 미만의 진입로(통로)로도 건축허가나 신고가 가능할지 궁금해질 것이다.

여기서는 4미터 미만의 기존도로를 활용하는 방법을 살펴보자.

4미터 미만의 도로로 건축허가가 가능한 경우

4미터 미만이지만 건축법의 도로로 이미 지정·공고된 도로를 이용하는 경우.

즉 지목과 상관없이 어떤 대지까지 연결된 사실상의 도로가 이미 건축허가나 신고 시에 건축법의 도로로 지정받았다면, (신청 대지에서 보았을 때 통과도로인 경우) 그 도로는 지목과 상관없이 (최소 2미터 이상) 건축법의 도로가 되었으므로 그 도로에 접하거나 연결된 대지에 건축허가를 신청하는 것이 가능하다.

② 영 제3조의 3 제1호를 이용하는 경우.

법 제2조 제1항 제11호 본문 괄호 안에 의하면, 지형적으로 곤란한 경우 3미터 이상(막다른 도로인 경우에는 2미터 이상)이면 건축허가가 가능하다. 여기서 도로란 지적법의 지목이 "도로"인 경우뿐 아니라 어떤 지목이라도 사실상 도로로 이용되고 있는 너비가 4미터 이상이면 무조건 가능하고, 4미터 미만이라도 영 제3조의 3 제1호에 의해 가능하다. 예를 들어 대지가 도로의 끝부분에 있는 경우에는 그 도로의 길이가 10미터 미만이면, 너비 2미터의 도로를 이용해서 건축허가나 신고가 가능하다.

③ 영 제3조의 3 제2호를 이용하는 경우.

영 제3조의 3 제1호에 해당하지 아니하는 막다른 도로를 이용하는 경우로서, 그 길이가 10미터 미만이면 너비 2미터, 10~35미터 미만이면 너비 3미터면 된다.

또한 예외적으로 35미터 이상이면 너비 6미터(비도시 읍·면 지역은 4미터) 이상의 도로(진입로)가 확보되어야 한다.(뒤에 설명)

④ 법 제44조 제1항 단서를 이용하는 경우.

건축허가를 받으려는 대지는 4-3-2미터 이상의 도로에 2미터 이상이 접하여야 하는 것이나 (지적도의 도로에 접하지 않았거나 또는 현황도로에 접하지 않았다고 하더라도) 허가권자의 판단에 의하여 해당건축물의 출입에 지장이 없다고 인정되는 경우(제1호)와 건축물 주변에 공지가 있는 경우는 허가가 가능하다.(제2호)

이런 대지에 건축허가가 나기 위해서는 광장, 공원, 유원지 그밖에 관계 법령에 따라 건축이 금지되고 공중통행에 지장이 없는 공지가 있는 경우이다.(영제28조제1 항)

⑤ 건축 후퇴선을 활용하는 경우.

건축 후퇴선이란 도시지역 등에서 이미 건축물이 너비 4미터 미만의 좁은 도로를 이용하여 밀집되어 지어졌을 경우, 그 도로를 이용하여 건축물을 지으려는 사람은 기존의 도로가 4미터 미만인 경우, 그 도로를 4미터 이상으로 확장하기 위하여 개인의 토지를 수용할 수도 없고(민법 제211조), 설사 사용할 수 있다고 하여도 타인의 손해를 보상할 능력이 모자라기 때문에 건축 후퇴선이 존재하는 것이다. 즉 내 집 앞에만 4-3-2미터로 건축법에서 요구하는 소요 도로폭을 충족하면 되는 것이다.(건축행정 길라잡이 제301쪽)

⑥ 비도시지역의 면 지역(지구단위계획구역 제외)

이곳에는 건축법 제44조가 적용되지 않으므로 기존의 도로에 2미터 이상이 접하지 않아도 된다. 다만, 도로를 신설하는 경우에는 4미터 이상의 도로 확보를 요구하므로 어려움이 있었다.

그러나 「2009. 8. 24 개발행위허가운영지침」에서 기반시설인 도로의 확보 기준을 '건축법에 맞게'로 개정하여 녹지지역이나 비도시지역 토지 소유주의 불편이 해소된 것이다. 하지만 면 지역의 대지에도 통행이 가능한 통로는 확보되어야 하는 것이므로 주변에 건축이 금지되는 공지가 없다면 최소 2미터 이상의 진입로는 확보되어야 할 것이다.

⑦ 비도시지역의 읍·동 지역

법 제5조에 의하면, (국토계획법의) 비도시지역이면서(행정구역이) 읍·동 지역(지구단위계획 제외)에 건축하는 건축물로서 건축조례로 정하는 건축물인 경우에는 법 제2조 제1항 제11호 및 제44조에 따른 기준이 완화되는 것이므로, 4미터 미만의 도로를 확보하여도 건축허가가 될 수 있다.(영 제6조 제1항 제7의 2호)

⑧ 오랫동안 주민들이 사용해온 현황도로

지목이 '도'가 아니거나, 지적에 표시되지 않은 경우를 이용하는 경우이다. 이 도로는 지목과 상관없이 그 너비가 4-3-2미터 기준(건축법의 도로기준)에 맞다면 큰 문제없이 건축허가가 가능할 것이다.

다만, 이런 현황도로는 콘크리트 포장이 되었다고 하여 (곧바로 건축허가가 가능한) 건축법의 도로라고 할 수는 없다.(대법원선고89누 7016) 그리고 이때 도로소유자의 동의는 법 제45조에 의하여 필요하되, 예외적으로 소유자의 동의 없이 건축허가가 가능한 도로의 종류는 각 지자체 건축조례에 있다.(법 제45조 제2항)

Tip. 새마을도로란?

10년, 20년 전에 지어진 도로로서 원래는 논과 논 사이의 논두렁으로 통행을 하던 주민들이 집이 들어서고 수도관이 들어오고 농지 정리가 되면서 각각의 땅들을 지나는 콘크리트 3미터 도로를 만들었다. 마을 사람들이 제각기 땅 일부를 양보해서 도로를 만든 것이다. 따라서 후발주자로 그 땅의 소유자가 되었다고 해도 그 도로를 막는다는 것은 어불성설이다.

비록 자기 땅 가운데를 지나가는 도로이지만 하수관을 중간에 넣어야 하는 공사라도 마을사람들이 동의하지 않으면 3미터 도로에 구멍 하나도 넣지 못한다. 다시 말해 복개공사를 하지 못하는 것이다.

공유지분 소유자라 하여도 새마을사업으로 도로에 편입된 경우는 사용수익권을 포기한 것으로 본다.(대법 : 2005다71736 판결) 현재는 물론 국가의 강제 취득을 인정하지 않고 있으나(대법; 2001.3.27 2000다64472) 새마을도로의 경우는 사유권침범 배제신청이 불가하다.

---

⑨ 농로를 이용하여 건축허가나 신고를 받는 경우.

농촌지역 또는 농업용으로 사용하고 있는 농로의 종류는, 국토계획법에 의한 용도지역(도시지역과 비도시(관리·농림 등))에 따라서 또는 관리 주체에 따라서(농촌공사, 면사무소 등) 또는 개설 법규에 따라서(농어촌도로정비법, 농어촌정비법, 새마을도로, 현황도로 등) 그 종류가 다양하므로 일률적으로 판단할 수 없다. 하지만 통상 그 농로를 통하여 마을로 직·간접으로 진입하고 있고 그 너비가 3미터 이상이라면 허가가 가능할 것이다. 다만 그 미만의 너비는 허가권자가 판단할 사항이다. 어떤 경우에도 (전업)농업인 주택과 농업용 창고 등 농업용 시설은 주로 비도시지역에 있으므로 그 너비가 완화 적용된다.

⑩ 하천의 제방(도로) 등을 이용하는 경우.

제방도로의 너비가 4미터 이상인 경우, 다른 법률에 (건축)제한이 있거나 또는 일반인의 통행이 금지되지 않았다면, 건축법의 도로로 지정받을 수 있을 것이다. 다만 너비가 4미터 미만의 제방도로인 경우에는 허가권자가 그 제방의 상황을 고려하여(제방의 기능을 저해하지 않는다면) 허가해야 할 것이나 불허될 수 있다. 왜냐하면 민법 제219조의 주위토지통행권은 행정재산에도 적용될 수 있다는 대법원 판례가 있고, 각 지자체 건축조례에 제방도 도로로 이용될 수 있다고 규정되어 있기 때문이다.

건축법상 진입도로의 요건

건축법상 진입도로에 접하지 않은 토지를 맹지라고 한다. 맹지에서는 건축허가를 받을 수 없기 때문에 진입도로 확보는 건축허가의 절대적 요건이다. 또 도로의 요건을 갖추었다 해도 현재 대지로 출입할 수 있는 현황도로가 없으면 건축허가를 받을 수 없다.

그러나 현황도로가 없어도 아직 개설되지 않은 도시계획상 예정도로가 있다면 건축허가가 가능하다. 다만 대지에 접한 도로가 사람의 통행이 불가능한 자동차전용도로(고속도로, 고가도로)인 경우에는 건축법상 도로로 볼 수 없으며, 이러한 자동차전용도로에만 접한 토지의 경우에는 건축허가가 나지 않는다.

　건축법상으로 건축허가를 받을 수 있고 토지 거래시 가장 안전하고 보편적인 도로의 요건은 다음과 같다.

건축법상 도로

① 건축허가권자가 허가시 지정·공고된 도로일 것
② 사람과 차량이 통행할 수 있을 것
③ 지적도(임야도)에 표시되는 지적도상 도로일 것
④ 지목이 도로일 것
⑤ 국가 또는 지자체 소유의 공로일 것(사도는 사용료 문제가 있음)
⑥ 실제로 사용 중인 현황도로일 것
⑦ 폭 4미터 이상일 것
⑧ 토지가 2미터 이상 도로에 접할 것

맹지와 건축법상 도로의 적용 예시

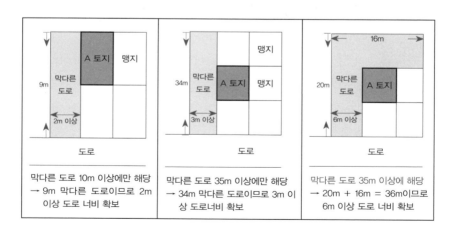

막다른 도로 10m 이상에만 해당 → 9m 막다른 도로이므로 2m 이상 도로 너비 확보	막다른 도로 35m 이상에만 해당 → 34m 막다른 도로이므로 3m 이상 도로너비 확보	막다른 도로 35m 이상에 해당 → 20m + 16m = 36m이므로 6m 이상 도로 너비 확보

건축법상 진입도로 요건과 맹지에 관한 질의응답

가. 건축허가시 현황도로의 사용 (국토해양부 질의응답)

Q : 현황도로에 접한 대지에 건축물을 건축하고자 하는 경우 동 현황도로의 사용에 관하여 그 소유자 모두의 승낙을 받아야 하는지?

A : 건축법상 "도로"라 함은 건축법 제2조 제1항 제11호의 규정에 의하여 보행 및 자동차 통해가 가능한 너비 4미터 이상의 도로(지형적 조건으로 자동차 통해가 불가능한 경우와 막다른 도로의 경우에는 동법 시행령 제3조의 3에서 정하는 구조 및 너비의 도로)로서 국토의 계획 및 이용에 관한 법률, 도로법, 사도법 기타 관계법령에 의하여 신설 또는 변경에 관한 고시가 된 것과 건축허가시 시장·군수·구청장이 그 위치를 지정하여 공고한 도로를 말하는 것임. 건축법 제2조 제1항 제11호의 규정에 의한 건축법상 도로에 해당하는 경우라면 동 도로를 이용하여 건축허가를 받고자 하는 경우 다시 이해관계인의 동의를 받을 필요가 없음. 그러나 건축법 제2조 제11호 나목의 규정에 의하여 도로의 위치를 지정·공고하고자 하는 경우에는 이해관계인의 동의를 받도록 하고 있는 건축법 제35조 제1항의 규정 등에 적합하여야 할 것으로 사료되는 바, 질의의 경우 상기 규정에 의한 건축법상 도로인지 여부와 건축허가 가능여부 등은 당해 허가권자가 현지현황 및 관련서류 등을 종합적으로 검토하여 판단하여야 할 사항으로 사료됨.

▶ 질문의 경우, 소유자 모두의 승낙을 받아야 한다는 취지이다.

나. 건축허가시에 지정한 도로는 도로대장에 등재되어 있지 않더라도 이후 건축법상 진입도로로 인정하여야 한다. (국토해양부 질의응답)

Q : 저는 가옥을 건축하기 위하여 건축허가신청서를 온양시청에 제출하였더니 설계서에 진입도로가 없다는 이유로 반려되었습니다. 제가 건축하

려는 곳 옆에는 다른 집이 이미 완공되어 입주된 바, 저는 이미 이웃집의 통행로를 사용하기로 승낙을 받아 건축허가를 받으려 한 것인데, 시에서는 이웃집이 개설한 도로는 도로법상 또는 사도법상 도로가 아니기 때문에 건축법상 도로로 인정할 수 없다고 합니다. 저는 어찌해야 할까요?

A : 건축법상의 도로 가운데 막다른 도로는 그 막다른 골목의 길이가 10미터 이상 35미터 미만일 때에는 그 노폭을 3미터 이상으로 시장, 군수가 건축허가시에 그 위치를 지정하기만 하면 되게 되어 있는 바, 다만 동법 시행령 제64조 제1항을 보면 법 제2조 제15호 나목의 규정에 의하여 시장·군수가 도로를 지정하고자 할 때에는 당해 도로에 대하여 이해관계를 가진 자의 동의를 얻어야 합니다. 도로를 지정한 때에는 그 도로의 구간, 연장, 폭 및 위치를 기재한 도로대장을 작성 비치하여야 한다고 되어 있는데, 이것은 건축법 제2조 제15호의 규정에 비추어 볼 때 위임명령이 아님이 명백하고, 특히 도로대장은 도로를 지정하고 난 후에 행정청에서 이를 작성 비치할 의무가 있는 것이므로 도로대장이 작성 비치되지 않았어도 건축법상의 도로로 인정해야 할 것이므로 귀하의 건축은 가능하다고 하겠습니다.

▶ 질문의 경우 기왕의 건축허가시 지정한 도로는 도로대장에 등재하지 않아도 새로운 건축시 진입도로로 이용할 수 있다는 해석이다.

다. 대법 "완충녹지 내 기존 현황도로는 건축법상 진입로" (대법원 판례)

완충녹지緩衝綠地에 난 도로도 건축허가 요건이 되는 진입로로 사용할 수 있으며, 별도의 녹지점용허가를 받을 필요도 없다는 대법원 판결.[2010년 11월 28일]

대법원 전원합의체는 11월 18일 "완충녹지에 이미 나 있는 도로를 진입로로 사용하겠다."며 건축허가를 신청했다가 거부당한 최모 씨가 충청북도 청주시 상당구청장을 상대로 낸 소송에서 원고 승소판결한 원심을 확정했다.

최씨는 2006년 5월 완충녹지에 인접해 있는 상당구 월오동 땅 500제곱미터에 단독주택을 짓겠다며 상당구청에 허가신청을 냈다. 하지만 상당구청은 "해당 토지에 단독주택을 짓기 위해서는 진입로가 확보돼야 함에도 최씨가 사용하고자 하는 도로는 완충녹지를 가로지르고 있기 때문에 관계 법령상 점용허가를 받아 사용해야 한다."며 최씨의 신청을 불허했다.

이에 최씨는 "해당 토지로 연결되는 진입로가 이미 개설돼 있는 도로인 만큼 진입로 미확보를 이유로 한 불허처분은 위법하다"며 소송을 냈다. 1, 2심 재판부는 "완충녹지를 가로지르고 있는 진입도로는 이미 완충녹지로 지정되기 전부터 현재까지 도로로 사용되고 있는 곳이므로 최씨가 완충녹지 안에 별도 진입로를 '설치'할 필요가 없는데다 완충녹지에 이미 형성되어 있는 도로를 '이용'하고자 하는 경우까지 점용허가를 받아야 하는 것은 아니다"며 최씨의 손을 들어줬다.

이에 대해 대법원도 "진입도로에 관해 녹지점용 허가를 받아야 하는 것을 전제로 한 불허처분이 위법하다는 원심 판단은 정당하다"고 판시했다.

라. 폐도를 특정인이 도로로 이용할 수 있는 사례(국토해양부 질의응답)

Q : 현재 경작지로 이용되고 있으며, 사실상 공공기능을 상실한 도로(지목 : 도로, 소유자 : 국토해양부, 이하 '폐도')를 특정인이 도로(보행용)로 이용하고자 할 경우, 국유재산관리청에서 폐도를 원상복구하지 않을 뿐만 아니라 용도폐지하지 않는다면 특정인은 국유재산 사용수익허가를 득해야만 폐도를 도로로 이용할 수 있는지?

A : 국유재산법 제40조 및 동법시행령 제37조에 따라 행정재산이 행정 목적으로 사용되지 않게 된 경우에는 지체 없이 그 용도를 폐지하여 총괄

청으로 인계하여야 합니다. 지목상 "도로"이나 현황 폐도인 동 국유재산을 사용하고자 할 경우에는 동법 제30조에 따라 사용허가를 득하고 사용료를 납부한 후 사용하여야 하며, 국유재산 사용허가에 관하여는 동 재산의 관리권한을 위임받은 재산관리기관에서 주변 재산현황 등 제반사항을 고려하여 결정할 재량행위입니다.

또한 국유재산법 제3조에 따라 국유재산은 공공가치와 활용가치를 고려하여 관리하여야 하므로 재산관리기관에서 특정인을 위하여 폐도를 원상회복할 의무는 없습니다.

사례 분석 : 도로(폐도)는 있는데 확인하지 못한다면?

도로는 멀쩡하게 있는데 도로가 없다. 법에도 없고 어디에도 찾아볼 수가 없는 도로다. 흔히 토지를 전문으로 하는 이들 중에서 간혹 들을 수 있는 이런 이야기가 있다.

"지목은 하천이지만 실제로는 하천이 아닌 농지로 쓰이고 있기 때문에 덤으로 얻는 공짜 땅이 있어서 큰 이점이 있는데다 국가 소유인 하천부지를 통해서 진입도로를 내 점용허가를 받고 사용료를 내면 건축행위를 할 는 데 아무런 문제가 없다."

또는 "이 땅은 재정부 소유로 되어 있으므로 불하를 받으면 되고 불하를 받지 않더라도 국가 소유이므로 진입도로개설허가를 받아서 사용료를 내고 내 땅에 주택을 지을 수 있다."

절반은 맞고 절반은 틀린 말이긴 하지만 결과적으로는 100% 틀린 것이나 다름없는 얘기다. 왜냐하면 하천부서에서의 업무처리 지침이 일반용도로의 진입도로 사용허가가 나지 않기 때문이다.

지목이 하천인데 실제로는 하천이 아니라 농지 상태라면 사용수익허가를 받을 수 있다. 그러나 허가신청 내용이 무슨 용도냐에 따라 그 여부가 달라진다. 영농이나 영농을 위하여 진입도로가 필요하다면 그리 어려운 허가가 아니지만 하천부지 또는 국유지를 지나야만 진입할 수 있는 땅에 건축을 하기 위한 진입도로 용도라면 허가가 나지 않는다.

이것은 국유재산, 즉 국토부나 재정부 소유로 되어 있는 일반농지일 경우도 마찬가지다. 차라리 타인 소유라면 삼고초려를 해서라도 어떻게든 사용승낙서를 받아보기라도 하겠지만 소유자가 국가이고 '지침'이란 것이 떡 하니 버티고 있으므로 달리 방법이 없다. 만약 이와 유사한 건을 해결하신 분이 있다면 도움의 말씀을 듣고 싶다.

사례 예시

계곡에서 내려오는 맑은 물이 흐르는 하천과 접해 있는 관리지역의 일반농지이고, 도로 또한 농지 옆으로 바로 붙어 있다. 그 길을 따라 들어가면 기존의 집들이 또 있었기에 전혀 의심의 여지가 없었던 땅이었지만 과거의 경험에서 얻은 교훈이 떠올라 지적상 농지의 길이와 폭을 현장 농지와 대충 비교를 해봤더니 실제 땅이 훨씬 더 컸다.

순간 직감적으로 이 도로가 오래 전에 하천정비사업을 하는 과정에서 하천폭을 줄이면서 기존의 농지의 면적이 넓어졌고, 하천 가장자리로 자연히 도로가 형성되었을 수도 있겠다는 생각이 들었다. 그렇다면 눈에 보이지는 않지만 지적도상에 있는 도로는 사실상 폐도가 되어 농지 안쪽에 들어가 있을 것이라고 잠정적인 결론을 내리게 되었다.

어쨌든 현재 존재하는 하천상의 현황도로가 법적 효력이 있는 것이었으므로 건축인·허가에는 별문제가 없겠다는 결론을 내리고 확인 차원에서 측량설계사무소까지 대동해서 다시 한 번 답사해 확인한 결과 "확실하게 될 것 같다."라는 확신에 찬 답변을 들었다.

흔히 부동산 사무실에 비치돼 있는 지적도 책에도 폭 2미터 길이 약

120미터로 길게 표시되어 있는 토지의 지목은 분명히 "도"라고 되어 있었다. 발급받은 지적도에서 폭이 좁고 길게 그려져 있는 도로 번지와 지목을 기재하려고 하다 보니 축척이 1/1,200이었음에도 불구하고 워낙 작은 글씨로 적혀 있어서 도로 지번과 지목이 보이지 않아서 (지번을 알아내 토지대장을 발급 받았어야 했는데) 일반 지도상에 보이던 도로라는 지목을 그냥 믿어 버리고 말았다.

결국 허가신청이 반려되어 그제야 토지대장을 봤더니, 1991년도에 당시 관리청인 건설부에서 재정경제원으로 인수인계되고 난 뒤 멀쩡하게 있던 "도로"라는 지목을 "답"으로 변경한 것이다. 결국에는 국유재산 불하 신청이라는 인고의 절차를 밟아야 했는데, 아래 내용을 참고로 알아 두도록 하자.

"국유재산 중 잡종재산으로 분류되는 위와 같은 재산은 국가에서 대부를 하거나 양여매각 등을 할 수가 있습니다. 이 경우 경쟁입찰이 원칙이기는 하지만 인접한 토지의 소유자들을 지명하여 제한적으로 경쟁에 부치기도 합니다. 그러나 위치나 형태 등 그 성질상 공개 경쟁입찰에 부치다가는 계속 유찰이 될 가능성이 있는 등 경쟁에 부치기 곤란하다고 여겨질 때에는 수의계약을 하기도 합니다."

조금이라도 손해가 발생할 수 있는 일은 하지 않으려고 하는 것은 국가 역시 일반인과 똑같다. 처분하는 가격은 대개 감정평가를 하여 시가를 참작해 결정하게 된다.

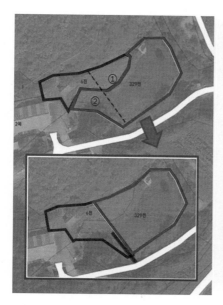 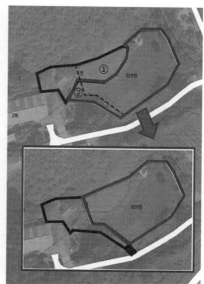

사례에서의 결론

누군가가 당신에게 "건축을 위한 도로로 사용하기 위해서 하천부지 점용허가를 받으면 된다." 라고 이야기한다면 이렇게 대답하라.

"아, 네에!" 그리고 돌아오는 길에 해당 지자체 부서에 알아본다. 국유재산 임대사용수익허가도 마찬가지다.

기타 국토계획법에서 말하는 도로의 여건

도로는 수용할 수 있고, 예정도로에도 허가가 가능하다.

앞에서도 강조하였지만, 국가 또는 지자체는 헌법 제122조에 의한 국토의 효율적 이용을 위하여, 국토의 일부를(약 16%) 국민이 거주와 생산활동을 할 수 있는 도시지역으로 지정하고, 그 지역 안에 도로 등 기반시설을 도시관리계획에 따라 도시계획시설로 지정한 후, 그 도시계획시설인 도로를 개설함으로써 국민이 그 도로 등 도시계획시설을 편리하게 사용할 수 있게 하여야 한다.

여기서 도시계획시설인 도로의 개설은 지자체장의 권리가 아니라 의무이다. 이런 도로가 법 제2조 제1항 제11호 가목에 있는 국토계획법에 의한 도로 또는 예정도로인 것이다.

하지만 지자체장은 일시에 모든 도시계획시설의 도로를 개설할 경제적 능력이 없으므로 먼저 도시관리계획에 의하여 도시계획시설의 도로로 지정을 해 놓고(도면에 도로개설만 해 놓고), 수 년 또는 수십 년간 도로개설을 하지 않아도 토지소유주는 참을 수밖에 없다.

그리고 국가는 이런 도시계획시설인 도로를 만들기 위해서 공공복리 명분으로 사유재산권을 수용할 수 있되, 적정한 보상을 하여야 한다.(헌법 제23조 제3항)

그런데 건축허가 또는 신고시 건축허가권자와 도시관리계획에 의한 도시계획시설인 도로를 개설(확보)해야 하는 의무자는 똑같은 지자체장이다.

그러므로 건축허가권자인 지자체장은 건축허가를 함에 있어 허가신청자(국민)의 입장에 서서 진입로 확보기준을 그 지역의 형편 등을 고려하여 보다 유연하게 판단해야 하고, 비록 개발행위허가기준 등에 재량적 판단을 할 수 있어도 엄격하게 적용해서는 안 되는 것이다.

접도	지적 토지, 현황도로, 너비 미달	지적도	접도(×) 지목, 사용승낙
지목	지목 불문, 분할(X), 미지정	건축법	기능, 너비, 종류
사용승낙	허가, 신고, 국공유지	개발법	국토계획법, 도로법, 관련 법

헌법 제23조
① 모든 국민의 재산권은 보장된다. 그 내용과 한계는 법률로 정한다.
② 재산권의 행사는 공공복리에 적합하도록 하여야 한다.
③ 공공의 필요에 의한 재산권의 수용·사용 또는 제한 및 그에 대한 보상은 법률로써 하되, 정당한 보상을 지급하여야 한다.

여기에서 우리는 주거지역과 녹지지역·비도시지역에 유의하여야 한다. 주의 깊게 보아야 하는 용도지역은 주로 주거지역에 있는 (달동네의) 도로 너비가 좁은 경우와 도시지역 외곽의 녹지지역(자연·생산·보전녹지) 그리고 비도시지역에 건축을 하는 경우이다.

먼저 주거지역 등에 있는 달동네의 경우에는 지자체가 재개발 또는 주거환경개선사업 등으로 좁은 도로를 넓히는 데 적극적으로 나서야 하며, 당분간 기존건물의 증개축은 그대로 사용할 수밖에 없다.

다만 신축의 경우, 연면적이 법 규정을 초과하는 경우에 건축법의 도로 확보 목적(이용편의와 긴급차량통행)에 부적합하면 불허될 것이나 소규모 건축물은 건축 후퇴선 등을 적용하여 건축을 허가하여야 한다. 그리고 도시지역 외곽에 있는 녹지지역의 경우와 비도시지역의 대지에 건축허가나 신고를 할 경우에는 그 도로를 신설해야 할 경우가 많다.

이 경우에는 개발행위허가를 받아야 하는데, 그동안 지자체의 개발행위 부서에서는 국토계획법 시행령에 의한 개발행위허가기준이 「2005.9.8 '건축법에 맞게」로 개정되었는데도 불구하고, 2009년까지는 개발행위허가운영지침을 개정하지 않고, 도시지역의 녹지지역의 대지는 4미터 이상의 진입로를 확보하라고 하면서 건축허가를 해 주지 않았다.

그리고 비도시지역의 면 지역은 법 제44조를 적용하지 않고, (국토계획법의) 비도시지역이면서 (행정구역이) 읍·동지역은 법제2조 제1항 제11호 및 제44조에 따른 기준의 적용을 완화할 수 있다

국토계획법

제3조(건축법 적용 제외)

① 다음 각호의 어느 하나에 해당하는 건축물에는 이 법을 적용하지 아니한다.

1. 문화재보호법에 따른 지정문화재나 가지정假指定 문화재

2. 철도나 궤도의 선로 부지에 있는 다음 각목의 시설

　　가. 운전보안시설

　　나. 철도 선로의 위나 아래를 가로지르는 보행시설

　　다. 플랫폼

　　라. 해당 철도 또는 궤도사업용 급수給水 · 급탄給炭 및 급유給油 시설

3. 고속도로통행료 징수시설

4. 컨테이너를 이용한 간이창고(산업집적활성화 및 공장설립에 관한 법률 제2조 제1호에 따른 공장의 용도로만 사용되는 건축물의 대지에 설치하는 것으로서 이동이 쉬운 것만 해당된다.)

　② 국토계획법에 따른 도시지역 및 제2종 지구단위계획구역 외의 지역으로서 동이나 읍(동이나 읍에 속하는 섬의 경우에는 인구가 500명 이상인 경우만 해당된다.)이 아닌 지역은 제44조부터 제47조까지, 제51조 및 제57조를 적용하지 아니한다.

　③ 국토계획법 제47조 제7항에 따른 건축물이나 공작물을 도시계획시설로 결정된 도로의 예정지에 건축하는 경우에는 제45조부터 제47조까지의 규정을 적용하지 아니한다.

제44조(대지와 도로의 관계)

　① 건축물의 대지는 2미터 이상이 도로(자동차만의 통행에 사용되는 도로는 제외한다.)에 접하여야 한다. 다만, 다음 각 호의 어느 하나에 해당하면 그러하지 아니하다.

　　1. 해당 건축물의 출입에 지장이 없다고 인정되는 경우

　　2. 건축물의 주변에 대통령령으로 정하는 공지가 있는 경우

　② 건축물의 대지가 접하는 도로의 너비, 대지가 도로에 접하는 부분의 길이, 그밖에 대지와 도로의 관계에 관하여 필요한 사항은 대통령령으로

정하는 바에 따른다.

제45조(도로의 지정·폐지 또는 변경)

① 허가권자는 도로의 위치를 지정·공고하려면 국토해양부령으로 정하는 바에 따라 그 도로에 대한 이해관계인의 동의를 받아야 한다. 다만, 다음 각호의 어느 하나에 해당하면 이해관계인의 동의를 받지 아니하고 건축위원회의 심의를 거쳐 도로를 지정할 수 있다.

 1. 허가권자가 이해관계인이 해외에 거주하는 등의 사유로 이해관계인
    의 동의를 받기가 곤란하다고 인정하는 경우
 2. 주민이 오랫동안 통행로로 이용하고 있는 사실상의 통로로서 해당
    지방자치단체의 조례로 정하는 것인 경우

② 허가권자는 제1항에 따라 지정한 도로를 폐지하거나 변경하려면 그 도로에 대한 이해관계인의 동의를 받아야 한다. 그 도로에 편입된 토지의 소유자, 건축주 등이 허가권자에게 제1항에 따라 지정된 도로의 폐지나 변경을 신청하는 경우에도 또한 같다.

③ 허가권자는 제1항과 제2항에 따라 도로를 지정하거나 변경하면 국토해양부령으로 정하는 바에 따라 도로관리대장에 이를 적어서 관리하여야 한다.

제46조(건축선의 지정)

① 도로와 접한 부분에 건축물을 건축할 수 있는 선[이하 "건축선建築線"이라 한다]은 대지와 도로의 경계선으로 한다. 다만, 제2조 제1항 제11호에 따른 소요 너비에 못미치는 너비의 도로인 경우에는 그 중심선으로부터 그 소요 너비의 2분의 1의 수평거리만큼 물러난 선을 건축선으로 하되, 그 도로의 반대쪽에 경사지, 하천, 철도, 선로부지, 그 밖에 이와 유사한 것이 있는 경우에는 그 경사지 등이 있는 쪽의 도로경계선에서 소요 너

비에 해당하는 수평거리의 선을 건축선으로 하며, 도로의 모퉁이에서는 대통령령으로 정하는 선을 건축선으로 한다.

② 특별자치도지사 또는 시장·군수·구청장은 시가지 안에서 건축물의 위치나 환경을 정비하기 위하여 필요하다고 인정하면 제1항에도 불구하고 대통령령으로 정하는 범위에서 건축선을 따로 지정할 수 있다.

③ 특별자치도지사 또는 시장·군수·구청장은 제2항에 따라 건축선을 지정하면 지체 없이 이를 고시하여야 한다.

제47조(건축선에 따른 건축제한)

① 건축물과 담장은 건축선의 수직면垂直面을 넘어서는 아니 된다. 다만, 지표地表 아랫부분은 그러하지 아니하다.

② 도로면으로부터 높이 4.5미터 이하에 있는 출입구, 창문, 그밖의 이와 유사한 구조물은 열고 닫을 때 건축선의 수직면을 넘지 아니하는 구조로 하여야 한다.

활용 가능한 도로인지 확인하라

도로의 정체성 파악

우리나라에는 의외로 맹지가 많다. 약점이 있기에 값이 저렴한 맹지는 길의 중요성, 즉 도로가 생명이라는 것을 알려준다. 길이 없으면 차량으로 진입하지 못하고 건물을 짓기 위한 인·허가도 받지 못한다. 한마디로 구원의 손길(?)을 기다려야 하는 처량한 처지에 놓인 땅이다.

땅에 도로가 나 있는지, 어떻게 연결되었는지를 알기 위해 지적도를 보면 된다는 것은 투자자들의 기본이 된 지 오래다. 그러나 함께 현장에 가보면 간과하기 쉬운 지적도와 도로의 특성을 이해하지 못하고 답사하는 경우를 많이 본다. 단순히 "도로가 있느냐 없느냐"에만 포인트를 두다 보니 전체적인 지형을 이해하지 못하고 돌아오는 것이다.

한마디로 숲속을 헤집고 다니느라 숲의 크기를 알지 못하고 돌아오는 것과 같다. 숲의 전체적인 윤곽은 변하지 않지만 세부적인 모습은 자연의 힘에, 사람의 힘에 의해 얼마든지 바뀔 수 있다는 특성을 이해하지 못하기 때문에 향후, 재답사한 지역도 낯설게 느껴지는 것이다.

여기에서는 도로를 통해 정보를 취합하는 것에 대해 알아보고자 한다. 지적도를 보면 도로를 따라 광대 1면, 중로 1면, 소로 1면 등의 용어들을 볼 수 있다.

땅에 접하는 도로의 모양에 따라 분류하는 것인데, 이와 함께 〈토지이용계획확인원〉을 보면 저촉, 접합이 함께 병기되어 있다.

그린벨트나 도로, 공원용지 등의 계획에서 자신의 땅이 해당지역과 접합, 저촉, 수용되는 경우가 있다. 저촉이란 해당계획에 대상 토지의 일부가 포함되어 있는 경우로서 포함되어 있는 부분은 수용되기 마련이다. 접합은 대상 토지가 해당 계획의 경계에 붙어 있는 토지로 계획이 침범하지 않아 우선적으로 지가가 상승하기 좋은 땅이라 할 수 있다.

접하는 도로의 수에 따라 1면, 2면, 3면 등으로 나눈다. 가로와 세로 동시에 접하는 땅은 '각지'라고 한다.

도로폭에 따른 가치 판정

도로는 넓이에 따라 세로, 소로, 중로, 대로로 구분한다. 세로는 폭 8미터 미만의 도로를 말하는데, 자동차 통행이 가능하면 세로(가)로 표기하고, 자동차 통행이 불가능하며 경운기 통행이 가능하면 세로(부)로 표기한다. 세각은 세로에 2면 이상 접한 각지를 말한다.

소로는 폭 8~12미터의 도로, 중로는 폭이 12~25미터, 대로는 폭이 25~40미터, 폭 40미터 이상은 광대로로 분류하는데, 일반적으로 폭 25미터 이상은 대로라 한다. 여기서 말하는 폭(도로 넓이)은 자동차가 다니는 부분과 인도까지 포함한 것임에 유의할 필요가 있다.

예를 들어, 광대소각은 광대로에 접하면서 소로 이상의 도로에 1면 이상 접한 각지를 의미하고 광대세각은 광대로에 접하고 세로(가)에 1면 이상 접한 각지를 의미한다. 중로각지는 중로에 접하고 세로(가)에 접한 각지, 소로각지는 소로에 접하고 세로(가)에 1면 이상 접한 각지임을 쉽게 유추할 수 있다. 아울러 가로와 세로 양쪽에 접하는 땅인 '각지'가 활용도 측면이나 접근성에서 뛰어나다는 것을 알 수 있다.

일반적으로 넓은 도로와 접하는 땅이 더 가치가 있는 것으로 볼 수 있지만 무조건적이고 절대적인 기준은 아니다. 도로가 너무 넓으면 유동인구가 많고 통행이 편리하다는 측면에서는 주목을 받을 수 있지만, 오히려 그냥 지나칠 수 있는 땅이 될 수 있기 때문이다.

공장용지나 물류 부지 등 차량 이동이 많은 지역들은 도로가 넓은 것이 좋다. 하지만 상업시설이 있는 지역은 8차로 이상의 넓은 도로보다 오히려 4차로나 6차로가 좋다. 도로의 폭에 따른 땅의 가치가 있다면 도로에 접하는 방식에 따라 달라지기도 한다.

도로에 접하는 방식에 따른 가치 판정

도로에 접하는 방향의 땅 길이와 그렇지 않은 땅 길이의 비율을 '세장비'라고 한다. 도로 쪽이 긴 것은 세장비가 작다고 하고 도로 쪽이 짧은 것은 세장비가 크다고 한다. 주택지로서 땅을 고려한다면 세장비가 큰 것이 좋고, 상업지라면 작은 것이 좋다. 또한, 도로에 접하더라도 위치에 따라 가치가 다르다는 것을 알 수 있다.

「감정평가론」에서 자주 언급되는 '노선가식평가법'은 큰 도로에 접한 일단의 토지가격을 결정하고 이를 기초로 거리와 형상에 따라 보정해 특정 토지의 가격을 산출해내는 방식이지만, 일반투자자에게는 어려운 접근 방식이라 할 수 있다.

전문가마다 서로 다른 기준과 땅의 개별성과 지역성으로 다소 차이가 있겠지만, 필자는 공시지가를 참조하여 '5-3-2체감법'을 활용한다. 도로에 접한 땅의 절반은 50%의 가치가 있고 나머지 절반 중에서 30%, 20%의 가치가 있다고 보는 것이다.

땅과 도로와의 역학 관계 : 접도

접도接道는 말 그대로 도로에 땅이 붙어 있는 경우를 말한다. 접도한 땅 또는 저촉된 땅은 개발행위를 할 수 있으며, 맹지에 비해 가치가 상당히 높다.

국토종합개발계획에 가장 기반이 되는 도로들은 미관보호와 손궤방지, 교통위험을 방지하기 위하여 도로의 양쪽 경계선으로부터 '접도구역'을 둔다. 고속도로는 20미터, 국도는 5미터, 지방도 및 군도는 일부 구간 포함하여 5미터를 정하여 토지의 형질변경이나 건축행위를 할 수 없도록 법으로 금지시켰다. 시·군도는 접도구역을 지정하지 않기 때문에 건축행위를 할 수 있는 기본요건에 한발 가깝다고 볼 수 있다.

접도구역은 주차장이나 농어업용도의 창고 등과 임시 소형적치물이나 진출입을 위한 가감속로 등의 통행용도에 부합하여 사용하는 외에는 법률행위를 할 수 없다. 그러므로 접도구역으로 지정되면 그 범위와 면적 그리고 주변의 환경을 고려하여 점용으로 임차권을 신청하든지 국가로부터 불하를 받거나 내 땅이라면 수용을 당하거나 매수청구권을 행사할 수 있다. 이때 일부의 토지가 수용이 됐다면 다시 남은 토지의 활용도에 따라 접도구역을 점용할 수도 있음을 주지해야 한다.

또한 도로 옆의 '완충녹지'는 간단하게 화단을 생각하면 되는데, 마찬가지로 도로를 이용하지 못한다. 이는 경관보호와 매연, 소음, 진동방지, 교

통에 따른 안전도 향상을 목적으로 지정한 땅인데, 주로 주거지역과 상업
지역을 분리하거나 도로와 철도 주변의 주거지역에 대하여 설치하기도 하
며 그 폭은 통상 2 ~20미터 이내로 지정한다.

땅에 도로가 붙었는지 그리고 어떤 모양으로 연결되었는지는 주소 지번
을 가지고 지적도를 확인하면 알 수 있다.

접도구역

정의

도로구조의 손궤방지, 미관보존 또는 교통에 대한 위험을 방지하기 위
하여 도로경계선으로부터 일정한 거리 이내에 지정되는 구역을 말한다.

접도구역이란?

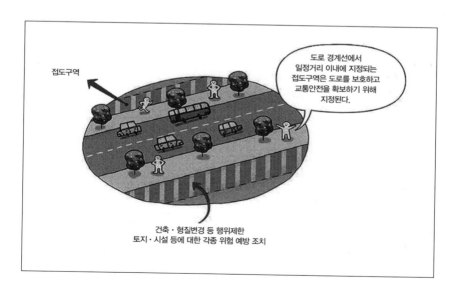

접도구역接道區域은 도로구역의 도로 구조의 손궤방지, 미관보존 또는 교통에 대한 위험을 방지하기 위하여 지정되는데 일반국도의 경우 도로경계선으로부터 5미터 이내, 고속도로의 경우 20미터 이내에서 접도구역을 지정할 수 있으며 접도구역 내에서는 규정에 따라 다음의 행위가 금지된다.

도로변 가까운 곳에 건축이 가능하도록 거리제한 완화

"도로변 규제 푸니 '여의도 18배' 땅이 이용 가능!" 접도구역 폭 축소(20→10m), 지정제외 확대

국토교통부 도로운영과 (☎ 044-201-3910)

■ 고속도로변에 토지를 소유한 A씨는 비닐하우스를 짓고 농사를 지으려 했지만 소유한 토지가 도로변 관련 규제(접도구역)에 묶여서 어려움을 겪고 있습니다. 시골 마을을 통과하는 도로(군도)변에 거주하는 B씨는 사는 집을 넓히려고 했지만 역시나 관련 규제로 이루지 못했습니다.

접도구역 완화로 이 같은 국민의 고충과 불편이 해소됐습니다. 접도구역이란 도로구조의 파손, 교통위험 등을 방지하기 위해 도로변 일정폭(고속도로 20m, 국도·지방도·군도 5m)을 지정해 건축물의 증·개축 등을 제한하는 구역을 말합니다. 이 같은 접도구역 폭을 줄이거나 없애서 도로변 토지의 이용을 활성화할 수 있게 됐습니다.

접도구역 규제 완화

■ 추진배경 : 접도구역 지정목적을 훼손하지 않는 범위내에서 제도를 개선하여 사유재산권 침해 최소화 및 도로변 토지이용 활성화 도모

■ 주요내용
  ① 고속도로의 접도구역 폭을 10m로 축소
  ② 전체 지구단위 계획에서 접도구역 지정 제외
  ③ 군도 접도구역 지정 제외
  ④ 접도구역 내 농업용 축사·창고의 신축 기준 완화(연면적 20㎡→30㎡)
  ⑤ 축대·옹벽 등 안전시설 추가 허용

■ 시행일
  ① 2014년 12월(법령개정)
  ② 2015년 6월[접도구역 지정(해제) 및 지형도면 고시]

1. 토지형질을 변경하는 행위.

2. 건축물이나 그 밖의 공작물을 신축·개축 또는 증축하는 행위.

또한 도로의 구조나 교통의 안전에 대한 위험을 예방하기 위하여 토지, 나무, 시설, 건축물, 그 밖의 공작물의 소유자나 점유자에게 다음의 조치를 하도록 할 수 있다.

1. 시설 등이 시야에 장애를 주면 그 장애물을 제거할 것.

2. 시설 등이 붕괴하여 도로에 위해危害를 끼치거나 끼칠 우려가 있으면 그 위해를 제거하고 필요하면 방지시설을 할 것.

3. 도로에 토사 등이 쌓이거나 쌓일 우려가 있으면 그 토사 등을 제거하거나 방지시설을 할 것.

4. 시설 등으로 도로 배수시설에 장애가 발생하거나 발생할 우려가 있으면 그 장애를 제거하거나 방지시설을 할 것.

관련법규 : 도로법, 동법 시행령, 관련 용어 : 도로구역, 토지의 형질변경

땅에 도로가 붙었는지 그리고 어떤 모양으로 연결되었는지는 주소 지번을 가지고 지적도를 확인하면 알 수 있다. 그러면 지적도와 항공사진, 현장사진 등으로 이러한 형상을 분류해보도록 한다.

접도수에 따른 분류

땅의 한쪽이 도로에 접하는 땅을 '1면 접지'라고 하고 전면과 측면, 후면 등 도로에 복수로 접하는 땅을 '각지(코너 땅)'라고 한다. 접하는 도로의 수에 따라서 2면각지, 3면각지, 4면각지 등으로 나뉜다.

이러한 각지는 2개 이상의 가로에 접함으로써 건물의 이격, 일조, 통풍의 양호, 출입의 편리성, 높은 광고 선전효과와 획지를 분할하는 데 유리하고 또한 건축제한을 덜 받는 이점이 있어서 다른 조건의 토지에 비하여 단위 면적당 가격이 높은 게 보통이다. 그러나 소음·도난·교통·재해를 받기 쉬운 점, 담장 등의 건설비용이 높은 점 등의 단점도 가지고 있다.

접도 위치에 따른 분류와 가치 평가

도로에 접하는 땅을 4등분, 3등분하여 그 체감으로 평가하는 방법이 있다. 4등분은 접도면으로부터 40%+30%+20%+10%로 가치를 평가하고 3등분은 처음 50%+나머지 2부분은 50%로 평가한다.

또 경사진 땅보다는 평탄한 땅이 좋지만 땅이 비탈길에 접하는 경우에는 아래(낮은)쪽에 있는 땅이 더 높게 평가된다. 도로보다 낮은 곳(저지)에 있는 땅은 개발행위허가를 받아서 성토를 하면 되고, 전원주택이나 단독주택을 짓기에는 도로보다 약간 높으며 약간의 경사가 있는 땅이 좋다.

곡선으로 휘어진 땅에 접하는 경우에는 곡선 안쪽에 있는 땅이 더 가치가 있다고 본다. 또한 도심이나 시내 방향일 때 또는 역이나 버스터미널로 가는 도로의 오른쪽에 있는 땅을 더 가치 있다고 평가한다.

그러나 곡선 안쪽에 있는 땅이라고 해서 반드시 더 가치가 있다고 보지는 않고, 그 땅의 면적과 교통의 흐름을 살펴서 가치를 평가해야 한다.

성토할 땅　　　　　　　　가치가 높은 땅

접도 비율에 따른 분류

도로에 접하는 땅은 되도록 직사각형(장방형)이 좋다. 이 말은 접하는 방식에 따라 땅의 가치와 활용방법 등이 달라진다는 점이다.

도로에 접하는 방향의 땅 길이와 도로에서의 거리의 비율을 세장비라고 하는데, 일반적으로 상가는 세장비가 작은 땅이 좋고 주택은 세장비가 큰 땅이 좋다. 물론 상가나 주택을 짓기에 땅의 형태 조건이 네모반듯하다면 금상첨화라 하겠다.

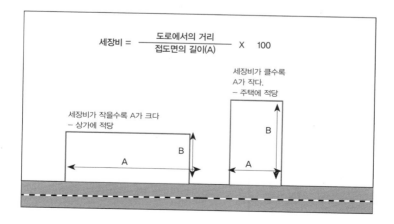

도로폭에 따른 분류와 가치평가

일반적으로 넓은 도로와 접하는 땅이 더 가치가 있는 것으로 본다. 도로가 넓으면 유동인구가 많기 때문에 효용가치가 큰 상업시설이 많이 들어서고, 교통이 편리하면서도 도로 사선 제한을 덜 받아 건물을 더 높이 지을 수 있기 때문이다.

중심 상업지

이면점포 주택지

그러나 무조건 도로가 넓다고 해서 다 좋은 것은 아니므로 보통 상업지역에서는 4~6차로에 접도한 땅의 가치를 높게 보며, 일반상업지나 점포 주택지 등에서는 2~4차로에 접도한 땅을 더 높게 평가한다. 이는 일반적인 경우일 뿐 인구가 많이 몰리는 상업지에서는 이면도로에 있는 땅을 더 높게 평가하는 경우가 많다.

도로의 연결가치 판독법

① 땅에 도로가 새로 연결될 때의 가치 비교

도로는 도심의 확장성을 위해 만들어 가는 것이 기본이기 때문에 신도시, 혁신도시, 기업도시, 산업단지 등 새로운 도시관리계획으로 구도심과 거리를 두고 만들어 간다. 그렇지 않으면 지가의 부담과 체계적인 계획도시를 만들지 못하기 때문이다.

수도권의 1기와 2기 신도시들을 살펴보면 그 이유를 알 수 있다. 넓은 도로와 체계적인 용도지역의 배치 그리고 행정상 체계적이고 종합적인 관리 효율성이 높게 개발한다. 그래서 많은 사람들이 몰려들고 지가가 상승하게 되는 것이다.

표시된 부분이 개발 최적지

반면 구도심은 사람이 이동이 급격히 감소하고 행정기관이나 터미널, 병원 등이 옮겨감에 따라서 기존 상권의 점포들은 권리금도 받지 못하고 새로운 도로로 옮겨가는 사례가 많다. 이 경우 구도심은 신도심과의 연계성에 따라서 그 가치를 달리하게 된다.

하지만 도로에 접한다고 하여 무조건 가격이 상승하는 것은 아니다. 오히려 전원주택이나 펜션 등의 경우는 도로의 소음으로 인해 가치가 떨어지므로 가치 상승을 꾀하기 위해서 용도변경을 하게 된다.

따라서 땅에 투자를 할 때는 도로와의 연관성이 그만큼 중요한 것이고 투자의 목적과 용도 등에 맞게 이용하는 것이 가치를 상승시킬 수 있으며 나름 개발의 기쁨을 알아가는 것 또한 비법이라 하겠다.

② 도로에 접한 땅은 무조건 좋다?

도로와 접해 있더라도 도로를 이용하지 못하는 땅도 있다. '접도구역'과 '완충녹지'다. 접도구역에는 건물 신축이나 증축이 금지되어 역시 처분(?)을 기다리는 처량한 신세가 되고 만다. 폭은 경부고속도로와 중부고속도로는 30미터, 일반 고속도로는 25미터, 국도나 지방도로는 5미터로 해당 지역의 땅을 개인적으로 활용하지 못한다.

경관보호와 소음방지, 안전도 향상 등을 목적으로 지정한 시설녹지(완충녹지) 역시 도로를 이용하지 못한다. 보통 택지개발지구의 진입로나 경계에 주로 지정하는 데 역시 개인적으로 활용하지 못하고, 사고도 빈번하게 일어나는 땅이다.

또한 현장에 가면 가드레일로 도로와 경계를 구분 짓는 곳 역시 우회도로나 타당성이 발생되지 않는 한 도로 접근성이 떨어지는 땅이다. 비탈길을 따라 도로 바깥쪽에 있는 땅 역시 사고 위험성이 있어 활용도가 낮다고 볼 수 있다. 도로에 접근한다고 하여 무조건적으로 좋은 땅은 아니라는 것을 알 수 있다.

땅테크에 있어서 도로의 중요성은 초보 투자자라도 알 수 있는 내용이다. 하지만 도로 여부만 확인하는 것이 아닌 도로를 통해 땅의 팔자를 예측하고 개발 가능성을 타진하는 것은 초보 투자자들은 알기 어렵다. 현장답사를 가더라도 조용히 차창 밖으로 표시된 도로를 보면서 방향을 알고, 개발 축을 이해하고자 하는 투자자들이 있는 반면, 피곤하다고 잠을 청하거나 의미 없이 경치에 반하는 투자자들도 있다. 어떤 투자자가 땅테크에 성공할지는 자명한 일이다. 도로의 깊은 속성을 이해하고 땅테크를 하는 투자자가 되기를 바란다.

③ 도로의 종류에 따른 가치 판정

도로는 관리주체별로 고속도로, 일반국도, 지방도, 시·군·구도 등이 있다. 고속도로는 자동차 교통망의 중추 부분을 이루는 중요 도시를 연결하는 자동차 전용의 고속교통이 이용하는 도로로 최대시속 110킬로미터, 일반국도는 중요도시, 지정항만, 중요한 비행장, 관광지 등을 연결하며 국가기간도로망을 이루는 도로로 최대 90킬로미터, 지방도는 도내의 주요 도시를 연결하며 지방의 간선도로망을 이루는 도로로서 최대 60킬로미터까지 주행할 수 있는 도로다.

④ 투자자들이 주목할 도로는 일반국도와 지방도

남북 방향의 일반국도는 홀수번호이고, 동서 방향의 일반국도는 짝수번호다. 예를 들어, 국도 45호선은 서산~가평을 연결해 주는 남북 방향의 일반국도이고 국도 42호선은 인천~동해를 연결하는 동서 방향의 일반국도임을 알 수 있다.

현장답사를 위해 주행하면서 눈여겨 보아야 하는 도로가 바로 지방도이다. 지방도는 3자리 혹은 4자리로 구성되는데, 맨 앞의 숫자는 지방도를 관리하는 '도'를 표시한다. 즉 경기도(3), 강원도(4), 충북(5), 충남(6), 전북(7), 전남(8), 경북(9), 경남(10), 제주(11)를 표시하는 번호다.

도를 나타내는 고유번호에 숫자 2자리를 병기하여 3자리 혹은 4자리로 나타내는데, 1~50까지의 숫자는 도내를 연결하는 도로, 51~99는 타도와 연결되는 도로다. 예를 들면, 615번 도로는 합덕~당진~도비도를 연결하는데, 맨 앞의 숫자 6은 충남을 표시하고 15번으로 보아 충남도 내 도로를 연결하고 있고 남북으로 연결되어 있다는 것을 알 수 있다.

도로 완전정복

도로의 종류와 구분

부동산 공법상 도로에 관한 사항은 (1) "도시계획시설(기반시설 중 도시계획으로 확정된 것)의 결정, 구조 및 설치기준에 관한 규정"에 의한 도로, (2) 도로법 상의 도로, (3). 건축법에서 용어의 정의 편에서의 도로로 구분하여 그 용법과 적용을 각각 선택적으로 쓰고 있다.

위의 (1)의 구분에 의한 도로는 토지이용계획서를 발급받아 보면 ① 대로 3류 접함, ② 소로 1류 저촉 등으로 표시되어 있는데, 무슨 뜻인지 난감할 때가 있다.

이 경우 아래 자료를 보면, 바로 알 수가 있는데, 대로大路라 함은 폭 25미터 이상 40미터 미만의 도로를 말하고, 그중 3류三類란 폭 25미터 이상 30미터 미만의 도로를 말함을 바로 알 수 있다. 마찬가지로, "소로 1류라 함은 폭 10미터 이상 12미터 미만의 도로라고 확인할 수 있다.

(2) 구분의 도로는 골프장 등 대단위 개발행위를 검토시 "도로법상의 도로 또는 너비 8미터 이상의 진입도로를 확보하여야 한다." 등의 법률의 구절이 있는데, 이는 (2) 구분에 의한 도로를 말함인 것이다.

위의 (3) 구분에 의한 도로는 대단위 개발에도 해당될 수 있지만 특히, 중소단위 개발행위시 사도 같은 경우, 막다른 도로인 경우 4미터 또는 6미터 이상의 도로를 확보하지 못하면 맹지이므로 건축허가를 내줄 수 없다고 할 때, (3) 구분에 의한 도로를 말하는 것이다.

이상과 같이 각각의 법률 구절에서 사용하는 용법을 구분하여 숙지하기 위해 요약해서 정리해보았다.

도시계획시설의 결정, 구조 및 설치기준에 관한 규정에 의한 도로

도로법상의 도로 : ①고속국도, ②일반국도, ③특, 광도, ④지방도, ⑤시市도, ⑥군郡도, ⑦구區도.

건축(용어의 정의)상의 도로

소로 (국지도로, 이면도로)			중로 (집산도로, 지선도로)			대로 (보조간선도로) 30M			광로 (주간선도로) 50M 미만		
8M											
3류	10M										
	2류	12									
		1류									
			3류	20							
				2류	25						
					1류						
						3류	35M				
							2류	40			
								1류			
									1류	70	
									2류	이상	
										1류	

구분	1류	2류	3류
광로	70m 이상	50m 이상 ~ 70m 미만	40m 이상 ~ 50m 미만
대로	35m 이상 ~ 40m 미만	30m 이상 ~ 35m 미만	25m 이상 ~ 30m 미만
중로	20m 이상 ~ 25m 미만	15m 이상 ~ 20m 미만	12m 이상 ~ 15m 미만
소로	10m 이상 ~ 12m 미만	8m 이상 ~ 10m 미만	8m 미만

건축법상 도로라 함은 보행 및 자동차 통해가 가능한 폭 4미터 이상의 도로로 다음에 해당하는 도로 또는 그 예정도로를 말한다.

▶국계법, 도로법, 사도법, 기타 관계법령에 의하여 신설 또는 변경에 관한 고시가 된 도로

▶건축허가 또는 신고시 → 시, 군, 구청장이 그 위치를 지정한 도로

막다른 도로인 경우에는 건축법영 3 - 3조로 정하는 구조 / 너비의 도로를 말한다. 〈改 2002.12.26〉

① 지형적 조건으로 차량통행을 위한 도로의 설치가 곤란하다고 인정하여 시, 군, 구청장이 지정/공고하는 구간 안의 폭 3미터 이상(길이가 10미터 미만인 막다른 도로에서는 2미터 이상을 말함.)인 도로를 말함.

② 위 ①외의 막다른 도로로서 당해 도로의 폭이 그 길이에 따라 다음 표로 정하는 기준 이상인 도로 :

막다른 도로의 길이	도로의 너비
10m 미만	2m 미만
10m 이상 ~ 35m 미만	3m 미만
35m 이상	6m 미만(도시지역 외의 읍, 면 지역은 4m)

구분		도로의 폭	차로	자주 표시되는 내용
광로	1류	70m 이상인 도로	10차로 이상	
	2류	폭 50m 이상 70m 미만	6~8차로	
	3류	폭 40m 이상 50m 미만		
대로	1류	폭 35m 이상 40m 미만	4~6차로	상업지역에서 접함으로
	2류	폭 30m 이상 35m 미만		
	3류	폭 25m 이상 30m 미만		
중로	1류	폭 20m 이상 25m 미만	2~4차로	
	2류	폭 15m 이상 20m 미만		주거, 녹지 등에서 대체로 많이 등장
	3류	폭 12m 이상 15m 미만		
소로	1류	폭 10m 이상 12m 미만	보통 2차로	
	2류	폭 8m 이상 10m 미만		
	3류	폭 8m 미만인 도로	이면도로	

일단 접함의 뜻은 필지의 한 면이 도로에 붙었다는 것이고, 저촉은 필지의 일부 또는 전부가 도로에 포함되어 있다는 뜻이다. 도로의 폭은 도시지역이 보통 보행로와 차로를 구분하여 인도를 설치하므로 비도시지역보다 좀 폭이 넓은 편이다. 〈토지이용계획확인원〉에 "중로3류접함"이라고 표시되었다면 위에 보면 12미터 이상 15미터 이하의 도로임을 알 수 있다.

Tip. 지적도를 볼 때의 도로폭 계산법

지적도상에서 폭을 읽을 경우에는 축척을 보고 30 센티미터 자로 측정해 축척 분모를 100 으로 나눠서 계산된 그 숫자에서 1 센티미터당 실제거리가 된다 .

예를 들어 축척 1/1,200 의 지적도에서 자로 잰 길이가 8 밀리미터라면 12 × 0.8 = 실제 9.6 미터가 된다 . 2 차로 도로라고 판단할 수 있고 임야도로 볼 때 축척 1/6,000 지적도를 자로 잰 거리가 센티 5 밀리미터라면 60 × 0.5= 실제길이 30 미터 , 폭 4 차로인 도로라고 판단하면 무난할 것이다 .

감정평가서에서의 도로 구분

광대로	폭 25m 이상의 도로
중로	폭 12m 이상 폭 25m 미만 도로
소로	8m 이상 12m 미만의 도로
세로(가)	자동차 통행이 가능한 폭 8m 미만의 도로
세로(불)	자동차 통행이 불가능하나 경운기의 통행이 가능한 도로
** 상기 도로의 규모별 분류가 감정평가서에 기재된 도로의 규모 표현과 관련되어 있음을 알 수 있다.	

Tip. 도로저촉 VS 도로접함

▶ 도로저촉이란 표현은 도로 도시계획선에 대상 토지의 전부 또는 일부가 침범당해 장래에 도로로 수용되는 등 당해 토지이용의 제한을 받는 것을 말한다 .
▶ 도로접함이란 이러한 침범 없이 대상 토지가 도로 도시계획선과 경계를 이루고 있는 상태를 말한다 . 따라서 도시계획시설 도로와 저촉과 접함의 의미 차이는 상당히 크다는 사실을 염두에 두고 접함이 아닌 저촉 부동산의 담보 취급시 각별히 유의해야 할 것이다 .

▶ 도시계획시설 중로1류(저촉)의 의미 : 이 토지의 일부 또는 전부에는 도시관리계획상 도로(도시계획시설 도로)의 설치가 예정되어 있고 그 도로의 폭은 20~25미터 사이이다.

번호로 보는 도로의 종류

① 고속도로 : 두 자리 숫자로 되어 있으며, 동서를 연결하는 도로는 끝 자리가 0이고 남북을 연결하는 도로는 끝자리가 5이다.

경부고속도로는 최초의 고속도로라는 상징성 때문에 1번이 부여되었 다. 동서로 잇는 도로는 남쪽에서부터, 남북으로 연결하는 도로는 서쪽에 서부터 번호가 부여된다. 따라서 남해고속도로는 10번이고, 서해안고속 도로는 15번이다. 파란색 바탕 위에 흰색 숫자로 번호가 표기된다.

② 일반국도 : 남북 방향의 국도는 홀수번호이고, 동서를 연결하는 국도 는 짝수번호이다.

한 자리 숫자(1, 3, 7)는 축의 역할을 하는 도로이고, 두 자리 숫자는(11, 99)는 한 자리 숫자의 국도들을 이어주는 역할을 한다. 파란색 바탕의 타 원 안에 흰색으로 쓴다.

③ 국지도(국가지원 지방도) : 지방도로이지만 국가에서 건설비를 지원한 도로이다. 국도만큼 중요한 도로이므로 국도와 같이 두 자리 숫자를 쓴다. 사각형의 노란 바탕에 검은색이다.

④ 지방도 : 도에서 관리하며, 번호는 세 자리 혹은 네 자리인데, 맨 앞의 숫자가 관리하는 도를 표시한다.

경기도	3XX
강원도	4XX
충청북도	5XX
충청남도	6XX
전라북도	7XX
전라남도	8XX
경상북도	9XX
경상남도	10XX
제주도	11XX

이렇게 번호가 부여된다

뒷자리 번호 중 남북을 연결하는 것은 홀수, 동서를 연결하는 도로는 짝수번호이다.

1~50는 도내를 연결하는 도로이고, 51~99는 타도와 연결되는 노선이다. 황색 바탕의 사각형에 청색 숫자로 표기한다.

도로의 사용 및 형태별 구분

① 일반도로 ② 자동차전용도로 ③ 보행자전용도로 ④ 자전거전용도로 ⑤ 고가도로 ⑥ 지하도로

도로의 규모별 구분

도로 구분	광로			대로			중로			소로		
	1류	2류	3류	1류	2류	3류	1류	2류	3류	1류	2류	3류
폭(m)	700이상	50~70	40~50	35~40	30~35	25~30	20~25	15~20	12~15	10~12	8~10	8미만

도로의 기능에 따른 구분

① 주간선도로

② 보조간선도로

③ 집산도로

④ 국지도로

⑤ 도시고속도로

⑥ 특수도로

도로의 이용목적에 따른 분류

도로는 사람이나 차량의 통행을 위한 시설로서, 이용하는 목적에 따라, 다음과 같이 구분하고 있다.

① 자동차전용도로

② 보행자전용도로

③ 자전거전용도로

④ 녹도

⑤ 공원도로

⑥ 군용도로

⑦ 경작도

⑧ 산림도

⑨ 산업도로 등

PART

4

맹지의 가치 평가

맹지의 의의 및 규정

맹지의 의의

맹지의 사전적 의미는 '도로와 직접 접하지 않고 주위가 모두 타인의 토지로 둘러싸여 있는 토지'이다.(한국감정평가협회, 2006, 729면). 한편 「개별공시지가조사산정지침」에서는 토지의 특성 항목에서 도로접면 사항을 조사하도록 하고 있는데, 도로접면 특성 중 하나인 맹지를 '경운기의 통행이 불가능한 토지'라 하고 있다.

맹지의 구체적인 범위에 대해서는 입장이 조금씩 다르다. 건축법상 토지가 도로에 2미터 이상 접하지 않을 경우, 건축물의 대지가 될 수 없으므로 이를 맹지로 보는 견해가 있고, 준맹지로 보고 있는 경우도 있다.

여기에서는 맹지의 범위를 직접 도로에 접하지 않은 토지뿐 아니라 도로 접면부가 2미터 미만인 토지를 포함한 광의의 개념으로 보도록 한다.

도로와 전혀 접하지 못한 협의의 맹지와 도로에 접하지만 그 앞 기장이 2미터 미만인 토지는 정도의 차이만 있을 뿐 토지이용상의 차이점은 별반 크지 않을 것이기 때문이다. 특히 도시지역 내의 토지는 원칙적으로 건축물 부지로서의 가치를 가지고 있으므로 건축물의 건축 가능성 여부가 토지의 가치에 미치는 영향은 더욱 크다.

토지와 도로의 관계

　도시의 토지는 원칙적으로 건축물 부지로서의 가치를 갖고 있다. 그러므로 어떤 건축물을 지을 수 있느냐가 토지가 가지고 있는 가치가 된다. 다만 이와 같은 가치는 그 토지가 무엇으로 이용되는 것인지, 즉 토지의 가치는 주택·상가·공장 등 각각의 이용상황에 따라 달라지며 그에 따라 도로와의 관계가 토지의 가치 파악에 중요한 문제를 제공한다.

　사무실용지의 경우는 토지 또는 건축물 내에서 종업원이 일하기에 충분한 공간이 요구되며 그 업종에 적합한 형상, 배치를 갖고 있어야 한다. 점포용지는 도로를 통행하는 불특정 고객수 및 성격과 직접 관련되어 업체의 순수익과 밀접하게 연관되어 있는 경우가 많을 것이다. 주택용지의 경우는 도로통행자의 대부분이 지역 내의 사람인 것이 바람직하다. 즉 낯선 사람의 출입이 적으면 적을수록 심리적인 불안감이 적기 때문이다.

　이런 측면에서 도로는 토지의 가치와 깊이 관련되어 있다. 그리고 도로와 관련하여 주의해야 할 것은 토지이용의 본질과 도로폭 등이 상호 영향을 미친다는 것이다.

　예를 들어, 도로폭이 넓고 용적률이 크면 이에 면한 지역의 토지이용은 고층건축물이 건축되기 쉽고 또 이와 같은 토지 이용이 예정될 때에는 사전에 넓은 폭의 도로가 설정된다.

　그리고 도로와의 관계에서 접면의 넓고 좁음, 깊이의 길고 짧음은 토지의 가치에 영향을 준다. 도로와 접한 부분이 넓으면 당해 토지에 출입하는 데 용이할 뿐만 아니라 건축설계시 여유 있게 설계할 수 있는 이점도 있다.

　그러나 접면이 너무 넓으면 도로의 소음, 배기, 진동 등을 가깝게 느끼기 때문에 토지 이용의 주체성을 유지할 수 없거나 안정되지 못한 점이 있어서 이런 때는 주택지의 경우 바람직하지 못할 것이다.

한편 토지 특성 항목의 지가영향력을 분석한 2006년 「시가수준 추정 모형 개발 및 표준지 재설계에 관한 연구」에 의하면 토지이용상황, 용도지역과 더불어 도로접면은 대도시·중소도시·군지역 모두 영향력이 높은 것으로 나타났다.

지역별 및 용도지역별 토지특성항목의 가격영향력은 다음 〈표 1〉 및 〈표 2〉에서 보는 바와 같다.

〈표 1〉 지역별 토지 특성 항목 가격 영향력(단위 : %)

구분	대도시	중소도시	군
토지이용현황	33.3	22.9	27.3
용도지역	25.3	26.9	20.7
도로접면	16.6	18.8	12.3
용도지구	5.8	1.2	20.7
고저	5.6	9.6	12.1
기타 제한(구역)	4.5	8.0	6.4
면적	3.8	2.0	1.4
형상	2.6	3.0	2.7
철도거리	1.4	0.4	1.9
계획시설	1.1	0.7	0.5
형상		3.0	
폐기물 처리		0.3	2.7

〈표 1〉에 의하면 , 도로 접면은 대도시에 16.6%, 중소도시 18.8%, 군 12.3% 의 가격 영향력을 지닌 것으로 나타나고 있다 . 또한 용도지역별로는 도로 접면은 상업지역이 33.94% 로 토지가격에 가장 큰 영향력을 지니고 있으며 , 공업 31.37%, 주거 22.5% 의 영향력을 각각 나타내고 있다 .

〈표 2〉 용도지역별 토지 특성 항목 가격 영향력 (단위 : %)

도시지역				비도시지역
주거		상업	공업	
토지이용상황	26.2	27.94	17.14	31.09
도로 접면	22.5	33.94	31.37	17.17
형상	14.2	5.88	8.11	2.27
용도지구	8.01	5.33	8.32	1.2
지목	7.37	10.04	15.32	
기타 제한(구역)	6.5	11.17	5.09	12.66
계획시설	5.92	2.57	1.53	1.53
고저	3.98	0.27	2.9	17.66
면적	3.87		8.39	2.74
철도거리	1.33	2.89	1.06	2.11
비옥도	0.3		0.76	1.32
도로 거리				9.65
폐기물 처리				0.48

맹지 관련 규정

건축법의 규정

도로란 사람이나 자동차 따위가 다닐 수 있게 만들어 놓은 길로, 건축법상으로는 보행과 자동차 통행이 가능한 너비 4미터 이상의 도로를 말한다.

① 국토의 계획 및 이용에 관한 법률, 도로법, 사도법, 그 밖의 관계법령

에 따라 신설 또는 변경에 관한 고시가 된 도로, ② 건축허가 또는 신고시에 특별시장·광역시장·도지사·특별자치도지사(이하 "시도지사") 또는 시장·군수·구청장(자치구 구청장)이 위치를 지정하여 공고한 도로를 의미한다.(동법 제2조 제11항)

건축물의 대지는 2미터 이상이 도로(자동차만의 통행에 사용되는 도로 제외)에 접하여야 한다.

다만, ① 해당 건축물의 출입에 지장이 없다고 인정되는 경우 및 ② 건축물의 주변에 대통령령으로 정하는 공지가 있는 경우에는 그러하지 아니하다.(동법 제44조 제1항) 대통령령이 정하는 공지라 함은 광장·공원·유원지 기타 관계 법령에 의하여 건축이 금지되고 공중의 통행에 지장이 없는 공지로서 허가권자가 인정한 경우이다.(동법 시행규칙 제28조 제2항)

또한 건축물의 대지가 접하는 도로의 너비, 대지가 도로에 접하는 부분의 길이, 그밖에 대지와 도로의 관계에 관하여 필요한 사항은 대통령령으로 정하고 있다.(동법 제44조 제2항)

대통령령이 정하는 구조 및 너비의 도로라 함은 ① 지형적 조건으로 차량통행을 위한 도로의 설치가 곤란하다고 인정하여 시장·군수·구청장이 그 위치를 지정·공고하는 구간 안의 너비 3미터 이상(길이가 10미터 미만인 막다른 도로인 경우에는 너비 2미터 이상)인 도로, ② 막다른 도로의 경우 막다른 도로의 길이가 10미터 미만, 10미터 이상 35미터 미만, 35미터 이상일 경우 각각 너비는 2미터 이상, 3미터 이상, 6미터 이상(도시지역이 아닌 읍·면 지역에서는 4미터)이 필요하다.(동법 시행령 제3조의3)

건축물의 대지는 원칙적으로 최소한 너비 4미터 이상의 도로와 4미터 이상(막다른 도로의 경우에는 2미터 이상) 접하지 않는다면 사람이나 오토바이 등의 출입은 가능하겠지만 건축물을 신축할 수 없다.

이렇게 2미터 미만으로 도로와 접한 경우 광의의 맹지라고 할 수 있으며, '준맹지'라고도 부른다. 도로와 접하는 부분의 폭이 2미터 이상이라면 건축법상 건축허가가 가능할 수 있다.

다만, 현실적으로 군지역에서는 건축법에서 규정하는 도로폭 4미터 미만(막다른 도로 제외)인 경우에도 건축허가가 나는 경우가 있다. 이때에는 주변의 환경과 이용상황 등을 고려하여 대상 토지에도 건축이 가능한지 여부를 판단하여야 할 것이다.

민법의 주위토지통행권

주위토지통행권 판례 사례

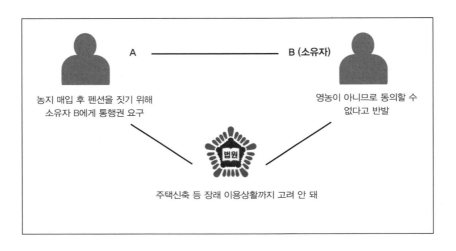

우리나라 민법에서는 상린관계의 일환으로 맹지소유자의 '주위토지통행권'을 규정하고 있다. 주위토지통행권이란 어느 토지와 공로 사이에 그 토지의 용도에 필요한 통로가 없는 경우 그 토지소유주는 주위 토지를 통행 또는 통로로 하지 아니하면 공로에 출입할 수 없거나, 과다한 비용을

요하는 때에는 그 주위 토지를 통행할 수 있고 필요한 경우에는 통로를 개설할 수 있다.(동법 제219조 제1항 본문)

그러나 이로 인한 손해가 가장 적은 장소와 방법을 선택하여야 하며(동법 제219조 제1항 단서), 이때 통행권자는 통행지 소유자의 손해를 보상하여야 한다.(동법 제219조 제2항)

▶ 인접하고 있는 부동산(특히 토지)의 소유자가 서로 각자의 소유권을 주장하고 이를 행사하는 경우에는 서로간에 충돌이 생길 수 있다. 여기서 인접하고 있는 부동산소유자 상호간의 이용을 조절하기 위해 민법은 그들 사이의 권리관계를 규정하는데, 이를 상린관계라고 한다.(김준호, 2001, 558면)

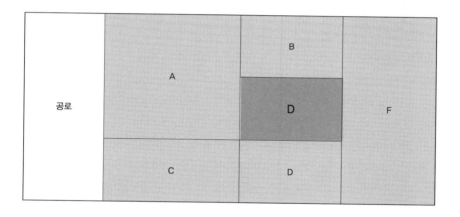

한편 원래는 공로에 통하고 있었던 토지가 분할 또는 일부의 양도로 공로에 통하지 못하는 토지로 된 경우 그 토지소유주는 다른 분할자 또는 양수인의 토지를 통행할 수 있고, 이때에는 보상의 의무가 없다.(동법 제220조) 민법에서의 주위토지통행권만으로는 일반적으로 건축법상의 조건을 충족시킬 수 없고 따라서 건축허가를 받을 수는 없다고 판단된다.

주위토지통행권은 필요한 통로가 없는 토지의 이용이라는 공익목적으로 피통행지 소유자의 손해를 무릅쓰고 특별히 인정되는 것이므로 통행권자가 그 소유 토지를 이용하는 데 필요한 범위에서 허용되어야 할 것이다.

어느 정도를 필요한 범위로 볼 것인가는 개개의 경우에 사회통념에 따라 쌍방 토지의 지형과 위치 그리고 형상, 이용관계, 부근의 지리상황, 상린지 이용자의 이해득실과 기타 제반 사정을 기초로 판단할 수 있다.

토지의 이용방법에 따라서는 자동차 등이 통과할 수 있는 통로의 개설도 허용되지만 단지 토지이용의 편의를 위해 다소 필요한 상태라고 여겨지는 정도에 그치는 경우까지 자동차의 통행을 허용할 것은 아니라고 판시하고 있다.

또한 일본의 판례는 주위토지통행권을 1미터 정도의 좁은 통로로 인정받는 데 불과한 경우도 있어서 건축법에서 규정한 2미터 이상의 도로와 접면하는 조건을 충족시키는 도로까지 인정하는 것이 아니라는 견해를 나타내고 있다.

맹지의 감정 평가 방법

감정 평가시 검토사항

맹지 평가의 분류

맹지의 평가에 대한 접근은 지방, 지역, 평가 조건이나 시점 등에 따라 크게 ① 인접한 토지를 매수하거나, ② 진입로를 개설하거나, ③ 현재 상태 그대로 평가하는 등 3가지로 나누어서 생각할 수 있다.

진입로의 개설은 해당 맹지와 접한 토지 중 가장 적합한 진입로를 매수한다고 상정한 뒤 맹지의 평가액을 결정하고 진입로 부지 취득원가와 도로개설에 필요한 비용을 공제하여 가격을 구한다. 진입로 부지를 취득할 때 역시 진입로 부지의 가격은 한정가격이 된다.

현재 상태 그대로 평가하는 방법은 건축물의 건축을 생각하지 않는 지역이거나 현재 맹지로서 이용하는 데 문제가 없을 때 혹은 진입로 개설이나 인접토지 합병을 상정하여 평가하기 어려울 때 접근할 수 있다.

맹지 평가 방법의 적용

맹지의 평가 방법을 적용하는 것은 인근 지역의 상황과 해당 토지의 최유효 이용에 따라 다르다. 즉 지역 요인 및 개별 요인의 분석을 통해 토지의 이용가치를 판단한 뒤 맹지의 평가 방법을 판단하고 평가에 적용하여야 한다는 것이다.

지역 분석이란 부동산이 속하는 지역을 확정하고 그 지역 내 부동산 가격 형성에 영향을 미치는 지역 요인의 분석을 통해 지역 특성과 장래 동향을 분석함으로써 표준적 사용을 파악하여 가격 수준을 가늠하는 작업이다.

이러한 지역 요인은 용도지역별로 의미가 다르므로 사회적·경제적·행정적 관점에서 정확한 용도지역의 판단과 요인의 파악이 필수적이다. 이때 그 지역의 시장상황과 시장 참여자들의 거래 관행을 분석하여야 한다.

토지를 비롯한 부동산의 최유효 이용이란 객관적으로 보아 양식과 통상의 이용능력을 가진 사람에 의한 합리적·합법적인 최고·최선의 이용 방법으로, 일반적으로 부동산 가격은 최유효 이용을 전제로 하여 파악되는 가격을 기준으로 형성된다.

최유효 이용은 지역 요인의 분석을 토대로 결정되기 때문에 ① 대도시, 교외 도시, 지방 도시의 중심부와 ② 토지 이용에 비교적 여유가 있는 지방 도시의 주변부 및 농가 취락지역 등의 농촌지역, ③ 당분간 건축을 고려하지 않는 순수 임야지대나 농지로 나누어 해당 토지의 최유효 이용을 판단할 수도 있다.

그러나 어디까지나 이는 지역에 따른 분류 가능성일 뿐 평가를 할 때마다 해당 토지의 최유효 이용과 인접토지의 매수 가능성, 적절한 한정가격의 범위를 염두에 두어야 한다.

뿐만 아니라 이하에서는 현실적인 측면에서 대도시, 교외 도시, 지방 도시의 중심부와 토지 이용에 비교적 여유가 있는 지방 도시의 주변부 및 농가 취락지역 등의 농촌지역, 당분간 건축을 고려하지 않는 순수 임야지대나 농지 등으로 나누어 평가 방법을 제시하였지만 직접 평가를 행할 때에는 다른 방법에 의한 평가액도 산정하고 반드시 타당성 여부를 확인하여야 한다.

대도시·교외 도시·지방 도시의 중심부

서울을 비롯한 수도권 및 광역시 등의 도시지역에서는 주로 상업지대와 주거지대, 공업지대가 많아 인구가 밀집되어 있어 지가가 높고, 토지의 최유효 이용 역시 고층화 및 집약화 될 가능성이 높다. 뿐만 아니라 현재 상태에서 유효토지가 부족하기 때문에 진입로를 만들 토지도 없을 뿐더러 있다고 하더라도 경제적인 타당성으로 인해 도로개설의 가능성이 적다. 따라서 집약화된 도시지역에서는 맹지에 진입로를 새로 개설하기보다는 도로와 접한 인접토지를 매수하는 것이 현실적이다.

맹지가 인접토지와 합병하여 한 단지로 사용할 때 대규모 건축물을 건축할 수 있고, 여유 토지를 주차장 등으로 이용하거나 건폐율 산정시에도 맹지의 면적이 대지 면적에 산입되므로 일체의 이용으로 사용하는 것이 더 합리적이라고 할 수 있다. 이때 매수를 상정하는 인접토지의 매수가격은 한정가격이라고 할 수 있으므로 적절한 맹지의 가격 범위를 결정하는 것과 인접토지의 매수 가능성이 관건이라고 할 수 있겠다.

지방 도시의 주변부 및 농가 취락지역 등의 농촌지역

지방 중소도시는 대도시에 비해 토지이용이 노변을 따라 견고한 건축물이 덜 밀집되어 있기 때문에 토지이용에 여유가 있는 편이므로 적절한 진입로를 상정하는 것이 가장 현실적이라고 할 수 있다.

이때 도로를 내는 방법에는 도로법에 의한 진입도로개설 혹은 도로지정 고시, 사도법에 의한 사도개설, 인접토지를 매입(단독 또는 공유 지분)에 의한 사설도로개설 등이 있지만 주로 인접토지를 매입하여 사설도로를 개설하는 경우가 많다.

가능한 넓은 도로에 많이 접하도록 하는 동시에 현실적이고 가능한 비용이 저렴한 위치를 선정하여 진입도로를 상정하고, 부지의 취득원가 및 도로개설에 따른 공사 부대비용, 인근토지 및 건축물의 이용상황, 인근토지소유주의 매도 의사 등을 종합적으로 판단하여야 한다

순수 임야지대나 절대농지

맹지와 인근의 표준적 이용이 농지, 임야 등으로 사용 중인 경우 건축을 고려하지 않고 맹지 상태로 이용하는 데 문제가 없을 뿐 아니라 그것이 해당 토지의 최유효 이용일 때에는 현재 맹지로서의 가치를 그대로 평가하는 것이 타당하다.

다만 지적도상 도로가 없는 맹지라고 하더라도 임차권 등이 이미 존재하거나 인접토지소유주로부터 토지사용승낙서를 받을 가능성이 큰 경우, 기타 국공유지 점용허가를 얻을 수 있는 경우 등은 그렇지 못한 순수한 맹지보다 높은 가격으로 평가되어야 할 것이다. 또한 도로와 접한 인접토지가 동일인 소유일 때에는 가격이 달라지므로 이에 유의하여야 할 것이다.

건축물 등이 소재하는 맹지

맹지에 건축물이나 수목 등의 물건이 있을 수 있다. 특히 이전하기 어려

운 건축물이 문제되는데, 맹지 위에 견고한 건축물이 이용되는 경우에는 다음과 같이 생각할 수 있다.

인근 지역의 이용상황으로 비추어 볼 때 당해 토지·물건이 최유효 이용에 가까운 경우에는 건축물 잔존기간 동안 다소 이용하는 데에 불편하고 물리적으로 노후화되더라도 대규모 수선을 할 수 있지만, 최유효 이용과 괴리되어 있다면 이 물건의 활용방법이 문제되고 오래될 때 건축물이 지진이나 화재로 멸실할 위험도 예상된다.

평가의 목적과 의뢰내용, 평가조건 등에 따라 다르겠지만 기본적으로 물건이 소재한 맹지의 평가는 물건이 존재하지 않는 맹지의 평가를 원칙으로 하되, 건축물이 최유효 이용으로 사용되고 있을 경우 그 건축물이 현존함에 따른 이점을 가산하는 데 그쳐야 한다고 생각한다.

따라서 유사한 이용상황의 인근 지역의 표준지 공시지가나 거래사례를 기준으로 평가하거나, 유사한 건축물이 있는 토지와 없는 토지의 가격 격차율 수준을 조사하여 개별요인 비교시에 고려하여야 할 것이다.

맹지의 감정평가 방법

표준지 공시지가를 바탕으로 개별 공시지가를 산정하는 과정

| 비교표준지 공시지가 | X | 가격배율 | = | 개별 공시지가 |

= f (지가에 영향력이 검증된 18개 항목)

= f (지목, 면적, 용도지역, …, 형상, 도로접면, …)

▶ 토지가격비준표 활용

(▶) = f (지목, 변경, 용도지역, 용도지구, 기타 제한(구역 등), 도시계획시설, 농지구분, 비옥도, 경지정리, 임야, 토지이용상황, 고저, 형상, 방위, 도로접면, 도로거리,. 철도/고속도로 등, 폐기물, 수지오염 등

도로 접면(17)	광대 한면	광대 소각	광대 세각	중로 한면	중로 각지	소로 한면	소로 각지	세로 (가)	세각 (가)	새로 (불)	세각 (불)	맹지
광대한면	1.0	1.11	1.05	0.94	0.99	0.85	0.88	0.79	0.84	0.71	0.73	0.69
광대소각	0.90	1.00	0.95	0.85	0.89	0.77	0.79	0.71	0.76	0.64	0.66	0.62
광대세각	0.94	1.05	1.00	0.89	0.93	0.80	0.83	0.75	0.79	0.67	0.69	0.65
중로한면	1.06	1.18	1.13	1.00	1.05	0.90	0.94	0.84	0.89	0.76	0.78	0.73
중로각지	1.01	1.12	1.07	0.95	1.00	0.86	0.89	0.80	0.85	0.82	0.74	0.70
소로한면	1.18	1.31	1.25	1.11	1.16	1.00	1.04	0.93	0.99	0.84	0.86	0.81
소로각지	1.14	1.26	1.20	1.07	1.13	0.97	1.00	0.90	0.95	0.81	0.83	0.78
세로(가)	1.27	1.41	1.34	1.19	1.25	1.08	1.11	1.00	1.05	0.90	0.92	0.87
세각(가)	1.19	1.32	1.26	1.12	1.18	1.01	1.05	0.94	1.00	0.85	0.87	0.82
세로(불)	1.41	1.56	1.49	1.32	1.39	1.20	1.24	1.11	1.18	1.00	1.03	0.97
세각(불)	1.37	1.52	1.45	1.29	1.36	1.16	1.21	1.08	1.15	0.97	1.00	0.85
맹지	1.45	1.61	1.54	1.36	1.23	1.23	1.28	1.14	1.22	1.03	1.06	1.00

대상 토지 (내 토지의 특성)			
비교표준지(기준이 되는 표준지의 토지 특성)		(계산 사례) – 내 토지(A)는 '맹지'이고, – 비교 표준지(B)는 '광대한 면'일 경우	
				A의 공시지가 = B의 공시지가 X 0.69 ('도로접면' 요인만을 반영한 경우)

지역 모델 : 서울 서초구 방배동 주거지역 도로접면

현황대로 평가

순수 임야지대나 농경지대라면 맹지 그대로 이용하는 데 문제가 없고 또 인근 지역의 이용상황 등을 비추어 볼 때 최유효 이용이라고 판단되는 경우에는 현황 맹지에 의한 가치로 평가하되 도로개설 가능성을 판단한다.

이하에서는 현황 평가를 전제로 도로개설 가능성이 있는 경우와 없는 경우로 나누어 설명하도록 한다.

도로개설 가능성이 있는 경우

해당 토지가 현재 도로와 접하지는 않았지만 주변 환경을 판단해 보았을 때 도로개설 가능성이 있다면 도로를 개설함으로써 더 나은 가치를 인정받을 수 있다.

도로개설은 ①구거의 하천(구거) 점용허가나 국공유지의 점용허가, ②진입로 토지소유주의 토지사용승낙서를 받아서 도로로 사용하거나, ③민법상 지역권 설정을 통한 도로개설 등의 방법이 있다.

① 구거의 점용허가나 국공유지의 점용허가

만약 해당 토지가 '구거'에 접해 있거나 과거 구거와 접해 있었던 사실이 인정되고 구거로서의 용도 가치를 상실한 구거라면 공유수면관리법에 따라 해당 토지의 시·군·구청으로부터 구거점용허가를 받을 수 있다.

만약 구거점용허가를 받아서 콘크리트관을 매설하고 도로를 포장해 그 구거를 해당 토지의 진입로로 이용할 수 있다면 지금보다 더 좋은 조건이 되므로 이에 대한 가치를 평가에 반영하여야 한다.

또한 현실적으로 수월하지 않은 토지사용승낙보다 국·공유지의 점용허가는 신청에 특별한 하자가 없는 경우 인용될 가능성이 크므로 감가가 덜하다.

② 진입로 토지소유주의 토지사용승낙서를 받는 방법

건축법 제45조 제1항에서는 "허가권자는 도로의 위치를 지정·공고하려면 국토교통부령으로 정하는 도로에 대한 이해관계인의 동의를 받아야 한다."고 규정하고 있다. 이때 토지사용승낙서는 특별한 법정 양식은 없고 토지의 '사용대차' 혹은 '임대차'와 같은 채권계약이므로 인접토지소유주가 변경된 경우 맹지소유자는 다시 계약을 맺어야 한다.

건축법에 따라 토지사용승낙을 받고 이에 따라 지료를 지불하는 방식은 일단 도로로 지정되면 토지사용승낙을 해 준 인접지의 소유자라도 그 승낙을 철회하여 도로를 폐지할 수 없고 오직 임료만 청구할 수 있으므로 현실적으로 이루어지기가 쉽지 않다.

또한 인접토지소유주가 토지사용승낙을 하였다 하더라도 그 토지사용승낙 계약서는 맹지소유자에게 불리한 내용이 많을 수밖에 없다. 즉 인접토지소유주 중 한 명이라도 소유자가 바뀌면 새 소유자와 다시 계약을 하여야 하고, 고가의 임료 지불 및 인접토지소유주의 일방적인 계약파기조항 등 맹지소유자에게 불리한 점이 많아 이에 대한 감가를 감안하여야 할 것이다.

③ 민법상 지역권을 설정하는 방법

'지역권'이란 설정 행위에서 정한 일정한 목적을 위하여 타인의 토지를 자기 토지의 편익에 이용하는 용익물권으로, 지역권이 성립하기 위하여 편익을 받는 토지와 편익을 제공하는 토지가 있다.

지역권을 설정하였을 때 요역지의 이용가치가 증가되는 반면 승역지의 이용이 제한되면, 지역권은 용역지 소유권과 별개의 권리이지만 독립되지 못하고 종속된 권리이므로 요역지로부터 분리하여 양도하거나 다른 권리의 목적이 되지 못한다.

지역권은 민법상 존재하는 방법이지만 실제로 일어나기란 쉽지 않다는 문제점이 있다.

순수 맹지의 경우

인접토지와의 합병 가능성이 적고 관습상 도로나 폭 4미터 이상 접하는 도로도 개설되어 있지 않을 뿐 아니라 구거나 국공유지 등에도 접하지 않는다면 민법상 사람의 출입을 보장하는 주위토지통행권만 인정될 뿐 도로 개설 가능성이 낮기 때문에 순수한 맹지로 보아야 한다.

'주위토지통행권'은 민법 제210조 및 제220조에서 규정하고 있다.

도로개설 가능성이 낮은 때에는 인근 지역의 상황을 면밀히 파악하여야 하는데, 만일 인근 지역에 유사하게 이용되는 맹지가 많다면 상대적으로 쉽게 가격 자료를 수집하여 평가에 참고할 수 있다.

다만 인근 지역에 유사한 맹지가 드물다면 타 지역의 사례를 수집하여 보정하거나 인근 도로와 접한 토지와의 적정한 감가율을 적용하여 가격을 결정할 수 있다. 그러나 통로가 확보되지 않은 현황 맹지는 담보평가시 평가제한 물건으로 해당 금융기관에서 서면으로 요청하지 않는 한 담보목적의 평가에서는 제외하여야 한다.

다만 해당 필지는 순수한 맹지이나 맹지와 도로에 접하는 필지가 같은 사람의 소유인 경우가 있다면, 이 경우 단지 합병하지 않았을 뿐 인접토지를 통하여 맹지에 출입이 가능하고, 한 단지로 이용 중이라고도 판단할 수 있으므로 맹지로서의 감가는 거의 없다고 볼 수 있다.

따라서 이 경우에는 한 단지로서 일괄평가를 요청하거나 이에 대하여 감정평가서에 기재하는 것이 바람직하다고 판단된다.

진입로를 개설하는 경우

도로를 개설하는 방법은 ① 도로법에 의한 진입도로 개설 혹은 도로지 정고시, ② 사도법에 의한 사도 개설, ③ 인접토지 매입에 의한 사설도로 의 개설 등이 있다.

그러나 도로법에 의한 도로나 도로지정고시를 통한 도로는 국도, 지방 도 등으로 나뉘어 사인이 설치할 수 있는 것이 아니며, 사도법에 의한 사도 개설은 도로와 접한 인접지의 토지소유주 및 관할시장이나 군수의 허가를 요하므로 결국 인접토지 매입에 의한 사설도로의 개설이 맹지소유자가 직접 진입로를 개설할 수 있는 가장 용이한 방법이라고 할 수 있다.

이 방법은 도로개설을 전제로 현재 맹지에 가장 적합한 진입로를 상정한 다음에 도로 취득원가 등 도로개설에 필요한 제반 비용을 자루형 토지의 평가액에서 제하여 맹지의 가격을 구하는 방법이다.

도로개설을 전제로 한 맹지평가 방법의 가장 큰 쟁점은 진입로의 상정 및 그 가능성이다. 이를 평가액에 얼마나 반영할 것인가는 해당 맹지의 인근 지역 및 시장 상황, 맹지의 최유효 이용, 진입로의 폭, 길이 및 경사, 맹지와 인접한 토지소유주와의 관계, 진입로의 기부채납 여부 등을 종합적으로 참작하여야 할 것이다.

진입로 부지의 매매

맹지에서 진입로를 상정한다면 해당 토지는 막다른 도로가 되고 자루형 토지가 된다. 진입로의 폭은 건축법에서 규정대로 2미터 이상이어야 하고, 진입로는 현실적으로 가장 저렴한 비용으로 개설할 가능성이 있어야 할 것이다.

진입로 부지의 매매가격

해당 맹지가 위치한 지역에서 일반적으로 많이 사용하는 이용 방법을 파악하고 해당 맹지의 최유효 이용을 확인하여야 할 것이다. 공사비용에 비해 진입로 부지는 한정가격의 개념이 적용되므로 객관적이고 적절한 진입로 부지의 가격을 결정하기가 어렵다.

진입로 부지의 적절한 가격 범위는 정해진 바가 없다. 그러나 진입로의 개설 목적은 도로개설로 인한 맹지소유자의 효용 증대이므로 진입로개설을 상정한 자루형 토지의 가치가 현재 맹지의 가치와 진입로개설 비용을 초과하여서는 안 된다. 보통 매도자 우위의 한정된 시장을 고려하여 정상가격보다 150% 내외의 범위에서 결정되는 것이 적당하다고 판단된다.

진입로 개설 비용의 판단

만약 해당 자루형 토지의 최유효 이용이 상업용이나 공업용이라면 조금 더 비용이 들더라도 진입로가 넓고 평탄한 것이 좋으며, 주거용의 경우 주차가 가능하도록 진입로를 포장하고 담장이나 울타리를 쌓는 것이 좋다.

진입로 개설비용에는 정지 및 포장비용 등이 있으며, 한국감정평가협회의 「지장물보상평가」 자료집이나 「물가정보지」 기타 근거 자료를 이용하여 비용을 산정한다.

부대비용

진입로 부지의 매매에 수반하는 부대비용 등을 고려하여야 한다. 일반적으로는 취득세, 등록세 및 등기비용, 분필 및 합필절차 등에 소요되는 비용을 말한다.

자루형 토지의 평가

자루형 토지란 출입구가 자루처럼 좁게 생긴 토지로, 표준적 토지에 비해 감가가 많고, 출입구의 위치, 폭과 길이에 따라 지가가 다르게 형성되기 때문에 가치평가에 주의하여야 한다.

자루형 토지의 평가 방법은 거래사례 비교법, 원가법, 수익환원법이 있다. 특히 자루형 토지는 유효택지 부분은 제외하고 좁은 자루 부분만 도로와 접하고 있기 때문에 자루형 토지의 평가에는 조심스럽게 접근하여야 한다. 자루형 토지는 진입로 부분의 형상 때문에 건축 가능한 건축물의 규모나 용도 등에도 제한을 받을 수 있다.

자루형 토지는 대개 길고 좁은 자루 부분이 도로만으로 사용될 뿐 유효택지로 이용이 어렵고 유효택지 부분은 직접적으로 도로와 닿지 않아 가시성과 접근성이 떨어져 수익성이 저하될 뿐 아니라 편리성과 일조와 통풍 등의 자연적 조건에서 다른 형상의 토지보다 열악하다. 자루형 토지의 이용은 지방자치단체 조례에 따라 달리 적용될 수 있어서 이러한 건축제한에 따른 감가율 역시 확인하여야 한다.

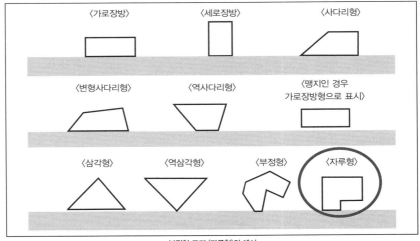

부정형 토지 (자루형)의 예시

감가율은 해당 토지가 속한 지역의 표준적 토지와 비교하여야 하므로 일률적이지 않다. 따라서 이는 해당지역의 시장상황과 이용상황 등을 검토하여 평가사가 결정하여야 할 내용으로, 자루형 토지의 평가액은 유사한 토지의 가격 수준과 유사하여야 할 것이다.

맹지 가격의 결정

진입로의 개설을 전제로 한 맹지의 가격은 진입로개설을 상정한 뒤 자루형 토지의 평가액을 구하고, 이 금액에서 진입로 부지의 취득원가 및 도로개설에 따른 공사비용을 제하여 맹지의 가격을 결정한다.

이때 금리와 맹지소유자의 위험 등 기회비용을 감안해 할인율을 결정하고, 진입로를 개설하여 맹지소유자가 효용을 누릴 수 있을 때까지의 기간을 고려하여 할인하여 현재 가치를 산정한다. 그 후 도로개설의 현실성을 고려하여 보정하면 맹지 가격이 결정된다.

이 방법을 수식으로 나타내면 다음과 같다.

$$\text{맹지의 평가액} = \frac{(\text{자루형 토지의 평가액} - \text{진입로의 취득 및 진입로 개설비용 등})}{(1+r)^n \times (1-a)}$$

(r = 할인율 (년 단위), n = 현실화 기간 (년 단위), a = 감가율)

도출된 맹지의 평가액은 인근 지역의 유사 토지 가격과 비교하여 그 지역 내 지가 수준과 균형이 맞아야 한다.

합병할 경우

인접토지와 합병하는 방법은 해당 맹지를 인접토지소유주에게 매도하거나 맹지와 인접하고 도로에 접한 토지를 매수한다고 상정하여 합병 후의 가치를 구한 후 도로에 접한 인접토지의 가치를 공제하여 맹지의 가격을 결정하는 방식이다.

서울의 상업지대나 공업지대, 주거지대와 같이 고도화된 도시지역은 특별한 경우를 제외하고 맹지를 위해 통로를 설정한다는 실례가 거의 없기 때문에 인접토지와의 합병이 일반적이라고 판단된다.

이 지역에서는 맹지의 숫자가 적고, 나지가 많지 않기 때문에 진입로 개설 가능성이 희박할 뿐 아니라 한정된 시장으로 인한 고가의 진입로 부지의 매수 및 도로개설에 따른 비용 문제 등으로 진입로를 설치하는 것이 비효율적일 가능성이 크다.

예를 들어 맹지소유자가 도로에서부터 멀리 떨어진 맹지까지 폭 2 ~ 6미터 이상의 진입로를 신설한다면 이 진입로 부분은 상당한 면적이 될 것이다. 도시지역에서 용적률 등 여러 가지를 감안하였을 때 도로에 접한 인접토지에 진입로 부분을 분필할 만한 여유가 있는지도 의문이지만 있다고 해도 상당액을 지불해야 하며, 더욱이 이런 진입도로를 신설했다고 해서 투입 비용 대비 당해 맹지의 이용가치가 극대화될 수 있는지도 고민하여야 하기 때문이다.

만일 합병을 한다면 합병 후 꼭 해당 맹지 위에 대규모 건축물을 신축하지 않더라도 주차장, 정원처럼 신축건물에 효용을 주도록 이용하거나 건축허가를 받을 때 건폐율 대지 면적 등에 포함할 수 있으므로 합병하는 것이 더 타당하다고 할 수 있다.

합필 가치와 한정가격

합필 가치

합필이란 부동산등기법에 의해 부동산등기부에 여러 필지로 되어 있는
토지를 하나의 필지로 합치는 것을 말하고, 지적법에서 지적공부에 등록
된 2필지 이상을 1필지로 합하여 등록하는 것을 '합병'이라 한다. 많은 사
람들이 혼용하여 사용하고 있으나 등기·등록하는 공부에 차이가 있을 뿐
현실적으로는 같다고 보면 된다.

합필 가치란 해당 맹지가 속한 지역의 표준적 이용과 관련이 있다. 여러
필지를 합병하였을 때 하나의 필지 가격이 개별 필지의 가격을 모두 합한
것보다 크다면, 합필로 인해 부가되는 가치의 증분을 합필 가치라고 한다.

항상 합필하였을 때 전체 가치가 개개의 가치보다 큰 것은 아니기 때문
에, 합병한 필지의 전체 가치가 개개의 가치를 합산한 것보다 크다면 합병
이 바람직하겠지만 그렇지 않다면 합병하지 않는 것이 타당하다.

한정가격

한정가격이란 일본 『부동산감정평가기준』에서 사용되는 용어로, 어떤
부동산과 취득하는 다른 부동산과의 병합 또는 부동산의 일부를 취득할
경우 분할 등으로 인하여 부동산의 가치가 시장가치와 괴리됨으로써 시장
이 상대적으로 한정되는 경우에 당해 시장 한정에 기초한 경제적 가치를
표시하는 적정한 가격으로 정의할 수 있다.

평가목적·대상물건의 성격상 정상가격으로 평가함이 적정하지 아니하
거나 평가에 있어서 특수한 조건이 수반되는 경우에는 그 목적·성격이나
조건에 맞는 특정가격으로 결정할 수 있다고 규정하고 있다.

특정가격에는 협의의 특정가격과 한정가격이 있다. 한정가격은 병합이
나 분할의 경우 부동산의 가격이 정상가격과 달라짐으로 인하여 시장이

상대적으로 한정될 경우에 성립되는 가격으로, 협의의 특정가격이 교환을 전제로 하지 않는다는 것에 비해 한정가격은 일반 유통지상에서의 교환을 전제로 한다는 차이점이 있다.

한정가격의 예로는 인접 부동산의 합병을 목적으로 하는 매매나 경제적 합리성에 반하는 부동산 분할을 전제로 한 매매 등이 있으며, 비록 분할이나 합병시의 가격이라 하더라도 정상 시가로 거래되었다면 이는 한정가격이 아니다.

최적 인접지의 선정

이 방법에서는 인접토지를 어떻게 선택하느냐가 가장 중요한데, 도로와 접한 토지로 해당 맹지와도 접하여야 하고, 합병으로 인한 토지가치의 상승분이 가장 극대화 되는 필지여야 한다.

또한 인접토지와 건축물의 이용상황 등을 보았을 때 합병이 가능한지를 조사하여야 한다. 맹지가 속한 지역이 고도로 상업화되고 인근 지역의 표준적 이용이 비교적 대규모 토지라면 해당 맹지는 인접토지와 합병할 수 있는 가능성이 크고 주차장 등의 이용으로 사용하거나 확장될 가능성도 있다.

합병하기 위해서는 지적법상의 합병요건을 갖추어야 하는데, 지적법에서는 합병을 하고자 하는 토지와 맹지의 지역, 지목, 소유자가 같아야 하고, 각 필지에 가등기·가압류·가처분등기·경매등기·지역권(요역지)·추가적 공동저당이 있는 경우에는 합병할 수 없다.

더불어 각 필지의 지적도 및 임야도의 축척이 서로 다르거나, 지반이 연속되지 아니한 경우, 등기된 토지와 등기되지 않은 토지로 나뉘는 경우, 각 필지의 지목이 같아도 일부 토지의 용도가 달라서 분할 대상 토지인 경우(합병과 동시에 토지 용도에 따른 분할신청을 한 경우는 제외), 소유자별 공유지분이 다르거나 소유자의 주소가 서로 다른 경우, 합병하고자 하는 토지가 구획정리나 경지정리 또는 축척변경을 시행하고 있는 지역 안의 토지와 지역 밖의 토지인 경우 등에서도 합병할 수 없다.(지적법 제20조 제3항, 동법 시행령 제15조 제2항)

합병가치의 배분

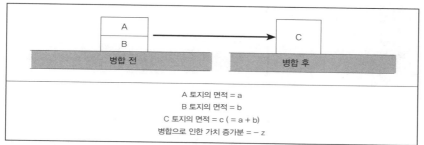

A 토지의 면적 = a
B 토지의 면적 = b
C 토지의 면적 = c (= a + b)
병합으로 인한 가치 증가분 = − z

토지의 합병

위 그림에서 보는 바와 같이 토지의 합병 후의 가치를 계산한 후 증가된 합필 가치를 어떻게 배분하느냐는 매우 중요하다. 합필가치를 절반으로 나누는 절반법, 면적 비율로 나누는 면적비 배분법, 병합 전 단가 비율에 따라 나누는 단가비 배분법, 병합 전 토지의 총액에 따라 배분하는 총액비 배분법, 병합 전 토지가 서로 상대 토지를 산다고 하여도 손해가 없는 매입 한도액을 각 토지의 가액으로 배분하는 (구입)한도액 비배분법 등 10여 가지의 방법이 있다.

그러나 이 방법들은 대부분 합병 전·후의 토지 단가를 이미 파악하고 있다고 전제한 것으로 맹지 평가에 적용하기에는 순환적 오류가 따른다. 따라서 이 중에서 합병 전의 토지 가격을 알 수 없는 상태에서 합필가치를 배분하는 방법만 살펴보면, ①절반법과 ②면적비 배분법이 있다.

절반법이란 가치 증가분이 병합 전·후 토지에 상호간의 기여한 결과이므로 토지마다 균등하게 배분하여야 한다는 것이고, 면적비 배분법이란 병합 전 토지의 면적 비율에 의하여 배분하는 방법이다.

배분 방법은 아래 표와 같다.

배분 방법	배분 방법의 근거	토지 B의 배분액 산식	배분 방법의 유의점
절반법	가치증가분은 병합 전 토지 상호간의 기여 결과이므로 각 토지마다 균등하게 배분	가치 증가분 X 1/2	병합 전과 병합에서의 기여가 동등하다고 하는 경우에는 적용할 수 있으나 일반적으로 생기지 않는다.
면적비 배분법	병합 전 토지의 양적인 요인인 면적 비율에 의거해 배분	가치 증가분 X B(A+B) = 가치증가분 X B/C	병합 전 토지의 양적인 면에만 착안하고 있는 것으로 그 토지의 단가가 거의 차이가 없는 병합에는 총액비와 같다. 이론적인 면이 결여되어 있다.

그러나 가치 증가분을 절반으로 나누는 것은 현실적이지 않고 부동산 시장에서 합필가치를 산정하고 이를 배분하여 평가하는 것은 매우 어려운 문제이다.

따라서 대부분 상기와 같이 합필가치를 절반으로 나누거나 인접토지의 가격과 병합 후의 가격을 결정한 후 맹지소유자와 인접토지소유주간의 합필가치를 배분하지 않고, 맹지소유자와 인접토지소유주의 이해관계에 따라 다양한 방법으로 가격이 결정된다.

부동산은 개별성이 강하여 사정에 영향을 받을 뿐 아니라 거래 당사자 간의 이해관계에서 가격이 결정되므로, 약자의 위치에 놓일 수밖에 없는 맹지소유자는 매우 불리한 입장에 서게 된다.

대개 합병 후의 토지가치에서 인접토지의 합병 전 가격을 공제하여 합필가치를 모두 맹지소유자에게 이전한 뒤 합병 가능성을 보정하거나, 맹지소유자가 수인할 수 있는 범위 내에서 인접토지소유주의 일방적인 의견에 의해 결정되는 경우가 많다.

감가율의 산정

합필가치의 배분이 어렵기 때문에 일본에서는 합필가치를 나누어 배분하지 않고, 맹지와 인접토지의 합병 후 가격에서 인접토지의 합병 전 가격을 제한 뒤 합병 가능성과 합필가치 배분 등을 감안한 감가율을 적용하여 맹지의 가격을 구한다.

일본의 상속세법과 고정자산 평가기준법 등에서는 인접토지의 합병 가능성 및 감가율을 규정하고 있다.

일본의 경우 상속세법에서는 맹지와 인접토지와의 합병 후 가치에서 인접토지 가격을 제한 값에 감가율을 곱하는데, 이때 감가율은 30%의 범위 내에서 상당하다고 인정되는 비율로 한다.

일본 『고정자산평가기준법』에서도 상속세법의 평가 방법과 동일하나, 맹지와 노선에 접하는 유사한 인근 토지와의 균형을 고려하여야 한다. 결국 두 방법 모두 30% 이내로 감가하라고 제시하고 있는 셈이다.

맹지 가격의 결정

당해 맹지 및 도로와 인접한 토지 중 합병의 가능성이 높고, 법적으로 가능하며 합병시 경제적 이용 가능성이 높은 토지를 매수한다(혹은 매도한다)고 가정한 뒤 두 토지를 합한 한 단지로서 평가한다.

그 후에 합병 전 인접 토지의 가격을 빼고 합병 가능성과 합필가치의 배분 등을 고려하여 이를 감가, 최종 맹지 가격을 결정한다.

(합병 후 맹지와 인접토지 전체의 평가액 − 합병 전 인접토지 평가액) × (1 − a)
(a : 합병 가능성, 합병가치 배분액 등을 감안한 감가율)

그러나 인근 지역의 시장상황과 표준적 이용, 도로에 접한 토지의 가격과 균형 등을 평가자가 고려하여야 할 것이며, 인접토지소유주와의 관계나 공유 등에 대해서도 살펴본 뒤 개별적이고 종합적으로 가격을 결정하여야 할 것이다.

감정평가 예시

진입로 개설을 전제로 하는 경우

평가의 핵심

지방 중소도시와 같은 경우 대도시에 비해 건축물의 밀집 정도가 덜하므로 적절한 진입로를 상정하여 한정가격을 평가하는 것이 가장 현실적이라 할 수 있다. 진입로를 상정하여 맹지를 평가하는 경우, 부지의 취득원가 및 도로개설에 따른 공사비용, 인근 토지 및 건축물의 이용상황, 인근 토지소유주의 매도 의사 등을 종합적으로 판단하여야 한다.

평가액의 산정 방법

맹지의 평가액은 자루형 토지의 평가액에서 진입로 취득 및 진입로 개설비용 등을 고려한 금액에서 진입로 개설 등에 소요되는 기간 및 할인율을 고려하여 현재 시점에서 가치화한 후 이 금액에 대하여 도로개설의 가능성 등을 감가한다.

> 맹지의 평가액 = (자루형 토지의 평가액 − 진입로의 취득 및 진입로 개설 비용 등)/(1+r)^n x (1−a)
> (r = 할인율(년 단위), n = 현실화될 기간(년 단위), a = 감가율)

구체적인 사례

자루형 토지의 평가액

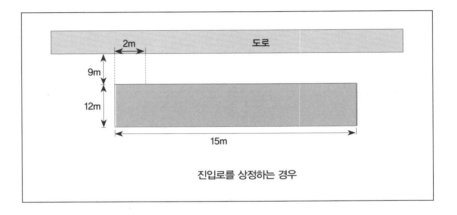

진입로를 상정하는 경우

　　그림에서 대상 토지는 도로로부터 9미터 떨어져 있으므로 현재가격 시점에서 대상 토지와 유사하고 형상 및 도로조건만 다른 표준적 토지(1백만 원/㎡)에 비해 유효택지는 약 10% 정도 감가되고 있으며, 인근 사례를 통해 자루 부분은 약 50% 감가되는 것으로 확인돼 자루형 토지의 평가액은 다음과 같다.

> 1 백만 원 / ㎡ x {(1−0.1) x 180 ㎡ + (1−0.5) x 18 ㎡ } ≒ 171 만 원 (86 만 4 천 원 / ㎡)
> (표준적 토지의 가격 유효택지 부분 , 자루 부분 평가액)

진입로 부지의 취득 비용 및 진입로 개설비용 등

① 진입로 부지의 취득 비용

맹지소유주가 맹지 위에 건축물을 짓기 위해서는 최소 폭 2미터의 인접 토지를 취득하여야 한다.

인접한 토지소유주의 건축물이 없어 취득을 위한 교섭은 용이할 것으로 판단되지만 매매가격은 매도자 우위의 한정가격으로 이루어질 가능성이 많으며, 정상 가격의 150% 정도의 금액을 지불하여야 매매가 성립될 것으로 보인다면 진입로 부지의 취득비용은 다음과 같다.

> 1 백만 원 / ㎡ x (1+0.5) x 18 ㎡ ≒ 2700 만 원 (150 만 원 / ㎡)
> (표준적 토지의 가격 보정률 면적 평가액)

인접 토지와 합병하는 경우

평가의 핵심

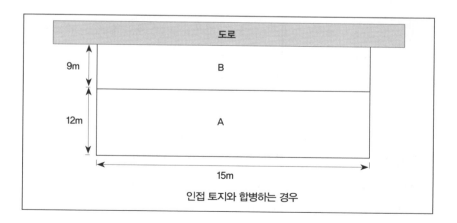

인접 토지와 합병하는 경우

대도시의 경우 인구가 밀집되어 있어 지가가 높고, 토지의 최유효 이용 또한 고층화·집약화 되는 경우가 많다. 대도시의 경우 진입로를 개설하는 것보다는 도로와 접한 인접토지와 합병한 한정가격을 산정하는 것이 합리적이다.

평가액의 산정 방법

합병을 전제로 하여 맹지를 평가하는 방법은 합병 후 맹지와 인접토지 평가액 합에서 합병 전 인접토지의 평가액을 제한 후 감가율을 감안하여 맹지를 평가한다.

> 맹지의 평가액 = (합병 후 맹지와 인접토지의 평가액 − 합병 전 인접토지 평가액) x (1 − 감가율)

인접토지와 합병 사례

신축 부지를 매입할 때는 이미 건물이 지어져 있는 빌딩 매입보다 좀 더 세심한 체크가 필요하다. 건물을 지을 때 토지이용계획에 따른 제한사항이 없는지, 신축이 가능하다면 규모는(층수, 연면적) 얼마까지 가능한지, 지역적으로 어떤 임차수요가 있는지 등을 파악한다.

필자가 최근 거래한 부지는 대로변에 위치해 있지만 제구실을 못하는 부지였다. 아래와 같이 토지가 도로에 편입되면서 일부가 비효율적으로 분할되면서 다른 필지가 실처럼 해당 부지 전면을 막아 맹지나 다름없게 됨으로써 신축이 불가능한 부지였다.

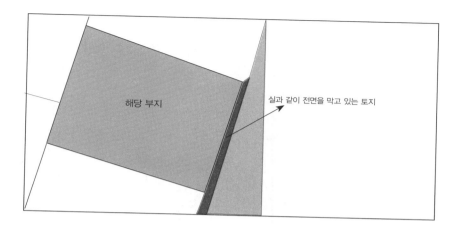

해당 부지

실과 같이 전면을 막고 있는 토지

　물론 지상 2층의 오래된 건물이 있었지만, 노후화가 심해서 철거가 불가피한 상태였다. 매도인 역시 토지의 문제점 등을 인지하고 있었고, 고령이어서 매각을 서두르고 있어 시세보다 저렴한 가격에 매물로 내놓은 상태였다.

　현재의 상황으로 보자면 투자하면 안 되는 물건이 확실했다. 하지만 경매와 마찬가지로 권리관계가 복잡하면 입찰이 꺼려지지만 그만큼 싸게 낙찰 받을 수 있는 장점이 있다. 위 부지도 앞 필지를 가져올 수 있다면 대로변에 반듯한 부지가 될 수 있으니 높은 시세차익을 기대할 수 있었다.

　일단 사실관계를 확인해야 했는데, 다행히 바로 옆 필지의 소유자가 전면을 막고 있는 필지를 같이 소유하고 있다는 사실을 매도인을 통해 알게되었다. 앞 필지 소유자와 쉽지 않은 과정을 거쳐 협상을 마무리하게 되었는데, 방법은 아래와 같이 전면 필지에서 가져와야 하는 필요 면적만큼 해당 부지와 옆 필지가 연접해 있는 부분을 지분으로 맞교환하여 분할, 합병하는 방법이다. 표현은 쉽지만 과정은 복잡하다.

　구청 관계자에게 확인 및 절차에 대한 협의를 마무리한 상태로 매수고객에게 브리핑을 했고 마음에 들어 했지만 절차가 복잡해서 고민이 많아

보였다. 하지만 애초에 이쪽 계통에 익숙하지 않은 고객이 부지 정리를 할 수 없는걸 알고 있기에 모든 업무를 대행해 주는 조건으로 매매계약을 체결했다.

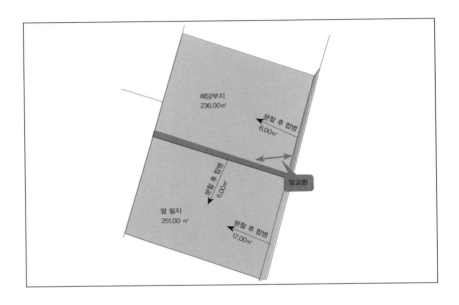

이와 같은 거래가 가능하였던 이유는 전면을 막고 있는 필지와 옆 필지 소유자가 동일인이어서 협상이 용이했기 때문이다. 만약 전면 필지의 소유자가 다른 사람이었다면 알박기 형태로 높은 대가를 요구했을지도 모른다.

현재 위 부지는 지분 교환이 완료된 상태이며 분할 합병 절차만 마무리되면 대로변에 위치한 반듯한 토지가 될 예정이다. 맹지에서 대로변 부지로 탈바꿈되면서 투자자에게는 높은 수익을 안겨줄 결과물이 완성되어 가고 있는 것이다.

위 사례처럼 문제가 있어 번거로운 과정이 섞여 있는 투자를 제안하면 대부분의 고객들은 귀찮아하거나 위험하다고 생각해 고개를 절레절레 흔든다. 하지만 고수익은 바로 거기에 숨어 있다.

200만 원	
(맹지)	300만 원 (맹지)
600만 원	

B 토지(맹지) 100평 X 50만 원 = 5천 만 원 대출금 3500만 원(70%)
A 토지(도로변) 100평 X 100만 원 = 1억 원 대출금 7000만 원(70%)

PART

5

맹지의
법률적인 문제

일반적인 맹지 관련 민원의 법률적 사례

주위토지통행권의 법리 판단

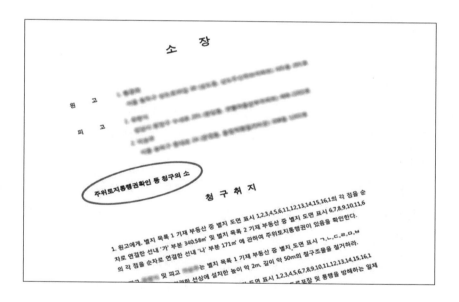

맹지를 소유한 사람들은 자신의 땅이 이용가치가 없다고 한탄한다. 하지만 맹지의 경우에도 외부의 도로로 통행할 수 있는 수단이 있다. 즉 맹지와 도로 사이에 그 토지의 용도에 필요한 통로가 없는 경우, 그 맹지소유자는 맹지 주위의 토지(이하 주위토지라 함)를 통로로 하지 아니하면 도로에 출입할 수 없거나 과다한 비용을 요하는 때에는 그 주위의 토지를 통행할 수 있고, 필요한 경우에는 통로를 만들 수도 있는데(민법 제219조), 이를 '주위토지통행권'이라 한다.

주위토지통행권은 맹지의 경우에 인정되는 것이므로 필요한 통로가 있음에도 생활에 더 편리하다는 이유만으로 다른 통로를 이용하는 것은 인정되지 않는다. 그러나 이미 기존의 통로가 있더라도 너무 좁거나 넓히는 데 과다한 비용이 드는 등의 이유로 이용에 부적합하여 실제로 통로로서의 충분한 기능을 하지 못하고 있는 경우에는 인정될 수 있다.

반면에 새로운 통로가 개설되는 등의 이유로 주위토지통행권을 인정할 필요성이 없어진 때에는 주위토지통행권은 소멸한다.

그리고 주위토지통행권은 통로가 항상 특정한 장소로 고정되어 있는 것은 아니다. 주위토지의 상태나 사용 방법이 달라졌을 때에는 주위토지소유주를 위하여 보다 손해가 적은 장소로 구체적 상황에 맞게 통로를 변경할 수 있다.

주위토지통행권의 범위는 맹지와 주위토지의 지형과 위치 및 이용관계, 부근의 지리상황 등 여러 사정을 고려하여 구체적 사례에 응하여 판단하여야 한다.

어쨌든 주위토지의 통로는 일상생활을 하는 데 필요한 범위의 노폭까지 인정된다고 할 것이다. 이러한 경우에도 통로 개설은 가장 손해가 적은 장소와 방법을 선택하여야 한다.

예를 들어 토지의 이용방법에 따라서는 자동차 등이 통과할 수 있는 통로의 개설도 허용되겠지만, 단지 토지이용의 편의를 위해 다소 필요한 상태라고 여겨지는 정도에 그치는 경우까지 자동차의 통행을 허용할 수는 없다. 또한 주위토지통행권은 맹지의 용법에 따른 이용의 범위에서 인정되는 것이지 장래의 이용상황, 예컨대 맹지에 건축할 것에 대비하여 건축허가에 필요한 폭의 통로를 미리 보장하는 것은 아니다. 이러한 주위토지통행권이 주위토지소유주의 통로에 대한 권리를 빼앗아 갈 수는 없다.

따라서 주위토지소유주는 통로를 혼자 차지하여 이용하고 있는 주위토지통행권자(맹지의 소유자)에 대하여 그 통로의 인도를 구할 수 있겠지만, 주위토지통행권자가 통로를 혼자 차지하고 있지는 않다면 주위토지소유주가 주위토지통행권자에 대하여 주위토지통행권이 미치는 범위 내지 통로 부분의 인도를 구하거나 그 통로에 설치된 시설물의 철거를 구할 수는 없을 것이다. 나아가 이미 통로에 설치된 담장과 같은 축조물이 주위토지를 통행하는 데 방해가 된다면 주위토지통행권자는 그 철거를 요구할 수도 있다.

통로개설로 인하여 주위토지소유주에게 손해가 발생한 때에는 주위토지통행권자는 그 손해를 보상하여야 한다. 손해보상은 일시금으로 하든 정기금으로 하든 상관없다.

다만 보상금의 지급은 주위토지통행권의 성립을 위한 요건은 아니므로 통행권자가 손해를 보상하지 않는다고 하더라도 통행권은 소멸되지 않고 채무불이행의 책임만 발생할 뿐이다.

개발행위허가, 건축신고의 경우(건축허가는 별도)

건축행정 중에서 신고건축물 (200제곱미터 이하, 읍면 행정단위)의 경우, 진입도로가 포장되었는지가 관건이다. 일단 포장이 되어 있다면 신고건축물의 경우 현황도로로 인정된다. 지목이 도로가 아니어도 포장이 되었다면 관습상 도로로 인정되는 것이다.(읍면 단위에서 건축신고 건축물인 경우)

▶ **법률사례 1 : 경기도 고양시(읍면 단위가 없음)**
고양시에서는 포장이 되었다고 해도 관습상 도로로 인정받기 어려운 점이 있으나 포장도로로 인정받아 현재 건축물이 있거나 지목이 대지인 토지가 존재할 경우 그 대지까지 연결된 경우 도로로 인정된 사례가 있다.

▶ **법률사례 2 :**

경기도 파주시에는 지금도 읍면 행정단위가 있다.

포장도로가 수 년 동안 깨지 않고 존재하였다면 도로로 인정된다.

그러나 이 포장도로로 인정받아 건축물을 지었다고 해도 여전히 불씨는 남아 있다.

▶ **법률사례 3 : 고양시 덕이동**

콘크리트 포장도로(관청에서 예산을 들여 포장한 마을도로)를 자기 땅이라고 하여 콘크리트 포장을 깨 도로를 손괴했다는 죄목으로 경찰서에 고발당해 즉시 구속되었다가 차후 1심 법정에서 풀려났다.(자기 재산을 지키기 위해 약 2개월 동안 구속되었다가 풀려남.)

오래 전에 땅값이 저렴할 때는 부모님께서 도로로 무상으로 내주었으나 이제는 지가가 급등하면서 자기재산 보호가 우선인 시대로 돌입하고 있는 것이다. 또한 주위토지들도 지가가 급등되었으므로 적정한 대가를 지불해야 한다는 논리를 편다.

지가급등에 따른 갈등들

▶ **사례 1 :** 주위토지통행권은 자동차가 통행하라는 것이 아니라 사람만이 통행하는 것이라는 관습상 도로로, 건물을 지었다 해도 차후 문제가 발생하게 되면 자동차는 통행할 수 없다.

▶ **사례 2** : 관습상 도로, 지목상 "도로"라 해도 도로 굴착은 할 수 없다.

몇 년 전 건축인·허가가 나자 안심하고 집을 지었으나 배수관을 묻을 수 없어 결국 생각지 못한 높은 비용을 감수해야 했던 사례가 있다. 도로는 통행할 수 있는 시설이지 굴착을 할 수는 없다는 논리다.

▶ **사례 3** : 토지(도로)소유주의 통행 방해

입구에 도로를 내 주고 전체가 준공되는 과정에서 본래 자신의 소유로 되어 있는 도로를 이용해 주위 토지들이 건축허가를 받고 많은 차량이 통행하게 되자 은근히 배가 아파진 토지소유주가 도로를 보수한다는 명목으로 멀쩡한 도로를 파서 방치하는 경우가 있었다.

▶ **결론** : 세상만사가 방패와 창의 모순 논리

인·허가를 절차를 수임받게 되면 어떻게든 해결을 해야 한다. 하지만 훼방을 놓으려면 얼마든지 훼방을 놓을 수 있는 게 인·허가 문제인 듯싶다. 이것은 해당 관청에서도 마찬가지다.

민원해소 차원에서 보면 어떻게든 해소하여야 하지만 사유재산권보호 문제와 부딪혀 많은 갈등이 일어나고 해결책을 찾기가 쉽지 않기 때문이다. 이런 문제로 송사에 휘말리면 결국은 서로 손해라는 원칙에 따라 서로 이익이 되는 방향으로 해결책을 찾도록 유도해야 하겠다.

도로의 폐지와 배타적 사용권

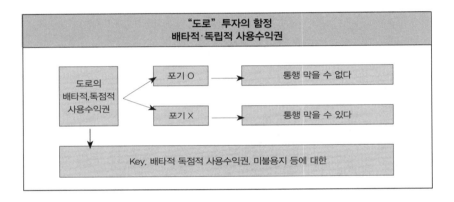

도로 폐지는 함부로 할 수 없다

도시지역의 달동네 또는 비도시지역의 토지를 경매 등으로 취득한 경우에 간혹 지적도에 없는 통로를 다른 사람이 무단으로 사용하는 경우를 보았을 것이다. 그러나 이런 사실상 통로는 소유자라고 하더라도 함부로 막을 수 없다.

왜냐하면 도로는 앞에서 보았듯이 공익公益시설이고, 공공公共시설, 공용共用시설이기 때문이다. 토지소유주의 권리보다 공공복리의 명분으로 해석해야 한다. 특히 오랫동안 다수의 사람이 이용했다면 토지소유주가 배타적 사용수익권을 포기하거나 다수를 위하여 사용을 묵인한 것으로 보고 있다.

그러므로 그런 통로를 사용승낙을 얻어 건축법에 의한 도로로 지정된 경우에(건축물이 오래되어 사용승낙 여부를 알기 어려운 경우 포함) 그 도로는 건축법의 도로(개발행위허가 포함)가 되고, 도로교통법에 의한 도로가 될 수 있고, 형법의 일반교통방해죄의 육로陸路가 될 수도 있고, 결국 민법의 주위토지통행권이 행사될 수 있기 때문에 토지소유주가 막을 수 없는 경우가 대부분이다.

Tip. 도로의 변경과 폐지 해설

▶ 건축허가시 지정한 도로의 지정 절차와 폐지

지적상 도로가 없는 경우에는 건축허가시 허가권자가 도로의 위치를 지정할 경우 건축법에 의한 도로로 본다. 이때 이 도로의 소유나 도로를 이용하는 이해관계자의 동의가 필수적이며, 도로로 지정·공고하고 도로대장에 기록 비치를 해야만 도로로서의 효력이 발생한다.

여기서 이해관계자라 함은 직접 도로로 사용되어지는 토지소유주는 물론이고, 그 도로를 설치함으로서 불이익을 받게 될 인접지 해당 주민들도 포함해야 할 것이다.

예를 들어 다음 그림의 경우와 같이 ⑥ ⑦의 대지는 도로에 접하지 아니한 맹지인데, ⑤의 대지를 가로지르는 ⓐ의 현황도로를 도로지정 절차를 거친다면 건축이 가능하다. 그런데 이해관계자의 동의를 받음에 있어 ⑤의 대지소유자에게만 동의를 받는 것은 문제가 있다. 왜냐하면 ⓐ의 도로가 되어버리면 ① ② ③ ④의 대지는 당장 손해를 보게 되기 때문이다. 현재의 막다른 도로에선 그 너비가 4 미터로서 별도의 건축선 후퇴가 필요 없지만 ⓐ 부분이 도로로 추가되면 막다른 도로의 길이가 35 미터가 넘게 돼 ① ② ③ ④는 물론 ⑤의 대지도 6 미터 너비의 도로가 되어야 하기 때문에 건축선을 후퇴 지정하는 불이익을 당할 수밖에 없다. 그렇기 때문에 ① ② ③ ④ 대지 소유자의 동의도 함께 받아야 하는 것이다.

이때 만약 ⑥의 대지가 건축허가시 ⓐ 부분이 도로로 지정되었다면 ⑦의 대지에 건축을 할 때에는 별도로 ⓐ 부분의 동의를 득할 필요는 없다.

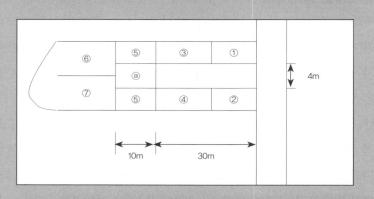

▶ 도로의 변경과 폐지

도로의 변경이나 폐지는 엄격히 통제된다. 도시계획법, 도로법, 사도법에 의한 도로는 해당 법 규정 절차에 의해서만 변경과 폐지가 가능하다.

그러나 건축허가시 허가권자에 의해 지정된 도로라면 그의 변경이나 폐지는 건축법 제 35 조 규정에 의한 변경, 폐지절차에 따라야 한다. 건축허가시 지정한 도로가 쓸모가 없게 되었다 해서 소유자 임의로 이를 변경 사용할 수는 없다.

도로를 변경하거나 폐지하고자 하는 자는 ① 도로의 폐지, 변경허가신청서, ② 도로의 구간, 연장, 너비 및 위치, ③ 도로의 폐지 또는 변경 전후의 상태, ④ 당해 도로에 대한 이해관계자의 폐지 또는 변경에 대한 동의서를 첨부하여 허가권자에게 제출하고, 허가권자는 그 내용이 적합할 때 변경이나 폐지를 허가할 것이다.

도로의 통행방해도 할 수 없다

허가권자는 건축허가를 할 때에 그 건축물로 진입하는 통로를 건축법상 도로로 지정하여야 하는데, 허가권자는 도로의 위치를 지정·공고하려면 그 진입로 소유자의(이해관계인) 동의를 얻어야 한다.(건축법 제45조 제1항) 다만, 해외거주 또는 공공시설을 이용한 도로, 공익사업으로 만들어진 도로, 토지소유주의 동의 여부를 알기 어려운 경우, 건축물에 접해 있는 경우에는 지자체 조례로 동의를 받지 않고 지정할 수 있는데, 이런 모든 도로는

원칙적으로 도로관리대장에 기록해서 보관하여야 한다.(제45조 제3항)

반대로 도로를 폐지 또는 변경하려는 경우에도 반드시 이해관계인의 동의를 얻어야 한다. 이런 도로는 건축법상 도로이므로 시장·군수가 대장을 잘 관리하여야 하며, 도로교통법의 도로가 될 수도 있다.(제45조 제2항)

도로교통법의 도로란 '도로법의 도로, 농어촌도로정비법의 농어촌도로는 물론 그 밖의 현실적으로 불특정 다수의 사람 또는 차마의 통행을 위하여 공개된 장소로서 안전하고 원활한 교통을 확보할 필요가 있는 장소'를 말한다.(도로교통법 제2조 제1호 라목)

이 법에 의하면, 도로 위에 임의로 교통안전시설과 유사한 공작물을 설치하거나, 교통방해가 되는 물건을 도로에 방치하거나, 도로통행에 방해되는 행동을 하는 사람은(법 제68조) 벌금 또는 구류 처분을 할 수 있다.(법 제153조)

훼손은 형법의 처벌을 받는다

형법 제185조(일반교통방해죄)에 의하면, "육로陸路, 수로水路 또는 교량橋梁을 손괴 또는 불통하게 하거나 기타 방법으로 교통을 방해한 자는 10년 이하의 징역 또는 1,500만 원 이하의 벌금에 처한다."고 규정되어 있다.

이 조문에 대한 대법원 판례를 통해 몇 가지 사례를 들어보겠다.

Tip. 육로陸路

사실상 일반 공중의 왕래에 공용供用되는 육상의 통로를 널리 일컫는 것으로서, 그 부지의 소유관계나 통행권리관계 또는 통행인의 많고 적음을 가리지 않는 것이다.[대법원 1994.11.4. 선고 94 도 2112 판결]

이 판례는 "주민들에 의하여 공로로 통하는 유일한 통행로로 오랫동안 이용된 폭 2미터의 골목길을 자신의 소유라는 이유로 폭 50~75센티미터 가량만 남겨두고 담장을 설치하여 주민들의 통행을 현저히 곤란하게 하였다면 일반교통방해죄를 구성한다."고 한 판결이다.

여기서 주목할 것은 ①육상의 통로를 널리 일컫는 것 ②소유관계나 통행권리관계를 가리지 않는 것 ③통행인의 많고 적음을 가리지 않는 것 등이다.

또한, "주민들이 농기계 등으로 그 주변의 농경지나 임야에 통행하기 위해 이용하는 자신 소유의 도로에 깊이 1미터 정도의 구덩이를 판 행위는 (자구행위나 정당방위에 해당되지 않고) 일반교통방해죄가 성립한다."는 판례[2006 도 9418]가 있다.

사실상 2가구 이외에는 달리 이용하는 사람들이 없는 통행로라 하더라도, (통행로 중 폭 100미터 길이 부분을 포크레인으로 폭 2미터 정도로 굴착하고 돌덩이까지 쌓아놓은 행위가) 일반교통방해죄에 해당한다는 사례다. [2006 도 8750]

반대로, 목장 소유자가 임도를 개설하고 차량출입을 통제하면서 인근 주민들의 통행을 부수적으로 묵인한 경우 위 임도는 공공성을 지닌 장소가 아니어서 일반교통방해죄의 '육로'에 해당하지 않는다는 사례[2005 도 7573]도 있다

어떤 맹지도 진입로는 만들 수 있다

다수가 통행하는 통로를 막을 수 없는 사법상의 이유는, 민법 제219조의 주위토지통행권에도 있을 것 같다. 그리고 제220조의 무상주위토지통행권도 있다. 주위토지통행권이란 민법 제211조의 '소유자는 법률의 범위

내에서 그 소유물을 사용, 수익, 처분할 권리가 있다.'의 배타적 사용수익권을 제한하는 권리라고 볼 수 있다.

이 권리는 당사자간에 합의를 하지 못하면 결국 재판을 통해서 얻을 수밖에 없다. 몇 가지 대법원 판례를 통하여 주위토지통행권을 이해하도록 하자.

주위토지통행권 판례 모음

① 주위토지통행권만으로 곧바로 건축허가를 받을 수 있는 것은 아니다. 그 통행권의 범위는 현재의 토지의 용법에 따른 이용의 범위에서 인정할 수 있을 뿐 장래의 이용상황까지 미리 대비하여 정할 것은 아니다. [2005 다 30993]

② 주위토지통행권은 통행지역권과 달리 그 통행로가 항상 특정한 장소로 고정된 것이 아니고 주위토지소유주가 그 용법에 따라 기존 통행로로 이용되던 토지의 사용방법을 바꾸었을 때에는 대지소유자는 그 토지소유주를 위하여 보다 손해가 적은 다른 장소로 옮겨 통행할 수밖에 없는 경우도 있다. [2008 다 75300]

③ 일반주거지역에서, 현재 채소밭으로 이용하고 있는 토지를 대지로 하여 건축을 계획하면서, 통행로로 사용하는 부분을 매수하려고 하자, 아예 담장을 설치하여 통행로를 봉쇄한 경우, 건축허가를 위하여 노폭을 2미터 인정한 판례. [96 다 10171]

④ 행정재산(공유재산)에는 사권을 설정할 수 없으나, 민법의 상린관계

의 규정은 인접하는 토지 상호간의 이용관계를 조정하기 위하여 인근토지 소유주에게 소극적인 수인의무를 부담시키는 것에 불과하므로, 주위토지 통행권이 사권의 설정에 해당한다고 볼 수 없고, 그러한 법정의 통행권을 인정받기 위하여 특별히 당국의 허가를 받아야 하는 것이라고 할 수 없다. [94 다 14193]

⑤ 공로로 나가는 통행로로 사용되고 있는 토지가 주위토지통행권에 따른 소유권의 제한을 받고 있고, 도로 이외에 다른 용도로 사용하는 것은 사실상 곤란하며 건축 또한 불가능하다는 것을 알면서도 토지 자체를 이용하려는 별다른 계획 없이 저렴한 가격에 공매 취득한 토지소유주의 인접토지 및 주택소유자들과 전세입자들을 상대로 한 통행금지, 침범건축물의 철거 및 대지인도청구가 권리남용에 해당한다고 본 사례. 〈서울민사지방법원 1992.4.14. 91 나 13075〉

⑥ 주위토지통행권의 주장이 신의원칙에 위배되지 않는다. [대구 86 가간 3852]

⑦ 무상 주위통행권은 특정승계인에게 불가하다. [2002 다 9202] 그렇다고 하여 주위토지통행권이 없는 것은 아니므로 이 경우에는 민법 제220조가 아닌 제219조로 해결해야 한다.

⑧ 새마을농로 확장공사로 인하여 자신의 소유 토지 중 일부가 도로에 편입되었으나 손실보상금이 지급되지 않은 이의제기를 하지 않았고, 그 부분을 제외한 나머지 토지만을 처분한 점을 들어 독점적이고 배타적 사용수익권을 포기한 것으로 본 판례. [2005 다 31736]

⑨ 1921년 분할되어 도로로 지목이 변경되고, 대한민국수립 이전부터 국도로 사용되어 피고 대한민국이 아스팔트 덧씌우기 공사를 시행하여 주민 및 차량의 통행에 제공한 도로라도 여러 가지 사정을 종합적으로 판단하여 배타적 사용수익권을 포기한 것으로 볼 수 없다는 판례. [2006 다 34206]

결론적으로 ⑧, ⑨ 판례는 토지소유주가 독점적이고 배타적 사용수익권을 포기했는지에 대한 재판부의 종합적인 판단을 받아야 할 것이나, 그 보상 여부와 상관없이 도로로 사용된 것은 공익시설이므로 소유자라도 막을 수 없는 것이다.

주위토지통행권 관련 판례 해석

주위토지통행권 관련 판례 : 민법상 맹지의 해석

상린관계(민법 제219조, 제220조)

상린관계란 인접하고 있는 부동산소유자가 서로 각자의 소유권을 주장하고 이를 행사하는 경우에는 서로 충돌이 생길 수 있고 이러한 충돌을 방지하고 인접하고 있는 부동산소유자 상호간의 이용을 조절하기 위해 그들 사이의 권리관계를 민법 제215조에서부터 제244조까지 규정하고 있다. 그런데 맹지와 관련되는 상린관계의 규정은 민법 제219조와 제220조이다.

민법 제219조(주위토지통행권)

① 어느 토지와 공로 사이에 그 토지의 용도에 필요한 통로가 없는 경우 그 토지소유주는 주위의 토지를 통행 또는 통로로 하지 아니하면 공로에 출입할 수 없거나 과다한 비용을 요구하는 때에는 그 주위의 토지를 통행

할 수 있고 필요한 경우에는 통로를 개설할 수 있다. 그러나 이로 인한 손해가 가장 적은 장소와 방법을 선택하여야 한다.

② 전항의 통행권자는 통행지 소유자의 손해를 보상하여야 한다.

관련 판례

▶ 판례1 : 대법원 1995.9.29. 선고 94 다 43580 판결 【통행권확인등】

【판시사항】
민법 제219조 소정의 주위토지통행권이 인정되는 경우.

【판결요지】
가. 민법 제219조의 주위토지통행권은 어느 토지와 공로 사이에 그 토지의 용도에 필요한 통로가 없는 경우에, 그 토지소유주가 주위의 토지를 통행 또는 통로로 하지 않으면 공로에 전혀 출입할 수 없는 경우뿐 아니라 과다한 비용을 요하는 때에도 인정될 수 있다.

▶ 판례2 : 대법원 1994.6.24. 선고 94 다 14193 판결 【주위토지통행권확인등】

【판시사항】
가. 공로에 통하는 기존 통로가 있는 경우 주위토지통행권의 인정 여부.
나. 행정재산인 토지에 대하여 주위토지통행권을 인정할 수 있는지 여부.

【판결요지】

가. 주위토지통행권은 어느 토지가 타인 소유의 토지에 둘러싸여 공로에 통할 수 없는 경우뿐만 아니라 이미 기존의 통로가 있더라도 그것이 당해 토지의 이용에 부적합하여 실제로 통로로서의 충분한 기능을 하지 못하고 있는 경우에도 인정된다.

나. 지방자치단체 소유 토지에 대하여도 주위토지통행권은 인정됨.

▶ **판례 3 : 대법원 1998.3.10, 97 다 47118**

【판결요지】

일단 주위토지통행권이 발생하였다고 하더라도 나중에 그 토지에 접하는 공로가 개설됨으로써 주위토지통행권을 인정할 필요성이 없어진 때에는 그 통행권은 소멸한다.

▶ **판례 4 : 대법원 1996. 5. 14. 선고 96 다 10171 판결 【주위토지통행권확인등】**

【판시사항】

가. 주위토지통행권이 인정되는 경우, 그 통행로의 폭과 위치를 정함에 있어 고려할 사항.

나. 주위토지통행권의 범위를 결정함에 있어, 건축허가요건 충족을 위한 2미터 도로 확보 규정 등을 참작하여 통행로의 노폭을 2미터로 인정한 원심판결을 수긍한 사례.

【판결요지】

가. 민법 제219조에 규정된 주위토지통행권은 공로와의 사이에 그 용

도에 필요한 통로가 없는 토지의 이용이라는 공익목적을 위하여 피통행지 소유자의 손해를 무릅쓰고 특별히 인정되는 것이므로, 그 통행로의 폭이나 위치 등을 정함에 있어서는 피통행지의 소유자에게 가장 손해가 적게 되는 방법이 고려되어야 할 것이나, 최소한 통행권자가 그 소유 토지를 이용하는 데 필요한 범위는 허용되어야 하며, 어느 정도를 필요한 범위로 볼 것인가는 구체적인 사안에서 사회통념에 따라 쌍방 토지의 지형적, 위치적 형상 및 이용관계, 부근의 지리상황, 상린지 이용자의 이해득실 기타 제반 사정을 기초로 판단하여야 한다.

나. 주위토지통행권의 범위를 결정함에 있어, 건축허가요건 충족을 위한 2미터 도로확보 규정 등을 참작하여 통행로의 노폭을 2미터로 인정한 원심판결을 수긍한 사례.

▶ 판례 5 : 대법원 1992.4.24. 선고 91 다 32251 판결【토지통행인용】

【판시사항】

가. 주위토지통행권의 범위와 그 판단기준.

나. 건축법 제33조 제1항, 제8조의 각 규정만으로 당연히 포위된 토지소유주에게 건축법에서 정하는 도로의 폭이나 면적 등과 일치하는 주위토지통행권이 생기는지 여부.(소극)

다. 위요된 토지가 도시계획구역 내의 일반 주거지역에 위치하고 나대지인 상태로 되어 있어 이를 일정한 건축물의 건축부지로 이용하고자 하는 경우 주위토지통행권의 범위를 정함에 있어 건축법규상의 규제내용을 참작 요소로 삼아야 하는지 여부.(적극)

【판결요지】

가. 민법 제219조에 규정된 주위토지통행권은 공로와의 사이에 그 용도

에 필요한 통로가 없는 토지의 이용을 위하여 주위토지의 이용을 제한하는 것이므로 그 통행권의 범위는 통행권을 가진 자에게 필요할 뿐만 아니라 이로 인한 주위토지소유주의 손해가 가장 적은 장소와 방법의 범위 내에서 인정되어야 하며, 이와 같은 범위는 결국 사회통념에 비추어 쌍방 토지의 지형적, 위치적 형상 및 이용관계, 부근의 지리상황, 상린지 이용자의 이해득실 기타 제반 사정을 참작한 뒤 구체적 사례에 응하여 판단하여야 한다.

나. 건축법 제33조 제1항, 제8조의 각 규정에 의하면 도시계획구역 내에서 건축을 하고자 하는 경우 방재 및 통행의 안전을 위하여 건축물의 주위에 넓은 공지가 있는 등 특별히 안전성에 지장이 없는 경우를 제외하고는 건축물의 대지는 2미터 이상을 도로에 접하여야 하며, 이에 적합하지 아니할 경우에는 건축허가를 받을 수 없도록 규제하고 있는 바, 이러한 규정은 건물의 신축이나 증·개축허가시 그와 같은 범위의 도로가 필요하다는 행정법규에 불과한 것이고, 위 규정 자체만으로 당연히 포위된 토지소유주에게 그 반사적 이익으로서 건축법에서 정하는 도로폭이나 면적 등과 일치하는 주위토지통행권이 바로 생긴다고 단정할 수는 없다.

다. 위요된 토지가 도시계획구역 내의 일반 주거지역에 위치하고 현재 나대지인 상태로 되어 있어 이를 일정한 건축물의 건축부지로 이용하고자 하는 경우에 있어서는, 만일 건축법규상의 규제에 적합한 통로의 개설이 허용되지 않는다고 하면 이는 그 토지소유주로 하여금 건축물의 신축행위를 할 수 없게 하여 당해 토지의 용도에 따른 이용상 중대한 지장을 주게 되는 매우 불합리한 결과가 생기게 되는 바, 따라서 이러한 경우 건축법규상의 규제사항의 존재의 점만으로 당연히 그 규제에 적합한 내용의 주위토지통행권을 인정할 것은 아니라고 하더라도, 공익상의 견지에서 토지의 이용관계를 합리적으로 조정하기 위하여는 마땅히 건축법규상의 규제내용도 그 참작요소로 삼아, 위요된 토지의 소유자의 건축물 건축을 위한 통행로의 필요도와 위요지 소유자가 입게 되는 손해의 정도를 비교 형량하여 주위토지통행권의 적정한 범위를 결정하여야 옳다.

관련 판례

▶ 판례 1 : 대법원 2002. 5. 31. 선고 2002 다 9202 판결 【토지인도】

【판시사항】

가. 민법 제 219조 소정의 주위토지통행권이 인정되는 경우, 그 통행로의 폭과 위치를 정함에 있어 고려할 사항.

나. 상주위통행권에 관한 민법 제 220조의 규정이 분할자 또는 일부 양도의 당사자가 무상주위통행권에 기하여 이미 통로를 개설해 놓은 후의 포위된 토지 또는 피통행지의 특정승계인에게도 적용되는지 여부.(소극)

다. 구 건축법 제 2조 제11호 (나)목에 의한 도로로 지정된 경우 건축허가 등을 받은 사람이나 그 도로의 통행자에게 사법상 통행권이 인정되는지 여부.(소극)

【판결요지】

가. 법 제219조에 규정된 주위토지통행권은 공로와의 사이에 그 용도에 필요한 통로가 없는 토지의 이용이라는 공익목적을 위하여 피통행지 소유자의 손해를 무릅쓰고 특별히 인정되는 것이므로, 그 통행로의 폭이나 위치 등을 정함에 있어서는 피통행지의 소유자에게 가장 손해가 적게 되는 방법이 고려되어야 할 것이나, 최소한 통행권자가 그 소유 토지를 이용하는 데 필요한 범위는 허용되어야 하며, 어느 정도를 필요한 범위로 볼 것인가는 구체적인 사안에서 사회통념에 따라 쌍방 토지의 지형적, 위치적 형상 및 이용관계, 부근의 지리상황, 상린지 이용자의 이해득실 기타 제반

사정을 기초로 판단하여야 한다.

　나. 무상주위통행권에 관한 민법 제 220조의 규정은 토지의 직접 분할자 또는 일부 양도의 당사자 사이에만 적용되고 포위된 토지 또는 피통행지의 특정승계인에게는 적용되지 않는 바, 이러한 법리는 분할자 또는 일부 양도의 당사자가 무상주위통행권에 기하여 이미 통로를 개설해 놓은 다음 특정승계가 이루어진 경우라 하더라도 마찬가지라 할 것이다.

　다. 건축법(1994. 12. 22. 법률 제4816호로 개정되기 전의 것) 제2조 제11호 (나)목의 도로, 즉 '건축허가 또는 신고시 시장, 군수, 구청장(자치구의 구청장에 한한다)이 위치를 지정한 도로'로 지정되었다고 해서 건축허가 등을 받은 사람이나 그 도로를 통행하여 온 사람에게 그 도로를 자유로 통행할 수 있는 사법상의 권리가 부여되는 것은 아니다.

　제291조 (지역권의 내용)
　지역권자는 일정한 목적을 위하여 타인의 토지를 자기 토지의 편익에 이용하는 권리가 있다.

　제292조 (부종성)
　① 지역권은 요역지소유권에 부종하여 이전하며 또는 요역지에 대한 소유권 이외의 권리의 목적이 된다. 그러나 다른 약정이 있는 때에는 그 약정에 의한다.

　② 지역권은 요역지와 분리하여 양도하거나 다른 권리의 목적으로 하지 못한다.

제294조 (지역권취득기간) 지역권은 계속되고 표현된 것에 한하여 제245조의 규정을 준용한다.

상린관계와 지역권의 비교

상린관계 지역권 개념

서로 인접한 부동산 등의 상호이용의 조절을 목적으로 하는 법률관계의 일정 목적을 위하여 타인의 토지를 자기 토지의 편익에 이용하는 용익물권이 성립한다.

▶ 근거 법률 규정에 의한 소유권의 확장.
▶ 제한 계약에 의한 소유권의 확장.

제한등기 여부

등기를 해야 인정된다. 대상 부동산(토지+건물)

물과 토지와의 관계

토지의 위치 : 반드시 인접할 필요는 없다.
이용의 정도 : 최소한의 범위 내에서 당사자간의 합의에 의거 탄력적 활용권리성 독립된 권리가 아니라 소유권의 내용(권능)이 독립된 용익물권 당사자, 소유자. 지상권자, 전세권자, 임차인에게도 적용되고, 소유자 이외의 토지사용자에게도 적용된다.

민법상 주위토지통행권과 건축법과의 관계

건축법상 도로란?

【참조조문】

"도로"라 함은 보행 및 자동차 통해가 가능한 너비 4미터 이상의 도로 (지형적 조건으로 자동차 통해가 불가능한 경우와 막다른 도로의 경우에는 대통령령 이 정하는 구조 및 너비의 도로)로서 다음 각목의 1에 해당하는 도로 또는 그 예정도로를 말한다.

가. 국토의 계획 및 이용에 관한 법률·도로법·사도법 기타 관계법령 에 의하여 신설 또는 변경에 관한 고시가 된 도로.

나. 건축허가 또는 신고시 특별시장·광역시장·도지사(이하 "시·도 지사"라 한다) 또는 시장·군수·구청장(자치구의 구청장에 한한 다. 이하 같다)이 그 위치를 지정·공고한 도로.

건축물의 대지와 도로의 관계

건축법 제33조 (대지와 도로의 관계)

① 건축물의 대지는 2미터 이상을 도로(자동차만의 통행에 사용되는 도로를 제외한다)에 접하여야 한다. 다만, 다음 각호의 1에 해당하는 경우에는 그러 하지 아니하다.(개정 1999. 2. 8.)

1. 당해 건축물의 출입에 지장이 없다고 인정되는 경우

2. 건축물의 주변에 대통령령이 정하는 공지가 있는 경우

② 건축물의 대지가 접하는 도로의 너비, 그 대지가 도로에 접하는 부분의 길이 기타 그 대지와 도로의 관계에 관하여 필요한 사항은 대통령령이 정하는 바에 의한다.(개정 1999. 2. 8)

건축법 시행령 제28조 (대지와 도로와의 관계)

① 법 제33조 제1항 제2호에서 "대통령령이 정하는 공지"라 함은 광장·공원·유원지 기타 관계 법령에 의하여 건축이 금지되고 공중의 통행에 지장이 없는 공지로서 허가권자가 인정한 것을 말한다. (개정 1999. 4. 30)

② 법 제33조 제2항의 규정에 의하여 연면적의 합계가 2천 제곱미터 이상인 건축물의 대지는 너비 6미터 이상의 도로에 4미터 이상 접하여야 한다.(개정 1999. 4. 30)

관련 판례

▶ 사례 : 대법원 1993. 5. 25. 선고 91 누 3758 판결 【건축허가신청반려처분취소】

【판시사항】

주위토지통행권확인 소송 판결로서 구 건축법 시행령(1992.5.30. 대통령령 제13655호로 전문개정되기 전의 것) 제64조 제1항 소정의 이해관계인의 동의에 갈음할 수 있는지 여부.(소극)

【판결요지】

구 건축법(1991.5.31. 법률 제4381호로 전문개정되기 전의 것) 제2조 제15호,

제5조 제1항, 제27조 제1항 및 같은 법 시행령(1992.5.30. 대통령령 제13655호로 전문 개정되기 전의 것) 제64조 제1항의 각 규정에 의하면, 건축물의 대지는 2미터 이상을 폭 4미터 이상의 도로에 접하여야 하고 건축법상 "도로"라 함은 보행 및 자동차 통행이 가능한 폭 4미터 이상의 도로로서 건축허가시 시장, 군수가 위치를 지정한 도로를 말하며, 시장·군수가 도로를 지정하고자 할 때에는 당해 도로에 대하여 이해관계를 가진 자의 동의를 얻어야 하고, 한편 도시계획구역 안에서 건축허가를 받으려면 대지가 2미터 이상 도로에 접하도록 당해 도로에 대하여 이해관계인의 동의를 얻어야 한다고 할 것인 바, 이 경우 공로로 통하는 대지에 대하여 주위토지통행권이 있음을 확인하는 내용의 승소판결로써 동의에 갈음할 수 없다.

주위토지통행권 관련 판례 : 현황도로에 접한 시골집 매입

지적도상 길이 명확하지 않은 관례상 현황도로에 접한 시골집을 매입했는데, 문제가 발생했을 때 가장 먼저 생각하는 법률 중 하나가 주위토지통행권이다. 농사를 짓기 위해 현황 농로를 이용하다가 길이 막혔을 때 역시 생각할 수 있는 법이기도 하다.

기왕이면 도로가 있는 땅을 매입하면 좋겠지만 상황에 따라 이런 법률을 이용해서 싼 땅을 매입하기도 한다. 아니면 현황 포장도로가 있어 현지인의 설명만 믿고 집을 샀다가 분란의 한가운데 서기도 한다.

▶ 판례 1 : 대법원 2006.6.2. 선고 2005 다 70144 판결 【통행권확인】

【판시사항】

가. 민법 제219조에 규정된 주위토지통행권이 인정되는 경우, 그 통행

로의 폭과 위치를 정하는 기준 및 주위토지통행권을 자동차의 통행이 가능한 범위까지 허용할 것인지 여부.

나. 주위토지통행권의 확인을 구하는 특정의 통로 부분 중 일부분이 주위토지통행권에 관한 규정인 민법 제219조에 정한 요건을 충족하는 경우, 법원이 취하여야 할 조치.

다. 주위토지통행권의 행사에 의하여 그 통행에 방해되는 축조물의 철거를 청구할 수 있는지 여부.(적극)

【판결요지】

가. 민법 제219조에 규정된 주위토지통행권은 공로와의 사이에 그 용도에 필요한 통로가 없는 토지의 이용이라는 공익목적을 위하여 피통행지 소유자의 손해를 무릅쓰고 특별히 인정되는 것이므로, 그 통행로의 폭이나 위치 등을 정함에 있어서는 피통행지의 소유자에게 가장 손해가 적게 되는 방법이 고려되어야 할 것이고, 어느 정도를 필요한 범위로 볼 것인가는 구체적인 사안에서 사회통념에 따라 쌍방 토지의 지형적·위치적 형상 및 이용관계, 부근의 지리상황, 상린지 이용자의 이해득실 기타 제반사정을 기초로 판단하여야 하며, 토지의 이용방법에 따라서는 자동차 등이 통과할 수 있는 통로의 개설도 허용되지만 단지 토지이용의 편의를 위해 다소 필요한 상태라고 여겨지는 정도에 그치는 경우까지 자동차의 통행을 허용할 것은 아니다.

나. 주위토지통행권의 확인을 구하기 위해서는 통행의 장소와 방법을 특정하여 청구취지로써 이를 명시하여야 하고, 또한 민법 제219조에 정한 요건을 주장·입증하여야 하며, 따라서 주위토지통행권이 있음을 주장하여 확인을 구하는 특정의 통로 부분이 민법 제219조에 정한 요건을 충족한다고 인정되지 아니할 경우에는 다른 토지 부분에 주위토지통행권이 인정된다고 할지라도 원칙적으로 그 청구를 기각할 수밖에 없으나, 이와 달

리 통행권의 확인을 구하는 특정의 통로 부분 중 일부분이 민법 제219조에 정한 요건을 충족하여 주위토지통행권이 인정된다면, 그 일부분에 대해서만 통행권의 확인을 구할 의사는 없음이 명백한 경우가 아닌 한 그 청구를 전부 기각할 것이 아니라, 그 부분에 한정하여 청구를 인용함이 상당하다.

다. 주위토지통행권의 본래적 기능 발휘를 위해서는 그 통행에 방해가 되는 담장과 같은 축조물도 위 통행권의 행사에 의하여 철거되어야 한다.

【주문】

원심판결을 파기하고, 사건을 서울중앙지방법원 합의부에 환송한다.

【이유】

민법 제219조에 규정된 주위토지통행권은 공로와의 사이에 그 용도에 필요한 통로가 없는 토지의 이용이라는 공익목적을 위하여 피통행지 소유자의 손해를 무릅쓰고 특별히 인정되는 것이므로, 그 통행로의 폭이나 위치 등을 정함에 있어서는 피통행지의 소유자에게 가장 손해가 적게 되는 방법이 고려되어야 할 것이고, 어느 정도를 필요한 범위로 볼 것인가는 구체적인 사안에서 사회통념에 따라 쌍방 토지의 지형적·위치적 형상 및 이용관계, 부근의 지리상황, 상린지 이용자의 이해득실 기타 제반 사정을 기초로 판단하여야 하며(대법원 2005. 7. 14. 선고 2003 다 18661판결 등 참조), 토지의 이용방법에 따라서는 자동차 등이 통과할 수 있는 통로의 개설도 허용되지만 단지 토지이용의 편의를 위해 다소 필요한 상태라고 여겨지는 정도에 그치는 경우까지 자동차의 통행을 허용할 것은 아니다.(대법원 1994. 10. 21. 선고 94 다 16076 판결 등 참조).

원심은 그 채용 증거를 종합하여 그 판시와 같은 사실을 인정한 다음,

원고가 그 소유의 토지에서 공로에 출입하기 위하여 피고 소유의 이 사건 토지를 통행할 수 있는 권리가 있다고 인정하고, 나아가 그 통행권의 범위에 관한 원고의 주장, 즉 원고 선친들의 가족묘지로 사용되고 있는 위 토지에서 성묘, 벌초, 벌초 후의 초목 반출, 분묘의 설치 및 이장, 비석과 상석의 설치, 식목조경 등의 작업을 위해서는 차량의 출입이 필수적이라는 주장에 대하여, 공로에서부터 제3자 소유의 토지 및 피고 소유의 토지를 차례로 거쳐 원고 소유 토지에 이르기까지의 거리가 약 100미터 정도로 가깝고 원심에서의 측량감정 결과에 의하면, (그 중에서 피고 소유 토지 부분은 약 44미터에 불과하다) 위 각 토지가 평지인 점 등에 비추어 볼 때 도보로도 충분히 그 목적을 달성할 수 있으며, 그로 인한 비용이 크게 늘어나는 것도 아닐 뿐더러, 위와 같은 작업들이 상시적으로 있는 것이 아닌 점, 이 사건 토지들 주변은 제주시 소유의 공동묘지로서 분묘들이 산재하여 있고 피고도 묘지를 설치하기 위하여 토지를 구입한 점 등 이 사건 각 토지의 이용관계 및 현황, 당사자의 이해관계, 주위환경을 고려할 때, 원고에게 피고 소유의 토지 중 청구취지 기재와 같은 폭 3미터의 통로를 차량을 이용하여 통행할 권리는 인정되지 아니하고, 다만 도보를 통하여 출입하는 데 필요한 범위 내에서만 주위토지통행권이 인정된다고 판단하였는 바, 앞서 본 법리와 이 사건 기록에 비추어 살펴보면 이러한 원심의 사실 인정이나 판단은 정당한 것으로 수긍되고, 거기에 상고이유의 주장과 같은 채증법칙 위배나 주위토지통행권의 범위에 관한 법리 오해 등의 위법이 없다.

그러나 원심이 원고의 이 사건 통행권확인청구는 토지 통행의 목적 범위를 벗어나는 것이어서 부당하다는 이유로 그 청구 전부를 기각한 조치는 수긍하기 어렵다.

원심이 인용하고 있는 바와 같이, 주위토지통행권의 확인을 구하기 위해서는 통행의 장소와 방법을 특정하여 청구취지로써 이를 명시하여야 한다. 또한 민법 제219조 소정의 요건을 주장·입증하여야 하며, 따라서 주위토지통행권이 있음을 주장하여 확인을 구하는 특정의 통로 부분이 민법 제219조 소정의 요건을 충족한다고 인정되지 아니할 경우에는 다른 토지 부분에 주위토지통행권이 인정된다고 할지라도 원칙적으로 그 청구를 기각할 수밖에 없다.(대법원 1992. 7. 24. 선고 91 다 47086, 47093 판결, 2004. 12. 24. 선고 2004 다 51757, 51764 판결 등 참조) 그러나 이와 달리 원고가 통행권의 확인을 구하는 특정의 통로 부분 중 일부분이 민법 제219조 소정의 요건을 충족하여 주위토지통행권이 인정된다면, 원고에게 그 일부분에 대해서만 통행권의 확인을 구할 의사는 없음이 명백한 경우가 아닌 한 원고의 청구를 전부 기각할 것이 아니라, 그 부분에 한정하여 원고의 청구를 인용함이 상당하다.

그런데 이 사건 기록에 의하면, 원고가 차량을 이용한 통행의 필요성이 있다고 주장하면서 통행권의 확인을 구하는 통로 부분은 피고 소유 토지의 남쪽 경계선에 설치된 담장을 따라 약 3미터의 일정한 폭으로 특정한 것으로서, 원고 소유의 토지에서 공로에 이르는 최단거리의 통로이고, 본래 1필지이던 원고 소유의 토지와 피고 소유의 토지가 분할된 후 피고가 그 토지를 취득하기 전부터 원고가 통로로 사용하여 왔던 부분일 뿐만 아니라 피고로서도 토지매수 당시 그러한 원고의 통행사실을 알고 있었음을 알 수 있다.

그렇다면 비록 원고에게 차량을 이용하여 피고 소유의 토지를 통행할 권리는 없고 다만 도보로 통행할 권리만이 인정된다고 하더라도, 그 통행으로 인한 손해가 가장 적은 장소는 원고가 확인을 구하는 통로 부분 중의 일부에 해당하는 것으로 봄이 상당하므로, 이러한 경우 원심으로서는 원고가 확인을 구하는 특정의 통로 부분 전부가 민법 제219조 소정의 요건을 충족하는 것은 아니라는 이유로 원고의 청구를 기각할 것이 아니라, 원고에게 도보 통행에 필요한 부분에 대해서만 통행권의 확인을 구할 의사가 있는지 여부, 나아가 도보로 통행하는 데 필요한 통로의 폭 및 통로 부분의 면적을 심리한 다음, 원고의 명백한 의사에 반하지 않는 한 원고의 청구를 일부 인용하였어야 할 것이다.

그러므로 이 부분 원심판결에는 주위토지통행권 및 처분권주의에 관한 법리 오해, 석명권불행사, 심리 미진으로 인하여 판결에 영향을 미친 위법이 있다고 할 것이니, 이 점을 지적하는 상고이유의 주장은 이유 있다.

한편, 주위토지통행권의 본래적 기능발휘를 위해서는 그 통행에 방해가 되는 담장과 같은 축조물도 위 통행권의 행사에 의하여 철거되어야 하는 것인 바 [대법원 1990. 11. 13. 선고 90 다 5238, 90 다카 27761(병합) 판결 참조], 원심이 원고에게 피고 소유의 토지 중 도보를 통하여 출입하는 데 필요한 범위에 대하여 주위토지통행권이 인정된다고 하는 한편, 토지 경계에 설치된 담장은 통행에 방해가 되는 장애물이라고 하면서도 그 담장의 철거청구를 배척한 조치에는 판결이유의 모순 또는 주위토지통행권에 대한 법리를 오해하여 판결에 영향을 미친 위법이 있다고 할 것이므로, 이 부분 상고이유의 주장 역시 이유 있다.

따라서 원심판결을 파기하고, 사건을 원심법원에 환송하기로 하여 주문과 같이 판결한다.

주위토지통행권 관련 판례 : 건축허가 신청

건축허가 신청 민원에 대한 국토해양부의 답변

건축허가신청시 소유권을 입증하는 서류를 첨부하도록 되어 있는데 허가받고자 하는 대지가 도로가 없는 맹지로 도로에서 진입하려면 타인 소유 대지(건축물이 없는 나대지) 1필지를 거쳐야 합니다. 그 소유자가 매도도 하지 않고 사용승낙서도 해 주지 않는다고 하여 민법 제219조에 따른 주위통행권으로 소송하여 "토지를 통행할 수 있고 필요한 경우에는 통로를 개설할 수 있다."는 판결을 받았습니다.

건축허가신청시 이 판결문을 첨부하면 소유권을 입증하는 서류로 인정하여 건축허가를 받을 수 있는지요. 아니면 판결문과는 별도로 사용승낙서를 첨부해야 하는지요?

▶ 국토해양부 답변

건축법 제44조의 규정에 의하면 건축할 대지가 도로에 접하지 아니 하여도 해당 건축물의 출입에 지장이 없다고 인정되는 경우 또는 건축물의 주변에 공원, 광장 등 대통령령으로 정하는 공지가 있는 경우에는 이를 이용하여 건축할 수 있는 것인 바 질의의 경우가 이에 해당되는 경우 건축이 가능한 것으로 사료되나, 이에 해당 여부는 허가권자가 판결문 등의 사실관계를 확인하여 판단하여야 할 사항이므로 자세한 자료를 갖추어 허가권자의 사실판단을 받아보시기 바랍니다.

참고로, 건축법령에서는 상기 통로 또는 공지의 소유자와 대지소유자 사이의 권리관계에 대하여는 규정하고 있지 아니하므로, 민법 등 관계 법령에서 해석되어야 할 사항으로 사료됩니다.

산지전용허가 민원에 대한 산림청 답변

산지전용허가신청시 소유권을 입증하는 서류를 첨부하도록 되어 있는데, 전용을 받고자 하는 산지가 도로가 없는 맹지로 도로에서 진입하려면 타인이 소유한 임야 1필지를 거쳐야 합니다. 그 소유자가 매도도 하지 않고 사용승낙서도 해 주지 않는다고 하여 민법 제219조에 따른 주위통행권으로 소송하여 "토지를 통행할 수 있고 필요한 경우에는 통로를 개설할 수 있다."는 판결을 받았습니다.

산지전용허가신청시 이 판결문을 첨부하면 소유권을 입증하는 서류로 인정하여 산지전용허가를 받을 수 있는지요. 아니면 판결문과는 별도로 사용승낙서를 첨부해야 하는지요?

▶ 산림청 답변

민법 제219조에 "주위토지통행이란 어느 토지와 공로 사이에 그 토지의 용도에 필요한 통로가 없는 경우에 그 토지소유주는 주의의 토지를 통행 또는 통로로 하지 아니하고는 공로에 출입할 수 없거나 과다한 비용을 요구하는 때에는 그 주위의 토지를 통행할 수 있고 필요한 경우에는 통로를 개설할 수 있다."라고 규정하고 있습니다.

그러나 산지관리법 시행규칙 제10조 제2항 제3호의 규정에 의거 산지전용시 제출하는 산지전용을 하고자 하는 산지의 소유권 또는 사용·수익권을 증명할 수 있는 서류는 산지를 다른 용도로 사용하기 위한 권리확보뿐만 아니라 사용·수익의 범위, 사용기간 등을 확보하였는지 여부를 확인하기 위한 것입니다.

따라서 법원으로부터 민법 제219조에 따른 주위통행권으로 소송하여 승소한 경우 그 토지를 이용하여 출입 또는 필요한 경우 출입에 필요한 통로를 개설할 수 있는 최소한의 권리를 확보한 것으로 볼 수 것이나, 산지전용시 제출하는 사용·수익권을 증명할 수 있는 서류는 타인 소유 산지를 다른 용도로 사용할 수 있는 권리 확보뿐만 아니라 사용·수익할 수 있는 범위, 사용기간 등을 산지소유자로부터 동의를 받았는지 여부를 확인하기 위한 것임으로, 주위토지통행권을 확보하였다 하여 산지관리법상 사용·수익권을 증명할 수 있는 서류를 갈음할 수는 없을 것임을 알려드립니다. 구체적인 사항은 허가권자인 해당시군의 관련부서에 상담해 보시기 바랍니다.

관련 판례 : 건축허가신청반려처분 취소

판례 1 : [대법원 1993.5.25, 선고, 91 누 3758, 판결]

【판시사항】

주위토지통행권 확인소송 판결로써 구 건축법 시행령(1992.5.30. 대통령령 제13655호로 전문개정되기 전의 것) 제64조 제1항 소정의 이해관계인의 동의에 갈음할 수 있는지 여부(소극).

【판결요지】

구 건축법(1991.5.31. 법률 제4381호로 전문개정되기 전의 것) 제2조 제15호, 제5조 제1항, 제27조 제1항 및 같은 법 시행령(1992.5.30. 대통령령 제13655호로 전문개정되기 전의 것) 제64조 제1항의 각 규정에 의하면, 건축물의 대지는 2미터 이상을 폭 4미터 이상의 도로에 접하여야 하고, 건축법상 "도로"라 함은 보행 및 자동차 통행이 가능한 폭 4미터 이상의 도로로서 건축허가시 시장, 군수가 위치를 지정한 도로를 말하며, 시장, 군수가 도로를 지정하고자 할 때에는 당해 도로에 대하여 이해관계를 가진 자의 동의를 얻어야 하고, 한편 도시계획구역 안에서 건축허가를 받으려면 대지가 2미터 이상 도로에 접하도록 당해 도로에 대하여 이해관계인의 동의를 얻어야 한다 할 것인 바, 이 경우 공로로 통하는 대지에 대하여 주위토지통행권이 있음을 확인하는 내용의 승소판결로써 동의에 갈음할 수 없다.

【참조조문】

구 건축법(1991.5.31.법률 제4381호로 전문개정되기 전의 것) 제2조 제15호, 제5조 제1항, 제27조 제1항, 같은 법 시행령(1992.5.30. 대통령령 제13655호로 전문 개정되기 전의 것) 제64조 제1항

【이유】

건축법(1991.5.31. 법률 제4381호로 개정되기 전의 것) 제2조 제15호, 제5조 제1항, 제27조 제1항 및 같은 법 시행령(1992. 5. 30. 대통령령 제13655호로 개정되기 전의 것) 제64조 제1항의 각 규정에 의하면, 건축물의 대지는 2미터 이상을 폭 4미터 이상의 도로에 접하여야 하고 건축법상 "도로"라 함은 보행 및 자동차 통행이 가능한 폭 4미터 이상의 도로로서 건축허가시 시장, 군수가 그 위치를 지정한 도로를 말하며, 시장, 군수가 도로를 지정하고자 할 때에는 당해 도로에 대하여 이해관계를 가진 자의 동의를 얻어야 한다고 할 것이고, 한편 도시계획구역 안에서 건축허가를 받으려면 그 대지가 2미터 이상 도로에 접하도록 당해 도로에 대하여 이해관계인의 동의를 얻어야 한다할 것인 바, 이 경우에 공로로 통하는 대지에 대하여 주위토지통행권이 있음을 확인하는 내용의 승소판결로써 위 동의에 갈음할 수 없다 할 것이다.

왜냐하면 시장, 군수가 도로를 지정하고자 할 때 당해 도로에 대하여 이해관계인의 동의를 구하는 취지는 도로로 지정될 토지소유주의 권리행사에 제한을 받게 되므로 토지소유주의 명백한 의사로서 도로로 지정되어도 무방하다는 뜻을 받아 두자는 것임에 반하여, 주위토지통행권은 통행권자가 통행지 소유자의 방해를 받지 않고, 그 통행지를 통행할 수 있고, 필요하면 통로를 개설할 수 있을 뿐이고, 이에 의하여 통행지 소유자의 점유권이 배제되는 것은 아닐 뿐만 아니라 이는 또한 상린관계에 기하여 통행지 소유자의 손해를 무릅쓰고 포위된 토지소유주의 공로로의 통행을 위하여

특별히 인정하려는 것이므로 그 통행로의 폭이나 위치 등을 정함에 있어서는 포위된 토지소유주가 건축법상 증, 개축을 하지 못하게 될 염려가 있다는 등의 사정보다는 오히려 피통행지 소유자에게 가장 손해가 적게 되는 방법이 더 고려되어 결정되는 점(당원 1991. 5. 28. 선고. 91다9961, 9978 판결; 1991.6.11. 선고 90다 2007 판결 각 참조) 등 그 규정 취지, 성질 및 이용상황이 다르기 때문이다.

같은 취지에서 원고가 그 소유의 이 사건 대지 310미터는 소외 김○○ 소유의 부산 동래구 온천동 ○○○의 ○ 대지 등에 둘려 싸여 있는 관계로 공로에 이르는 통로가 없어 위 김○○를 상대로 통행권 확인의 소를 제기한 결과 1990. 2. 13. 원고는 원심판결 첨부 별지도면 표지 (나) 부분 11㎡ (폭은 2미터이고 길이는 약 5.5미터이다.)에 대하여 주위토지통행권이 있음을 확인한다는 내용의 판결이 선고, 확정되자 이 사건 대지상에 지상 2층의 단독주택을 건축하기 위하여 건축허가신청을 하면서 위 건축법 시행령 제64조 제1항 소정의 이해관계인의 동의에 갈음하여 위 확정판결을 첨부하였으나 피고는 위 판결로는 이해관계인인 위 김○○의 동의에 갈음할 수 없다고 하면서 건축허가를 반려한 데 대하여, 원심은 위 (나)부분에 대한 주위토지통행확인권은 원고가 그 부분을 통행할 수 있고 필요한 경우에는 통로를 개설할 수 있다는 것이지 이로써 위 (나) 부분을 피고가 도로로 지정하는 데 대한 건축법 시행령 제64조 제1항 소정의 이해관계인인 김○○의 동의에 갈음할 수 없다고 하면서 이 사건 건축허가신청을 반려한 이 사건처분이 적법하다고 판단하였는 바, 기록에 비추어 원심의 판단은 정당하고 거기에 소론과 같은 건축법 및 건축법 시행령의 취지를 오해하여 잘못 해석하고 증거판단을 잘못한 위법이 있다 할 수 없다.

논지는 이유 없다.

그 밖에 소론이 들고 있는 통행지 토지소유주인 위 김○○는 주위토지통행권확인소송(본소)과 토지사용료청구 등 소송(반소)의 각 승소판결이 선고된 후 불복하지 않은 점으로 보아 원고로부터 사용료를 지급받음으로써 이로 인한 손해를 보상받은 것이므로 위 판결로써 위 (나) 부분을 도로로 지정하는 데 묵시적 동의를 하였다는 점과 이 사건 건축허가신청이 받아들여지지 않는다면 원고는 계속 낡은 건물에 거주하여야 하는데, 이 사건 처분으로 통행지 소유자가 받는 손해 및 이해관계인의 동의를 요하여 실현되는 공익과 비교 형량할 때 원고가 받는 손해가 훨씬 막대하여 비례의 원칙상으로도 이 사건 처분은 위법하다는 점은 원고가 상고심에 이르러 비로소 주장하는 새로운 사실이고, 원심에서 주장하는 바 없었음이 명백하므로 원심 판결에 대한 적법한 상고이유가 될 수 없어 이 점에 관한 논지도 이유 없다.

그러므로 상고를 기각하고 상고비용은 원고의 부담으로 하기로 관여 법관의 의견이 일치되어 주문과 같이 판결한다. [대법원 1977.4.26, 선고, 76 다 2823, 판결]

판례 사례 2

【판시사항】

통행지 소유자가 그 통행지를 전적으로 점유하고 있는 통행권자에 대하여 그 인도를 구할 수 있는지 여부.

【판결요지】

다른 사람의 소유토지에 대하여 상린관계로 인한 통행권을 가지고 있는 사람은 그 통행권의 범위 내에서 그 토지를 사용할 수 있을 뿐이고 그 통행지에 대한 통행지 소유자의 점유를 배제할 권능까지 있는 것은 아니라고 할 것이므로 통행지를 전적으로 점유하고 있는 피고에 대하여 동 토지의 인도를 구하는 원고의 청구는 인용되어야 한다.

【참조조문】

민법 제219조

【주문】

상고를 기각한다. 상고소송 비용은 피고의 부담으로 한다.

【이유】

피고의 상고이유(추가상고이유 포함)를 판단한다.

원판결의 설시 이유에 의하면 원심은 그 거시의 증거들을 종합하여 서울 서대문구 불광동 36평은 원고의 소유이고 피고가 위 대지 36평 중 본건 계쟁 부분인 원판결 설시 도면표시 (가) 부분 9평을 점유하고 있는 사실을 인정하고 위 대지 36평에 인접해 있는 피고 소유의 같은 동 8의 2 대 72평의 전 소유자인 소외 한○○가 위 대지 36평의 전소유자인 소외 최○○으로부터 위 (가) 부분 9평에 대한 점유사용의 승낙을 받았고 피고는 위 한○○으로부터 위 (가) 부분 9평에 대한 점유사용권을 승계받은 반면 원고는 위 최○○으로부터 위 대지 36평을 양수하면 위 (가) 부분 9평에 대한 위 한기증이나 피고의 점유사용을 인용할 의무를 승계한 것이라는 피고의 주장에 대하여 제1심 증인 오○○, 최○○의 각 증언만으로는 위 주장 사실을 인정하기에 미흡하고 달리 그 점에 관한 자료가 없다고 하여 피고의 주장을 배척하였는 바, 기록을 정사하면서 원심이 위 사실을 인정하기 위하여 거친 채증의 과정을 살펴보면 적법하고 원판결에는 소론 채증법칙 위배로 인한 사실 오인이나 심리 미진의 위법이 없다.

그리고 어느 토지와 공로 사이에 통로가 없어 그 토지소유주가 공로에 출입하기 위하여 주위의 토지를 통행하거나 통로로 개설할 수 있다고 하여 그 통행지에 대한 통행지소유자의 점유를 배제할 권능까지 있는 것은 아니라고 할 것이다. 그러므로 통행지의 소유자는 특단의 사정이 없는 한 그 소유 토지(통행지)를 사용 수익할 수 있고 따라서 이를 사실상 지배하는 점유권을 가지고 있다고 할 것이며 다른 사람의 소유 토지에 대하여 상린 관계로 인한 통행권을 가지고 있는 사람은 그 통행권의 범위 내에서 그 토지를 사용할 수 있을 뿐이라고 할 것이다.

그렇다면 원고는 위 (가) 부분 토지 9평에 대한 피고의 통행권(민법 제219조 소정의 주위토지통행권)으로 인하여 피고의 동 토지에 대한 통행을 수인할 의무가 있어 피고가 동 토지를 통행함을 거부할 수는 없는 것이나 피고는 동인의 동 토지를 통행할 권리가 있다고 하여 동 토지에 대한 원고의 점유권을 배제할 수는 없는 것이라고 할 것이고 따라서 위 토지를 전적으로 점유하고 있는 피고에 대하여 동 토지의 인도를 구하는 원고의 청구는 인용되어야 할 것이다. (원고의 인도청구가 인용된다고 하여 동 토지에 대한 피고의 주위토지통행권이 없어지는 것은 아니다.) 그러니 같은 취지에서 원고의 청구를 인용한 원판결은 정당하고 원판결에 소유권과 점유권 및 민법 제219조의 법리오해나 그 밖의 소론 법리 오해, 심리 미진, 이유 불비 등의 위법이 없고 논지 지적의 본원 판결들은 본건에 적절한 것이 되지 못하며 그밖에 원판결에 소론 권리남용 요소의 착오로 인한 법률 해석의 잘못 등이 있음을 단정할 수도 없다. 논지는 모두 이유 없다.

그러므로 상고를 기각하고 상고 소송비용은 패소자의 부담으로 하여 관여 법관의 일치된 의견으로 주문과 같이 판결한다.

기타 판례

▶ 그 소유 토지의 용도에 필요한 통로가 있는 경우에는 그 통로를 사용하는 것보다 더 편리하다는 이유만으로 다른 장소로 통행할 권리를 인정할 수 없다.(대판 95 다 1088)

▶ 이미 기존의 통로가 있더라도 그것이 당해 토지의 이용에 부적합하여 실제로 통로로서의 충분한 기능을 하지 못하고 있는 경우에는 인정된다.(대판 94 다 14193)

▶ 통상적으로는 사람이 주택에 출입하여 다소의 물건을 공로로 운반하는 등의 일상생활을 영위하는 데 필요한 범위의 노폭까지 인정된다고 할 것이다.(대판 92 다 22114)

▶ 현재의 토지의 용법에 따른 이용의 범위에서 인정되는 것이지 더 나아가 장래의 이용상황까지 미리 대비하여 통행로를 정할 것은 아니다.(대판 96 다 33433)

▶ 토지소유주 자신이 토지와 공로사이에 공로를 막는 건물을 축조한 경우에는 타인소유의 주위의 토지를 통행할 권리가 생긴다고 할 수 없다.(대판 71 다 2113)

민법상 주위토지통행권의 주장 : 현황도로 매입 포장 사용례

▶ 주위토지통행권은 통행지 소유자가 원칙적으로 통행권자의 통행을 수인할 소극적 의무를 부담할 뿐 통로개설 등 적극적인 작위 의무를 부담하는 것은 아니다.

- 주위토지통행권자는 통로개설이나 유지비용을 부담하여야 하고, 통로개설로 인한 손해가 가장 적은 장소와 방법을 선택하여야 한다.
- 배타적 점유는 인정되지 않는다. 다만 통로설치나 통로포장은 가능하다. 즉 도로는 통행목적으로만 이용해야지 도로에 물건 적치, 차량 주차 등 다른 용도의 사용은 인정되지 않는다.

아래에서는 주위토지통행권을 인정받아 농지를 매입해 활용한 사례를 소개하도록 하겠다.

사례 설명 : 현황도로에 접한 시골집 매입

양평군 청운면의 농지를 구입한 후 맹지였던 곳에 도로를 개설해 포장하였다. 시골마을에 위치한 전, 답이다. 뒤로 나지막한 임야가 있고, 한적하고 평화로워 보이는 곳으로 현황도로는 있지만 지적도상 도로가 없고 포장도 되어 있지 않은 상태였다.

　지적도로 보면 1번 토지는 지적상 도로는 없지만 현황도로로 사용 중인 비포장도로가 있고, 2번 토지의 경우에는 길이 전혀 없는 맹지다. 3번에서 1번까지는 현황도로가 있어서 군청에서 허가를 받은 후 포장공사를 하였고, 1번과 2번 사이는 중간에 있는 토지소유주에게 도로사용 부분만큼의 토지를 매입해 도로로 만들었다.

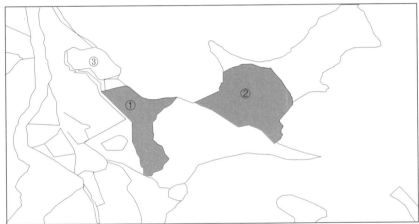

마을 도로에서 1번 필지까지 포장한 모습

1번 필지와 2번 필지를 연결하는 도로

3번 필지와 포장도로가 맞닿은 부분의 모습

어쩔 수 없이 도로를 포장했다

조례와 법령에서 정의하는 도로

도로 관련 각 지자체 조례 예시

개발행위허가시 "진입도로"의 기준은?

제20조 (개발행위허가의 기준) ① 영 별표 1의2 제1호 가목(3)에 따라 시장은 다음 각 호의 요건을 모두
허가할 수 있다. 다만, 시가화용도 지역(주거·상업·공업지역)에서는 다음 각 호의 기준을 적용하지
신설 2014.5.13., 개정 2017.6.29.)
1. 입목축적 조사는 임야를 대상으로 하며, 「산지관리법 시행규칙」 제4조의2 별표 1의 산정방식을 따른다.
   가. 유보용도 지역(자연녹지, 계획·생산관리지역)은 시 평균 입목축적의 120퍼센트 미만인 경우
   나. 보전용도 지역(생산·보전녹지, 보전관리, 농림, 자연환경보전지역)은 시 평균 입목축적의 1
   [호 전문개정 2014.5.13.]
2. 평균경사도가 15도 미만인 임야. 다만 경사도가 15도 이상인 임야에 대해서는
   의 자문을 받아 개발행위허가가 가능한 토지로 인정되는 경우에는 제외하
   칙」 별표 1의3을 따른다. (개정 2008.07.04, 2008.12.31, 2010.12   13., 2016.06.03.)
3. 평택도시기본계획 개발가능지 분석에 따른 해발 500미터   미만고로 하며, 기준지반고를 기준으로 500미터미만의 토지 (개정
   2014.5.13.)
⑥제1항은 제23조 및 제25조에 따라 개발행위를   허가하는 경우에는 적용하지 아니한다.
① 영 별표 1의2 제1호마목(3)에 따라   조례로 정하는 개발행위 규모에 따른 도로 확보 기준은 다음 각 호의 기준을 적용한다.
1. 진입도로는 도시·군계획도로 또는   군도, 농어촌도로에 접속하는 것을 원칙으로 하며, 위 도로에 접속되지 아니한 경우 제2호 및
   제8호의 기준에 따라 진입도로를 개설해야 한다.
2. 제1호에 따라 개설(도로확장 포함)하고자 하는 진입도로의 폭은 개발규모가 5천제곱미터 미만은 4미터 이상, 5천제곱미터 이상 3만제
   곱미터 미만은 6미터 이상, 3만제곱미터 이상은 8미터 이상으로서 개발행위규모에 따른 교통량을 고려하여 적정 폭을 확보하여야 한
   다. 다만, 1천제곱미터 이상 5천제곱미터 미만의 단가구주택, 공동주택(연립주택, 다세대주택), 숙박시설을 건축할 경우 진입도로 폭
   은 5미터 이상으로 하여야 한다. (단서 신설 2017.6.29.)

해당 조례를
꼭 확인해야
합니다!
(본건은 평택시
조례입니다.)

파주시

건축조례

제26조 (도로의 지정)

① 법 제35조 제1항 제2호에 따라 주민이 장기간 통행로로 이용하고 있

는 사실상의 통로로서 이해관계인의 동의를 얻지 아니하고 위원회의 심의를 거쳐 도로로 지정할 수 있는 경우는 다음 각호의 어느 하나에 해당되어야 한다.

1. 도로 목적으로 복개된 하천 및 구거 부지.
2. 안전에 지장이 없는 제방도로.
3. 공원계획에 의한 공원 내 도로.
4. 건축허가 또는 신고 받은 사실이 있는 건축물의 진·출입로로 사용되고 있는 도로.

도시계획조례

제17조(개발행위허가의 규모) 영 제55조 제1항 단서의 규정에 의하여 관리지역 및 농림지역에서의 토지의 형질변경으로서 개발행위를 허가할 수 있는 규모는 다음 각호와 같다.

1. 보전관리지역 : 5천 제곱미터 미만
2. 생산관리지역 : 1만 제곱미터 미만
3. 계획관리지역 : 3만 제곱미터 미만
4. 농림지역 : 1만 제곱미터 미만(다만, 양계·양돈·소 사육시설, 버섯재배사는 3만 제곱미터 미만으로 한다.)

제20조(개발행위허가의 기준)

① 영 별표1 제1호 가목(3)의 규정에 의하여 시장은 다음 각호의 요건을 모두 갖춘 토지에 한하여 개발행위를 허가할 수 있다.

1. 읍 각목의 입목본수도 요건 중 하나의 요건을 갖춘 토지. 다만, 판매를 목적으로 재배하는 나무는 입목본수도 산정시 이를 산입하지 아니한다.

가. 개발행위허가 대상 토지 및 당해 토지의 경계로부터 50미터 이내에 위치하는 주변 토지의 총 입목본수도가 50퍼센트 미만인 경우.

나. 개발행위 허가 대상 토지의 중심부로부터 경계까지의 거리의 50퍼센트 거리 안에 위치하는 주변토지의 입목본수도가 50퍼센트 미만인 경우.

2. 경사도가 23도 미만인 토지. 다만, 경사도가 23도 이상인 토지에 대하여는 시도시계획위원회의 자문을 거쳐 허가할 수 있다. 이 경우 경사도 산정 방식은 별표 25 방법에 의한다.

3. 제1호 및 제2호의 규정에도 불구하고 계획관리지역 안에서의 개발행위허가는 산지관리법 규정을 따른다. (신설2007. 12 .28)

② 제1항의 규정은 제23조, 제24조의 규정에 의하여 개발행위를 허가하는 경우에는 적용하지 아니한다.

제21조(도로 등이 미설치된 지역에서의 건축물의 건축)

시장은 다음 각호의 어느 하나에 해당하는 경우에는 영 별표1 제2호 가목 (2)의 규정에 의하여 도로·상수도 및 하수도가 설치되지 아니한 지역에 대하여도 무질서한 개발을 초래하지 아니하는 범위 안에서 건축물의 건축 및 건축을 목적으로 하는 토지의 형질변경을 허가할 수 있다. (개정 2007. 6 .1)

1. 신청지역에 도시관리계획이 결정되어 있는 경우로서 신청인이 인접의 기존시설과 연계되는 도로·상수도 및 하수도를 설치할 것을 조건으로 하는 경우.(상수도에 갈음하여 「먹는 물 관리법」에 의한 먹는 물 수질기준에 적합한 지하수 개발 및 이용시설을 설치하도록 하거나, 하수도에 갈음하여 「오수·분뇨 및 축산폐수의 처리에 관한 법률」에 의한 오수정화시설을 설치하는 경우를 포함한다) (개정 2007. 6. 1)

2. 창고 등 상수도·하수도의 설치를 필요로 하지 아니하는 건축물을 건

축하고자 하는 경우로서 도로가 설치되어 있거나 도로의 설치를 조건으로 하는 경우.

3. 생산녹지지역 · 자연녹지지역 · 생산관리지역 · 계획관리지역 또는 농림지역 안에서 농업 · 임업 · 어업 또는 광업에 종사하는 자가 당해 지역 안에서 거주하는 기존의 주거용 건축물 및 그 부대시설의 건축(신축을 제외한다)을 목적으로 1천 제곱미터 미만의 토지의 형질을 변경하고자 하는 경우.

용인시

건축조례

제15조(도로의 지정)

법 제45조 제1항 제2호의 규정에 의하여 주민이 장기간 통행로로 이용하고 있는 도로로서 다음 각 호의 어느 하나에 해당하는 경우에는 허가권자가 이해관계인의 동의를 얻지 아니하고 건축위원회 심의를 거쳐 도로로 지정할 수 있다.(개정 2009. 4. 24)

1. 주민이 통로로 사용하고 있는 복개된 하천, 제방, 공원 내 도로, 구거, 철도 부지, 기타 국유지.

2. 주민이 사용하고 있는 통로로서 동 통로를 이용하여 건축허가(건축신고 포함)되어 건축물이 건축된 경우.

도시계획조례

제19조(개발행위허가의 규모) 법 제58조 제1항 및 영 제55조 제1항의 규정에 의한 용도지역에서의 토지의 형질변경으로서 개발행위를 허가할

수 있는 규모는 다음 각호와 같다.

　1. 주거지역, 상업지역, 자연녹지지역, 생산녹지지역 : 1만 제곱미터 미만

　2. 공업지역 : 3만 제곱미터 미만

　3. 보전녹지지역 : 5천 제곱미터 미만

　4. 보전관리지역 : 5천 제곱미터 미만

　5. 생산관리지역 : 1만 제곱미터 미만

　6. 계획관리지역 : 3만 제곱미터 미만

　7. 농림지역 : 1만 제곱미터 미만

제20조 (개발행위허가의 기준)

　① 영 별표1 제1호의 규정에 의하여 시장은 다음 각 호의 요건을 모두 갖춘 토지에 한하여 개발행위를 허가할 수 있다.

　1. 다음 각목의 입목본수도 요건을 모두 갖춘 토지. 다만, 판매를 목적으로 재배하는 나무는 입목본수도 산정시에 이를 산입하지 아니하며 산정방식은 용인시 도시계획조례 시행규칙(이하 시행규칙이라 한다)으로 정할 수 있다.(개정 2005.10.5)

　　가. 개발행위 허가대상 토지 및 당해 토지의 경계로부터 50미터 이내에 위치하는 주변 토지의 총입목 본수도가 100퍼센트 미만인 경우.

　　나. 개발행위허가 대상토지의 중심부로부터 경계까지의 거리의 50미터의 거리 안에 위치하는 주변토지의 입목본수도가 100 퍼센트 미만인 경우.

　2. 자연경사도가 17.5도 미만인 토지. 다만, 자연경사도가 17.5도 이상으로서 공공 공익목적으로 자치단체가 필요하다고 판단한 시설. 건축물은 시 도시계획위원회의 자문을 거쳐 허가할 수 있다. 이 경우 경사도 측정 및 산정 방식은 시행규칙으로 정할 수 있다.

　② 제1항의 규정은 주거지역, 상업지역, 공업지역과 용인시 도시계획

조례 제23조 및 제25조의 규정에 의하여 개발행위를 허가하는 경우에는 적용하지 아니한다.

제21조(도로등이 미설치된 지역에서의 건축물의 건축)

시장은 다음 각호의 어느 하나에 해당하는 경우에는 영 별표1 제2호의 규정에 의하여 도로·상수도 및 하수도가 설치되지 아니한 지역에 대하여도 무질서한 개발을 초래하지 아니하는 범위 안에서 건축물의 건축 및 건축을 목적으로 하는 토지의 형질변경을 허가할 수 있다.

1. 신청지역에 도시관리계획이 결정되어 있는 경우로서 신청인이 인접의 기존시설과 연계되는 도로·상수도 및 하수도를 설치할 것을 조건으로 하는 경우.

2. 창고등 상수도·하수도의 설치를 필요로 하지 아니하는 건축물을 건축하고자 하는 경우로서 도로가 설치되어 있거나 도로의 설치를 조건으로 하는 경우.

3. 생산녹지지역·자연녹지지역·생산관리지역·계획관리지역 또는 농림지역 안에서 농업·임업·어업 또는 광업에 종사하는 자가 당해 지역 안에서 거주하는 주거용 건축물 및 그 부대시설의 건축을 목적으로 1천 제곱미터 미만의 토지의 형질을 변경하고자 하는 경우.

4. 신청지에 상수도 공급이 불가할 경우 상수도에 갈음하여 먹는 물 관리법에 의한 먹는 물 수질기준에 적합한 지하수개발 이용시설(기숙사 또는 관광진흥법에 의한 숙박업에 대하여는 사전에 지하수량 및 수질이 적합하다는 전문조사기관의 지하수 영향조사서를 첨부하여야 한다)을 설치하여야 한다. 다만, 분양 및 임대목적의 주택사업은 불허한다.(개정 2005.10.5)

양평군

건축조례

제24조(도로의 지정) ①법 제45조 제1항의 단서 규정에 따라 주민이 장기간 통행로로 이용하고 있는 통로로써 이해관계인의 동의를 얻지 아니하고 건축위원회의 심의를 거쳐 도로로 지정할 수 있는 사실상의 통로라 함은 다음 각호의 어느 하나와 같다.(개정 2008. 6. 19.)

1. 주민들이 통로로 사용하고 있는 제방 및 복개된 하천, 구거.

2. 주민들이 사용하고 있는 통로로써 같은 통로를 이용하여 건축물이 건축된 경우 또는 건축허가(신고)된 사실이 있는 경우.

3. 관계 법령에 따라 통행로로 허가를 득한 부지.

4. 주민이 사용하고 있는 통로로서 토지 소재지의 주민대표(이장, 반장, 새마을지도자를 포함한 10명 이상의 주민)가 인정하는 도로.

5. 기 개설된 사실상의 농로 및 임도. (단, 관계 법령에 규제가 없는 경우에 한함.)

② 제1항의 규정에 따라 사실상의 통로를 도로로 지정 받고자 하는 사람은 다음 각 호의 어느 하나에서 정하는 자료를 구비하여 군수에게 제출하여야 한다.

1. 위치도.

2. 현황통로에 대한 현황측량도.

3. 제1항 제2호 내지 제4호를 입증할 수 있는 관계 서류.

도시계획조례

제17조 (개발행위허가의 규모)

영 제55조 제1항 단서의 규정에 의하여 관리지역 및 농림지역에서의 토지의 형질변경으로서 개발행위를 허가할 수 있는 규모는 다음 각호와 같다.

1. 보전관리지역 : 2만 제곱미터 미만 (개정 2009. 10. 16.)

2. 생산관리지역 : 2만 제곱미터 미만

3. 계획관리지역 : 3만 제곱미터 미만

4. 농림지역 : 2만 제곱미터 미만

제18조 (개발행위허가의 기준)

① 영 별표1의 2 제1호의 규정에 의하여 군수는 다음 각호의 요건을 모두 갖춘 토지에 한하여 개발행위를 허가할 수 있다. (개정 2009. 10. 16.)

1. 개발행위허가 대상 토지의 헥타르당 평균 입목축적이 양평군의 헥타르당 평균 입목축적의 150퍼센트 이하인 경우(개정 2009. 10. 16.)

2.경사도가 25도 미만인 토지. 다만, 경사도가 25도 이상인 토지에 대하여는 군계획위원회의 자문을 거쳐 허가할 수 있다. 이 경우 경사도 산정 방식은 별표 24 에 의한다. (개정 2009. 10. 16.)

3. 기준 지반고[기준 지반고는 가장 인근 지역에 개설된 도로(도로법 제11조에 의한 도로 및 도시계획도로)] 중앙부의 표고를 말하며, 부득이한 경우 경사가 시작되는 평지, 운동장의 표고를 기준으로 함]를 기준으로 50미터 미만에 위치하는 토지 (개정 2006.10.4)

② 제1항의 규정은 제25조 및 제26조의 규정에 의하여 개발행위를 허가하는 경우에는 적용하지 아니한다.

제19조 (도로 등이 미설치된 지역에서의 건축물의 건축)

군수는 다음 각 호의 어느 하나에 해당하는 경우에는 영 별표1의 2 제2호 가목 (2)의 규정에 의하여 도로·상수도 및 하수도가 설치되지 아니한

지역에 대하여도 무질서한 개발을 초래하지 아니하는 범위 안에서 건축물의 건축 및 건축을 목적으로 하는 토지의 형질변경을 허가할 수 있다.(개정 2006.10.4, 2009. 10. 16.)

1. 신청지역에 군관리계획이 결정되어 있는 경우로서 신청인이 인접의 기존시설과 연계되는 도로·상수도 및 하수도를 설치할 것을 조건으로 하는 경우.(상수도에 갈음하여 먹는 물 관리법에 의한 먹는 물 수질기준에 적합한 지하수 개발·이용시설을 설치하거나, 하수도에 갈음하여 하수도법에 따른 개인하수처리시설을 포함한다.) (개정 2009. 10. 16.)

2. 창고 등 상수도·하수도의 설치를 필요로 하지 아니하는 건축물을 건축하고자 하는 경우로서 도로가 설치되어 있거나 도로의 설치를 조건으로 하는 경우.

3. 생산녹지지역·자연녹지지역·생산관리지역·계획관리지역 또는 농림지역 안에서 농업·임업·어업 또는 광업에 종사하는 자가 당해 지역 안에서 거주하는 기존의 주거용 건축물 및 그 부대시설의 건축(신축을 제외한다)을 목적으로 1천 제곱미터 미만의 토지의 형질을 변경하고자 하는 경우.

PART

6

맹지에서 탈출하기

진입로를 확보하라

맹지탈출을 위한 도로 확보 방법

① 도로법에 의한 진입도로개설 혹은 도로지정 고시
② 사도법에 의한 사도개설
③ 인접토지 매입(단독 또는 공유 지분)에 의한 사도개설
④ 진입토지에 대한 도로사용승낙서를 받아 도로로 사용
⑤ 구거의 하천(구거) 점용허가에 의한 도로개설
⑥ 민법상 주위토지통행권(민법 제219~220조) 주장
⑦ 통로를 위한 민법상 지역권 혹은 지상권 설정으로 도로개설

일반적으로 실수요자는 물론 투자자로서도 기피하는 대상물이 맹지다. 그러나 맹지라 할지라도 주변의 땅에 비해 값이 싸기 때문에 후일을 감안한다면 오히려 투자대상으로서 유용한 경우가 있다. 즉 멀지 않아 보상이 요구되는 도시지역이라든가, 언젠가 도로개설이 예정되는 임야, 주변의 토지와 합병해 리모델링 가능성이 있는 곳은 오히려 투자가치가 높을 수도 있다. 또한 상속 등 부득이한 사유로 맹지를 취득한 경우, 맹지소유자가 반드시 길을 내야 할 사정이 있다면, 다음과 같은 여러 가지 방법 중 하나를 택해 길을 낸 후 건축허가를 받을 수 있을 것이다.

맹지에 도로를 내는 방법에는 다음과 같은 여러 가지 실무적인 방법이

있다. 그 중에서 가장 많이 사용하는 것은 ③도로부지 매입과 ⑤토지사용
승낙의 경우다.

토지사용승낙서

토지의 표시

위치	지번	지목	지적	토지사용자	
				주소	성명

상기 토지를 도로보수 관계로 사용함을 승낙하며

이후 발생하는 민·형사상의 책임을 감수할 것을 서약합니다.

2017년   월   일

토지사용승낙인 :

주소 (토지사용승낙인 주소) :

성명 (토지사용승낙인) :   (인)

OO 군수 귀하

맹지의 진입도로용으로 타인의 토지를 매입할 경우에는 폭 4미터 이상이 되도록 하여야 한다. 진입용 도로 부분은 후일을 위하여 토지(맹지) 구입시 함께 매입하는 것이 가장 안전한데, 통상은 단독 매입하게 된다.

그러나 내 땅 뒤에 또 다른 맹지가 있다면 공동으로 매입해 지분등기를 하는 방법도 있다. 공유지분으로 매입한다면 영구 사용에 전혀 지장이 없을 뿐더러 그만큼 토지구입 비용이 절감될 수 있기 때문이다.

따라서 장래를 대비해 가장 확실한 것은 도로 부지를 공유지분으로라도 매입해 두는 것이 안전하고, 경제적일 수 있다. 후일 이웃 토지의 매입자가 도로 이용을 제한하거나 도로 사용료로 높은 값을 요구할 수도 있기 때문이다.

한편, 토지사용승낙서를 받을 때는 주의할 것이 있다. 법적으로 이 "승낙"은 토지의 "사용대차"(사용료를 내지 않는 경우) 혹은 "임대차"(사용료를 내는 경우)의 동의어이기 때문에 채권계약이라는 사실이다. 예컨대 토지사용승낙을 해 준 지주가 사망한 경우, 도로개설 전에는 그 상속인에 대해 이 사용승낙을 계속해서 주장할 수 없다. 또한 진입도로로 쓰는 땅이 매매되어 소유자가 변경된 경우, 종전의 토지사용승낙은 계속적인 효력이 없어서, 새로운 토지 매입자에게 다시 사용료를 내야 한다.

건축법상 도로의 요건

참고로, 건축법상 건축허가를 받을 수 있는 도로의 요건은 다음과 같다.
① 도로법 또는 사도법에 의해 개설된 도로일 것.
② 건축허가권자가 허가시 지정·공고된 도로일 것.
③ 사람과 차량이 통행할 수 있을 것.

④ 지적도(임야도)에 표시되는 지적도상 도로일 것.

⑤ 지목이 도로일 것.

⑥ 국가 또는 지자체 소유의 공로일 것.

⑦ 실제 사용 중인 현황도로일 것.

건축법상 도로 활용	현황도로 활용	신설도로 활용
① 국토계획법	⑥ 도로대장	⑪ 개발행위도로
② 도로법	⑦ 조례 도로	⑫ 국유재산 수익
③ 사도법	⑧ 비도시도로	⑬ 하천점용
④ 기타 관련법	⑨ 지역권설정	⑭ 구거점용
⑤ (건축법) 지정	⑩ 주위토지통행권	⑮ 공유수면

Tip. 도로법에 의한 진입도로 개설 혹은 도로지정 고시

농어촌도로정비법에 의한 면도. 이도. 농도(포장된 도로)에 의한 진입도로개설.
※ 농로(비포장도로)를 이용한 건축허가 – 원칙상 불가

도시계획시설(도로) 실시(도로개설) 과정
1. 사업대상 선정→재정계획 수립(투자 우선순위 결정(수혜도 높은 사업, 민원 요구사업)
2. 사업비 책정 → 3. 예산 편성 → 4. 예산승인 → 5. 공사시행 → 완료

※ 예산 승인 → 협의 보상 → 보상 완료 → 공사 착수
※ 예산 승인 → 도로개설을 위한 서류 공람 및 주민 공람 및 주민의견 청취 → 측량 → 물건지로
서 작성 → 실시계획 인가 및 고시 → 토지 및 건물조서 작성(토지 및 지장물조사) → 보상심
의위원회 개최 → 보상 협의 수립 → 보상 계획 공고 → 손실보상 평가 → 열람 → 심사(결정)
→ 보상 협의 → 공탁 수용 → 대집행 → 사업 착수

사도법에 의한 사도 개설

"사도"란 토지소유주가 자기 토지의 이익을 위하여 스스로 설치한 도로로서 시장·군수로부터 사도개설 허가를 받은 것이다. 사도는 농지나 임야, 잡종지 등에도 가능하다.

일반적으로 알려져 있는 가장 보편적인 방법은 지적도상의 도로와 매입하려고 하는 토지 사이의 이웃 토지소유주로부터 도로 부분에 해당하는 토지를 매입하거나 '토지사용승낙서를 받아 사도개설허가를 받는 것'이다. 이웃 토지소유주로부터 토지사용승낙서를 받을 수만 있다면 맹지의 단점을 없애는 것이다.

이 토지사용승낙서를 토지를 매입한 뒤 등기권리증 뒤에 콱～ 붙여두는 센스는 기본이다. 집을 짓기 위한 건축허가를 받을 때 기본서류 중 하나이기 때문에 분실해서는 안 된다.

사도법에 의하면 사도를 개설, 개축, 증축, 변경하고자 하는 자는 미리 관할시장 또는 군수의 허가를 받아야 한다. 또한 사도는 설치한 자가 관리를 해야 하며 사도를 이용하는 자에게 사용료를 받을 수 있다.

이러한 사도는 맹지를 공도와 연결해 주는 도로로서 지주의 토지이면서 지목이 "도로"인 땅을 말한다. 한편, 건축허가나 신고시에 시·도지사나 지자체장이 위치를 지정하여 공고한 도로를 사도라고 한다.

사도 개설 허가 구비서류 및 절차

① 사도개설허가신청서, 사업계획서, 위치도.
② 설계도서, 지적도, 토지대장, 토지등기부등본, 국토이용계획확인서.
③ 타인 소유의 토지를 사용하고자 하는 경우에는 그 권한을 증명하는

서류. (해당 토지주의 토지사용승낙서, 인감증명)

위와 같은 구비서류 첨부하여 시·군·구청 민원실에 제출하면 되는데, 이와 같은 서류 절차가 복잡하다고 생각되면 인접토지소유주의 토지사용승낙서를 설계사무소 등 민원대행사에 제출하고 처리를 의뢰하는 것이 좋다.

◆ 참고 : 개정된 사도법의 주요 내용

- 사도개설 범위의 확대 : 도로법에 따른 도로 및 준용도로뿐만 아니라 농어촌도로에 연결하여 사도 개설이 가능하도록 규제완화.
  *다만, 농어촌도로 중 도로법에 따른 시·군도 시설기준에 맞는 경우에만 한함.
- 허가기준 구체화 : 설치기준에 맞지 아니한 경우, 토지 권원을 확보하지 못한 경우 등을 제외하고는 허가를 하도록 함.
- 절차 체계화 : 사도를 개설할 경우 허가 신청서를 제출하고 시장, 군수가 허가시에는 공고를 하도록 하며 공사완료시 허가권자가 사용검사 등 허가 절차를 구체화.
  *부정한 방법으로 허가를 받은 경우 등에 대해서는 허가 취소도 가능하도록 함.
- 효율적 관리 : 양도 또는 개설자의 사망 등의 경우, 지위 승계를 명확히 규정하고 시장, 군수에게 신고하도록 함.
  * 사도가 설치기준에 맞지 않게 된 경우 시장·군수가 보수, 보완 명령 및 필요시 통행제한 및 금지 등조치를 할 수 있도록 함.

Tip. 맹지가 살아난다. 사설도로 개설 기준 확 풀려

진입도로도 없는 맹지 거래가 활성화될 전망이다. 개인이 낼 수 있는 도로의 설치기준과 절차가 명확하게 정비됐기 때문이다. 그간 명확한 기준 없이 지방자치단체의 권한으로 부여돼 사설도로 개설은 하늘의 별 따기였다.

- 국토교통부는 사도의 개설허가 기준 및 절차를 구체화하고 보다 명확하게 정비하는 내용으로 2011년 3월 국무회의에서 사도법 개정안을 심의 의결.
- 개인이 설치할 수 있는 사도私道의 개설허가 규정을 정비함으로써 사도개설 허가가 명확한 기준에 따라 공정하고 투명하게 이루어지도록 개정.

- 구 사도법은 사도개설시 관할 시장 또는 군수의 허가를 받아야 한다고 단순하게 규정(사도법 제4조(개설허가) 사도를 개설하고자 하는 자는 미리 관할시장 또는 군수의 허가를 받아야 한다.)하여 허가의 기준이나 절차 등이 불분명한 한계가 있었다. 이에 따라 허가기준과 관련하여 사도개설 예정지의 소유 또는 사용에 관한 권리가 없는 경우 등 일정한 경우를 제외하고는 개설허가를 하도록 하였고, 개설공사 완료시 사용검사, 사도의 구조가 기준에 미달할 경우 행정청의 보수ㆍ보완 명령, 사도개설자가 거짓 또는 부정한 방법으로 개설허가를 받은 경우 개설허가의 취소 등 사도개설 및 관리에 있어 필요한 절차를 새롭게 신설하거나 보완.
- 국토교통부에서는 사도법 개정으로 네거티브 방식의 개설허가 기준을 도입해 행정청의 자의적인 권한 행사를 방지하고, 필요한 절차의 보완으로 사도의 안전성 제고 및 효과적으로 관리하고자 함.

인접토지 매입(단독 또는 공유지분)에 의한 사도개설

　도로로 사용할 토지는 개발행위와 길이에 따라 4 ~ 6미터 정도로 폭을 두어야 하고 경우에 따라서 인접토지소유주와 동시에 도로를 이용하게 된다면 지분으로 공동소유를 하거나 국도나 지방도에 접하는 곳까지 토지를 도로 부지로 별도 매입해야 한다.

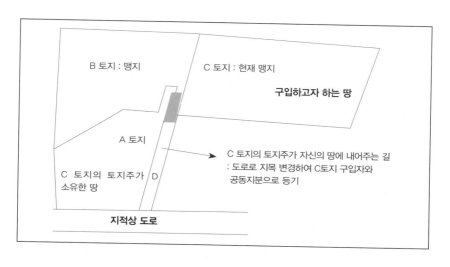

인접토지 매입에 의한 사설도로 개설 사례 분석

요즘 일부 기획부동산들이 언제가 될지 모르는 개발계획을 가지고 땅값은 비싸게 받아서 욕을 먹는다. 하지만, 그래도 양심은 있는지 지적도에 무식할 정도로 칼질을 하기는 하지만 도로 부분은 만든다. (물론 현장에 가보면 도로도 없고, 지적도상 도로다.)

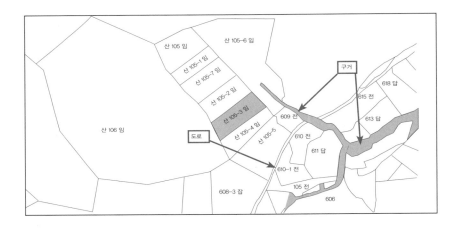

이 사례에 소개하고 있는 매물은 산 105-3 임야다. 아주 오래 전에 기획부동산 같은 토지소유주가 칼질을 해 매도한 매물로 보인다.(지금은 관공서에서 이런 식으로 분할을 해 주지 않는다.)

하지만 이 매물은 주변시세보다 무척 쌀 것이기 때문에 욕심이 난다면 방법을 찾아봐야 할 것이다.

빨간색으로 체크 표시한 산 105-3 임야를 매입한다고 했을 때, 인접토지소유주에게 사용승낙서를 받아 집을 지으려고 한다면 어떻게 해야 할까?

① 인접도로까지 거치는 산 105-4 임야 소유자와 산 105-5 임야소유자 두 사람에게 토지사용승낙서를 받는 방법이 있다.

② 산 105-6 임야소유자에게 토지사용승낙서를 받고 산 105-6번지에

접한 구거 부분에 군청으로부터 구거점용허가를 받는 방법이 있다. 구거를 복개하고 길을 내는 것이다.

토지소유주가 1번과 2번의 방법 중 한 가지를 해결해 줄 수 있는 상황이라면 시도를 해볼 만한 매물이다. 분명히 값이 쌀 것이기 때문이다.

Tip. 맹지에 도로개설시 면적 계산방법

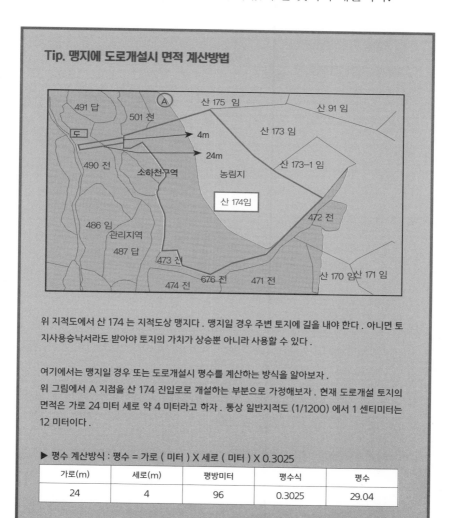

위 지적도에서 산 174 는 지적도상 맹지다. 맹지일 경우 주변 토지에 길을 내야 한다. 아니면 토지사용승낙서라도 받아야 토지의 가치가 상승분 아니라 사용할 수 있다.

여기에서는 맹지일 경우 또는 도로개설시 평수를 계산하는 방식을 알아보자.
위 그림에서 A 지점을 산 174 진입로로 개설하는 부분으로 가정해보자. 현재 도로개설 토지의 면적은 가로 24 미터 세로 약 4 미터라고 하자. 통상 일반지적도 (1/1200) 에서 1 센티미터는 12 미터이다.

▶ 평수 계산방식 : 평수 = 가로 (미터) X 세로 (미터) X 0.3025

가로(m)	세로(m)	평방미터	평수식	평수
24	4	96	0.3025	29.04

위 표처럼 계산을 하면, 24 × 4 × 0.3025 = 29 평이 된다. 즉 29 평에 대한 토지사용승낙서를 받으면 된다. 만약 토지를 매수한다면 29 평만 매입하면 된다.

도로포장시 평수 역시 위 공식에 맞춰 계산하고 포장 두께 정도만 추가로 계산하면 포장비용이 산정된다.

평수 계산방식은 토지를 공부하는 데 매우 중요한 기초 지식이므로 알아두어야 한다.

구거점용허가로 진입로 개설

구거(용수 또는 배수를 위하여 일정한 형태를 갖춘 인공적인 수로, 둑 및 그 부속시설물의 부지와 자연의 유수로 생겼거나 있었던 것으로 예상되는 소규모 수로 부지)가 있었던 위치가 지적도상에 남아 있으면 지자체에서 구거점용허가를 받을 수 있다. 허가를 통해 진입로를 사용할 수 있게 되는 것이다.

구거점용허가를 받기 위해서는 측량사무소의 도움을 받는 것이 시간적, 경제적으로 이익이고, 허가를 득하면 콘크리크관을 매설하고 도로를 포장하는 방식으로 진행하면 도로가 생기게 된다. 허가기간이 길어질 수는 있지만, 공사기간은 짧은 편으로 단기간에 고수익을 낼 수 있다.

설계용역 및 매립 등에 소요되는 공사비용은 지역별로 차이가 있겠지만, 100제곱미터당 약 1,000만 원~1,500만 원 정도가 소요된다.

100제곱미터의 면적이라면 폭 4미터, 길이 25미터의 도로를 낼 수 있는 면적이다. 이 정도 비용으로 땅의 가치가 바뀌게 되는 것이므로 충분히 검토해볼 수 있는 투자가 된다.

Tip. 맹지탈출 구거점용허가는 어떻게 받을까?

구거활용 방법 또는 구거점용허가 받기

1. 점용면적이 280 제곱미터 이상을 받아야 하는 경우에는 도청에서 허가를 받아야 하며 이는 허가 받기가 어렵다. 따라서 280 제곱미터 이내에서 한 사람이 허가를 받고 연장선상의 소유자 명의로 2 차 허가를 받으면 그 이상 면적도 가능하다.
2. 반드시 인접토지의 소유자 명의이어야 한다.
3. 농업기반공사의 경우 점용허가시 일반적으로 공시지가의 100% 를 사용료로 징수하며 임대기간은 약 10 년이다. 그 이후는 사용대금 없이 연장 가능하다.
4. 농업기반공사의 경우는 승인만 득하면 승계가 가능하나, 시 · 군의 경우는 준공 후 승계가 가능한 것으로 약간의 차이가 있으므로 사전에 확인하는 것이 좋다.

일반적으로 넓은 구거는 포장으로 가능하나 구거 자체를 복개하거나 교량을 놓아야 하는 경우는 조금 더 복잡하다.

관할시군 토목, 측량 설계사무소를 이용 사전에 상의하여 처리하는 것이 좋은 듯하다. (구거에 대한 사용승인의 방법은 각 지자체마다 약간의 차이가 있으므로 필히 사전에 관할 구거관리기관을 방문해 확인하도록 하자.)

◆ 매수시 참고사항

농업기반공사의 경우 구거는 "목적 외 사용승인"을 제출하여야 하는데 이는 개인보다는 설계사무소를 통하여 제출하여야 한다.

구거를 이용하여 주택 건축 행위를 한다든지 농가 창고를 짓는다든지 목적에 관계된 행위에 대해서는 설계 인·허가를 득해야 한다.

구거사용은 담당자와 유대를 강화하면서 행해야 하며 농업기반공사에 직접 접수시에 담당자가 현장 확인조사를 하므로 반드시 담당자와 사전 협의를 하는 것이 좋다.

◆ 구거점용허가, 구거점용, 구거 포장 등

Q : 구거점용허가 신청은 어떻게 해야 하나요?
A : 우선 토지 관할시, 구(군) 청에 문의를 해야 합니다. 가장 정확한 것은 관할 지자체에 문의 하는 것입니다. 지번을 파악 후 전화, 방문, 국민신문고 등으로 문의하시기 바랍니다.

Q : 신청시 어떤 것이 필요한가요?
A : 토목설계사무소등에서 우선 구거점용을 위해서 설계등을 요청해야 합니다. 의뢰를 한 다음에 도면등이 나오면 이것을 바탕으로 시, 구(군) 청에 요청하면 됩니다.

Q : 비용은 얼마나 드나요?
A : 구거에 따라서 차이가 있을 수 있습니다. 그리고 매년 구거점용료를 지불해야 합니다. 구거점용료는 공시지가에 따라서 차이가 납니다. 도심가는 비싸고, 농촌은 싼 편이죠. 공시지가에 따라 몇 만 원에서 몇 백만 원까지 차이가 큰 편입니다.

Q : 신청시 기간은 얼마나 걸리나요?
A : 통상 2 주 정도 소요됩니다.

구거나 배수로는 땅에 생명을 주는 통로

건물의 정화조에서 걸러진 오폐수는 배수로를 통해 폐수처리장이나 하천으로 흘러간다. 배수로가 없으면 정화조에서 흘러나온 오수는 갈 곳이 없다. 그래서 배수로가 없으면 건축허가를 받지 못한다.

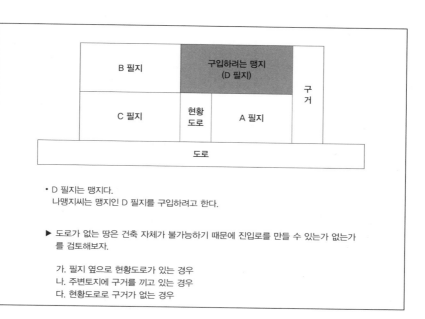

- D 필지는 맹지다.
  나맹지씨는 맹지인 D 필지를 구입하려고 한다.

▶ 도로가 없는 땅은 건축 자체가 불가능하기 때문에 진입로를 만들 수 있는가 없는가를 검토해보자.

　가. 필지 옆으로 현황도로가 있는 경우
　나. 주변토지에 구거를 끼고 있는 경우
　다. 현황도로로 구거가 없는 경우

시골지역에는 배수로가 없는 땅이 무척 많다. 이런 곳에서는 오수가 흘러가는 구거가 공동배수로 역할을 한다. 그만큼 시골의 농지와 산지에서는 구거가 중요한 역할을 하는 것이다.

배수로와 연결되지 않은 땅을 구입한 경우에는 구거를 확보하는 것이 무엇보다 중요하다. 배수로를 확보하는 방법은 구거에 연결되는 땅을 사서 배수관을 묻는 것이다. 구거와 멀리 떨어져 있는 땅이라면 상당한 면적의 땅을 매입해야 할 것이다. 배수관로가 묻히는 부분의 땅만을 살 수는 없을 것이기 때문이다.

이러한 경우에도 토지사용승낙서는 유용하다. 토지사용승낙서를 받으면 그 땅 밑에 배수관을 묻을 수 있다.

하지만 토지소유주은 토지사용승낙서에 상당한 대가를 요구할 것이다. 기본이 500만 원이다. 그만큼 구거와 연결된 땅과 그렇지 않은 땅의 가치는 크게 차이가 나는 것이다.

배수관은 도로나 배수시설의 유지 관리에 지장이 없는 장소에 매설하도록 해야 하며, 안쪽 지름이 200mm 이상이어야 한다. 이웃 토지소유주들도 건축을 하려는 움직임을 보인다면, 공동으로 구거까지 배수관을 묻거나 토지사용승낙에 대한 대가를 함께 지불하는 것이 좋다. 비용이 절약될 것이기 때문이다.

구거와 멀리 떨어진 농지나 산지를 사려면 계약시 구거확보를 위한 조치를 취해야 한다. 즉 토지구매시 부동산 중개사에게 구거를 확보해 달라고 주문해야 한다.

그럼, 어떻게 이런 구거가 있는 땅을 찾아야 할까?

시골 지역이나 도시화가 덜 된 지역의 지적도를 떼어 보면 의외로 구거가 있는 땅이 많다. 이런 맹지가 있다면, 최우선 투자대상지로 보아야 하지만 일반투자자의 눈에 "맹지는 여전히 맹지다." 하지만 구거점용허가로 성공을 한 투자자는 오늘도 수십 장의 지적도를 떼고 있을지도 모른다. 관심 있는 투자자라면 지적도를 유심히 살펴보고, 설계사무소 등의 전문가와 교류를 시작하는 것이 좋겠다.

각지를 활용한 지분 분할 이용

지적도를 떼서 토지의 모양과 형태를 살펴보면, 도로와 해당 토지 사이에 다른 사람의 토지가 끼여 있어 어쩔 수 없이 맹지가 된 땅이 있다. 이런 땅은 다른 사람의 토지를 매입해 길을 낼 수밖에 없다.

일반투자자라면 포기하고 마는 경우가 많겠지만 각지(코너 땅, 가로 세로 양쪽이 도로에 접하는 땅)의 특성에 대해 알고 있다면 접근해볼 만하다. 각지는 2개 이상의 도로와 연결되는 땅이므로 접근이 용이하고, 사람들의 눈에 잘 띄어 가치가 상승되는 이점이 있다.

이런 점을 십분 활용해 도로에서 맹지까지 길을 낸다면 '누이 좋고 매부 좋은' 격이 된다. 도로에 접한 소유자는 전보다 땅의 가치를 높이고 매도한 도로용 토지로 인해 금전적인 이익까지 얻을 수 있고, 맹지소유자는 도로를 낼 수 있어 좋다. 쉽지 않은 협의 과정이지만, 통하면 열린다는 마음으로 지극정성을 다한다면 성사시킬 수 있다.

물론, 시세의 2~3배까지도 치를 준비는 되어 있어야 한다. 아울러 맹지는 상대적으로 넓고 시세의 절반 정도에 가격이 형성돼 있어야 실익이 있다. 그래야 도로 부지를 매수하더라도 손실을 줄이고, 그동안의 마음고생도 보상을 받을 수 있기 때문이다.

맹지와 분할(분필) 혹은 합병(합필)

맹지와 도로 땅을 합쳐 '금싸라기'로 합필하기 위해서는 지목·행정구역이 같아야 한다. 부동산등기부등본, 토지대장 등 필요 분필로 '보유세' 절감효과를 노릴 수 있다.

분필의 이점

분필은 합필의 반대로 면적이 넓은 토지를 두 개 이상의 토지로 나누는 것을 말한다. 규모가 큰 토지는 관리나 매각이 힘들기 때문에 필지를 나눠 소규모의 땅으로 매각 또는 관리하기 위한 행위다.

누가 뭐라고 해도 분필에 대한 최고의 전문가들은 '기획부동산'이다. 큰 평수의 토지를 매입해 일반 투자자들이 매입하기 쉽도록 나눠 필지별로 매각을 하는 것이다. 지금까지 비도시지역의 경우 분필에 특별한 제약이 없다. 지목이 달라도 가능하며, 면적도 자유롭게 정할 수 있다.

기획부동산처럼 투기를 목적으로 분필을 하는 경우도 있지만 그 외에 절세의 과를 얻을 수 있다.

강원도에 거주하는 A씨는 폭 6미터 도로에 접한 길쭉한 모양의 토지를 소유하고 있다. 선조로부터 물려받은 땅이라 팔고 싶지 않았고, 팔고자 해도 여간해선 팔리지 않는 땅이었다. 하지만 도로에 접해 있다는 이유로 공시지가가 높아 세금부담이 매우 커서 A씨는 도로에 접해 있는 땅과 뒤쪽의 땅을 분필하기로 했다.

이 경우 도로에 접한 전면부 토지가격은 변화가 없지만 맹지인 후면부 토지는 표준지 공시지가가 하락할 여지가 크므로 절세의 효과를 기대해 볼 수 있다.

토지를 활용함에 있어 실제토지에는 아무런 변화가 없으나 공부상의 변화만으로 가격차가 크게 달라지는 경우가 있다. 합필과 분필이 그것이다. 토지에 길이 생기거나 개발계획이 나오게 되면 토지가격은 보통 크게 상승한다. 그러나 이런 경우 외에 넓은 면적의 땅을 나누거나 합칠 경우에도 토지가격이 크게 달라진다.

토지를 합필이나 분필하는 데 필요한 서류는 부동산등기부등본, 도장, 주민등록초본, 신·구 토지대장 등이다.

합병을 통한 맹지 탈출

땅의 가치는 높이는 방법으로 '토지 부티크(boutique)'가 있다. 못생긴 땅을 다듬어 값어치 있는 땅으로 만드는 기술을 말한다. 대표적인 방법이 '토지 합병'이다. 이는 지적공부 서류(토지대장)에 등록된 2필지 이상의 토지를 1필지로 합치는 것을 말한다. 땅이 좁거나 모양이 나빠 활용 가치가 떨어지는 2필지 이상의 소규모 땅을 하나로 합쳐 활용 가치를 높이는 식이다.

이에 따르면 면적이 좁아 건물 건축이 어렵거나 최소 대지 면적 규정에 맞지 않아 땅, 모양이 좋지 않아 건물 설계가 어렵고 공사비가 많이 들 것으로 예상되는 땅은 가급적 주변 땅과 합쳐서 쓰임새를 높여야 한다.

성남시 정자동에서 IT업체를 운영하는 임모 씨는 얼마 전 부친의 유산을 정리하던 중 예상치 못했던 땅 380㎡를 찾아냈다. 하지만 기대를 갖고 현장을 둘러본 임 씨는 이만저만 실망이 아니었다. 부친 명의로 돼 있던 땅이라는 게 길이 20미터, 폭 5미터의 다른 골목길이었기 때문이다. 경사지에 위치한 좁고 긴 모양의 땅으로 건물 신축 자체가 아예 불가능해 쓸모 없이 버려져 있는 상태였다. 임씨는 인근 복덕방에 땅을 팔려고 매물로 내놓았지만 거들떠보는 사람조차 없었다.

땅의 활용 방법을 고민하던 임씨는 지적도를 면밀하게 살펴보다가 중요한 사실 하나를 발견했다. 자기 땅과 지적 경계선을 맞대고 있는 옆쪽 땅역시 비슷한 모양이라서 활용 가치가 없다는 점이었다. 면적은 약 200㎡이지만 폭이 6미터 밖에 되지 않은 장방형이었는데, 그나마 그 땅은 도로와 접해 있어 사정이 좋았지만 폭이 좁아 건물 신축이 불가능한 것은 마찬가지였다.

임씨는 그 땅의 소유자를 만났는데, 마침 옆 땅 주인도 임씨와 비슷한 고민을 하고 있었다. 몇 차례 협의 끝에 두 사람은 땅을 하나로 합쳐 공동 매각을 하기로 합의했다. 매각대금은 두 필지를 현 상태로 감정 평가하여 감정가액 비율로 배분하기로 했다. 임씨의 땅은 감정가액이 3.3㎡당 80만 원 수준이었고, 도로변 땅은 평당 180만 원이었다. 두 땅을 하나로 합쳐 서로 약점을 보완했더니 땅값이 금방 3.3㎡당 340만 원으로 뛰었다.

이처럼 못생긴 땅은 옆 땅이나 앞 땅과 합쳐 잘 생긴 땅으로 만들면 당장 몸값이 치솟는다. 못생기고 쓸모 없는 땅만 골라 싸게 사서 약점을 보완한 뒤 비싸게 만드는 것은 현장 경험이 풍부한 고수들의 노하우다.

경기도 시흥시에 거주하는 K씨는 거주지 인근에서 토지경매를 통해 감정가 대비 50% 이하로 떨어져 표준지 공시지가보다 저렴한 땅을 구입했다. K씨가 매입한 땅은 일명 '맹지'로 해당 토지까지 들어가려면 타인 소유의 땅을 거쳐야만 가능했다. 때문에 땅으로서 활용가치가 없어 아무도 거들떠보지 않았던 것이다.

K씨는 길과 접해 있는 한 필지의 토지소유주만 잘 설득하면 최소 4미터 폭의 길은 낼 수 있을 것이라고 판단해 토지경매에 입찰하게 되었으나 길과 접해 있는 토지소유주인 Y씨는 오히려 K씨에게 땅을 매입할 것을 요구했다. Y씨의 땅은 폭이 좁고 도로와 길게 접해 있어 공시지가만 높았을 뿐 활용가치가 크지 않았고, 세금부담만 높았다.

결과적으로 K씨는 시세 정도의 가격에 Y씨 땅을 매입할 수 있었다. 그리고 K씨는 매입 즉시 합필을 했고, K씨의 땅 전체는 Y씨에게 지불한 평당 가격보다 더 높게 상승하는 결과를 가져왔다.

이렇듯 합필을 하게 될 경우 맹지에 길을 만드는 결과를 가져오므로 토지가격은 천지 차이로 달라질 수 있다.

합필을 하려면 지목, 관할관청이 같아야 한다

합필을 하는 데는 몇 가지 조건이 있다. 소유자가 원한다고 해서 두 개이상의 땅을 합필할 수는 없으며, 조건에 맞아야 합필이 가능하다.

① 합필을 위해서는 토지가 인접해 있어야 한다. 합필할 토지가 서로 떨어져 있는 경우에는 합필이 불가능하다.

② 지목이 같아야 한다. 토지에 대한 지목은 28개로 나눠져 있는데, 이러한 지목이 같아야 합필이 가능한 것이다. 예를 들어 임야와 임야, 대지와 대지처럼 같은 지목이어야 하며, 다를 경우 지목변경 후에 해당시·군·구청에 합필을 신청할 수 있다.

③ 하나는 행정구역이 같아야 한다. 두 개 이상의 토지가 관할관청이 다르다면 사실상 합필이 불가능하다. 따라서 행정구역상 같은 도, 같은 시, 동일한 동이어야 합필할 수 있다.

한 구청 지적과 관계자는 "서로 동이나 리가 다른 경우 행정구역 변경신청을 통해 합필하는 경우도 있다."면서도 소규모 필지로 인해 이와 같은 행정구역 변경이 이뤄지는 경우는 거의 없어 개인이 사실상 행정구역 변경을 하는 것은 거의 불가능하다고 했다.

④ 합필을 위해서는 압류나 근저당이 없어야 한다. 단 근저당의 경우 동일인이나 동일 은행으로서 근저당 설정 시기가 같다면 합필이 가능하지만 다르다면 합필이 어렵다.

⑤ 나눠진 필지와 필지 사이에 담장이나 철조망 등으로 사람이 통행하기에 어려운 장애물이 있어서는 안 된다. 이런 경우에도 합필이 이뤄지지 않기 때문에 해당 장애물을 제거한 후에 합필 신청을 해야 할 것이다.

토지사용승낙서를 받아 도로로 활용하기

건축법 제35조(도로의 지정·폐지 또는 변경)

① 허가권자는 제2조 제11호 나목의 규정에 의하여 도로의 위치를 지정·공고하고자 할 때에는 건설교통부령이 정하는 바에 의하여 당해 도로에 대한 이해관계인의 동의를 얻어야 한다.

다만, 다음 각호의 1에 해당하는 경우에는 이해관계인의 동의를 얻지 아니하고 건축위원회의 심의를 거쳐 도로를 지정할 수 있다.

1. 이해관계인이 해외에 거주하는 등 이해관계인의 동의를 얻기가 곤란하다고 허가권자가 인정하는 경우.
2. 주민이 장기간 통행로로 이용하고 있는 사실상의 통로로서 당해 지방자치단체의 조례로 정하는 것인 경우.

이러한 건축법상의 요건에 의해 토지사용승낙을 받아 사용하고, 그에 따른 지료를 지불하는 방식이다. 하지만 일단 도로로 지정되면 토지사용승낙을 해 준 지주라도 함부로 승낙을 철회해 도로를 폐지할 수는 없고, 지료만 청구할 수 있을 뿐이어서 실무상 이루어지기 힘든 방식이다.

토지사용승낙 받기

맹지탈출을 위해 도로와 접한 토지를 매입하는 방법에는 주의할 점이 있다. 인접토지소유주가 맹지소유자의 약점을 알고 있기 때문에 절대로 자신의 토지를 싸게 팔려고 하지 않는다는 것이다. 따라서 목이 좋은 맹지를 꼭 구입하고자 한다면 적정한 가격에 인접토지를 매입할 수 있는지 먼저 알아봐야 한다.

맹지소유자가 진입로를 해결해 준다는 조건으로 매매계약을 체결하고자 할 때는 반드시 구두상 약속이 아니라 계약서에 단서조항을 명기해야 한다. 만약 잔금지급일까지 진입로 문제가 해결되지 않으면 계약을 해지한다는 단서를 기재해 두는 것이다.

▶ 실무적으로 자주 활용되는 방법은 인접토지소유주로부터 토지사용승낙서를 받는 것이다.

▶ 건축허가를 신청하기 전에 토지소유주로부터 그 토지를 진입로로 사용해도 좋다는 토지사용승낙서를 받아 건축허가 신청서와 함께 제출하면 사용승낙된 토지를 도로로 지정·공고하게 된다. 토지사용승낙서를 받을 때는 승낙 대상이 되는 토지의 도면을 첨부해야 하고, 그 진정성을 담보하기 위해 토지소유주의 인감증명을 함께 제출해야 한다.

도로로 지정·공고되면 도로 폐지가 될 때까지는 그 도로의 소유자라 하더라도 그에 대한 재산권 행사가 제한되므로 소유자 입장에서는 신중하게 결정해야 한다.

▶ 도로소유자가 해당 부지를 다른 사람에게 매각하거나 사망해 상속이 개시된 경우에도 새로운 소유자는 계속해서 자신의 토지를 도로로 제공해야 한다.

앞에서 본 바와 같이 시장·군수 또는 구청장이 한 번 도로로 지정·공고하면 해당 도로의 소유자가 싫다는 이유만으로 지정된 도로가 없어지지는 않는다. 도로를 폐지하기 위해서는 건축주와 같은 이해관계인의 동의를 받아 구청장에게 도로 폐지결정신청을 별도로 해야 하는데, 건축주가 자신의 진입로 폐지에 동의할 까닭이 없는 것이다.

한편 진입로를 사용하는 쪽에서는 사용하는 동안만큼 토지사용료를 지급해야 하는데, 토지 사용료 책정에 대해서는 토지사용승낙서에 포함해야 분쟁을 막을 수 있다.

만약에 진입로의 소유자가 달라지면 사용료 문제에 대해서 다시 협의해야 하는데, 사용료에 대해 합의되지 않은 경우 법원에 조정을 신청할 수 있다.

토지사용승낙과 관련된 특별한 문제 '농지'

맹지에 진출입하기 위해 다른 사람으로부터 토지사용승낙서를 받는다는 것을 알아보았다. 하지만 그 토지가 농지라면 문제가 조금 복잡해진다.

만약 자신의 농지를 다른 사람의 진, 출입로로 사용하도록 빌려주었다면 이는 농지를 타인에게 임대차(무상인 경우에는 사용대차)하는 것이 되는데, 임대차는 1996년 12월 31일 이후 함부로 하지 못하도록 법이 금지하고 있기 때문이다.

따라서 진출입로로 사용할 토지가 농지 외의 토지라면 모르되 농지인 경우에는 이 점을 감안해야 한다. 농지의 일부를 진입로로 빌려주려는 경우에는 농지법에 따라 합법적으로 전용절차를 거친 다음 임대차하는 방법을 택해야 한다.

이때 발생하는 전용허가 비용은 물론 맹지의 소유자가 부담해야 할 것이다. 아니면 맹지소유자는 아예 그 일부를 분할해 매입해야 한다.

통로를 위한 민법상 지역권 혹은 지상권 설정으로 도로개설

지역권은 설정행위에서 정한 일정한 목적을 위하여 타인의 토지를 자기 토지의 편익에 이용하는 물권을 말한다. 편익을 받는 토지를 요역지라 하며, 요역지는 1필지의 토지여야 한다.

1필지의 토지 일부를 위한 지역권 설정하지 못하나, 승역지는 1필지의 토지가 아니라도 무방하다. 지역권은 승역지가 요역지에 제공하는 편익의 종류, 즉 통행을 기재하여야 하며, 지역권 설정의 범위와 관련하여 1필지의 토지(승역지) 전부에 대하여 지역권을 설정할 때는 '전부'라고 기재하고, 그 범위가 1필 토지의 일부인 때에는 어느 부분인가 그 범위를 명확히 구체적으로 특정될 수 있도록 표시하는 방식으로 요식 행위를 갖추는 물권이다.

법률상에서 존재하는 방법에 불과하여 실제로는 일어나기 쉽지 않는 사례다.

지역권 사용방법과 지역권 설정

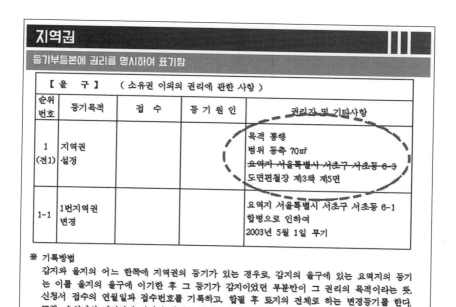

맹지란 말 그대로 도로에 붙어 있지 않는 토지, 즉 땅의 활용도가 떨어져 건축허가를 받을 수도 없고 남의 땅을 거쳐야 내 땅으로 진입할 수가 있는 토지다. 간단하게 생각해보면 도로에 붙어 있지 못하다면 도로에 붙어 있는 토지 일부를 매입하는 방법, 다른 하나는 도로에 붙어 있는 토지 소유주로부터 토지사용승낙서를 받아 사용하거나 이를 전제로 건축허가를 받는 방법 등이 있다.

하지만 말이 쉽지 앞의 토지소유주 대부분은 가격을 비싸게 부르거나 쉽게 동의를 해 주지 않는다. 그나마 매도해 준다면 다행이겠지만 터무니없는 금액을 부르곤 하는 게 일반적이다.

물론 일정한 지료를 지불한 후 토지사용승낙서를 받는다면 쉽게 해결이 될 수도 있다. 다만 그 토지의 소유자가 변경되면 토지사용승낙서에 첨부한 인감증명서를 변경해야 하고, 또한 변경되지 않았다 하더라도 유효기간이 경과하게 되면 다시 인감증명서를 발급받아야 하는 문제들이 있을 수 있다.

이런 것을 방지하기 위해 실전에서는 드물게 사용하는 방법이지만 민법에서 말하는 지역권 설정을 하면 된다. 지역권이란 토지소유주가 자기 토지의 편익이나 효용을 증진시키기 위해 타인의 토지의 전부나 일부를 이용할 수 있는 권리를 말한다. 곧, 지역권은 내 땅의 불편함을 남의 토지를 이용해 해결하는 방법으로, 내 땅은 '요역지'가 되고 다른 땅은 '승역지'가 된다.

지역권은 승역지 소유자와 요역지 소유자가 계약을 맺고 등기함으로써 성립되며 등기소에 공동 신청하여야 한다. 물론 등기신청시 지역권설정등기는 요역지 토지 가격, 공시지가의 2%의 등록세를 납부하여야 한다.(법무사 대행을 할 경우 2%+@가 추가.)

이때 내 토지의 편익을 위해 다른 토지, 곧 승역지의 토지의 일부분만을 사용할 경우 도면을 제출해 내가 사용할 범위를 특정하여야 한다. 물론 언제부터 언제까지 사용하겠다는 일자 표시도 등기 가능하다.

지역권의 경우 불안정한 토지사용승낙서보다 훨씬 더 안정적이고 확실하게 다른 토지를 사용할 수 있는 등기된 권리이며 이런 등기는 요역지 토지가 아닌 승역지 토지 등기부등본에 설정된다.

지역권설정계약서

계약당사자

      요역지 소유자 김갑동(주민등록번호)
             서울특별시 강남구 개포동 ○○번지
      승역지 소유자 김을동(주민등록번호)
             서울특별시 강남구 삼성동 ○○번지

위 당사자는 다음과 같이 지역권설정에 관한 계약을 체결하고 이를 증명하기 위하여 이 계약서를 작성합니다.

제1조 : 지역권의 목적인 부동산의 표지

      요역지 : 강원도 홍천군 북방면 노일리 ○○-○○
               ㎡
      승역지 : 강원도 홍천군 북방면 노일리 ○○-○○
               ㎡

제2조 : 지역권설정 목적
      예) 건축을 위한 진입도로 목적임

제3조 : 지역권설정의 범위
      예) 승역지 토지 중 좌측   ㎡[별지도면의 표지와 같음]

제4조 : 특약사항
      본 지역권 설정은 주택의 건축을 위한 것으로 주택 건축을 위한 것으로 주택 건축 이외의 건축물을 건축할 경우 본 계약의 위반으로 보고 해제한다.

이 계약사실의 증명을 위하여 계약서 2통을 작성하고 각각 기명날인하여 각각 1통씩 보관하기로 한다.

2017. 1. 1.

계약당사자 김 갑 동 (인)
           김 을 동 (인)

맹지에 도로를 만들기 위한 조건

진입로가 없는 토지에 건축이 가능한가?

우선 원론적인 답변은 진입로가 없으면 건축이 불가능하다. 건축법과 기타 관련 법률상 그렇다. 그러나 각 지방자치단체의 조례에 의해 (많은 지자체가 조례를 만들어 놓았음) 진입로가 없는 토지에도 주택 건축이 가능하도록 하고 있다. 즉 법률에 의한 일정한 넓이와 길이의 정해진 진입도로는 없으나 관습상 사람의 통행이 가능하도록 만들어진 부분이 있다면 건축이 가능하도록 하고 있기는 하다.

법률적인 진입로는 필요

여기서 대두되는 문제가 현실적으로 해당 업무를 담당하는 관계 공무원의 업무처리 방식이나 관점에 따라 유동적이라는 것이다. 그러므로 명확한 진입로의 필요성은 말할 필요가 없을 것이다. 건축물의 매도 및 금융부담의 발생에 따른 감정 평가 등 많은 부분에 영향을 끼치기 때문에 법률적인 진입로는 필요하다.

그 진입로를 만들기 위해 여러 가지의 생각을 할 수 있으며 그 중 몇 가지 사례를 설명하겠다.

① 해당 토지와 인접한 곳에 국가 및 지자체 소유의 국유지 및 공유지가 있는지?

국유지 및 공유지가 있다면 법률에서 정한 규정에 의한 도로를 개설하기 위한 국유재산의 점용허가 및 사용수익허가, 또한 구거가 있다면 농업기반시설 목적외 사용등의 허가를 통한 진입로의 확보가 가능하다.

② 국유지등이 없을 경우 사유지의 매수를 통한 진입로 개설이 가능할 수 있다.

이는 사유지의 매수로 진입로를 확보하는 것으로 사도개설허가 등의 허가를 받아 진입로의 개설이 가능할 수 있다. 가장 좋은 방법은 1번의 내용과 같이 주변을 둘러보는 것이 중요하다. 토지 주변에 생각 외로 많은 변수들이 있을 것이다.

진입로를 확보하는 데 도움이 되는 토지의 종류

① 폐도 : 옛날에 도로로 사용되던 토지가 지적도상 남아 있으나 현재 농지로 사용되고 있는 경우가 있을 수 있다.

② 구거 : 산에서 내려오는 빗물의 통로 및 농업용수를 흘려보내는 용수 또는 배수를 위하여 일정한 형태를 갖춘 인공적인 수로, 둑 및 그 부속시설물의 부지와 자연의 유수로 생겼거나 있었던 것으로 예상되는 소규모 수로 부지.

③ 하천부지 : 하천의 제방 밖에 있는 지목이 하천인 토지.

④ 국, 공유림 : 국가나 지자체 소유의 임야 등.

물론 이와 같은 조건에 해당되지 않는 경우 개인의 사유지를 매입하여 진입로를 확보할 수밖에 없는 것이 현실이다. 하지만 주변의 토지를 잘 살펴보면 원활한 진입로의 확보가 가능한 경우가 생각보다 많다.

주의할 점

구거의 소유자가 누구인가에 따라 업무가 다를 수 있다. 농림축산식품부인지, 한국농어촌공사인지, 국토교양부 소유인지 등에 따라 받을 허가의 내용이 달라질 수 있을 것이다.

잘못된 판단을 하면 하천으로 구분될 수도 있으나 하천법에 의한 하천과 소하천정비법에 의한 소하천은 명확하게 구분된다. 또한 구거임에도 공유수면관리 및 매립에 관한 법률의 적용을 받을 수도 있을 것이며, 농업기반시설일 경우 목적 외 사용승인의 대상이 될 수도 있다.

참고로 주택신축의 경우라도 건축법, 농지법, 산지관리법, 수도법, 하수도법, 국토의 계획 및 이용에 관한 법률 등 몇 가지의 법률 적용을 받는 것이 현실이다. 그 법의 이해가 목적사업의 완료를 위해 꼭 필요한 부분이기에 관심을 갖다 보면 다른 투자에도 많은 도움이 된다. 토지관련 법률에 관심을 기울여 보도록 하자.

도로점용허가로 돈 되는 땅 만들기

도로란 국도, 지방도, 군도, 시도, 구도 등으로 구분되며(고속국도, 즉 고속도로는 고속국도법이 별도로 있음), 위 도로변에 목적사업을 하기 위해서는 도로점용허가를 받아야 한다.

도로점용허가는 도로로부터 사업지로 진·출입을 하기 위해 연결하는 것으로 생각하면 된다. 흔히 휴게소를 진·출입하기 위해서 주행을 하다 보면 감속차로과 가속차로을 통해 출입하였을 것이다. 바로 그 부분이 도로점용을 받아 설치하는 것이다. 즉 각 도로별 주행속도가 있고 원활하게 주행하는 차량으로부터 방해를 받거나 주지 않도록 하기 위한 별도의 차로을 만드는 것을 도로점용허가라고 생각하면 좋을 것이다.

법률적으로는 점용허가를 받기 위해 도로법 이외에도 도로와 다른 도로 등과의 연결 규칙이란 것이 있으므로 주의해서 보아야 한다.

실례로 교량으로부터 일정간격을 이격해야만 가·감속차로를 설치할 수 있도록 규정하고 있어 토지를 개발하지 못하는 사례를 해결해 원활한 개발로 많은 소득을 올릴 수 있도록 도움을 줬던 사례도 있었다.

도로점용허가는 누가 도로관리자인지에 따라 제출하는 곳이 다르다. 국도의 경우 국토교통부 소속 국도유지관리사무소이고, 지방도의 경우 해당 지자체 도로관리사업소나 종합건설사업소 등이며, 군도의 경우 각 지자체에서 허가를 받을 수 있다. 면·구도의 경우 읍·면사무소나 구청에서 받을 수 있으며 지자체에 따라 다를 수 있다.

도로점용허가는 해당 시설의 진·출입을 위해 설치하지만 결국 사업시설에서 발생하는 우수雨水 등이 도로로 유입되지 않도록 배수시설 등을 면밀히 검토하고 설치해야 한다.

현재 많은 부분에서 도로점용허가 없이 관습적으로 사용되는 것이 현실이나 새로운 시설물 및 사업장을 설치하고자 한다면 꼭 점용허가를 받아야 한다. 또한 도로의 지하에 매설물을 매설하고자 한다면 도로점용허가 및 굴착허가를 받아 매설해야 한다. 예를 들면 전기선, 가스관 등이다.

점용허가에는 에피소드가 정말 많다. 법 및 규칙이 있지만 도로관리권자와 협의를 통해 점용허가를 득할 수 있으며, 그로 인해 보유한 토지의 가치를 높일 수 있다.

비용으로는 공사 방법에 따라 차이는 있으나 빗물받이, 스틸그레이팅, 아스콘포장, 배수관 설치 등으로 직접 시공해도 되지만 건설업자와 협의해 설치하는 것이 좋을 것이다.

이처럼 도로점용허가는 매우 중요한 문제이며 보유한 토지의 가격을 상승시키는 매우 좋은, 꼭 해야 하는 사업 중 하나다.

도로점용료 산정 기준표〈개정 2010. 9. 17〉

(금액의 단위 : 원)

점용물의 종류			기준단위		점용료		
					소재지		
			점용단위	기간단위	갑지	을지	병지
전주, 공중전화 등 지상시설물	전주, 가로등, 그 밖에 이와 유사한 것		1개	1년	1,850	1,250	850
	지중배선용 기기함, 무선전화기지국, 종합유선방송용 단자함, 발신전용 휴대전화 기지국, 교통량 검지기, 주차측정기, 우체통, 소화전, 모래함, 제설용구함, 그 밖의 이와 유사한 것				2,750	1,850	1,250
	공중전화, 그 밖의 이와 유사한 것				54,200	36,150	24,100
	송전탑, 그 밖의 이와 유사한 것		전용면적 1㎡	1년	토지가격에 0.05를 곱한 금액		
수도관 전력구 등 지하매설물	수도관 배수관 농업용수관 전기관 전기통신관 가스관 송유관 송유관 작업구 (맨홀) 전략구 통신구 그 밖의 이와 유사한 것	지름 0.1m 이하	길이 1미터	1년	1,150	750	200
		지름 0.1m 초과 0.2m 이하			2,400	1,600	400
		지름 0.2m 초과 0.4m 이하			4,850	3,150	850
		지름 0.4m 초과 0.6m 이하			7,250	4,850	1,250
		지름 0.6m 초과 0.8m 이하			9,650	6,400	1,650
		지름 0.8m 초과 1.0m 이하			12,100	8,050	2,050
		지름 1.0m 초과 2.0m 이하			18,100	12,100	3,100
		지름 2.0m 초과 3.0m 이하			30,150	20,150	5,200
		지름 3.0m 초과			42,250	28,200	7,250

수도관 전력구 등 지하매설물	지중 정착장치 (어스앵거), 암거, 그 밖의 이와 유사한 것	지름 0.1m 이하	길이 1미터	1년	1,800	1,150	300
		지름 0.1m 초과 0.2m 이하			3,600	2,400	600
		지름 0.2m 초과 0.4m 이하			7,200	4,850	1,250
		지름 0.4m 초과 0.6m 이하			10,850	7,250	1,850
		지름 0.6m 초과 0.8m 이하			14,400	9,650	2,500
		지름 0.8m 초과 1.0m 이하			18,100	12,100	3,100
		지름 1.0m 초과 2.0m 이하			27,100	18,100	4,600
		지름 2.0m 초과 3.0m 이하			45,200	30,150	7,750
		지름 3.0m 초과			63,250	42,250	10,850
간판 (돌출간판)을 포함한다), 시설안내표지, 현수막, 아치, 그밖의 이와 유사한 것	간판(돌출간판은 제외한다)	임시 설치한 것 (1개월 미만 적용)	표시면적 1m²	1일	400	300	150
		기타	표시면적 1m²	1년	122,000	81,350	20,700
		돌출간판	표시면적 1m²	1년	58,400	38,950	9,900
		시설안내표지	1개	1년	101,650	67,750	17,250
	현수막	제사나 종교행사의 용도로 일시 설치한 것	표시면적 1m²	1일	400	200	50
		그 밖의 용도			400	300	150
	아치	도로횡단	표시면적 1m²	1년	244,000	162,700	41,400
		기타			122,000	81,350	20,700
주유소, 주차장, 여객자동차터미널, 자동차 수리소, 승강, 화물적치장, 휴게소, 그밖의 이와 유사한 시설	건축물	1층인 건축물	전용면적 1m²	1년	토지가격에 0.05를 곱한 금액		
		2층인 건축물			토지가격에 0.055를 곱한 금액		
		3층인 건축물			토지가격에 0.06을 곱한 금액		
		4층 이상인 건축물			토지가격에 0.065를 곱한 금액		
	진·출입로				토지가격에 0.02를 곱한 금액		
	기타				토지가격에 0.05를 곱한 금액		
철도, 궤도, 그밖에 이와 유사한 것			전용면적 1m²	1년	토지가격에 0.04를 곱한 금액		
지하상가, 지하실, 통로, 그 밖의 이와 유사한 것	건축물	1층인 건축물	전용면적 1m²	1년	토지가격에 0.015를 곱한 금액		
		2층인 건축물			토지가격에 0.017를 곱한 금액		
		3층 이상인 건축물			토지가격에 0.019를 곱한 금액		
	공중 또는 지하에 설치하는 통로				토지가격에 0.0075를 곱한 금액		
	기타				토지가격에 0.02를 곱한 금액		

노점, 자동판매기, 상품진열대, 그 밖의 이와 유사한 것	버스판매대, 구두수선대	전용면적 1m²	1일	토지가격에 0.01을 곱한 금액		
	노점, 자동판매기, 상품진열대		1년	토지가격에 0.05를 곱한 금액		
공사용 판자벽, 발판, 대기소 등의 공사용 시설 및 재료	일시 점용한 것	전용면적 1m²	1년	400	300	150
	기타			토지가격에 0.02를 곱한 금액		
제1호부터 제9호까지 외의 공작물·물건 및 시설	농업 및 식물재배 어업 및 어획물 위탁판매	전용면적 1m²	1년	토지가격에 0.01를 곱한 금액		
	주탁			토지가격에 0.025를 곱한 금액		
	기타			토지가격에 0.05를 곱한 금액		

비고

1. 소재지 중 '갑지' 는 특별시를, '을지' 는 광역시(읍·면 지역을 제외한다)를, '병지' 는 그 외의 지역을 말한다.
2. 토지가격은 도로점용 부분과 닿아 있는 토지(도로부지는 제외한다)의 부동산 가격공시 및 감정평가에 관한 법률에 의한 개별공시지가로 한다. 이 경우 도로점용 부분과 닿아 있는 토지(도로부지는 제외한다)가 2필지 이상인 경우에는 각 필지가격의 산술평균가격으로 한다
3. 점용료를 연액年額으로 산정하는 경우로서 그 산정기간이 1년 미만인 경우에는 매 1월을 12분의 1년으로 하고, 이 경우 1월 미만의 단수는 계산하지 아니한다.
4. 광고탑, 광고판 및 간판등의 표시면적은 표시 부분이 가장 큰 1개의 면적을 기준으로 한다.
5. 점용료는 1원 단위까지 산정하되 그 산정한 금약 중 100원 미만은 버린다(예 : 1,950원 →1,900원)
6. 위 표 제2호의 점용물 중 전기관·전기통신관 등과 같이 동일한 목적으로 설치하나 기능유지 및 관리상 부득이한 사유로 2 이상의 관을 병행하여 설치하는 경우의 관 지름은 도로점용허가건별로 전체관을 외접하는 직사각형과 같은 단면적을 가지는 원의 지름으로 한다.
7. 위 표 제 2호에서 원형관이 아닌 점용물의 점용단위를 적용하는 경우에는 당해 점용물의 외접하는 직사각형과 같은 단면적을 가진 원의 지름으로 한다.
8. 지하 점용물의 상단의 깊이가 지하 20미터 이상인 경우에는 그 점용료의 2분의 1을, 지하 40미터 이상인 경우에는 그 점용료의 5분의 4를 각각 감액한다.
9. 위 표 중 정액으로 부과하는 점용료는 지가변동률이 10퍼센트 이상 변동된 경우에 한하여 3년마다 재조정할 수 있다.

도로점용허가 실무

도로점용허가 업무 흐름

민원인이 해야 할 사항, 신청서 및 구비서류의 제출

▶ 종류 (도로법 제40조, 동법 시행령 제24조, 동법 시행규칙 제16조)

- 일반 도로점용허가

- 도로점용허가신청서

- 설계도면(지적도, 구적도, 계획평면도, 종·횡단면도, 시설물 상세도 포함)

- 굴착을 수반하는 도로점용허가

- 도로점용허가신청서

- 주요 지하매설물 사후관리 계획(신청인이 주요 지하매설물 관리자인 경우)

- 도로관리심의회 심의·조정 결과

- 주요 지하매설물 관리자와의 협의서

- 설계도면(평면도 종·횡단면도)

- 제출처 및 처리기간

▶ 제출처 및 처리기간

제출처 및 처리기간	
접수	처리
지방국토관리청장 국토관리사무실	처리기간 : 15일

▶ 점용료 및 허가 수수료

구분	금액	접수 및 처리기관	처리기간
국도	점용물 종류 면적 X 요율 X 인근토지 (산술평균) 가격 X 개월 수	현금	세입고지서 발부
허가수수료	1,000원	현금 또는 정부 수입인지	허가신청서 제출시

행정기관 심사기준

- 기술검토상 도로관리에 문제가 없는지 여부

- 도로점용 지역의 도로부지인지 여부

- 도로굴착 점용시 도로관리심의회 심의사상 반영 여부

• 도로점용공사로 인한 지하매설물 안전사고 및 교통사고에 지장이 없는지 여부

업무처리 흐름도 및 이의신청

① 업무처리 흐름도

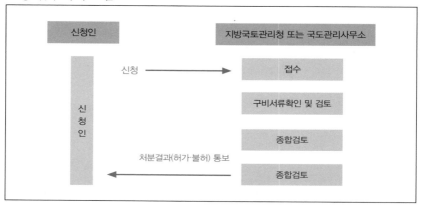

② 결과통보에 대한 이의신청

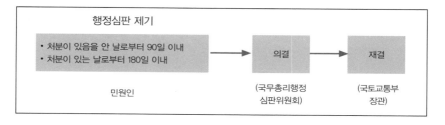

③ 행정소송 제기

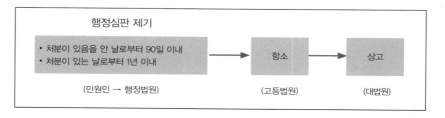

도로법상 교차로 영향권

진입로 확보가 두 번째 관문

토지의 개발가치 실현을 위한 첫 번째 관문은 개발 토지에 대한 공법적 규제이다. 그러므로 〈토지이용계획확인서〉의 용도지역에 의한 행위제한 과 지자체 조례뿐만 아니라, 각종 관련 법령의 규제[건축허가 + 토목허가 + 환경허가]를 종합적으로 공부할 필요가 있다.

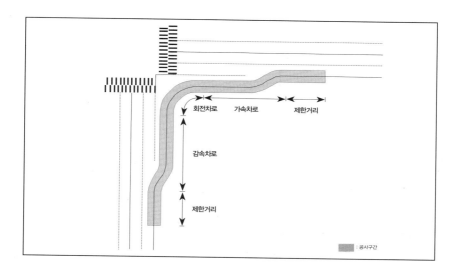

개발가치 실현의 두 번째 관문은 진입로 확보이다. 여기서 진입로는 국토계획법의 기반시설로서 개발신청자가 확보해야 하는 것이다.

건축물의 건축 등으로 어떤 토지를 개발함에 있어 진입로가 그 건축물로 통행하는 사람과 차량을 위한 적정한 공간인지에 대한 판단은 허가권자의 재량 행위이다.

도로법의 도로는 차량의 통행을 위한 시설

모든 도로는 공공시설로서 누구나 무상으로 사용할 수 있지만(고속국도와 유료도로는 별개), 다만 도로의 개설 목적(공공복리)의 증진을 위하여 사인의 도로 이용을 제한하고 있다.

도로법의 도로란 교통의 발달과 공공복리의 향상에 기여하기 위하여 만든 도로망의 정비와 적정한 도로관리계획을 수립하여 관리하는 기반시설로서(도로법 제1조), 일반인의 교통을 위하여 제공되는 도로는 그 중요성에 따라 국토부가 직접 관리하는 국도와 광역지자체가 관리하는 지방도 그리고 기초 지자체가 관리하는 시·군·구도가 있다.(도로법 제2조)

개발부지가 큰 도로변에 있다면 무작정 좋은 땅으로 생각하기 쉽다. 하지만 큰 도로는 도로구역 이외에 그 도로를 보호하기 위해 접도구역을 지정하고(도로법 제49조) 또한 일반인의 진입로의 연결에는 일반적 금지를 한 후에 개별적으로 '도로점용 및 연결허가'를 받도록 규정되어 있다.(도로법 제38조와 제64조)

구 분	4차로 이상				2차로		
곡선반경	260	240	220	200	120	100	80
최소거리	7.5	8	8.5	9	7	8	9

설계속도 (km/h)	교차로 영향권 길이 (m)	
	비도시지역	도시지역
50	50	30
60	70	40
70	90	60
80	120	80

구 분	4차로 이상	2차로
교차로 영향권으로부터 변동차로 등의 설치제한거리	60	45

도로와 다른 도로 등과의 연결에 관한 규칙

[시행 2008. 5.13] [국토해양부령 제10호, 2008. 5.13, 일부개정]
[국토해양부(도로운영과)02-2110-8736]

제1조 (목적)

이 규칙은 도로법 제64조에 따라 도로에 다른 도로·통로 그밖의 시설을 연결시키고자 하는 경우의 허가기준, 허가절차, 설치기준 그밖에 필요한 사항을 규정함으로써 교통의 안전과 원활한 소통을 확보하고 도로구조를 보전함을 목적으로 한다.〈개정 2008.5.13〉[전문개정 2005.12.30]

제2조 (정의)

이 규칙에서 사용하는 용어의 정의는 다음 각호와 같다.〈개정 2002.4.27, 2005.12.30〉

1. '변속차로'라 함은 자동차를 가속시키거나 감속시키기 위하여 설치하는 가속차로, 감속차로 및 테이퍼를 말한다.

2. '테이퍼'라 함은 주행하는 자동차의 차로변경을 원활하게 유도하기 위하여 차로가 분리되는 구간이나 차로가 접속되는 구간에 설치하는 삼각형 모양의 차도부분을 말한다.

3. '부대시설'이라 함은 주행하는 자동차의 안전을 위하여 도로에 설치하는 가드레일, 낙석방지시설, 사설안내표지, 노면표시 및 분리대 등을 말한다.

4. 삭제〈2005.12.30〉

5. '부가차로'라 함은 변속차로로 연결되는 사업부지 사이에 설치하는 차로를 말한다.

6. '교차로'라 함은 세 갈래 교차로, 네 갈래 교차로, 회전교차로, 입체교

차로 등 둘 이상의 도로가 교차 또는 접속되는 공간을 말한다.

7. '교차로 영향권'이라 함은 교차로 부근에서 교차로에 의하여 차량 운행이 영향을 받는 구간을 말한다.

8. '연결로'라 함은 입체 교차하는 도로에서 서로 교차하는 도로를 연결하거나 서로 높이 차이가 있는 도로를 연결해 주는 도로를 말한다.

제3조 (적용범위)

① 이 규칙은 도로법(이하 '법'이라 한다) 제10조 제1항에 따른 일반국도(법 제20조 제2항이 적용되는 일반국도를 제외한다. 이하 "도로"라 한다.)의 차량 진행 방향의 우측으로 진입 또는 진출할 수 있도록 다른 도로·통로 기타의 시설(이하 '다른 도로 등'이라 한다)을 도로의 차량 진행 방향의 우측에 연결(교차에 의한 연결을 제외한다)하는 경우에 이를 적용한다.〈개정 2005.12.30, 2008.5.13〉

② 제1항의 규정에 의한 연결외의 연결의 경우에는 「도로의 구조·시설 기준에 관한 규칙」이 정하는 바에 의한다. 다만, 이 경우에도 연결허가의 신청은 제4조 제1항 및 제2항의 규정에 의한다.〈개정 2005.12.30〉

제4조 (연결허가의 신청등)

① 법 제64조 제2항에 따라 도로에 다른 도로등을 연결시키고자 하는 자는 별지 제1호 서식의 도로등의 연결허가신청서를 도로관리청(이하 "관리청"이라 한다.)에 제출하여야 한다.〈개정 2008.5.13〉

② 제1항의 규정에 의한 도로등의 연결허가신청서에는 다음 각호의 서류를 첨부하여야 한다.〈개정 2002.4.27., 2005.12.30〉

1. 연결계획서
2. 변속차로·부가차로·회전차로(이하 '변속차로등'이라 한다) 및 부대시설 등의 설계도면

3. 도로점용허가서 또는 도로점용허가신청서

③ 제2항 제1호의 규정에 의한 연결계획서에는 다음 각호의 사항이 포함되어야 한다. 〈개정 2005.12.30〉

1. 사업개요(목적, 규모, 기간 및 투자계획과 필요한 경우에는 교통수요분석 등이 포함될 것)

2. 변속차로등의 설치계획

3. 부대시설의 설치계획

4. 연결공사중의 안전관리대책 및 교통관리대책

5. 도로 연결의 목적이 되는 시설물의 법정주차대수(시설물이 있는 경우에 한한다.)

④ 제2항 제2호의 규정에 의한 변속차로등의 설계도면의 작성은 별표1 및 별표2에서 정하는 요령과 설치방법에 따라 작성하여야 한다. 〈개정 2005.12.30〉

⑤ 도로에 다른 도로등을 연결시키고자 하는 자는 제1항의 규정에 의한 연결허가를 신청하기 전에 관리청에 연결을 신청하고자 하는 도로의 구간이 제6조의 규정에 의한 연결허가 금지구간에 해당하는지 여부의 확인을 요청할 수 있다. 이 경우 요청을 받은 관리청은 특별한 사유가 없는 한 이에 응하여야 한다. 〈신설 2003.10.8〉

⑥ 제1항에 따른 연결허가를 신청한 자가 연결허가를 받은 후 연결허가 기간을 연장하거나 허가내용을 변경하려는 경우에는 별지 제2호 서식의 연결허가기간 연장신청서 또는 별지 제3호 서식의 연결허가 변경신청서를 관리청에 제출하여야 한다. 〈신설 2008.5.13〉

구 분	적용배제지역	기타 지역	비 고
곡선반자동	미적용	적용	280m 또는 140m(2차로) 미만 곡선반경
종단기울기	미적용	적용	평지 6%. 산지 9% 초과시

교차로 연결 제한거리 (연결 금지구간)	일부 미적용	적용 (예외 있음)	① 도로법의 도로, 2차로 면도 , 6m 이상, 기타 ② 적용배제 – 도시관리계획으로 정비된 지역 – 1단계 진행계획 수립지역 – 5호 이하 주택과 소규모 농어촌시설
교차로 영향권 길이	–	–	2014. 12. 29 규칙 개정으로 삭제
터널/ 지하차도 인근	미적용	적용	300 ~ 350m 이내
교량 등 시설물	미적용	적용	변속차로 설치 불가 구간
주민편의시설물	적용	적용	버스정차대, 측도 등

제5조 (도시지역 등에서의 연결허가 기준)

① 관리청은 국토의 계획 및 이용에 관한 법률 제6조 제1호에 따른 도시지역(이하 '도시지역'이라 한다.)에서 도로에 다른 도로등을 연결하려는 경우로서 도로가 같은 법 제2조 제 4호에 따른 도시관리계획(이하 '도시관리계획'이라 한다.)에 따라 정비되어 있거나 다른 도로등의 연결허가신청일 당시 같은 법 제85조에 따른 단계별집행계획 중 제1단계집행계획(이하 '집행계획'이라 한다.)이 수립되어 있는 경우에는 해당 계획에 적합하도록 허가(제4조 제6항에 따른 연장허가 및 변경허가를 포함한다. 이하 같다.)하여야 한다.

② 관리청은 시공 중인 도로에 다른 도로등을 연결하려는 경우에는 해당 도로공사에 지장이 없는 범위에서 허가할 수 있다. 이 경우 관리청은 그 연결허가구간에 대하여 별지 제4호 서식의 도로 등의 연결허가 신청구간 도로시설물 현황조서를 작성하고 설계변경 등 필요한 조치를 하여야 한다. [전문개정 2008.5.13]

제6조 (연결허가의 금지구간)

관리청은 다음 각 호의 어느 하나에 해당하는 도로의 구간에 대하여는 다른 도로등의 연결을 허가하여서는 아니 된다. 다만, 제1호·제2호·제4호 및 제5호의 규정은 도시지역 안에 있는 도로로서 도시관리계획에 따라 이미 정비되어 있거나 다른 도로등의 연결허가신청일 당시 집행계획이 수립되어 있는 도로에는 적용하지 아니한다. 〈개정 2002.4.27, 2003.10.8, 2005.12.30, 2008.5.13〉

1. 곡선 반경이 280미터(2차로 도로의 경우에는 140미터) 미만인 경우 곡선 구간의 안쪽 차로의 중심선에서 장애물까지의 거리가 별표 3에서 정하는 최소 거리 이상이 되지 아니하여 시거를 확보하지 못하는 경우의 안쪽 곡선구간

2. 종단기울기가 평지는 6퍼센트, 산지는 9퍼센트를 초과하는 구간. 다만, 오르막차로가 설치되어 있는 경우 오르막차로의 바깥쪽 구간에 대하여는 연결을 허가할 수 있다.

3. 도로와 다음 각 목의 어느 하나에 해당하는 도로를 연결하는 교차로에 대하여 별표 4의 교차로 영향권 산정기준에서 정한 영향권 이내의 구간 및 별표 4의 2의 교차로 주변의 변속차로 등의 설치제한 거리 이내의 구간. 다만, 5가구 이하의 주택과 농·어촌 소규모 시설(「건축법」 제14조에 따라 건축신고만으로 건축할 수 있는 소규모 축사 또는 창고 등을 말한다.)의 진출입로를 설치하는 경우와 도시지역 안에 있는 도로로서 도시관리계획에 따라 이미 정비되어 있거나 다른 도로등의 연결허가신청일 당시 집행계획이 수립되어 있는 경우에는 별표 4의 교차로 영향권 산정기준에서 정한 영향권 이내의 구간에 한한다.

가. 도로법 상의 도로

나. 농어촌도로정비법 제4조의 규정에 의한 면도 중 2차로 이상으로 설치된 면도

다. 2차로 이상이며 그 차도의 폭이 6미터 이상이 되는 도로

라. 관할 경찰서장 등 교통안전 관련기관의 의견조회 결과 도로연결로 인하여 교통의 안전과 소통에 현저하게 지장을 초래하는 도로

4. 터널 및 지하차도 등의 시설물 중 시설물의 내·외부 명암의 차이가 커서 장애물의 식별이 어려워 조명시설 등을 설치한 경우에는 다음 각목

의 어느 하나에 해당하는 구간

　가. 설계속도가 시속 60킬로미터 이하인 도로의 경우 해당 시설물로부터 300미터 이내의 구간

　나. 설계속도가 시속 60킬로미터를 초과하는 도로의 경우 해당 시설물로부터 350미터 이내의 구간

　5. 교량등의 시설물과 근접되어 변속차로를 설치할 수 없는 구간

　6. 버스정차대, 측도등 주민편의시설이 설치되어 이를 옮겨 설치할 수 없거나 옮겨 설치하는 경우 주민통행에 위험이 발생될 우려가 있는 구간

제7조 (변속차로등의 포장 등 〈개정 2005.12.30.〉)

① 변속차로등은 접속되는 도로 부분을 수직으로 잘라낸 부분에 그 도로의 포장과 동일한 강도를 유지할 수 있는 두께 및 재료로 포장을 하여야 한다. 〈개정 2005.12.30〉

② 변속차로등은 노면의 배수에 지장이 없도록 그 횡단 기울기가 접속되는 도로와 동일하거나 그 도로보다 완만하게 포장을 하여야 한다. 〈개정 2005.12.30〉

제8조 (변속차로)

변속차로는 다음 각호의 기준에 적합하게 설치하여야 한다.

1. 길이는 별표 5에서 정한 기준 이상으로 할 것.

2. 폭은 3.25미터 이상으로 할 것.

3. 자동차의 진입과 진출을 원활하게 유도할 수 있도록 노면 표시를 할 것.

4. 테이퍼와 사업부지에 접하는 변속차로의 접속부는 곡선반경 15미터 이상의 곡선으로 처리할 것.

5. 성토부 또는 절토부등 비탈면의 기울기는 접속되는 도로와 동일하거나 그 도로보다 완만하게 설치할 것.

제8조의 2 (부가차로)

부가차로는 다음 각호의 기준에 적합하게 설치하여야 한다.

1. 길이는 특별한 사정이 없는 한 500미터 이하로 할 것.

2. 폭은 3미터 이상으로 할 것.

3. 사업부지와 부가차로의 접속부는 곡선반경 15미터 이상의 곡선으로 처리할 것. [본조신설 2002.4.27]

제9조 (배수시설)

배수시설은 다음 각호의 기준에 적합하게 설치하여야 한다. 〈개정 2005.12.30〉

1. 노면의 빗물등을 처리할 수 있도록 길어깨의 바깥쪽에 연석을 설치할 것.

2. 기존의 배수체계를 저해하지 아니 하도록 연결할 것.

3. 접속되는 도로의 배수시설이 변속차로등의 설치로 인하여 매립될 경우에는 기존의 배수관보다 큰 규격의 배수관을 설치하되, 지름 800밀리미터 이상의 배수관으로 하는 것을 원칙으로 하고, U형측구 등 배수시설이 이미 정비되어 있는 경우에는 배수처리에 지장이 없도록 동일한 단면의 배수관을 설치할 수 있으며, 배수시설에 퇴적되는 토사등을 용이하게 제거하기 위하여 20미터 이내의 일정 간격으로 뚜껑이 있는 맨홀을 설치할 것.

4. 변속차로등으로 연결되는 시설물의 오수 또는 우수가 접속되는 도로로 흘러가지 아니 하도록 배수시설을 별도로 설치할 것. 이 경우 배수시설은 격자형 철제 뚜껑이 있는 유효폭 30센티미터 이상, 유효깊이 60센티미터 이상의 U형 콘크리트 측구로 할 것.

제10조 (분리대)

분리대는 다음 각호의 기준에 적합하게 설치하여야 한다. 〈개정

2002.4.27, 2005.12.30〉

1. 변속차로의 진출입부를 제외한 사업부지의 전면에는 자동차의 무질서한 진출입을 방지할 수 있도록 접속되는 도로의 길어깨 바깥쪽에 분리대를 설치할 것.

2. 분리대는 화단, 가드레일 기타 이와 유사한 공작물로 설치하되, 안전사고의 예방을 위하여 필요한 경우에는 변속차로의 진입부에 충격흡수시설을 설치할 것.

3. 분리대는 높이 0.3미터 이상으로 설치하되, 시거장애가 없도록 할 것

4. 분리대를 화단으로 설치할 경우 그 폭은 1미터 이상으로 하고 그 분리대 노면에 빗물등이 고이지 아니하도록 하되, 필요한 경우에는 변속차로등의 배수시설과는 별도로폭 30센티미터 이상의 격자형 철제 뚜껑이 있는 U형 콘크리트측구를 설치할 것.

5. 야간에 운전자가 분리대를 식별할 수 있도록 분리대에 빛을 강하게 반사할 수 있는 반사지를 부착하거나 시선유도표지등을 설치할 것.

6. 삭제〈2002.4.27〉

7. 기존에 설치된 변속차로와 연결하여 다른 시설의 변속차로를 추가 설치하는 때에는 연결된 시설을 통합된 하나의 시설로 보아 그것에 적합한 연속된 분리대를 설치할 것.

제11조 (변속차로등의 길어깨 〈개정 2005.12.30〉)

길어깨는 다음 각호의 기준에 적합하게 설치하여야 한다. 〈개정 2005.12.30〉

1. 변속차로의 길어깨는 접속되는 도로의 길어깨와 동등한 구조로 폭 1미터 이상으로 설치할 것. 다만, 길어깨가 보도를 겸용하는 경우에는 보도의 폭을 확보할 수 있도록 하여야 한다.

2. 변속차로등의 노면이 변속차로등으로 연결되는 시설물의 주차공간

으로 잠식될 우려가 있는 경우에는 길어깨 바깥쪽에 연석, 가드레일 또는 울타리등을 설치할 것.

3. 변속차로의 길어깨에는 폭 0.25미터 이상의 측대를 설치할 것.

4. 변속차로의 길어깨 바깥쪽에는 가드레일등을 설치할 수 있는 보호 길어깨를 확보할 것.

제12조(부대시설)

변속차로등의 부대시설은 다음 각 호의 기준에 적합하게 설치하여야 한다. 〈개정 2005.12.30.〉

1. 가드레일 또는 낙석방지시설등의 안전시설은 현지의 여건이나 비탈면의 지형조건에 부합되도록 설치할 것.

2. 변속차로등의 노면표시는 접속되는 도로와 동일한 규격으로 하고 분리대가 설치되어 있지 아니한 부분등에는 안전지대 표시를 할 것.

제13조 (공사시행)

당해변속차로등외에는 차량의 진출입로가 없는 경우에는 공사시행의 효율성을 도모하고 공사용 차량의 안전한 진출입을 위하여 모든 시설공사에 있어서 변속차로등의 공사를 먼저 시행하여야 한다. 〈개정 2005.12.30〉

부칙 〈제10호, 2008. 5.13〉

제1조 (시행일)

이 규칙은 공포한 날부터 시행한다.

제2조 (도시지역 등에서의 연결허가 기준 등에 관한 적용례)

제5조, 제6조 및 별표 2의 개정규정은 이 규칙 시행 후 최초로 연결허가를 신청하는 분부터 적용한다.

구거점용 실무 스터디

구거를 활용한 사도개설

구거溝渠란, 하천보다 규모가 작은 4~5미터 폭의 개울을 뜻한다. 지적법에 의한 지목의 한 종류로 부호는 '구'이며, 하천법의 적용을 받지 않고 공유수면관리법의 적용을 받는다.

국가 소유로 경매의 대상은 아니나 폐구거부지의 경우 양여를 통하여 개인명의로 등기할 수도 있다. 20년 이상 점유한 경우 취득시효의 대상이 된다. 국가를 상대로 취득시효 완성으로 인한 소유권 이전 청구소송을 할 수 있다. 20년 이내의 경우에는 국가를 상대로 매수협의를 할 수 있다.

구거(용수 또는 배수를 위하여 일정한 형태를 갖춘 인공적인 수로, 둑 및 그 부속시설물의 부지와 자연의 유수로 생겼거나 있었던 것으로 예상되는 소규모 수로 부지)가 있던 위치였다는 사실이 지적도상에 남아 있으면 지자체에서 구거점용허가를 받을 수 있다. 허가를 통하여 진입로를 사용할 수 있게 되는 것이다.

구거점용허가를 받기 위해서는 측량사무소의 도움을 받는 것이 시간적, 경제적으로 이득이고 허가를 득하면 콘크리크관을 매설하고 도로를 포장하는 방식으로 진행하면 도로가 생기는 것으로 허가기간이 길어질 수는 있지만, 공사기간은 짧은 편으로 단기간에 고수익을 낼 수 있다.

설계용역 및 매립 등에 소요되는 공사비용은 지역별로 차이가 있겠지만, 100제곱미터의 면적에 약 1,000~1,500만 원 정도가 소요된다. 100제곱미터의 면적이라면 4미터 도로에 25미터 길이를 낼 수 있는 면적으로 이 정도 비용으로, 땅의 가치가 바뀌는 것이다.

기타 구거 점용 허가 사례

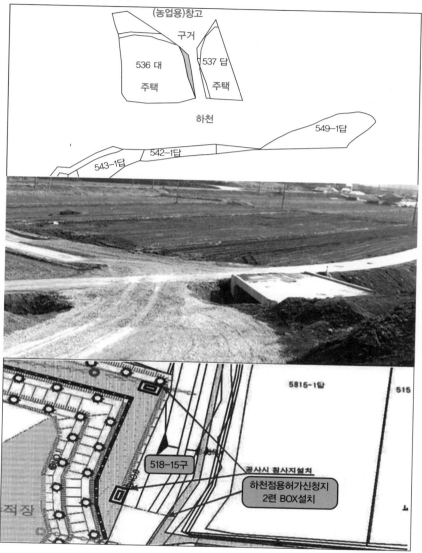

구거를 농업용으로 사용하면 농지법상 농지에 해당하여 다른 용도로 사용하고자 경우 농지전용허가나 목적외 사용승인을 받아야 하고, 농업용 구거가 아닌 건설교통부 소유 일반 구거라면 점용허가를 받아야 하므로

소재지 지자체에 문의해야 한다.

만일 구거가 하천법상 하천이나 소하천정비법상 소하천으로 등록되어 있는 경우에는 관련법에 의해 점용허가를 받아 사용해야 하며, 농업기반 시설로 등록되어 있는 경우에는 농어촌정비법에 따라 농업기반시설의 폐지신청을 내야 한다.

지적법 제5조의 지목중의 하나로 분류되는 '구거'는 '용수나 배수를 목적으로 만든 인공적인 수로 및 그 부속 시설물의 부지로서 자연유수가 있거나 예상되는 폭 4미터 이하의 소규모 수로부지'를 말하는데, 이의 활용을 위해서는 몇 가지 관련 법규에 대한 이해가 필요하다.

공유수면 관리법 제4조에 의하면 공유수면 중 '배타적 경제수역'을 제외한 하천, 구거, 호소, 포락지, 간석지 등은 관할시장, 군수·구청장이 관리하게 되어 있으며 공유수면매립법 제19조에서는 도로, 제방, 구거, 저수지 기타 공공의 시설 매립으로 인한 용도 폐지와 양여 및 매각내용을 규정하고 있다.

또한 사도법 제4조에는 구거의 매립 등을 통한 사도의 개설 허가에 관한 내용을 규정하고 있다.

도로법 제4조 (개설허가)

사도를 개설하고자 하는 자는 미리 관할시장 또는 군수의 허가를 받아야 한다. 사도를 개축, 증축 또는 변경하고자 할 때에도 또한 같다.

공유수면매립법 제19조 (불용 국·공유지의 양여등)

① 국유 또는 공유의 도로·제방·구거·저수지 기타의 공공시설이 매립 공사의 시행으로 인하여 용도가 폐지되는 경우에는 국유재산법 및 지방재정법의 규정에 불구하고 다음 각호의 구분에 따라 매립면허를 받은 자에게 이를 양여 또는 매각할 수 있다.

1. 용도가 폐지되는 공공시설에 갈음하여 제26조 제1항 제1호의 규정에 의하여 국가 또는 지방자치단체의 소유로 되는 도로·제방·구거·저수지 기타의 공공시설을 새로이 설치하는 경우에는 양여
2. 제1호의 경우를 제외한 경우에는 매각
② 제1항의 규정에 의한 공공시설은 국유의 수면 및 수류를 포함한다.
③ 국가는 매립공사의 시행으로 새로이 설치되는 공용시설 또는 공공시설의 용지로 바닷가가 사용되는 경우에는 국유재산법의 규정에 불구하고 그 바닷가를 당해 공용시설 또는 공공시설을 관리할 관리청에 양여할 수 있다. [시행일 99 · 8 · 9]

구거의 점유사용

소유 토지가 맹지여서 건축행위가 불가할 경우 또는 접근로의 폭을 확장하여야 할 경우 자기 소유 토지에 인접한 구거가 있다면 구거의 점유사용을 통한 사도개설을 통하여 토지의 이용 효율을 높이고 토지 이용가치를 높일 수 있다.

해당 구거의 점유사용을 위해서는 점용허가를 받아야 하며 실제 해당 구거에 유수가 없다고 하더라고 우수기에 유수가 발생할 것을 고려하여 배관을 묻고 토사의 침전을 정기적으로 관리, 정비하는 것을 조건으로 승인하는 것이 통상 관례다. 또한 점유사용을 위해서는 해당 구거의 사적인 점유사용으로 인한 민원발생을 예방하기 위하여 인접토지소유주들의 동의서를 첨부하도록 하고 있다.

점용허가 후 관할시·군·구청장으로부터 사도개설 허가를 받아 도로를 개설하게 되면 자유로이 건축허가를 받을 수 있다.

대부분 해당 지방자치단체 인근의 측량사무소에서 저렴한 비용으로 이를 대행해 주고 있으며, 점유에 의한 구거 사용료는 인접 3개 필지의 공시

지가 평균가격에 해당 사용구거 면적에 0.09를 곱한 금액 정도로 보면 크게 틀리지 않다.

상황		허가 방식	허가권자	참고 벌률 조항
농수로로 사용 중 (용수공급 목적)		목적 외 사용승인	한국농어촌공사	농어촌정비법 시행령 제31조
농지로 사용 중	국유 (시유지)	농지전용허가	지자체	농지법
	농어촌공사 소유	농업기반시설의 사용허가	한국농어촌공사	
국유소유 일반 구거		공유수면 전용허가	지자체	공유수면 관리 및 매입에 관한 법률 제11조
하천 또는 소하천		하천점용허가	지자체	하천법 (조례)
농업용 시설을 이용하기 위한 진출입로 목적		매립비용만으로 쉽게 도로를 개설하여 점용 가능	지자체	

구거의 용도폐지 및 불하

구거는 전술한 바와 같이 공공의 복리를 위해 존재하는 용수나 배수를 위한 목적을 가진 수로이므로 현재 자기 소유 토지에 인접한 구거에 물이 흐르지 않는다는 이유만으로 구거의 용도를 폐기할 수는 없다.

그러나 해당 구거 전체가 실제기능을 상실하고 부지만 존재하여 용도폐지하는 것이 더 실익이 있다고 판단될 경우 관할 지방자치 단체에서 용도폐지할 수도 있고 관련 인접토지소유주들이 용도폐기를 청구할 수도 있다.

그러나 임야의 경우 구거가 산 정상에서 시작되어 산 밑에 이르기까지 상당한 거리가 연속되어 구거가 형성되어 있으므로 당해 토지에 인접한 일부 구거만을 용도폐지할 수는 없으며 구간 전체에 해당하는 구거 전체를 폐지하여야 하는 어려움이 있다.

용도폐지가 된 구거는 관할 지자체로부터 불하를 받아 소유권을 이전할 수도 있으며, 불하 받은 후에는 임야나 대지 등으로 지목을 변경하여 건축을 할 수도 있다. 다만 소유권이 이전되었다 하더라도 지목이 구거로 되어 있는 한 사용상의 제한을 받을 수 있으므로 지목변경을 이루어야 사용이 자유롭게 된다.

또한 용도 폐지된 구거를 불하받을 때, 구거 인접토지소유주에 대한 우선권에 관한 문제다. 구거는 원칙적으로 국가의 소유다. 국유지에 우선권은 존재할 수가 없으며 공공의 복리와 사회적인 문제를 일으키면서까지 개인의 권리를 인정하지는 않는다.

지금까지 구거의 점용과 폐지 후 불하 등에 대해 알아보았다.

실제로 구거를 불하 받거나 용도폐지신청을 할 때는 해당 부지가 소재하는 관할시, 군, 구청의 건설과나 농산과에 문의하면 자세한 안내를 받을 수 있다.

구거의 용도 폐지

실제로 지적도상 구거 표시는 있어도, 물이 흐르지 않고 실제 물길은 다른 곳으로 나 있는 경우 혹은 내 밭 한가운데로 구거가 있으나 토지 이용을 위해 밭 주변으로 직선화 하고자 할 경우에는 구거의 변경 또는 용도폐지 절차가 필요하다.

만일 이 구거가 농업기반시설로 등록되어 있다면, 농어촌정비법의 규정에 따라 농업기반시설의 폐지 신청을 내야 할 것이다. 그렇지 않은 국유구거나 하천법의 적용을 받는 하천 혹은 소하천인 경우에는 관련 행정청의 용도폐지 절차를 밟아야 할 것이다.

이 경우 용도폐지란 하천 구거 도로·제방·공원 등의 공공용 행정재산이 그 기능을 상실한 경우에, 대지·전·답 등의 일반 잡종재산으로 변경하는 것을 말한다.

그러나 실제 이렇게 관련기관의 구거폐지와 수로변경허가를 받는 것은 불가능하지는 않겠지만 일반적으로 결코 쉽지는 않을 것이다. 하천은 자연공물로서 공공의 이익을 우선으로 하므로 홍수방지 등 공공의 이해와 하천 본래의 목적을 훼손하지 않아야 하며, 하천점용이 아니고는 목적달성을 할 수 없는 불가피성을 중점사항으로 허가심사를 하기 때문이다.

구거점용허가를 받아 진입로를 개설

구거(용수 또는 배수를 위하여 일정한 형태를 갖춘 인공적인 수로, 둑 및 그 부속시설물의 부지와 자연의 유수로 생겼거나 있었던 것으로 예상되는 소규모 수로부지)가 있던 위치였다는 사실이 지적도상에 남아 있으면 지자체에서 구거점용허가를 받을 수 있다. 허가를 통해 진입로를 사용할 수 있게 되는 것이다.

구거점용허가의 비용 산출

설계용역 및 매립 등에 소요되는 공사비용은 지역별로 차이가 있겠지만 100제곱미터의 면적에 약 1,000∼1,500만 원 정도 소요된다. 100제곱미터의 면적이라면 4미터 넓이의 25미터 도로를 낼 수 있는 면적이다.

구거를 농업용으로 사용하면 농지법상 농지에 해당하여 다른 용도로 사용하고자 하는 경우 농지전용허가나 목적 외 사용승인을 받아야 하고, 농업용 구거가 아닌 재경부 소유 일반 구거라면 점용허가를 받아야 하므로 소재지 지자체에 문의하도록 한다. 구거가 만일 하천법상 하천이나 소하천정비법상 소하천으로 등록되어 있는 경우에는 관련법에 의거 점용허가를 받아 사용해야 하며, 농업기반시설로 등록되어 있는 경우에는 농어촌정비법에 따라 농업기반시설의 폐지신청을 내야 한다.

구거점용허가 관련 서류

다음에 예시한 것은 개발행위허가증이다. 200만 원 정도의 비용이 들었는데, 위임하고 한 달 반을 기다려도 연락이 없었다.

측량사무소에 연락을 해보니 군청 담당자가 사각 구조물의 크기를 2미터 폭으로 하라고 요구해 이도 저도 못하고 있었다고 한다. 실제 개울은 1미터도 되지 않았기 때문이다.

직접 군청에 쫓아가 담당자에게 따졌다. 그렇다면 무엇 때문에 수리계산을 하고, 현장에 가서 보면 도저히 2미터 폭의 다리를 만들 수 없다고 따지자 며칠 후 허가가 나왔다는 연락이 왔다.

그런데 더 재미있는 건 그렇게 까다롭게 서류를 내라고 하더니, 구거점용허가서에는 공작물의 규격이 1.5 × 1.5미터(외경)에, 길이가 4미터로 적혀 있었다는 것이다. 적어도 상하 좌우의 폭 등 자세한 규격을 지정해 주는 줄 알았는데, 좀 허무했다.

이런 걸 알았으면 나도 토목과를 나와서 사무소를 차릴 걸 그랬다는 생각이 문득 들었다. 그래도 농지전용부담금을 내지 않아도 되므로 참을 만하다.

개발행위허가, 공유수면점용면허세 등을 내니 개발행위허가증을 교부해 주었는데, 일반적인 경우는 점용료를 내면 허가증이 나온다고 했다.

이때의 경험을 통해 알게 된 것은 개울에 붙어 있는 땅은 잘 알아보고 매입해야 할 것 같다는 것이다. 소하천정비계획이라는 것이 있어서 현재는 작은 개울이라도 계획에 만약 3~4미터 이상으로 되어 있으면 낭패를 볼 수 있다. 이런 경우 다리를 놓는 데 비용이 매우 많이 들 게 될 것이고 배보다 배꼽이 더 커질 수도 있으므로 미리 해당관청에 알아보는 것이 좋다. 토목공사는 규모가 작아도 매우 큰 비용이 들어가기 때문이다.

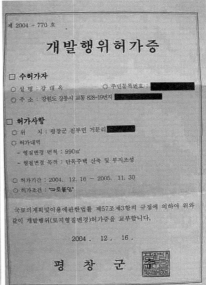

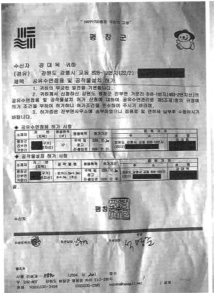

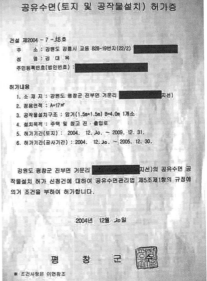

사례 예시

Q : 6년 전부터 사용 중인 하천부지가 100여 평 있는데, 새로 이사를 온 이웃집과 분쟁의 소지가 생겼습니다. 하천 쪽은 석축(시멘트+발파석)으로 시공이 되었고 반대쪽은 마을 안길 4미터 보장된 곳 중간에 100평 정도의 하천부지가 있는데, 길(군에서 포장한 4미터의 마을 안길) 건너편에 이사를 온 사람이 전 소유자로부터 하천부지 위의 하우스를 샀다면서 자기가 사용하겠다고 주장하고 있습니다. 매매계약서에 그 내용은 없었습니다. 놀라서 군청에 문의를 해보니 그 사람도 하천 점용을 신청한 상태라고 합니다. 담당공무원에게 6년 전부터 제가 사용했기에 우선권이 제게 있는 것 아니냐고 따졌더니 법이 그렇지가 않다고 합니다.

왜 6년간 무단으로 사용했느냐고 오히려 따지는데 할 말이 없더군요. 그래서 저도 정식으로 하천점용을 신청하려고 하는데, 일반 설계사무실에 물어보니 수수료로 100만 원을 요구합니다.

100평에 농사를 지으려고 하는데 추가경비가 100만 원이라면 지금 농협 빚에 허덕이는 저로서는 너무 큰 금액이라 눈을 빤히 뜨고도 땅을 빼앗길 판입니다. 하천 쪽은 석축 제방이라 사용할 수 없고 반대쪽은 마을 안길이라 이용가치가 없는데, 사용하는 구거인지 알면서도 빼앗으려는 이유를 모르겠네요.

다른 분들은 하천점용에 그렇게 많은 돈이 들지 않는다고 이야기하는데, 좀 싸게 하는 방법은 없나요?

A : 지난 금요일 하천점용허가신청을 하러 시청에 갔습니다. 대부분 설계측량사무소에 대행을 하지만 직접 해보고 싶어서 나름대로 하천 및 구거점용허가에 대한 사전지식을 충분히 습득하고 시청을 방문했습니다.

가장 먼저 알게 된 건 공무원들이 사용하는 '새올행정시스템'이 작년부터 지적업무까지 수행할 수 있도록 업그레이드되어 발 빠른 일부 지자체에서는 이를 하천점용허가업무에 활용하고 있다는 것이었습니다. 즉 '새올행정시스템'에서 별도의 작업 없이 항공사진과 지적도를 합성해 지적상 토지의 모양과 실제의 토지 모양을 바로 알 수 있는 것입니다. 당연히 점용면적도 계산할 수 있지요.

대전시 유성구에서 이를 잘 활용하고 있다고 하는데, 유성구에서는 하천점용허가 신청이 들어오면 별도의 측량 없이 위 시스템으로 면적을 계산해 곧바로 점용허가를 내준다고 하더군요. 그렇게 해서 허가기간이 10일에서 3일로 줄고 민원인들이 설계사무소에 의뢰하는 측량비 40~50만 원을 아낄 수 있어 호평을 받고 있다는 기사가 인터넷에 올라 있었습니다.

담당직원에게 유성구 사례 인쇄본을 주며 "○○시청도 이렇게 하면 되지 않겠냐?"고 묻자 "○○시청의 경우에는 한 번도 그런 사례가 없었다, 대부분 설계사무소 통해 대행신청이 들어온다." 하더군요.

"그럼 설계사무소 통해 대행신청이 들어오는 이유가 점용면적 계산 때문이겠네요?"라고 물었습니다. 담당자는 "그렇다. 민원인들이 면적을 계산하기 힘들기 때문"이라고 하더군요.

나는 그렇다면 설계사무소에서 산출하는 면적은 지적공사에서 측량한 공인부는 아니고 단순히 점용면적 계산을 위한 참고용일 뿐이므로 내가 직접 면적을 산출하고 점용신청서에 첨부하면 되지 않겠느냐고 되묻자 담당자는 "가능하다."는 의견을 내놓았습니다.

1. '새올행정시스템'으로 담당공무원이 점용면적을 알아서 계산해 준다.
2. 40~50만 원을 주고 측량설계사무소에 대행을 의뢰한다.
3. 내가 직접 점용면적을 계산한다.

저는 3번으로 결정했습니다. 내 땅에 측량 말뚝이 박혀 있으니 줄자를 잡아 줄 사람과 계산기만 있으면 면적 계산은 누워 떡먹기, 측량사무소 대행비를 아끼고 일의 진행과정을 정확히 알게 됐으므로 일석이조입니다. "면적을 계산할 때 제방이 있는 경우 제방은 빼고 면적 계산하라."는 담당 공무원의 팁도 얻었습니다.

전용면적 계산서는 별 다른 양식이 아니다. 지적도를 이미지 파일로 만들어 붙이고 약간의 문서편집 기능만 다룰 줄 안다면 누구나 할 수 있다.

아래는 예를 들기 위해 방금 만들어 본 것이다. 하천 또는 구거점용허가를 신청할 때 참고하도록 한다. 땅 모양이 삐뚤빼뚤하면 계산식이 많아지겠지만 아무리 땅 모양이 사나워도 삼각형 면적 계산만 할 줄 알면 누구든지 가능하다.

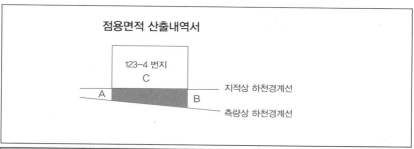

점용면적 산출내역서

구분	단위	거리/면적	산출내역	비고
A	m	6	실측	
B	m	10		
C	m	38		
점용면적	m²	304	= (A + B) / 2 X C	

국유지 구거점용을 이용한 맹지탈출 사례

다음은 주변에 국유지인 '구거'를 이용해 맹지를 탈출한 사례를 통해 확인해 보겠다.

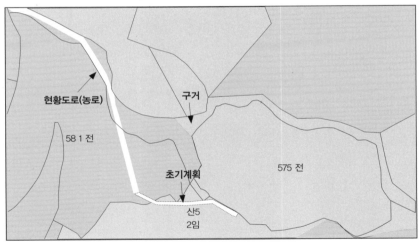

    산5-2임과 575전 2개의 필지를 소유한 박모 씨는 산5-2임 경계 4미터 전까지 나 있는 현황도로를 산5-2임쪽을 거쳐 575전까지 연결하여 두 필지 모두 맹지에서 벗어나도록 하고 싶었다. 그런데 현황도로 중 자신의 토

지 산 5-2임과 연결되지 않은 약 4미터 구간은 581전 소유자의 동의 없이는 연결이 불가능했다. 여러 차례 581전 소유자와의 협의를 진행하였으나 결국 결렬되었고, 박모 씨는 새로운 아이디어를 냈다.

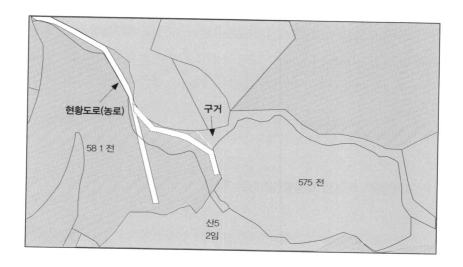

581전 소유자의 토지를 이용하지 않고 구거 구간에서 자신의 토지 575전으로 바로 길을 내어 올라가는 방법이다. 위 지도에서 점선으로 표시된 길로, 구거는 내 땅이 아닌데 이런 길을 마음대로 낼 수 있을까?

100% 가능하다고 말할 수는 없지만 방법이 없는 것은 아니다. 위 지도에서 구거로 표시된 부분은 소유자가 해당 지역 지자체였으므로 박모 씨는 지자체 담당자를 찾아 위와 같이 길을 내는 것이 가능한지 여부를 문의하였다.

지자체에서는 해당 구거 위로 길을 내기 위해 다음과 같은 조건을 붙였다.

1. 구거는 위쪽 산으로부터 내려오는 우수가 통과할 수 있도록 인공적인 수로가 설치되어 있으므로 도로가 만들어져도 이 우수의 흐름에 영향을 주어서는 안 된다.

2. 구거점용허가를 신청하여 승인을 받고 국유지 사용에 따라 발생하는 비용을 납부해야 한다.

3. 도로를 개설하기 위한 비용은 스스로 부담하여야 한다.

이에 인근 토목사무소를 찾아 지자체에서 수용할 수 있는 공사설계안을 만들어 허가를 받고, 구거점용허가를 받아 공사를 시작했다. 공사 과정에서 도로의 경사도 때문에 다소 어려움이 있기는 하였지만 비교적 순조롭게 공사를 마무리하게 되었고 이로써 575전은 맹지에서 탈출할 수 있게 되었다.

'구거점용' 허가의 사용료(임대료) 계산

구거점용허가(농업기반시설 목적외 사용)의 사용료(임대료)는 다음과 같이 계산한다.

> [사용면적(㎡)×공시지가×10%] + 부가세 10% = 1년 사용료

총 면적 288.87㎡

보통 계약은 10년이다. 구거점용허가를 신청할 분들은 대충 계산을 해 보면 얼마 정도가 들지 추산할 수 있을 것이다. 납부고지서를 받고 납부하면 계약이 완료된다. 물론 계약서도 따로 있는데, 계약서에 도장을 찍고, 필히 간인을 해야 한다. 그렇지 않으면 두 번 일을 하게 된다.

점용허가를 받을 곳이 거주지와 멀 경우는 모든 과정이 우편으로 가능하다. 물론 시간은 좀 더 걸린다.

사도개설허가 실무

사도란 사도법에서 규정하는 도로법 2조 1항의 규정에 의한 도로나 도로법의 준용을 받지 않는 것으로서 그 도로에 연결되는 길(부지)을 시장, 군수로부터 사도개설 허가를 받아 도로로 사용하는 길을 말한다.

맹지는 지적도상 도로에 접한 부분이 없는 토지로서 건축법상 건물을 지을 수 없는 토지로 분류되어 있기 때문에 건축허가를 받고자 할 때에는 도로에 접한 이웃 토지를 사들이거나 토지소유주들로부터 토지사용허가를 받아서 사도개설 허가를 받아야 한다.

여기에서는 맹지에 사도개설을 통하여 도로를 확보하는 절차와 그 외 현황도로로서 건축허가가 가능한 경우에 대해 알아보도록 하겠다.

사도개설 실무

해당 토지에서 도로와의 사이에 있는 타인의 부지를 도로에 필요한 만큼 추가로 구입하거나 사용승낙을 받아 관련 서류를 첨부해 시·군·구청장에게 관련 서류를 첨부한 사도개설신청서를 제출하여 사도를 개설함으로써 건축허가를 받을 수 있다.(관련 서류 첨부)

- 취급부서 : 지역개발과 도로담당
- 처리절차 : 신청인 → 용역회사(측량토목설계사무소) → 접수 → 서류검토 → 현지조사 → 허가서 작성 → 허가서 교부

▶ 사도개설을 위하여 원지주의 토지사용승낙서(도로점용허가서)를 받아 놓았더라도 건축허가신청 전에 해당 토지가 매매되어 버릴 경우, 그 토지 매수인에게 토지사용 승낙사실을 승계시켜 주장할 수는 없다. 그러므로 가능하다면 통행지역권을 설정해 두면 안전하다.

Tip.

진입로를 확보한 후에는 반드시 지목을 도로로 하여야 한다. 도로의 경우 건폐율과 용적률이 포함되지 않기 때문에 매입면적이 1만 제곱미터, 도로부지가 1천 제곱미터라면 용적률과 건폐율은 1만 제곱미터가 아니라 9천 제곱미터를 기준으로 한다.
아울러 건축법 시행령 제 28 조 (대지와 도로와의 관계) 를 잘 살펴봐야 한다.

▶ 연면적의 합계가 2천 제곱미터 이상인 건축물의 대지는 너비 6 미터 이상의 도로에 4 미터 이상 접하여야 한다. 길이 없는 맹지는 길이 접한 이웃 토지와 합하여야만 비로소 그 값을 다하는 것이다

사도개설신청시 농지를 전용하는 도로는 중복허가신청이 가능하나 임야의 경우는 중복허가가 되지 않는다. 즉 전용하여 사도로 사용하려는 부지가 임야일 경우 먼저 사도개설신청을 해놓은 사람이 있을 경우 중복허

가가 되지 않으므로 그 사람이 건축을 완공하고 도로 준공을 받아 당해 부지의 지목이 도로로 바뀌기 전에는 뒷사람은 건축허가를 받아 집을 지을 수 없다.

그러나 전용하여 도로도 사용하려는 부지가 전, 답인 경우에는 중복사도개설 허가가 가능하므로 문제가 없다.

사도개설 허가절차 프로세스

사도란 시장·군수·구청장으로부터 사도개설허가를 받아 토지소유주가 자기 토지의 이익을 위하여 스스로 설치한 도로를 말한다.

맹지는 건축법상 건물을 세울 수 없는 대지로 분류되어 있기 때문에 건축허가를 받고자 타인의 대지를 추가로 구입하여 사도개설허가를 받는다.

▶ 구비 서류
  • 사도개설허가신청서, 사업계획서, 위치도, 설계도서, 지적도, 토지대장, 토지등기부등본, 토지이용계획확인서
  • 타인 소유의 토지를 사용하고자 하는 경우 그 권한을 증명하는 서류

▶ 절차
  • 구비서류를 첨부하여 시장, 군수, 구청장에게 제출.

점용허가 절차

맹지의 땅에 인접한 땅을 빌려 도로를 낼 경우에 해당되며, 관련서류를

첨부해서 해당 행정기관에 도로점용허가를 신청한다.

때에 따라서는 서류상 도로가 없는 "맹지"일지라도, 출입을 위한 도로(현황도로)가 있을 수 있으며, 이런 경우 다수인이 통행하는 유일한 통로인 경우 사용자의 세대수가 5인 이상인 경우 원 지주의 도로사용동의서를 받지 않아도 건축허가를 해 줄 수도 있다.

또한 수 년간 주민들이 도로로 이용하여 왔으며, 시장·군수가 이미 '도로'로 인정한 도로인 경우 건축허가가 가능하지만 자치구, 지역별로 허가권자의 판단이 다를 수 있으므로 해당 행정관청에 이를 확인한다.

▶ **구비서류**
  • 원지주의 등기부등본, 도로사용동의서, 인감증명서
▶ **절차**
  • 구비서류를 첨부하여 시장, 군수, 구청장에게 제출.

토지사용승낙을 받아 사도 진입로를 만드는 법

건축법 제2조 제1항 11호의 나목에서 정의하는 건축법상의 도로는 건축허가 또는 신고시에 특별시장·광역시장·도지사·특별자치도지사(이하 "시·도지사"라 한다) 또는 시장·군수·구청장(자치구의 구청장을 말한다. 이하 같다)이 위치를 지정하여 공고한 도로도 건축법상도로로 인정한다. 즉 도로가 없는 맹지에 건축허가 또는 신고를 하면서 건축물을 설치하는 토지에 진입하는 곳을 도로로 사용한다고 지정하게 되면 지목이나 소유주의 관계 없이 그곳이 건축법상 도로로 인정되며 건축허가나 신고가 가능하나 무조건 건축허가나 신고시 지정한다고 다 되는 것은 아니다.

건축법 제45조

① 허가권자는 제2조 제1항 제11호 나목에 따라 도로의 위치를 지정·공고하려면 국토해양부령으로 정하는 바에 따라 그 도로에 대한 이해관계인의 동의를 받아야 한다.

다만, 다음 각호의 어느 하나에 해당하면 이해관계인의 동의를 받지 아니하고 건축위원회의 심의를 거쳐 도로를 지정할 수 있다.

1. 허가권자가 이해관계인이 해외에 거주하는 등의 사유로 이해관계인의 동의를 받기가 곤란하다고 인정하는 경우.
2. 주민이 오랫동안 통행로로 이용하고 있는 사실상의 통로로서 해당 지방자치단체의 조례로 정하는 것인 경우.

② 허가권자는 제1항에 따라 지정한 도로를 폐지하거나 변경하려면 그 도로에 대한 이해관계인의 동의를 받아야 한다. 그 도로에 편입된 토지의 소유자, 건축주 등이 허가권자에게 제1항에 따라 지정된 도로의 폐지나 변경을 신청하는 경우에도 또한 같다.

③ 허가권자는 제1항과 제2항에 따라 도로를 지정하거나 변경하면 국토해양부령으로 정하는 바에 따라 도로관리대장에 이를 적어서 관리해야 한다.

▶ 주석

위의 법규를 보면 건축법에서 인정하는 진입도로를 타인의 토지에 만들려면 진입시에 지정하게 되는 토지주의 사용승낙이 필요하다. 따라서 토지주가 사용승낙을 하지 않거나 무리한 요구를 하게 되어 맹지에서의 탈출이 어려워지는 수가 많다. 그러나 이해관계인의 동의를 받기가 곤란하다고 인정되는 포장이 되어 있는 현황도로가 있는 경우는 담당자의 직권에 의하여 현황도로로 지정되는 수도 있다.

토지주의 사용승낙을 받아 사도를 만들어 건축하는 방법

C	
B	b
A	a

위와 같이 두 인접토지를 통해 도로를 만들게 된다고 하자 . B 가 이미 A 의 사용승낙을 받아 a 의 토지를 도로로 인정받아 건축을 하였다면 , C 도 A와 B의 사용승낙을 받아 건축허가를 받을 때 C는 A와 B모두의 사용승낙을 받을 수도 있지만 C는 B에게 사용승낙서를 받을 때에 B는 A의 사용승낙서를받을 때에 B는 A의 사용승낙서를 이미 받은 사람으로 A의 도로를 C와 공동으로 사용할 것을 허락하며 , B의 도로도 C에게 사용을 허락한다는 사용승낙서를 제출하게 되면 C는 따로 A의 사용승낙 없이 건축이 가능하다 .

타인이 만들어 놓은 사도를 사용하여 진입도로를 만드는 방법

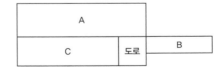

Q : A 가 건축허가시 C 에게 사용승낙을 받아 시장·군수가 도로로 인정한 부분을 이용하여 B 가 다른 대지에 건축을 할 경우 A 의 동의가 필요한지 여부 또는 도면상 표기만으로 건축허가가 가능한지?

A : 시장·군수·구청장이 건축허가(신고)시 지정된 도로는 건축법 제2조 제1항 제11호의 규정에 의한 도로에 해당하는 것이므로 이에 접한 다른 대지에 건축시 그 도로소유자나 이해관계인의 동의가 건축법상 다시 필요한 것은 아니며, 당사자간의 그 사용·수익 등에 관하여는 민법 등 관계법령에 따라야 할 사항임.

A가 건축허가시 C의 사용승낙을 받아 도로가 되어 있는 바 B도 이 도로를 이용하여 건축할 수 있느냐의 질의이다. 회신에서 보면 한번 도로로 지정되면 건축법상 이해관계인의 동의가 다시 필요한 것은 아니며, 건축법이 아닌 민법에 의하여 문제가 있을 수 있다는 의미다. 담당자가 알아서 처리하라는 뜻으로 해석된다.

필자의 경험에 의하면 이런 경우 동의서를 받아오라는 경우도 있고 어떤 경우에는 동의서 없이 허가해 주고 민법에 관한 사항은 당사자들끼리 해결하라고 하는 경우도 있었다.

사도私道는 사도법私道法에 따른, 공공도로에 연결한 사설 도로이다. 사도를 만들거나 공사를 할 때에는 지방자치단체장의 허가를 받아야 한다. 설치한 사람이 관리하지만 다른 사람의 통행을 제한·금지하거나 사용료를 받으려면 지자체장의 허가를 받아야 한다. 사도에 공공성이 뚜렷할 정도로 통행이 많아지면 지방자치단체가 도로의 관리비를 보조할 수 있다.

사도는 말 그대로 개인이 자기 소유의 땅에 자신을 위해 개설한 도로를 말하고 사유지私有地 도로는 법정도로(도로법상 도로)나 그 외의 도로에서 소유권이 개인으로 등기되어 있는 경우를 말하는 것으로 판단된다.

이 경우 소유권은 개인에게 있으나 도로의 관리보수 등은 도로 관리청이나 공공이 부담하며 이런 경우 그 소유자는 관리청에 매수청구 요구를 할 수 있을 것이다.

사도개설 □신설 □변경 허가신청서		처리기간
		3일

신청인	성명		주민등록번호	
	주소			
신청자	토지소유주		주민등록번호	
	주소			

사도조서

구간		연강(M))	복원(M)	착공예정일	준공예정일	비고
기겹	중겹					

사도법 제0조 및 시행령 제조의 규정에 의하여 사도개설(□신설 □변경) 허가를 신청합니다.

20 년 월 일

신청인 (인)

구청장 귀하

사무명	사도개설 (□착공, □준공, □준공기한연기) 신청 안내	관련 부서		처리기관	지도감독	주무부서
				도시개발과	서울특별시 도시계획국 시설계획과	국토교통부 도로심의관실 도로정책과
사무내용	사도개설 허가를 받고 공사착공계 제출, 공사시한 연기 및 공사완료 하였을 때 준공받고자 신청하는 민원사무임.					
처리과정	접수처	민원봉사과	경유처		처분청	구청장
	대조공부	사도개발 허가서	비치대장	준공검사필증 교부대장	처리기간	3일
	최종 결과	과장	수수료0		면허세	없음
	현장조사사항	허가사항과 일치여부 점검				
	처리요건					
	후속 민원					
	처리 흐름	신청접수 → 현장조사 및 협의 → 시행 →교부 (민원봉사과) (관련부서) (도시개발과) (민원봉사과) (민원인)				
근거법규	사도법 제4조, 같은 법 시행령 제2조					
구비서류	1. 신청서 2. 준공도면					
처리요령 및 유의사항	1. 서울특별시 예규 제41호 (82. 3. 29) "서울특별시 사도개설 허가사무 취급요령"					

① 먼저 해당 지자체 대장에 사도로 등록되어 있는지 등을 확인해본다.

참고로 사도법 제3조(적용제외)에는 '공원, 광구, 공장 기타 동일한 시설 내에 설치한 도로와 5호 이내의 사용하는 도로 및 법률에 의하여 설치하는 도로에 대하여는 전 조의 규정에 불구하고 본법을 적용하지 아니한다. 단, 특별시장, 광역시장, 시장 또는 군수(이하 시장 또는 군수라 한다)가 필요하다고 인정할 때에는 5호 이내의 사용하는 도로에 대하여 본법을 적용할 수 있다.[개정 97.12.13]' 라고 되어 있기에 확인이 필요하다.

② 아래에서 보듯이 사도의 통행제한 등을 하려면 해당 지자체장의 허가를 받아야 하기에, 허가를 받았는지 여부를 확인해야 한다.

사도법, 사도법 시행령, 사도법 시행규칙

▶ 사도법

제5조 (사도의 관리)
사도는 설치한 자가 이를 관리한다.

제6조 (통행의 제한, 금지)
사도를 설치한 자는 제7조의 규정에 의하지 아니하고는 그 사도에 일반이 통행함을 제한하거나 금지하지 못한다.

제7조 (사도통행의 제한 또는 금지등)
① 사도를 설치한 자는 사도의 구조 보전 또는 통행상의 위험방지등 대통령령이 정하는 경우에는 사도의 통행을 제한 또는 금지할 수 있다.
② 사도를 설치한 자는 당해 사도를 이용하는 자를 대상으로 사용료를 징수할 수 있다.
③ 사도를 설치한 자는 제1항 및 제2항의 규정에 의하여 사도의 통행을 제한 또는 금지하거나 사용료를 징수하고자 하는 때에는 대통령령이 정하는 바에 의하여 관할시장 또는 군수의 허가를 받아야 한다.[전문개정 99.12.28]

제9조 (벌칙)

다음 각호의 1에 해당하는 행위를 한 자는 700만 원 이하의 벌금에 처한다.

1. 제4조의 규정에 의한 허가를 받지 아니하고 사도를 개설·개축·증축 또는 변경하는 행위
2. 제6조의 규정에 위반하여 사도에 대 한 일반의 통행을 제한하거나 금지하는 행위

▶ 사도법 시행령

제3조 (통행제한·금지에 관한 허가신청)

법 제7조의 규정에 의하여 사도의 통행을 제한 또는 금지하고자 하는 자는 다음 각호의 사항을 기재한 허가신청서를 관할시장 또는 군수에게 제출하여야 한다. [개정 2005.5.31]

1. 구간과 기간
2. 제한 또는 금지의 내용과 이유
3. 제한 또는 금지의 대상자
4. 기타 참고사항

제4조 (사용료 징수허가신청)

법 제7조의 규정에 의하여 사도의 사용료를 징수하고자 하는 자는 다음 각호의 사항을 기재한 허가신청서를 관할 시장 또는 군수에게 제출하여야 한다.

1. 구간과 기간
2. 징수 범위
3. 사용료액과 징수방법

4. 기타 참고사항

제7조 (대장의 작성 · 보관)

시장 또는 군수는 그 허가한 사도의 대장을 장성하여 이를 보관하여야 한다.

▶ 사도법 시행규칙

제2조 (통행제한허가 신청서의 서식등)

영 제3조의 규정에 의한 허가신청서는 별지 제2호 서식에 의한다. [개정 2005. 5. 31.]

제3조 (사용료 징수허가 신청서의 서식)

영 제4조의 규정에 의한 허가신청서는 별지 제3호 서식에 의한다. [본조 신설 2005. 5. 31]

③ 모든 허가 절차가 하자 없이 이루어졌을 경우

당사자간 협의에 의하여야 하며, 협의가 이루어지지 않을 시, 법원의 조정절차를 거칠 수 있다.

〈사도통행권확인소송〉을 고려할 수 있는 바 관습상의 사도통행권은 부인되며, 법원의 사도통행권에 관한 입장은 아래의 사건을 통해서 참조하도록 한다.

사도통행제한(금지) 허가신청서

성명 (법인의 경우는 그 신청인 명칭 및 대표자 성명)		주민등록번호 (법인등록번호)	
주소			
전화번호			
구간			
제한(금지)의 대상			
제한(금지)의 내용			
제한(금지)의 이유			

사도법」제7조 및 동법 시행령 제3조의 구정에 의하여 위와 같이 사도의 통행제한(금지) 허가를 신청합니다.

년   월   일

신청인   (서명 또는 인)

특별시장·광역시장·시장·군수 귀하

Case Study : 사도에 접한 부지의 건축 인·허가 해법

지목이 도로인 개인도로와 접한 부지의 인·허가 구입시 주의사항 : 개인 소유의 지목이 도로와 접하거나 인접한 토지를 구입할 경우 지적상 도로를 무단 사용하여도 되는지의 여부.

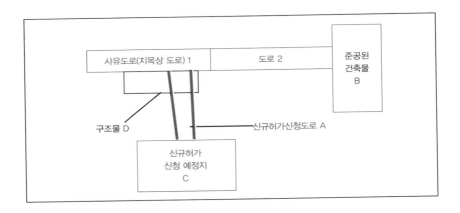

Q : 위 그림에서 C (신규허가신청지) 토지를 구입하려고 합니다.

중개업소나 소개인은 C부지가 도로 1(지목이 도로인 사유지)과 접하였기 때문에 A부분의 승낙서만 받으면 도로문제 해결이 가능하므로,

① A의 토지사용승낙서만 받으면 C에 건축허가를 받는 데 문제가 없다고 구입하라고 말합니다.

② 도로 1은 B의 건축물 준공으로 준공검사를 필하여 지목이 도로로 변경이 되었습니다.

③ 도로 1은 B의 소유이거나 제3자의 소유입니다. (공공도로가 아니며 B의 단독 도로 또는 다수가 출입하는 도로입니다.)

A : 위와 같은 경우 다음과 같은 조건이 필요합니다.

① C의 인·허가를 받으려면 도로1의 지목이 도로라고 하더라도 토지사

용승낙서를 필히 받거나 지분으로 일부 면적을 구입하여야 합니다.

② 도로 1이 공공기관 소유의 공익용 도로가 아닌 경우 도로분쟁으로 막힐 소지가 있습니다.

③ 도로 1의 소유자가 구조물 D를 C의 부지에 건축물이 준공된 후에라도 설치하여 진입을 차단할 수 있습니다. (C 부지에 건축물이 설치 전에는 쉽게 차단할 수 있지만 C의 준공 후에는 차단할 경우 민사상의 분쟁이 발생되며 C는 도로 1의 소유자에게 도로사용 비용을 지불하여야 합니다.)

해결 방법

C 부지 구입시, ① 도로 1의 승낙서를 받는다. ② 도로 1의 지분을 인수할 수 있으면 더 좋다. ③ 도로 1의 지분을 인수하더라도 도로 1의 공유소유자의 승낙서는 필히 필요하다. (허가접수시 제출하여야 함.)

결론은 지목이 도로라도 사유도로(사도법에 의한 도로도 포함)인 경우 필히 승낙서를 받아야 한다. 지분을 인수할 경우에도 필히 승낙서는 받아야 한다. 특히 경매를 받는 경우, 그림의 C와 같은 토지가 경매에 나왔을 때 "도로인데 뭐 어때?" 하고 쉽게 생각하면서 자주 경락받는 경우가 많은데, 절대로 도로를 해결할 능력 없으면 경락을 받아서는 안 된다.

승낙서를 받을 때 사용비용을 지불한다면 지불시 추후에 재차 승낙서의 필요시 동일한 사용목적일 경우 아무런 이의 없이, 추가비용 없이 재발급한다는 각서를 꼭 받아야 한다.

발급받은 승낙서는 인·허가 접수 후 보완 또는 변경으로 인하여 재접수시 승낙받은 토지(도로 등)의 면적 변동이 있다면 한번 사용한 승낙서는 다시 사용할 수 없으므로 신규로 다시 제출하여야 한다. 주택 인·허가부터 준공까지 여러 분량의 승낙서가 필요한 경우가 많다.

PART
7

맹지 개발하기

건축허가 사례

도로 없는 농지를 대지로 만든 사례

이 경우는 철저한 분석과 현황을 파악하고 관련 법규와 시, 군 조례에 따라 토지의 숨어 있는 맹점을 찾아 비용 절감, 토지의 상품가치를 높인 사례이다.

서울에서 사업을 하고 있는 K씨는 20년 전 주변시세에 비해 비교적 싼 가격에 남한강변 여주군 금사면의 임야, 농지와 함께 농가가 있는 땅을 구입했다.

그러나 생활 터전이 서울이어서 거의 방치하다시피 놓아둔 상태였는데, 주5일 근무제가 시행되면서 시간여유가 생기고 전원생활을 동경하는 이들이 많아지면서 대지로 형질을 변경할 결심을 했다.

나이도 있고, 자녀들도 장성해 우선 부부만을 위한 편안한 공간이 필요해 전원주택을 짓기로 계획하고 우선 현재 임야와 농지로 되어 있는 토지를 대지로 전용허가를 받은 후 건축에 착수키로 한 뒤 그에 따른 절차와 비용을 알아보기로 하였다.

그 결과, 이 지역은 각종 규제와 더불어 현재의 농지를 대지로 전용허가를 받으려면 복잡한 과정이 뒤따랐다. K씨 땅에 연결된 도로는 다른 사람의 땅을 사용하는 현황도로로 진입로 개설 여부와 외지인이었던 탓에 인·허가문제 등 변동 사항이 많았고 소요비용도 대체농지조성비, 개발부담금, 지역개발채권, 면허세, 인허가설계측량비 등 의외로 많은 지출이 요구되었다.

K씨는 이런 모든 절차를 밟기 위해 전원주택 전문업체의 도움을 받아 예산을 세우고, 토지의 상품가치를 높이는 방법을 찾아 나갔다.

토지가 위치한 지역 분석

현장은 서울에서 1시간대 거리인 여주권 전원주택 벨트라인에 위치해 있다. 양평, 광주, 용인 등 인기지역에 비하면 여주권 자체가 서울을 오가는 데 가깝지는 않지만 상대적으로 자연환경 보전지역과 수질보전특별대책지역으로 지정되어 있어 수도권에서는 비교적 땅값이 싸고 경관이 좋은 지역에 속한다.

특히 영동고속도로와 중부고속도로 등 교통 여건이 좋으며 또한 여주~구미간 내륙고속도로가 개통되고 금사면 현장에서 이 고속도로가 연장되어 신설 IC가 생겨 더욱 발전이 기대되는 지역이다.

이와 더불어 여주의 남북을 가로지르는 남한강이 근접거리에 있고, 금사면의 이포나루는 충청도와 강원도의 물류 요충지로 일찍부터 수운의 중심지로 현재도 지역을 잇는 교통망으로 그 명맥을 유지하고 있다.

또한 광주와 양평을 경계로 인접해 있는 이곳은 상대적으로 지가가 저렴하고 인근 남한강 전복리 유원지 역시 많이 알려진 곳이다. 금사면, 홍천면, 산북면 일대는 외지인의 발길이 잦은 편인데, 본 토지는 서울을 기점으로 60킬로미터 권역에 위치하여 전원주택지로는 그만이었다.

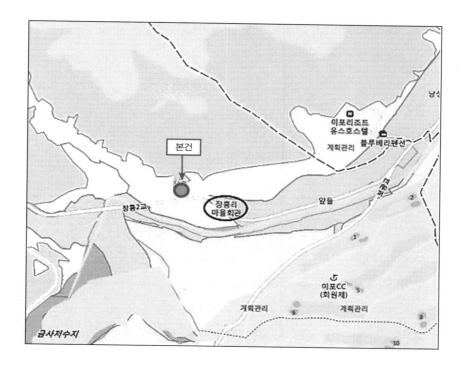

그러나 공부상 도로가 없는 맹지로 폐가로 변한 농가주택과 도로가 있어도 그동안 사용하지 않아 도로 기능을 상실하여 도로개설이 필요하며 토지개발시에는 수질보전특별대책지역 1권역으로 개발 및 건축 규제를 받게 된다.

물건 현황

- 소재지 : 경기도 여주군 금사면 임야 3필지 농지 4필지
- 용도 : 관리지역 및 농림(농업보호구역)
- 지목 : 임야, 토지임야, 전, 답
- 면적 : 임야 667평/ 토지임야 1,110평/ 전 3,267평/ 답 1,567평(합계 : 6,611평)

– 토지이용계획 : 관리지역 및 농림지역(농업보호구역)

– 수질보전 특별대책지역 1권역

물건 현황 조사

- 소요시간 : 서울기점 60킬로미터 권역 50분대 소요, 이천 10분, 곤지
암 IC 20분, 여주 IC 30분 소요
- 도로 상태 : 공부상 도로 없는 맹지, 현황 구거 접, 농로 접
- 이용 상태 : 미경작지, 방치된 주택 1동, 축사 2동 (사용불가)
- 거래 규제 : 없음. 단, 농지는 외지인 취득시 농지취득 자격증명 필요
- 기타 : 수질보전 특별대책지역 1권역으로 개발 및 건축 규제

주변 토지 및 임야 가격 조사금액 (2006년 기준/3.3제곱미터 당)

- 준보전 산지 : 상급지 20~25만 원 / 중급지 8~15만 원 / 하급지 5만
원 이하
- 임업용 산지 : 상급지 10만 원 이하 / 중급지 5만 원 이하 / 하급지 3만
원 이하
- 농업보호농지 : 상급지 20~50만 원 / 중급지 8~10만 원 / 하급지 2
~5만 원
- 대지 : 20~50만 원
- 전원주택단지 : 분양가격 40~70만 원(면적, 위치, 경사도, 방향, 진입도로
에 따라 가격 편차 있음)

인근 지역 전원주택단지. 택지 분양 평당 40~70만 원

　주택부지로 전용허가를 하고자 하는 땅은 농지이므로 진입도로, 주택부지가 농지법상 농지 전체 면적이 303평(1천 제곱미터)을 초과해서는 안 된다.

　현재 도로는 농지전용면적을 초과하기 때문에 개설 문제가 있으며, 허가를 위한 다른 방법 중 이곳에서 쓰던 과거 농가주택과 축사는 이미 상당 기간 방치된 폐가로 주택의 증축, 개축을 하는 방법으로 진입로 부지를 해결할 수도 있다.

그러나 현장 농가는 75년 이후 무허가 건축물은 양성화가 어려워 농지를 전용허가를 받는 방법을 찾기로 했다.

토지이용 개선 방향

K씨의 토지는 관리지역으로 건폐율과 용적률은 전원주택지 같은 개발 허가는 일반적으로는 비교적 손쉬울 용도지역이지만 수질보전특별대책지역 1권역에서는 외지인이 토지개발을 하기엔 어려움이 많다.

1권역에서 6개월 이상 거주 조건을 충족했다고 해도 현재 K씨의 토지는 진입도로를 해결해야 할 맹지이고, 용도는 일부는 관리지역, 일부는 농림지역이었으며 또한 외지인들이 다른 용도로 개발하기도 어려운 사실상 매매도 불가능 한 땅이라고 할 수 있다.

　그렇지만 토지를 철저히 분석한 결과 K씨가 소유하고 있는 농지 4필지 중 2필지는 농림지역 내 농업보호지역이지만 다행스럽게도 1990년 이전부터 2필지가 200평 미만으로 외지인도 주택 전용허가를 받을 수 있었으며, 또한 진입도로는 전용농지와 접해 있는 구거를 점용허가를 통해 진입로로 해결할 수 있었다.

　그러나 구거에서 처음 시작되는 일부 도로(15평)가 사유지로 되어 있어 할 수 없이 토지사용승낙을 받기 위해 애당초 계획보다 추가비용이 발생되었지만 적당한 사용료를 지불하기로 합의할 수 있었다.

1차 농지전용 허가는 구거 부지를 진입도로로 점용허가를 받아 진입로 개설

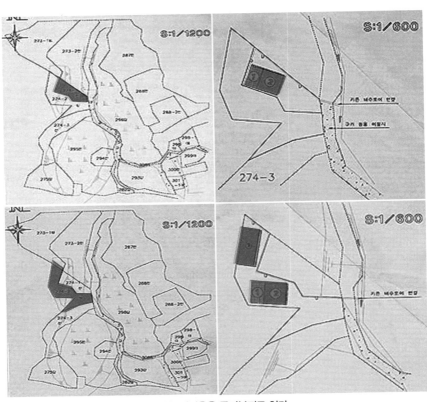

2차 농지전용을 주거부지로 허가

이렇게 진입로를 개설한 후 허가를 낼 때 마음고생은 있었지만 K씨는 이왕 토지의 가치를 높이기 위하여 이미 전용허가를 받은 땅과 접해 있던 토지 임야에 추가로 형질변경을 하기로 하고 외지인이 허가받을 수 있는 창고부지로 허가받아 바로 토목공사에 들어갔는데, 이 지역은 개발이 엄격하게 관리되고 있어 흙을 필요로 하는 곳이 많아 토목공사비에 적잖은 도움이 돼 공사비도 절약되었다.

결국, K씨는 20년 전 구입한 토지의 전체 인, 허가 관련비용 5,590만 원, 토목공사비용 약 1억 2천만 원을 투자해 개발하기 전 당시(2006년 이전) 준농림지역(*관리지역 세분화 이전) 땅값인 평당 5만 원 정도였던 것을 토지 리모델링을 통해 관리지역 중상급지 땅값인 평당 20만 원 선이 되었다.

토지를 리모델링하기 전 6,611평을 평당 5만 원에 매각했을 경우 3억 3천만 원 정도였던 것을 물류부지 3천 평 주택부지 약 500평 합계 3,500평을 평당 20만 원에 매각하게 되면 7억 원으로 개발비용 1억 7,590만 원을 공제하더라도 5억 원 이상의 차익과 나머지 3,111평을 수익으로 남길 수 있게 된 것이다.

관리지역 토지는 무조건 개발 가능지로 알고 있어 거품이 형성된 것은 사실이다. 그러나 실제 토지마다 도로, 경사도, 방향, 지목과 용도, 여건에 따라 가격이 격차를 보인다.

따라서 보다 정확하게 지역 현황, 개발이용 현황을 수립하면 토지의 상품가치를 얼마든지 빛낼 수 있을 것이다.

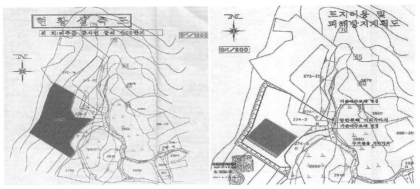

창고부지 현황 실측도

준공된 물류센타

전용허가 및 형질변경허가 납부금액

임야 부지 조성시 : 대체산림 조성비 = 8,500원/평 (산림형질변경시)

농지 부지 조성시 : 농지전용 부담금 = 38,000원/평(농지전용시)

기타 면허세, 지역개발 채권

인허가 비용

▶ 비용 A

① 주택 부지 면적 200평 1가구 허가납부금200평 = 7,700,000원

   2가구 허가 납부금 합계 = 7,700,000원×2 = 15,400,000원

② 창고 부지 허가 납부금 3,000평 = 25,500,000원

▶ 비용 B

진입로 개설

① 구거 부지 점용허가 폭 8미터 × 길이 80미터 = 640제곱미터

② 인접농지 사용 토지승낙 비용 = 1천만 원

▶ 비용 C

설계사무소 설계측량 비용

주택 부지 = 2백만 원

창고 부지 = 3백만 원

▶ 비용 D

창고 부지 토목공사비 = 1억 2천만 원

총비용 합계 : 1억 7천 590만 원

맹지의 건축 관련 질의응답

Q : 맹지를 구입해서 건축허가를 내고 싶습니다.

매도자로부터 매도자의 또 다른 토지를 도로로 사용할 수 있다는 것을 조건으로 매도자의 맹지를 구입하여 건축을 하려고 합니다. 당연히 매도

자의 토지는 도로에 자신의 토지를 접하고 있고, 저는 그 매도자의 토지를 통과해야 매도자가 매도한 또 다른 토지로 출입할 수 있는 상황입니다

매도자는 자신의 토지사용허가를 매도 조건으로 제시하였는데, 이런 경우 도로가 없어도 토지사용허가를 받는 것만으로 건축허가가 가능한 것인지, 만일 건축허가가 가능하고 토지사용허가를 받는다면 영구적으로 매도자의 토지를 사용할 수 있는 권리를 확보할 수 있는 수단은 어떤 것이 있는지 궁금합니다.

A : 건축법상 건축을 할 수 있는 대지는 도로에 접하고 있어야 허가를 받을 수 있습니다. 맹지의 경우에는 건축허가조건이 사도의 설치를 필요로 합니다.

그러나 지목상 도로가 아니라 하더라도 현황상 도로로 사용 중인 도로는 도시계획담당이나 지적 담당공무원이 현장을 조사하여 해당 도로를 현황도로로 인정하는 사실증명을 하게 되면 건축허가 요건을 충족하게 됩니다.

현황상 도로는 개인의 토지라도 소유자 임의로 차단할 수 없습니다. 아울러 매도자의 토지에 지역권을 설정하게 되면 더욱 확실할 것으로 생각됩니다.

건축허가의 조건은 각 지역 건축조례에 따라 조금씩 다르고 허가 또한 담당공무원의 재량에 따라 달라질 수 있으므로 해당 시군구청 관할 내에 소재를 두고 있는 건축사사무소를 통해 진행하시는 것도 방법이 될 수 있습니다.

① 단순히 매도인에게서 "토지사용승낙서"만 받는 것으로는 부족합니다. 통상 그렇게들 많이 하지만 장차 어려운 문제가 발생될 수도 있습니다. 예상 가능한 문제점들은 다음과 같습니다.

가) 가령 귀하가 훗날 건축허가 따위를 받기 위하여 매도인에게 토지사용승낙서 재발행을 요구했을 때 협조하지 않는다.

나) 매도인 또는 귀하가 각자의 토지를 제3자에게 매도했을 때 이미 받은 "토지사용승낙서"는 무용지물이 된다.

다) 제3자는 귀하가 받은 매도인의 토지사용승낙서를 믿지 않을 수 있다.

② 매도인이 임의로 설치한 도로는 "현황도로"입니다. 현황도로라고 하더라도 마을 주민들 등 여러 사람들이 아주 오랜 기간 사용한 도로는 "관습도로"라고 해서, 토지소유주가 임의로 폐쇄 등을 할 수 없고, 지방에 따라 사실상의 도로로 인정하여 건축허가를 내주는 경우가 많습니다.

그러나 질문을 보면 매도인이 임의로 설치한 현황도로인 것으로 보이며, 통과도로가 아닌 것으로서 통행의 종착지가 귀하가 매입하는 토지로 보이는데, 현재 자유로운 출입이 가능하다고 해서 인·허가 관청이나 제3자가 인정해 주지도 않을 것으로 보입니다.

③ 다행히 귀하가 매입한 토지에 건축할 계획이 있다면, 건축허가(또는 개발행위허가) 신청과 동시에 매도인의 토지사용승낙서를 첨부하여 사도설치허가를 받으십시오. 그러면 건축 준공과 사도설치 완료와 동시에 도로 부분에 대한 지적 분할이 될 것이고, 도로 준공 후에 지목을 "도로"로 변경신청을 하면, 지목상 "도로"로 되어, 토지소유주의 변동여부 등에 관계없이 공공이 사용하는 도로가 되는 것입니다.

④ 만약 당장 건축계획이 없다면 "사도설치허가"도 받을 수 없습니다. 이때는 귀하가 매입한 토지를 요역지로 하고 도로 부분을 "승역지"로 하는 "통행목적"의 지역권을 설정해 두는 것이 안전한 방법입니다. 이렇게

되면 도로 부분이나 귀하의 토지를 매도하더라도 그 권리는 귀하의 토지 소유주에게 이전됩니다.

이때 도로 부분을 분할한 후에 지역권 설정하는 것이 가장 좋고, 분할이 안 되더라도 도로 부분을 도면에 표시하여 지역권 설정 등기하는 것은 가능합니다.

지역권설정등기 양식과 방법은 인근 법무사와 상담하도록 하십시오. 지역권설정등기는 자주 이용되는 것이 아니어서 잘 모르는 법무사도 있을 것이나 그분들이 보는 책에 잘 설명되어 있으므로 실무상 아무런 지장이 없습니다.

⑤ 지역에 따라서 사도설치허가 따위의 절차 없이 "현황도로"만으로도 일정한 조건에 맞으면 건축허가를 내주는 경우도 있습니다. 그러나 안전한 방법은 사도설치허가를 받는 것입니다.

현황도로만으로 건축허가를 받았다고 해도 후일 그 도로의 소유자가 임대료를 요구한다든지, 도로 요건 강화 등의 문제가 생기게 될지 알 수 없기 때문입니다.

안전하게 하실 거라면 우선 100% 잔금 지불 전에 허가를 미리 받게 하는 겁니다. 허가시 잔금을 주는 조건으로 건축행위 가능 여부를 고려해보는 것이 안전합니다. 허가가 난 후 건축주 명의변경을 해도 되므로 이런 방법도 한번 생각해보시기 바랍니다.

Tip. 맹지투자에서 토지사용승낙서는 왜 중요할까 ?

토지사용승낙서는 매우 중요한 서류다 . 예를 들어 토지를 매수하고자 하는데 해당 토지가 진입도로가 없는 맹지라면 건축허가가 날 수가 없으므로 해당 토지까지 진입하는 도로에 필요한 토지를 매수하거나 도로에 필요한 토지의 소유주에게 토지사용승낙을 받아야 한다 . 그때 필요한 것이 토지사용승낙서이다 .

여기에는 사용하는 토지의 주소와 사용면적 , 사용기간 , 사용료 , 사용목적을 명시하고 토지소유주와 사용자의 인감도장으로 날인한 뒤 , 인감증명서를 첨부하여 각각 1 부씩 보관한다 . 인감도장으로 날인하고 인감증명서를 첨부하는 것은 추후 발생할 수 있는 분쟁에 있어 중요한 증거자료이기 때문이다 .

토지소유주의 입장에서는 되도록이면 사용목적을 분명히 명시하여 , 사용목적과 다른 토지의 사용에 있어서는 원상복구를 요구할 수 있어야 한다 . 토지 사용자의 입장에서는 구두상의 토지사용허락보다는 토지사용승낙서를 통해 문서화해야 분쟁을 막을 수 있다 .

만약 토지소유주의 토지가 소유주가 변경이 된다하더라도 토지사용승낙서의 사용목적과 기간에 적합하다면 토지사용승낙은 그대로 유지될 수 있으므로 토지사용승낙서를 분실하지 않도록 해야 한다 . 또한 토지사용료는 반드시 계좌이체를 통해 근거를 남겨야 추후 분쟁에서 유리한 자료가 될 것이다 .

토지거래시 인접필지의 토지사용승낙서가 필요한 경우가 있는데 , 중개사가 매수인이나 매도인 , 필요한 토지소유주로부터 승낙을 얻었다 하더라도 다음과 같은 문제가 발생할 수 있다 .

주택이나 건물 , 공장 등 모든 토지개발시 반드시 필요한 조건이 있는데 , 그 중 진입도로는 필수조건으로서 개발목적 (조건 , 용도) 에 따라 진입도로 넓이 (폭) 를 차등하여 규정하는 경우가 대부분이다 . 문제는 진입도로가 없는 맹지나 폭이 좁아 허가조건에 미달하는 경우이다 .

이 경우에 인근토지를 진입도로로 매입하여 도로로 사용하면 문제없으나 매입하지 못하는 경우가 문제이다 . 도로를 매입하지 못하는 경우에도 진입도로로 이용해야 하는 인근 토지소유주로부터 도로사용승낙서를 받아 허가를 득하는 방법이 있다 .

문제는 많은 사람들이 단순히 도로 사용승낙서만 받는다는 것이다 . 이 경우 간혹 행정기관에서 허가를 내주지 않는 경우가 있다 . 그 이유는 위치를 특정하여 필지를 분할하는 절차를 거치지 않고 도로사용승낙서와 인감증명서만 받았기 때문이다 .

따라서 맹지 등에 주택 등을 신축하기 위해 인근 토지를 진입도로로 사용하기 위해 도로사용승낙서를 받은 경우에 반드시 주의해야 하는 것은 진입도로로 사용하는 부분을 분할하여 그 필지를 특정하여 도로사용승낙서 (인감증명서 첨부) 를 받아야 한다는 것이다 .

이렇게 해야만 행정관청에서 해당 필지에 대하여 도로고시를 한 후 허가를 내주는 것이다 .

따라서 이런 경우가 생겼을 경우 무작정 "책임지고 해 준다 ."라고 장담하지 말고 해당 시군구청에 먼저 문의한 뒤 중개를 해야 골치 아픈 일을 피할 수 있다 .

토지사용승낙서

토지소유권자 및 승낙자를 "갑"으로, 토지를 점.사용하는 자를 "을"로 하고 쌍방은 아래 표시 부동산에 관하여 다음 내용과 같이 토지사용 승낙서를 작성하고 민·형사상 법적효력을 갖기로 한다.

– 다 음 –

1. 토지소재지 현황   (단위 : ㎡)

시도	시군	읍면	리	지번	지목	지적	사용면적	점사용 용도
강원	홍전	두촌	원동리	222	전	2,310	1,200	단독주택

  * 토지 점·사용기간 : 영구
  2. 토지소유권자 : 김OO
  3. 토지사용승낙 및 점·사용하는 자
    가. 토지사용승낙자 "갑"

주소	성명	주민등록번호	연락처	
			유선	무선
홍천읍 홍천로 22	김OO	770707–1234567	400–5555	010–2XX–3333

  나. 토지 점·사용자 "을"

주소	성명	주민등록번호	연락처	
			유선	무선
홍천군 너부내길	이OO			

4. 사용용도/제출처 : 행정위원(인·허가등) 처분/ 홍천군청(허가민원과 개발허가 담당)
5. 특약사항
가. "갑"은 토지의 소유권한이 변경되었을 때 즉시 허가관청에 서면 또는 구두 등의 방법으로 신고하여야만 한다.
나. 토지 점·사용 승낙 받은 "을"이 변경 될 경우 "갑"에게 그 사실을 통보하고 이로 인한 민원분쟁 등 모든 민·형사상 책임은 쌍방이 해결한다.

2000년 0월 00일

6. 서약자(날인)   "갑" 토지사용승낙자 : 김OO (인)
                  "을" 토지 점·사용자 : 이OO (인)

붙임 : 1. 신분증(주민등록증) 사본 1부. 끝.

홍천군수 귀하

맹지의 주택허가에 관한 질의응답

Q : 저희 집은 35년 전부터 살고 있으며, 대지입니다. 그런데 지적도상 맹지입니다. 오래되고 낡아 새로 건축을 하고 싶은데, 토지사용승낙서를 받아오라고 합니다. 토지소유주는 사용승낙을 하지 않고, 몇 년 뒤에 건물을 지을 거라는 말만 합니다.

폭이 2미터, 길이 8미터 정도 되는 도로 아닌 도로(사유지)로 통행하고 있습니다. 큰 도로와 집까지의 거리는 대략 8미터 정도가 되고, 통행한 지는 35년 정도가 됩니다. 집이 너무 오래되어 개축을 한다든지 신축을 하는 방법을 알고 싶습니다.

A : ① 재산권 행사에 대한 문제이므로 대단히 민감한 사항입니다.

귀하의 입장을 지지하면 인접지주의 권익이 손해가 될 것이면 또한 반대의 경우가 되겠지요. 따라서 법은 공정하고 공평한 권리행사가 되도록 규정하고 있습니다.

② 현재의 조건으로는 신축허가가 되지 않는 것이 맞습니다.

③ 먼저 도로를 구입하는 방법에 대해 재고하시는 게 좋습니다. 8미터 ×2미터 = 16제곱미터, 16÷3.3058 = 4.839, 약 5평.

나중 일을 생각해서라도 반드시 구입 협상을 실제로 해두어야 합니다. 가격이 불일치 된다면 하는 수 없는 일이나 구매 금액이 타당성이 있어야 합니다. (적어도 공시지가 이상, 현 시세 미만)

④ 현재 사용하고 있는 도로를 촬영해 놓으시기 바랍니다. 3개월 간격으로 2미터 폭의 치수가 나타나도록 하는 것이 매우 중요합니다.

⑤ 앞집도 현재의 도로를 폐쇄하거나 없애고 8미터×2미터에는 권리행사가 가능하지만 건축행위는 할 수 없습니다.

⑥ 35년간 도로로 사용했다는 근거를 준비해 두시면 좋습니다.

⑦ 현재 거주하고 있는 집의 안전진단을 받아서 철거나 재건축이 가능하다는 판단이 나오면 유리합니다. (법은 주민의 생존권을 보장해 줄 의무가 있음.)

⑧ 더 이상의 사항이 있을지는 모르나 통로 토지소유주의 권익도 있으므로 여기까지만 조언하도록 하며, 나머지에 대해서는 설계사무소와 해당 관청의 인·허가권자에게 생존에 대한 자문과 설득을 하는 것이 좋겠습니다. 무엇보다도 통로 토지소유주와의 원만한 협상이 가장 중요하며 해당 지역 중재위조정신청, 소송 등으로 이어지더라도 우위를 차지할 수 있을 것으로 보이며, 통로 소유자가 나쁜 마음을 먹지 않은 한 귀하의 노력 여하에 따라 가능하다고 봅니다.

맹지의 공장 건축허가 사례

맹지에 공장 짓기

사도법을 개정입법(국토해양부 공고 제2012-761호(2012.6.13))함에 따라 진입로가 없는 토지를 개발하고자 사도개설을 할 경우 과거 사도법은 개설하는 사도가 반드시 도로법상 도로나 준용 받는 도로에 연결될 경우에만 사도개설 허가가 났는데, 현행 개정 사도법에서는 연결하여야 하는 도로의 조건이 도로법상 도로뿐만 아니라 농어촌도로법상 도로까지 확대되어 지방 분권 이후 상대적으로 도로법상 도로의 신증설보다 농어촌도로법상 도로의 신증설이 급증하고 있다. 쥐구멍에도 볕이 들듯 맹지에도 서광의 빛이 비춰질 날이 얼마 남지 않은 듯하다.

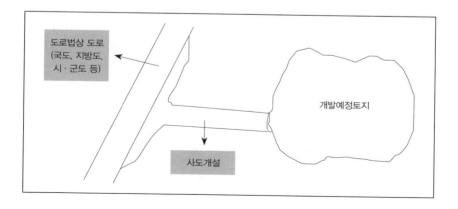

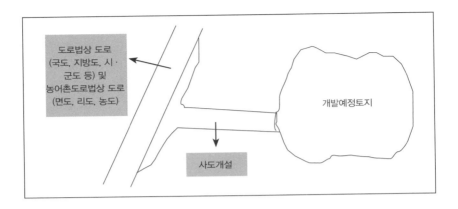

Tip.

면도는 노선번호가 100 으로 시작하며 , 주로 지자체내 읍면간을 가로지르는 비교적 긴 노선이고 , 리도는 노선번호가 200 으로 시작하며 주로 리동간을 왕래하는 기능의 도로를 말한다 . 농로는 노 선번호가 300 으로 시작하며 리동 마을에서 농업 경작지를 소통하는 주통행로를 말한다 .
내 토지 주변에 있는 도로가 농어촌도로인지를 확인하는 방법은 지자체 홈페이지에 고시공고에 고 시된 농어촌도로 노선지정고시 공고를 확인하거나 해당 시 도로관리팀에 전화로 문의해도 친절히 안내해 준다 .

여기에서 설명하고자 하는 것은 개발목적이 "공장부지"일 때라는 점이 다. 공장 설립목적의 개발외 목적으로 토지를 개발할 경우는 일반적으로 개발행위허가를 받아 개발한다.

그런데 공장부지로 개발을 할 경우 공장신설승인이라는 산업집적활성 화 및 공장설립에 관한 법(이하 산집법)에 의해 승인을 받는데, 개발행위허 가를 포함한 사도개설허가, 농지전용허가 등이 모든 인·허가행위가 의제 로 처리된다.

따라서 공장설립 승인시 의제 처리되는 인·허가행위 법률은 산집법의 종속을 받게 되는데, 바로 여기에서 현재 개정 추진 중인 사도법 개정 내 용이 공장 부지로 개발할 경우, 이미 산집법에서 2009년부터 허용하고 있다는 사실이다.

다시 말해 맹지에 공장을 설립할 경우 도로법상 도로뿐 아니라 그 도로가 아닌 길(농어촌 도로법상 도로 등을 말함)에 연결되어도 사도개설허가를 받을 수 있다.

법을 풀어서 설명하자면 현행 사도법에서 말하는 연결도로인 도로법상 도로가 공장 부지로 개발하고자 하는 토지로부터 너무 멀리 있고, 상대적으로 가깝게 농어촌도로가 인접해 있다면 그 농어촌도로에 연결하여도 사도개설허가를 내주어야 한다는 얘기다.

산업집적 활성화 및 공장설립에 관한 법률 시행령

제19조의 2 (사도개설 허가에 관한 기준)

법 제13조의 3 제1항에서 "대통령령으로 정하는 기준이란 다음 각호의 어느 하나에 해당하는 경우를 말한다.

1. 공장부지에서 도로(도로법 제2조에 따른 도로 및 같은 법 제7조에 따른 준용도로를 말한다. 이하 같다)를 연결하는 경우의 연결로의 거리가 도로가 아닌 길과 연결하는 장애물이 있는 경우.
2. 공장부지와 도로의 사이에 하천·도랑·제방, 그 밖의 지식경제부장관이 정하는 장애물이 있는 경우.
3. 공장 부지와 도로의 사이에 있는 토지 중 공장 진입로 조성에 필요한 토지의 소유자가 그 토지의 매도를 거부하는 경우로서 시장·군수·구청장이 그 사실을 확인한 경우.

결과적으로 맹지를 공장 부지로 개발하는 것은 사도법 개정 여부와 상관없이 현행법으로도 사도개설허가를 통해 해결할 수 있다. 맹지를 해결하는 데 걸림돌이 되는 호환마마보다, 소유권보다 더 무서운 게 농업진흥

지역에 갇힌 노른자위 땅이다. 소유권은 웃돈을 주고서라도 살 수 있지만 진흥지역에서는 사도법으로밖에 공장 진입로를 낼 수가 없기 때문이다.

사도개설 사례

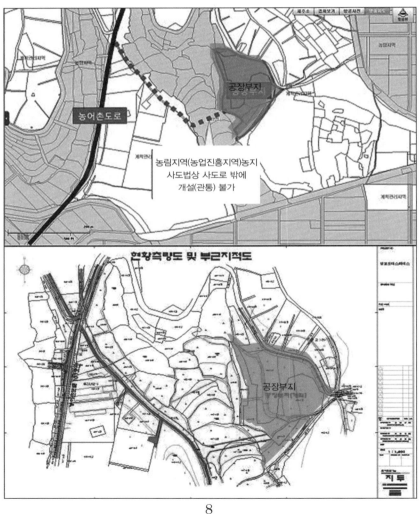

8

사례로 보는
맹지투자의 분석

맹지투자 실패 사례 분석

이런 토지에 투자하면 망한다!

며칠 전 전화가 왔다. 보유하고 있는 토지의 현재 시세를 알고 싶다면서 가격이 맞으면 매물로 내놓을 생각이라고 했다. 연일 장마철 폭우로 답사를 미루다 잠시 시간이 나서 답사를 했다.

마치 섬처럼 고립되어 있는 토지의 현장 사진

현장답사를 가기 전에 먼저 지적도 및 〈토지이용계획확인서〉를 살펴보니, 지방 2급하천에 저촉돼 실면적에서 약 30% 이상은 사용하지 못할 것으로 보였고, 지적도상 도로와 접해 있는 것으로 보어 실제 도로 여건을 확인하고자 답사를 나갔다.

지목	답		면적	제곱미터
공시지가	51,400원(2009/01)			
지역지구 등 지정 여부	국토의 계획 및 이용에 관한 법률에 따른 지역·지구 등	계획관리지역, 보전관리지역, **지방급하천(신복천) (저촉)**		
	다른 법령등에 따른 지역·지구 등	자연보전권역 〈수도권정비계획법〉 배출시설설치제한구역, 〈수질 및 수생태계보전에 관한 법률〉 하천구역(신복천), 〈하천법〉 수질보전특별대책지역, 〈환경정책기본법〉 수질보전특별대책지역(1권역) 〈환경정책기본법〉		
	시행령 부칙 제3조에 따른 추가 기재 확인 내용			
『토지이용규제 기본법 시행령』 제9조 제4항 각호에 해당되는 사항				

확인도면

□ 계획관리지역
■ 보전관리지역
□ 자연보전권역
□ 하천구역
□ 수질보전특별대책지역
□ 배출시설설치제한지역
□ 지방2급하천
□ 법정동

축척 1/600

위 지적도상 별색 표시 부분이 하천과 저촉된 부분이다. 토지의 상당부분(약 30% 이상)이 하천 저촉에 해당하는 것을 확인할 수 있다.

현장 주변의 항공사진으로 도로와 접촉면이 없는 맹지라는 것을 확인할 수 있다. 다리를 놓는다면 약 7~8천만 원 정도의 공사비가 추가로 들것으로 예상된다.

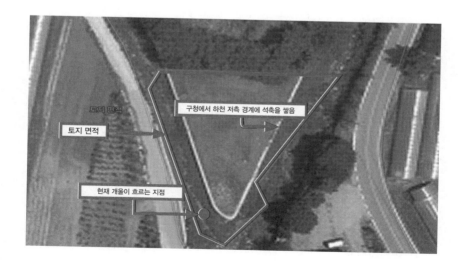

붉은색 표시 부분이 본 토지의 면적(약 250평)이며, 군청에서 하천 저촉 면을 경계로 석축을 쌓았다. 석축 바깥쪽 토지는 전체 면적의 약 30% 이상이며, 물이 흐르는 하천으로 사용할 수 없는 토지가 되었다.

사례 토지의 문제점

① 전체 면적의 약 30% 이상이 하천으로 편입되어 사용할 수 없다.
② 지적도상 도로와 접해 있으나 실제로는 사용할 수 없는 맹지이다.
③ 현 토지소유주가 3년 전 매입 당시 평당 60만 원으로 비교적 고가에 매입하였다.

이렇게 활용할 수 없는 토지를 매입한 분들을 가끔 만난다. 길 없는 맹지가 대표적인데, 이 땅은 조금 특별한 경우다. 이런 토지를 감정 의뢰를 받고 평가할 때면 마음이 무겁다.

현 소유자에게 하천부지로 편입될 때 보상 관계는 어떻게 되었는지 물어보지는 않았다. 만일 보상이 되었다고 해도 제대로 평가를 받지 못했을 것이다. 본 토지가 물에 잠기는 면적 없이 토지를 100% 사용할 수 있고, (하천 저촉이 안 된 경우) 도로에 접해 있는 경우라면 용도지역이 "계획관리지역"이므로 음식점(가든) 용도 또는 전원주택 부지로 활용할 수 있어 평당 70~80만 원 이상은 평가할 수 있을 것이다. 개울, 계곡, 강에 접해 있는 토지는 경관이 뛰어나서 많은 투자자들이 선호한다.

하지만 위와 같은 함정이 있을 수 있으므로 하천 저촉 여부를 확인해야 한다. 요즘처럼 비가 많이 오는 장마철도 있으므로 침수 여부를 확인하는 것은 기본이다.

토지는 다른 부동산에 비해 생각지도 못한 변수가 생기는 경우가 비일 비재하다. 정확한 분석을 거친 후에 투자를 하여야 하고, 만일 본인이 판단하기 힘들다면 신뢰할 수 있는 전문가를 활용하라고 권하고 싶다.

맹지투자 복기하기

기본에서 시작하는 일반적 맹지탈출

여기서는 부동산에 문외한인 어느 귀촌예정자가 집을 짓기 위한 땅을 구하러 다니면서 알게 된 지식들을 바탕으로 중 맹지를 구입하려 할 때 반드시 짚어봐야 할 몇 가지다.

맹지 매입시 고려해야 할 점

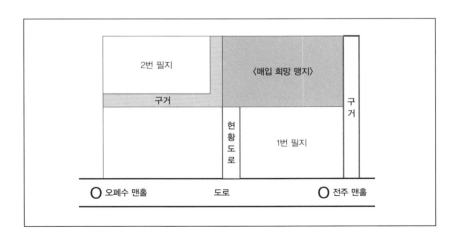

도로확보

도로가 없는 땅, 즉 맹지는 건축 자체가 불가능하다. 그래서 도로를 만들 수 있는가 없는가 하는 것이 첫 번째 고려 요소이다.

① 현황도로가 있는 경우

현황도로란 지적도에는 도로가 아니지만 현재 도로로 사용되는 도로를 말한다. 다수가 이용하는 통로이거나, 그 길을 통해서만 진입할 수 있는 가구가 그 길의 마지막에 있을 경우 현황도로로 볼 수 있는데, 정확한 것은 군청에 문의하면, 그 길을 도로로 볼 수 있는지 없는지 알려준다.

현황도로로 인정된다면 건축이 가능하다. 하지만 1번 필지의 지주가 소송까지 불사한다면 건축허가가 난다 할지라도 건축이 중단될 수 있으므로 사전에 허락을 구해보는 것이 좋은 방법이며, 허락을 받았다면 최대한 빠른 시간 내에 건축하는 것이 유리하다.

② 현황도로가 없는 경우

현황도로가 없는 경우에는 1번 필지의 지주로부터 토지사용승낙서를 받아 도로를 확보한 후 건축이 가능하다. 토지사용승낙서를 받는 경우 반드시 인감증명을 첨부해야 한다.

이때, 전주와 오폐수관로를 묻는 것에 대해서도 반드시 명시하는 것이 이후에 논란이 없으며, 승낙서를 받은 후 건축과 함께 도로 부분만큼 승낙서를 이용하여 필지를 분할하는 것이 좋다.

③ 현황도로도 없고, 토지사용승낙서도 받지 못하지만 옆에 구거를 끼고 있는 경우

도로에서부터 필지까지 이어지는 구거가 있는 경우는 아주 이상적인 맹

지라 할 수 있는데, 이때 대단히 난공사가 아닐 경우에는 이 구거를 이용하여 진입로를 확보하는 것이 좋다.

군청에 구거점용허가를 득하여 흄관을 묻은 후 포장하여 진입로를 만들면 된다. 가능 여부는 행정관청에서 답해준다.

▶ 첨언 : 여러 땅을 지나서 도로로 내려가야 하는 경우는 여러 땅의 지주들에게 모두 토지사용승낙서를 받아야 하기 때문에 현실적으로 힘든 면이 있다. 현지인이 아니라면 사실상 해결이 힘들다.

이럴 경우에는 마을의 이장님이나 새마을지도자 등 마을 유지들과 먼저 협력관계를 만든 후 일을 진행하는 것이 여러모로 좋은 것 같다.

오폐수관로

도로 못지않게 중요한 것이 오폐수관로이다. 관로가 연결되지 않으면 건축허가를 득할 수 없기 때문이다.

① 구거가 접해 있는 경우

맹지에 구거가 접해 있는 경우가 가장 이상적인 경우이다. 오수합병정화조를 설치할 때는, 구거가 접해 있으면 그쪽으로 연결하여 방류하면 된다.

하지만 지목상 구거라고 하여 모두 가능한 것은 아니며, 현재 구거로서의 기능을 하고 있는 구거라야만 한다. 구거관로사업을 통해 물길이 바뀌어 형식상 구거로 존재하는 곳은 허가가 나질 않는다.

군청에 문의하면 실사 후 사용이 가능한 구거인지 아닌지를 가르쳐준다.(개발행위 사전심사시에 반드시 문의!)

② 구거가 접해 있지 않은 경우

구거가 접해 있지 않은 경우는 반드시 도로에 있는 측구에 오폐수관로를 연결해야 한다. 이때 현황도로를 파서 아래로 관을 묻어 내려와야 하기 때문에 반드시 토지소유주의 승낙을 받아야 한다. 토지사용승낙서를 받을 때 이를 명기하는 것이 추후에 분쟁의 소지가 없다.

도로에 지자체의 맨홀이 있다면 바로 연결하면 되고, 만일 개인이 매설해놓은 관로가 있다면 연결해야 하는데, 개인이 매설해놓은 관로에 연결하기 위해서는 그 사람의 동의를 구해야 하며 미리 협의하여 적정선에서 사례를 해야 한다.

측구가 멀다면 공사비를 무시할 수 없으므로 땅을 매입하기 전 소요비용을 철저히 계산해보아야 한다.

③ 하수종말처리시설이 되어 있는 마을과 접해 있을 때

이때는 정화조를 묻지 않아도 되고 관로만 묻어 결합시키면 된다. 하지만 거리가 너무 멀어서 공사비가 많이 든다면 정화조를 묻어서 구거로 배출하는 것이 경제적일 수도 있다. 비용이 비슷하게 들거나 차이가 미미하다면 정화조보다는 하수종말처리시설로 연결하는 것이 좋다.

하지만 관로가 도로를 가로질러 지나갈 때에는 군청에서 허가해 주지 않으려는 경우도 있으므로 반드시 사전에 군청 하수과에 문의한 후 실행해야 하며 이 또한 개발행위 사전심사 때 꼭 명기하여 심사를 같이 받는 것이 좋다.

전기·전화의 설치

전기·전화의 설치는 도로와의 거리가 멀면 멀수록 기하급수적으로 그 설치비용이 급증한다. 도로에서 먼 맹지일수록 이런 경우가 많은데, 반드시 거리를 따져보고 비용을 미리 계산해야 뒤탈이 없다.

▶ 첨언 : 집을 지을 목적으로 맹지를 사는 경우, 반드시 군청에 개발행위사전심사를 신청하는 것이 좋다.

개발행위사전심사는 해당 직원들이 나와서 실사한 후 왜 그 땅에 건축이 안 되는지, 아니면 건축을 하기 위해서는 이러이러한 요건이 필요하다는 것을 상세히 알려준다.

위의 요건이 아닐지라도 경사도, 입목도 등 수많은 요건에 부합되는지를 알려준다.

맹지는 도로가 있는 땅에 비해 1/3 심지어 1/10 이상 싼 경우도 있다. 하지만 위의 요건을 득하면 지역에 따라 다르지만 건축이 가능한 곳은 절반 정도로 시세가 형성되어 있다.

무엇보다도 중요한 것은 구입하기 전 반드시 마을에서 정보를 수집하여 가능성을 타진해 보는 것이다. 내 경우에는 작은 슈퍼마켓에서 많은 정보를 얻고, 이장님을 비롯한 마을유지들을 소개받아 의논을 했는데, 부동산업자나 군청 등에서 듣지 못했던 엄청난 정보가 숨어 있음을 알 수 있었다.

▶ 딜레마 : 사실 타지 사람이 현지의 땅을 주체적으로 알아보고 구입하는 데는 한계가 있다. 왜냐하면 타지 사람들에게는 아직까지 법적으로 꼬치꼬치 따지고 인감증명을 첨부하는 등에 대한 거부감이 상당하기 때문이다. 마을 사람들은 필요하면 진입로를 허가 없이 포장하여 쓰기도 하고, 구두로 그냥 쓰라고 하지만, 승낙서를 요구하면 상당히 불쾌감을 표시하기도 한다. 아무리 친절하게 몸을 낮추어도 그런 부분이 있을 수 있다.

따라서 직접 뛰기보다 현지인이 운영하는 부동산을 통해 접근해 나가는 것이 쉬울 수 있다. 아무래도 법과 원칙보다는 아직까지 시골에서는 인맥이 더 중요하기 때문인 것 같다.

맹지탈출 실전 해법

길이 없는 토지를 매입할 때 염두에 두어야 할 것들이 많다. 그래야 몇 년 후에라도 문제(분쟁)가 발생하지 않는다.

며칠 전 한 고객의 부동산 매매 의뢰를 했다. 위치도 좋고 진입 여건도 좋았으므로 좋은 가격을 받을 수 있을 것으로 기대가 되었다. 하지만 매도를 의뢰하고자 방문을 해서 서류를 보니 지적상 도로가 없는 맹지였다.

내가 "도로 문제는 해결을 보셨는지요?"라고 묻자 길을 내주는 조건이라면서 매매할 때 어떻게 해야 하느냐는 대답이 돌아왔다.

"매도인이 도로만 내어주면 되는데 뭐가 걱정일까?" 라고 말할 수도 있겠지만 이런 경우에는 여러 가지 경우의 수(문제)가 발생할 소지가 많다.

법적 도로로 인정받을 수 있는 것은 ① 지적상 "도로"로 표기된 도로(현황도로이어야 하며 폐도인 상태는 해당되지 않음)가 토지와 접하여야 하고, ② 수십 년 동안 사용된 현황도로라 하면 5가구 이상의 주민이 현황도로를 이용하여 진출입하는 데 사용하고 있는 도로여야 한다. (이 경우에도 인·허가는 가능하나 추후 도로 사용에 관한 법적 분쟁이 일어날 수 있다.)

자, 그럼 위에서 검토한 2가지에 적용되지 않는 도로라면 맹지를 구입할 때 어느 단계까지 되어야 도로에 대한 걱정이 해결되는 것인가에 대해 알아보기로 한다.

사례 1

3천 평의 임야를 300평씩 10필지로 나눠 분양하는 단지를 구입할 경우
이와 같은 경우는 보통 초기 분양시점에 가분할도에 의한 실부지와 도로 위치를 확인하고 구입하게 된다. 단지의 주 도로는 임야를 개발할 경우, 단지입구 필지에서 마지막 필지까지 1회의 허가로 도로를 개설할 수 있다.

가장 많이 사용하는 방법이 마지막 필지에 전용목적을 주택 또는 창고로 허가받아 도로를 개설하는 방법이며, 주택으로 허가를 받게 되면 건축을 착공하여 완공하는 기간이 약 4개월 정도로 많은 시간이 소요되므로 대개 창고로 허가받아 도로를 개설하고 창고를 지어 창고 준공을 받게 되면 진입도로도 자연적으로 준공 처리되어 분할 후 도로로 지목이 변경된다.

이러한 단지 내 도로의 경우 진입도로를 각 필지와 접하게 하여 허가를 신청하게 되므로 마지막 필지의 창고 준공이 종료되면 모든 필지에 도로가 접하게 된다.

도로개설 순서를 보자.

① 목적사업의 인·허가신청(도로도 함께 신청)

② 인·허가 취득

③ 인·허가에 의한 허가구역 현황 측량

④ 허가도면에 의한 도로개설공사 및 전용목적물 착공

⑤ 도로개설 후 분할 신청(도로분할 및 목적사업부지 분할측량)

⑥ 목적사업 완공

⑦ 목적사업 준공검사신청(분할성과도 첨부)

⑧ 목적사업 준공 처리

⑨ 도로 및 실부지 지목변경(실제지목이 도로로 표기되는 시점)

만일 전용허가에 의한 목적건물의 준공이 되지 않았을 경우 인·허가도로를 접하게 되는 중간 필지들은 선先 허가의 준공이 처리되기까지 허가상 도로를 이용하여 인·허가를 신청할 수 없게 되므로 완벽한 도로라고 볼 수는 없다.

양평군과 같은 수도권지역의 개발업자들은 자본이 영세하여 분양 후에도 사업을 종종 진행하지 않아 미완성 도로로 인한 분양자들에게 피해를 주곤 한다. 이러한 경우에는 계약을 할 때 도로 준공 후 잔금을 지급한다는 조건을 명시하여 사전에 피해를 방지하여야 한다.

총면적이 2 ~ 3천 평일 경우와 도로의 총 길이가 200미터 이상일 경우

2회에 나누어 인·허가를 신청하여 도로를 개설하여야 하기 때문에 도로 준공시점까지의 시간이 많이 소요되므로 특히 주의하여야 한다.

구입 시점에 지적상 도로 형태가 필지로 구분되어 있는 상태이나 지목이 도로가 아닌 임야 또는 전, 답 등이라면 전체 개발의 진행과정에 관한 인·허가서류를 꼼꼼히 살펴 언제쯤 도로로 지목변경이 되는지를 정확히 알고 토지를 구입하여야 한다.

사례 2

단독필지의 임야 또는 토지를 구입하려고 하는데, 길이 없어 지적상 도로와 연결되는 토지의 토지사용승낙서를 교부 받을 경우

이런 경우에 토지사용승낙서의 승낙 기간은 별도로 명시하지 않기 때문에 몇 년 후에라도 사용은 가능하나 다음과 같은 문제가 가장 많이 발생하기 때문에 주의를 요한다.

① 토지사용승낙서를 교부한 후 승낙자(토지소유주)의 명의가 변경(매매 또는 사망에 의한 증여)되었을 경우 변경된 소유자가 진입도로의 사용을 거부할 경우 : 예전 승낙서는 사용할 수 없음.

② 토지사용승낙서에 사용자를 기재하여 받은 경우에 간혹 토지를 매매

하여 타인이 예전의 승낙서를 사용하려 할 때 승낙자가 이를 거부하는 경우 : 예전 승낙서는 사용할 수 없음.

③ 토지사용승낙서에 승낙 받은 평수를 표기하였으나 표기된 면적으로 진입이 불가 할 경우 : 사용 불가함.

④ 1통의 승낙서를 받은 경우.

대표적인 분쟁은 위의 ①, ②항으로 인해 발생하는데, 토지사용승낙서를 교부받을 때는 다음과 같은 사항을 유념해야 한다.

① 승낙자는 기입하되 사용자의 인적사항은 기입하지 않고 토지사용승낙서를 교부 받아야 한다.

② 승낙받는 사용면적은 지적공사 또는 측량사무실에 의뢰하여 승낙받는 면적에 부족함이 없도록 표기하여야 한다.

③ 승낙기간은 표기하면 안 된다. 표기를 하지 않으면 기간이 없이 지속적으로 인정되어 문제가 발생하지 않으나 간혹, 20~30년으로 기간을 명시하여 달라고 하는 사람들이 있는데, 이런 경우 추후 분쟁 소지가 있으므로 주의하여야 한다.

문제는 위 ①항의 경우이다.

승낙한 토지의 소유자가 토지를 영구히 소유한다는 보장이 없으므로 이에 대한 해결책에 대하여 단순히 간단한 사항으로 "또 받으면 되지"라는 식의 안이한 생각으로 대처한다면 큰 문제가 생길 수 있기 때문이다.

위 ①항의 경우를 해결하기 위해서는 다음과 같이 대처해야 한다.

① 승낙서를 받고, ② 승낙서를 받는 즉시 소유 토지와 승낙받은 진입도로를 이용하여 인·허가를 받는 것이다. ③ 전용목적물은 최소한 간단하게

창고로 하여 허가를 받은 후 목적사업을 완료하여, ④ 진입도로를 허가에 의한 분할 신청하여 분할과 지적정리를 마친 후, ⑤ 목적사업의 준공을 받고, ⑥ 승낙 부분의 지목을 도로로 변경하여야 한다.

간혹, 포장만 되어 있으면 사용을 막을 수 없지 않느냐는 질문을 받곤 하지만 실제 포장된 도로를 뜯어내고 현황도로를 폐도시키는 경우가 비일비재하기 때문에 포장이 되어 있다고 하더라도 도로의 소유자가 개인이라면 완전한 도로로 볼 수가 없는 것이다.

또 한 가지 주의할 점은 토지사용승낙서를 받을 경우 위 ④항과 같이 1통만 받는 사람들이 많다는 것이다. 최근에는 인·허가에 건축물이 수반된다면 개발행위허가(전용허가)가 처리되어 허가증을 발급받아 건축허가를 받도록 되어 있다.

이때 개발행위허가 신청에 승낙서 1부와 건축허가 신청 때 승낙서가 1부 첨부되어야 한다. 변경사항이 없다면 최소 2부는 필요하게 되며 구거, 하천 등을 점용하여 인·허가를 받아야 한다면 목적 외 사용승인이라는 허가가 수반되므로 이때 또 1부의 승낙서가 필요하게 되고, 만약, 인·허가 과정에서 다소 문제가 발생하여 허가가 반려되어 다시 신청할 경우 신청서류가 일체 반환되지 않으므로 토지사용승낙서 전체가 또 다시 필요하게 된다.

변경사항이 발생할 경우에도 토지사용승낙서가 새로 필요하다. 결국 몇 통의 승낙서가 필요할지 모르는 상황에서 1통의 승낙서만 받는다면 나중에 승낙서를 다시 교부 받을 때 난감한 일이 발생할 수 있다. 꼭 승낙서를 교부받을 경우에는 설계사무소에 의뢰하여 총 몇 부가 필요한지 점검하고 필요 부수의 배倍의 승낙서를 교부받아 두어야 안전하다.(승낙서를 받을 때 각 승낙서 1부에 인감증명서 1부씩을 첨부하여야 함.)

간혹 있는 경우지만 승낙서를 받아야 하는 토지의 국토이용계획법상 용도지역도 확인하여야 한다. 구입한 토지가 관리지역이지만 승낙서를 받는 부분의 용도지역이 보전임지, 농림지역, 자연환경보전지역, 공익임지 등 도로개설에 문제가 있는 토지들도 간혹 발생한다.

많은 이들이 이런 어처구니없는 일을 겪는데, 토지를 구입할 때 진입도로를 위해 토지사용승낙서를 교부받았는데, 승낙서를 받은 부분이 당시 보전임지라면 문제가 생긴다. 허가를 받는 과정에서 자연환경보전지역과 공익임지까지 중복되는 용도지역의 변경으로 인·허가에 어려움을 겪게 된다. (공익임지와 자연환경보전지역에서는 주택 진출입도로를 신규개설할 수 없음 : 2004년 5월경 법령개정)

맹지탈출은 공간구조로 토지를 인식하는 것에서부터

맹지탈출의 3가지 방법

맹지에는 건축이 허용되지 않으므로 건축을 하려면 당연히 맹지에 도로를 개설해야 한다. 여기에는 3가지 방법이 있다.

가장 확실한 첫 번째 방법은 도로에 접한 인접토지를 매입해 도로를 개설하는 것이다. 두 번째 방법은 맹지의 일부와 인접한 토지의 일부(진입로 개설 면적)를 교환해 진입로를 만드는 방법이며, 세 번째 방법은 인접토지를 영구히 사용할 수 있도록 빌려서 도로를 개설하는 방법이다.

이 중에서 세 번째 방법을 굳이 분류하자면 두 가지로 나눌 수 있는데, 보통 토지사용승낙(도로사용 승낙)을 받으면 무조건 해결되는 줄 아는 사람이 많지만 그렇지 않다. 토지사용승낙의 취약점은 바로 영구히 그 효력이 인정되는 것이 아니라는 점이다. 첫째, 소유자가 토지를 타인에게 양도했을 때와 둘째, 소유자가 사망했을 경우이다.

다행히 매수인 또는 상속인이 계속 사용을 승낙하는 경우는 상관없겠지만 그런 경우는 한 번도 보지 못했다. 많든 적든 반드시 대가를 치러야 도로사용승낙이 승계된다.

따라서 토지(도로)사용승낙을 받을 때는 다소 지료를 지불하더라도 가능하다면 최초 시점에 양도 또는 상속, 증여시에도 토지사용승낙을 영구히 존속되게 승계한다는 내용의 단서조항을 달아두는 것이 중요하다. (*그럼에도 법적으로는 소유권 이전시 제3자 대항력이 불인정 되어 토지사용승낙의 승계는 불안하다는 점을 알고 있어야 한다.)

또 하나는 지역권의 설정이다.

일정 지료를 지불하고 도로사용승낙을 받았다면 등기부에 지역권의 설정을 요구해야 한다. 지역권이란 토지사용승낙의 내용을 공부상에 등록하는 용익물권으로 편익을 주는 '승역지'와 편익을 받는 '요역지'로 구분되며, 이렇게 공부상에 등재를 해서 확실한 대항력을 갖춰 놔야 향후 있을지 모를 추가비용의 희생자가 되지 않는다.

지역권은 어느 토지를 위해 다른 토지를 사용할 수 있는 권리를 말하는데, 이는 등기할 수 있고, 등기하게 되면 설령 토지가 매매되더라도 이 지역권은 새로운 매수인에게 그대로 승계가 되므로 진입로를 이용하는 입장에서는 그만큼 안전장치가 된다.

토지사용승낙과 관련 유의할 점

맹지에 진출입하기 위해 다른 사람으로부터 토지사용승낙서를 받는데, 그 토지가 농지라면 문제가 조금 복잡해진다.

만약 자신의 농지를 다른 사람의 진, 출입로로 사용하도록 빌려주었다면 이는 농지를 타인에게 임대차(무상인 경우에는 사용대차)하는 것이 되는데, 임대차는 1996년 12월 31일 이후 함부로 하지 못하도록 법이 금지하고 있기 때문이다.

따라서 진출입로로 사용할 토지가 농지 외의 토지라면 모르되 농지인 경우에는 이 점을 감안해야 한다.

농지의 일부를 진입로로 빌려주려는 경우에는 농지법에 따라 합법적으로 전용절차를 거친 다음 임대차 하는 방법을 택해야 한다. 이때 발생하는 전용허가 비용은 물론 맹지의 소유자가 부담해야 할 것이다.

아니면 맹지소유자는 아예 그 일부를 분할해 매입해야 한다.

맹지 매입시 유의할 사항 : 도로 현황 체크

도로는 땅 투자의 핵심이다. 도로가 생겨나면 가격이 오르기 때문이다. 그래서 돈은 도로를 타고 흐른다는 말이 생겼다. 어떤 이들은 도로를 인체의 혈관에 비유할 정도로 도로의 가치를 높게 평가한다.

토지를 장기 보유하고 있는 이들로부터 시세 또는 기타 문의를 자주 받는다. 이들 중 자신의 토지가 도로가 접했는지 아닌지도 모르고 있다는 사실을 깨닫고 놀라는 것을 자주 보았다. 어떤 분은 현황도로가 있기 때문에 도로가 접했다고 우기는 경우까지 있다.

나는 현황도로와 접한 토지는 도로 없는 맹지로 분류한다. 경매정보지를 보면 가끔 '맹지나 남측 현황도로를 경유하여 출입'이라는 문구를 볼수 있다. 이런 토지는 모두 맹지다.

토지를 매입할 때, 도로의 유무는 매우 중요하다. 지역마다 조금 달라서 지적상 도로가 없는 토지가 현황도로가 접하였다고 하여 건축허가를 내주는 지역도 있기는 하다. 물론 나중에 현황도로의 토지소유주가 도로를 폐쇄하면 무조건 막힌다고 보아야 한다.

지가가 낮고 개발이 안 된 낙후지역에서는 토지의 재산가치가 떨어지기 때문에 그냥 묵인하지만 지가가 올라 가치가 높아지면 사유재산인 현황도로는 언제나 분쟁거리가 된다. 물론 소송을 해도 소유자가 승소한다.

특히 큰 토지를 공동구입하여 수 개의 필지로 분할한다면 도로개설은 필수다. 함께 구입했기 때문에 구입 당시 큰 면적의 토지 한 부분에 도로가 접하였다 하더라도 추후 분필되는 모든 토지가 지적상 도로와 접하지 않았다면 많은 필지들이 맹지가 되는 것이다.

간혹 공동구입하여 분할된 안쪽의 토지(지적상 도로와 접하지 않은 토지)를 도로가 있다고 매매하려고 묻는 이들이 있다. 이런 맹지는 매매할 수가 없다.

정리하자면, 토지를 구입할 때 지적공부 서류를 확인해 아래의 경우는 맹지, 준맹지로 언제든지 분쟁 발생이 가능하다는 것을 알아야 한다.

맹지인 경우

① 지적상 도로와 접하고 있지 않은 토지.

② 공유 소유의 토지 중 도로개설계획도면을 첨부하여 공유자와 도로개설에 관한 약정이 없는 토지.

③ 현황도로로 차량 통행은 가능하지만 지적상 도로와 접하지 않은 토지.

준맹지인 경우

① 지적상 도로와 접하였지만 간선도로 및 주 도로(폭 6미터 이상의 마을도로)에서 부지까지 폭 4미터 이하인 지적상 도로와 접한 토지.

② 간선도로에서 연결되는 구간 중 일부가 현황도로를 이용하여 연결된 지적상 도로와 접한 토지.(간선도로에서 연결되는 도로의 지적상 도로가 끊어진 경우)

③ 도시계획도로가 아닌 개발행위허가를 받아 개인이 개설한 사도와 접한 토지.

맹지 탈출 사례 분석

강원도 홍천의 맹지 투자 사례

3년전 맹지인 A와 B를 평당 5만 원(5,420평)에 매입하였다. 그리고 원주민 소유인 C 부지 중 D(100평)를 평당 200만 원에 매입했다. 부지의 뒤쪽으로는 저수지가 있고 또 레저타운이 형성될 예정이어서 주변시세는 30만 원 정도로 형성되어 있으며, 현재는 도로를 확보해 건물 2동을 신축 다른 친구와 함께 전원생활을 누리고 있다.

이 사례에 등장하는 곳은 강원도 홍천 남면으로, 판교에서 1시간 30분 거리이다. 홍천이라고 하면 멀다고 느낄 수 있지만 실제로는 양평군 청운면과 바로 인접해 있는 지역이다.

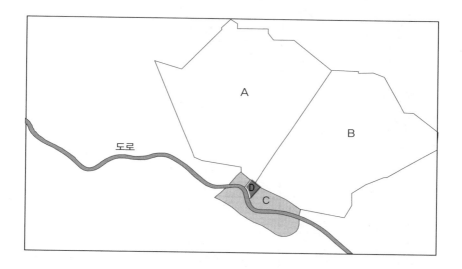

분석

이 경우 맹지를 면한 토지가 도로부지에 비해 워낙 크기 때문에 도로부지를 2억 원이라는 거금을 주고 매입하였더라도 수익률이 자그마치 350%나 된다.

실매입 평단가는 86,000원 정도이므로 주변 시세(30만 원)로 보면 맹지투자로 엄청난 수익을 거둔 셈이다. 물론 평수로 보아 임야일 것으로 판단되어 환금성, 분양성, 소요시간 등과 분할분양에 따른 토목공사비, 측량비, 설계비 등 다양한 변수가 있으나 본 프로그램은 이러한 변수가 반영되지 않은 단순 현재 가치만을 계산하고 있다.

맹지탈출 수익성 분석

코랜드연구소

맹지분석	면적(평)	평당가격	비맹지 평당 거래가	매수가격
	5,420.00	₩ 50,000	₩ 300,000	₩ 271,000,000

구분		수치	내용
구거점용시	면적(평)	0.00평	폭 X 길이 X 0.3025
	공사비용	₩	교량, 노강 설치 및 포장 비용
	공사지가	₩	인근토지 공시지가
	10년 사용료	₩	(전용면적 X 공시지가 + 부가세 10%)
	전체 소요비용	₩	매수가격 + 공사비용
	가치반영 현재가	₩	비맹지 평당거래가 X 면적
	가치상승률	0.00%	**실매입 평단가**	**₩ 85,688**
도로확보	매입시	면적(평)	100,000평	폭 길이
		매수평단가	₩ 2,000,000	평단가
		기타비용	₩ 2,000,000	세금, 측량/ 등기 등 분할비용
		전체매입가격	₩ 473,000,000	맹지 구입가 + 매입 부지가 + 기타비용
		가치반영 현재가	₩ 1,656,000,000	비맹지 평당거래가 X 면적
		가치상승률	350%	**실매입 평단가**	**₩ 85,688**
	교환시	교환면적(제공면적)	0.00평	가치와 면적에 따라 1:2 ~ 1:10 비율 교환
		교환면적(받은면적)	0.00평	
		교환 후 총 면적	0.00평	맹지면적 − 교환면적 + 도로면적
		교환비용	₩	세금, 측량/ 등기 등 분할 비용
		가치반영 현재가	₩	비맹지 평당거래가 X 교환 후 총 면적
		가치상승률	0%	**실매입 평단가**	**₩**

국공유지 점용 성공투자 사례 분석

총 3필지의 이 땅은 얼핏 보면 푹 꺼진 계획관리지역의 답으로 도로와
도 거리가 떨어져 있어 지나치기 쉬운 매물이었다. 하지만 꼼꼼히 들여다
보니 도로 높이만큼 성토를 하고 도로점용과 배수로를 확보한다면 실제
매입하는 토지보다 훨씬 더 많은 면적을 주차장 및 진입로로 활용할 수 있
다는 결론에 도달했다.

교통량이 비교적 많고 왕복 8차로의 송산산업단지와 당진 IC 사이에 신
설되는 산업도로 송산교차로에서 약 100미터 앞에 있어 향후 잠재가치도
높아 잘만 활용한다면 100평으로 200평 이상의 효과적인 토지 리모델링
의 성공적 모델이 될 수 있는 투자사례다.

분석

3필지 총 345제곱미터(104평) = 6,500만 원(평당 62.5만 원/주변시가
100~120만 원)

지자체 소유의 도로 3필지 836제곱미터(252평) 중 실제 포장도로 면
적 252제곱미터(약 76평), 점용가능 면적 584제곱미터(약176평)으로 매
입면적 대비 약 170% 정도의 토지를 점용해서 사용할 수 있다는 계산이
나온다.

단, 점용하는 토지에는 건축을 할 수 없으며 가감속 면적(가속/감속을 위
해 확보해야하는 법정 최소거리= 5미터)을 감안하더라도 일 년에 몇 만 원 정도
의 사용료를 내고 두 배 이상은 점용할 수 있다는 결론이 나온다.

또 하나의 관건은 지대가 낮다는 단점을 보완하기 위해 흙을 매립 성토
하는 작업이 남아 있는데, 성토용 흙을 구입하려면 보통 25톤 한 차에 약
6만 원 정도로 10~12루베(입방미터)를 싣는다.

성토해야 하는 면적이 836제곱미터이므로 약 2미터를 높인다고 가정하

면 836 × 2 = 1,672입방미터로 1672÷10=167대. 즉 167대 분량의 성토가 필요하다. 167대×6 만 원 = 1,000만 원 정도의 비용이 소요된다.

물론 흙을 성토하면 시간이 지나면서 침식되는 점을 감안하여 어느 정도 여유는 두어야 한다.

길을 가다보면 주차장을 넓게 확보해 차량이 안전하게 진입하도록 유도하는 가든이나 상가에서 단골로 쓰는 점용방법이다. 아래 사진 참조.

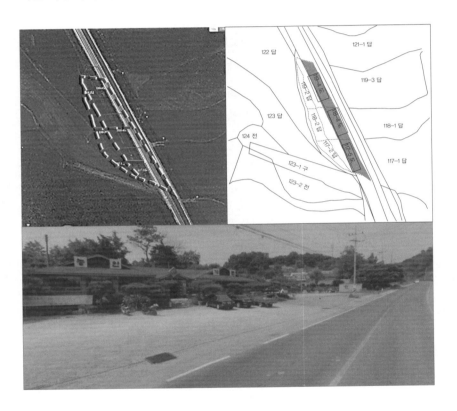

단순히 도로에 접했는가만 논하지 말고 국가에서 허용하는 점용허가를 이용한다면 보다 효과적으로 실제 사용할 수 있는 면적을 극대화시킬 수 있다. 구체적 점용 테크닉으로 공유수면점용허가와 도로점용허가를 활용하여 가용면적을 크게 늘려 사용할 수 있다. 국가에서 법으로 정해 국민의 이익증진에 기여하도록 허용한다면 적극 활용해야하지 않을까?

　이번에는 구거를 점용한 사례(공유수면점용허가)를 보도록 하자.
　신평면에 거주하는 고교 교사가 소유한 토지로 평야를 내다보며 뒤로는 병풍처럼 야트막한 임야로 나무가 바람을 막아 주는 전망 좋은 밭이다.
　우측의 구거가 배수로로 사용할 수 있는 구거이며 앞에 보이는 밭이 점용해 사용하고 있는 점용면적(약 100평)이다. 이 땅은 도로와 구거를 동시에 점용하여 150평 정도를 사용하고 있다.

그럼 국가에서 주는 토지 인센티브, 점용의 허가와 절차 그리고 사용료를 알아보도록 하겠다.

도로점용허가는 토지소재지 관할 읍/면/동사무소에 신청하는데, 도로점용허가신청서에 사업계획서와 토목설계도면이 첨부되어야 하며 전문가가 아닌 이상 개인이 하기 힘들기 때문에 가까운 토목설계사무소에 위임하여 처리하는 게 수월하다.

허가신청서 접수시 수수료는 1,000원이고, 도로점용사용료는 1년에 한 번 아래의 요율대로 내면 된다.

> 대지 공시지가 × 면적 × 요율(2%) = 사용료/년

공식대로 계산해보면 위 첫 번째 건의 경우, 도로부지는 대부분 공시지가가 없으므로 인접한 토지의 공시지가를 적용한다.

> 개별공시지가 49,100 × 836제곱미터(점용대상면적) × 2% = 820,952원/년

즉 82만 원에 약 170평 정도를 산 셈이 된다. 여기에 토목설계사무소에서 전용허가의 절차에 따라 개발비용이 추가되지만(농지전용허가와 농지전용부담금+개발행위허가+측량 및 토목설계비를 포함해서 총 개발비용을 계산) 여기서 강조하고자 하는 것은 국가 소유의 토지를 합법적으로 사용하여 토지이용이라는 면에서 극대화를 꾀하자는 측면만 놓고 보았을 때의 가용면적이라는 점이다.

이와는 달리 구거점용허가는 '공유수면점용허가'라 하여 소유주가 국토교통부라면 해당관청에 신청해야 하고, 농어촌공사라면 읍/면/동사무소에서 접수하며, 절차는 대동소이하다.

개발 또는 영농의 목적이 분명해야 하는 점용허가는 국가에서 인정한 혜택을 합법적으로 이용하는 것으로 적극 활용한다면 같은 값으로 좀 더 많은 면적을, 같은 값으로 좀 더 효과적인 토지 활용법이 되겠다.

가능하다면 국유지를 점용하는 게 바람직하다고 생각한다.

유의할 점

단 도로라고 해서 모두 다 점용할 수 있는 게 아니라는 점은 유의해야 한다. 국도변에 지정된 '완충녹지'는 개인이 점용할 수 없으며 '접도구역'은 점용가능하나 해당 도로의 설계속도와 가까운 곳에 교차로가 있다면 이 또한 '교차로 영향권'의 범주에 들어 도로점용이 불가한 경우가 많다.

모든 토지는 항상 공법만 안다고 해석이 되는 것이 아니므로 최종 점검은 해당 지자체의 담당부서에서 확인을 한 후에 결정해야 한다는 것을 명심하자.

맹지를 경락받았을 때, 통행로 사용에 관한 사례

유망한 지역의 토지 중 소액의 맹지다. 향후 합병이나 수용 등으로 땅의 가치가 재조명되기 때문이다. 실례로, 경매시장에서 맹지인 경우에도 감정가 이상으로 낙찰되는 사례는 정보를 선점하는 투자자의 몫으로 상당 수익률을 보이고 있다. 또한 거래 대상으로 현황상 맹지인지 아닌지를 보기보다는 진입로 확보 여부를 따지는 것이 중요하다.

일반적으로 일정 면적이 미달되는 관리지역의 경우 매도자가 진입로를 확보해 주는 조건으로 거래를 성사시킨다.

통로와 따로 경락받은 맹지

창고 건물이 필요한 맹주일 씨, 저렴한 가격에 부동산을 구입해 보고자 경매 매물을 알아보았다. 마침 전 토지주가 창고 건물을 지은 직후 자금사정으로 경매가 진행 중인 토지를 발견하고 경매 절차에 적극 참여하여 결국 낙찰을 받게 된다.

한편 창고부지, 창고부지 앞도로, 도로에 붙은 토지는 모두 한 사람의 소유였는데, 경매절차를 통하여 창고부지는 맹주일 씨가, 창고부지 앞을 지나는 폭이 좁은 비포장 도로 및 그 인접토지는 나고야 씨가 낙찰을 받았다.

통행금지 팻말
물류를 차에 싣고 창고로 들어가려던 맹주일 씨, 빨간색 글씨가 적힌 팻말을 발견하고 섬뜩한 마음에 급브레이크를 밟는다. 팻말의 내용은 다음과 같다.

'이곳은 사유지이므로 토지주 외 사용을 금함 : 소유자 백'

팻말을 치우고 다시 차를 운전하여 가려고 하자 나타난 나고야 씨. 맹주일 씨는 "아니 전부터 길로 사용되던 곳을 갑자기 막으면 어쩌란 말입니까?"라고 항의하는데, 나고야 씨도 물러서지 않는다. "아니, 조용한 곳에서 맹 사장님 창고로 드나드는 차 때문에 시끄럽고 매연이 발생하고, 길도 패이지 않습니까. 내 땅이니 험하게 사용 않고 아끼고 싶은 것뿐이오."

이렇게 두 사람 사이에 팻말을 당장 치우라 마라 하다가 몸싸움까지 하게 되고 그만 엉덩방아를 찧게 된 맹주일 씨. 맹주일 씨는 전치 3주의 진단서를 경찰서에 제출하며 나고야 씨를 폭행으로 고소하고, 화가 난 나고야 씨는 맹주일 씨를 상대로 통행금지 소송을 제기하기에 이른다.

도로지정 허가 동의

한편 창고건물의 준공허가를 앞두고 있는 맹주일 씨, 준공허가가 떨어지기 위해서는 나고야 씨가 팻말을 세워 통행을 막고자 했던 바로 그 통로를 건축법상 도로로 지정하여야 한다는데, 도로지정신청시에는 도로소유자의 동의가 필수다. 나고야 씨가 동의해 주지 않는다면 도로 지정이 어렵고 결국 창고 건물의 준공허가를 받을 수 없는데, 강제로라도 나고야 씨의 동의를 받을 방법은 없는 것일까?

사례와 관련된 법률

주위토지통행권

어떤 토지가 주위의 토지에 둘러싸여 공로에 이르기까지 필요한 통로가 없는 경우, 그 토지의 이용을 위하여 주위토지를 통행하거나 주위토지에 통로를 개설할 수 있다.(민법 제219조)

위와 같이 통로가 없는 맹지를 그대로 방치하여 둔다면 토지로서의 경제적 효용을 다할 수 없고 이는 국가나 사회 차원에서도 손실이 되기 때문이다. 큰길로 들어설 수 있는 길이 나고야 씨 소유 토지상의 비포장도로밖에 없다면, 맹주일 씨는 주위토지통행권으로서 위 통로를 통행할 수 있는 권리를 가지게 된다.

토지 이용료

민법은 설령 주위토지소유주가 허락하지 않더라도 맹지인 토지의 효용을 도모하기 위하여 통로를 사용할 수 있는 권리를 인정하고는 있지만 이것이 타인의 토지를 무상으로 무제한 사용할 수 있는 권리는 물론 아니다. 즉 맹주일 씨는 토지사용료 상당을 나고야 씨에게 지급하여야 하는 것이다.

동의강제 불가

위와 같이 맹주일 씨에게는 나고야 씨 소유의 통로를 유상으로 이용할 수 있는 권리가 있다. 그러나 맹주일 씨 소유 건물의 준공허가를 받는 과정에서 도로지정에 관하여 나고야 씨의 동의까지 강제할 방법은 없는 듯하다. 다만 예외적으로 건축법상 '주민이 오랫동안 통행로로 이용하고 있는 사실상의 통로로서 해당 지방자치단체의 조례로 정하는 것'에 해당할 경우 토지소유주의 동의를 받지 않고도 건축위원회의 심의를 거쳐 도로를 지정할 수 있다.

맹주일 씨 입장에서는, 현재 사용하고 있는 통로가 지방자치단체의 조례로서 도로로 정하여지기를 기대하는 것보다는 나고야 씨와 원만하게 화해하여 나고야 씨의 동의를 얻어 도로지정신청을 하는 것이 보다 쉬운 방법이 될 것 같다.

Tip. : 전원주택 부지 낙찰과 진입로 해결 (법무법인 강산 인용)

1. 진입도로 제외 전원주택 부지 낙찰

최근 이런 질문이 왔다.

"얼마 전 대지 230평을 경매로 시가보다 조금 낮게 매입하였는데, 이 땅은 전원주택단지를 조성했던 전 소유주가 대지의 도로 지분을 빼고 나머지 대지만 은행에 근저당을 설정하여, 저는 도로를 뺀 대지만 경락받게 되었으며, 경매절차 종료 후 전 소유주는 대지 입구 다리에 흰색 페인트로 "다리와 도로는 사도이니 통행을 금지함"이라고 써놓고, 공시지가가 평당 19만 원인 도로 지분을 시가인 평당 100만 원에 매입하라고 제시하고 있는 실정이다. 도로 지분을 매입하지 않고 통행료로 해결하는 방안은 없는지, 도로 지분을 꼭 매입할 필요가 있는지?"

2. 배타적 사용수익권 포기 이론

가. 임료청구 불가

우리 대법원은 도로에 대해서는 매우 독특한 판례법을 형성해 왔다. 즉 배타적 사용수익권 포기이론이다. 이는 간단하다.

비록 소유자라도 당해 토지에 대한 독점적이고 배타적인 사용수익권(이하 '사용수익권'이라고 한다.)을 포기한 적이 있다면, 비록 소유자라고 하더라도 도로 부지를 배타적으로 사용·수익하지는 못한다. 따라서 소유자가 사용수익권을 포기하였다면 지방자치단체나 다른 인접토지소유주가 이를 점유한다고 하여 토지소유주에게 어떠한 손실이 발생한다고 볼 수 없다. 따라서 손실발생을 전제로 하는 임료 상당의 부당이득반환청구는 허용되지 않는다는 것이다.

특히 전원주택단지의 경우는 대법원이 아예 이러한 배타적 사용수익권 포기이론을 당연시 하고 있다. 즉 대법원은 "택지를 조성한 후 분할하여 분양하는 사업을 하는 경우에, 그 택지를 맹지로 분양하기로 약정하였다는 등의 특별한 사정이 없다면, 분양계약에 명시적인 약정이 없더라도 분양사업자로서는 수분양택지에서의 주택 건축 및 수분양자의 통행이 가능하도록 조성·분양된 택지들의 현황에 적합하게 인접 부지에 건축법 등 관계 법령의 기준에 맞는 도로를 개설하여 제공하고 수분양자에 대하여 도로를 이용할 수 있는 권한을 부여하는 것을 전제로 하여 분양계약이 이루어졌다고 추정하는 것이 거래상 관념에 부합되고 분양계약 당사자의 의사에도 합치된다."고 판시하고 있는 것이다(대법원 2014. 3. 27. 선고 2011다107184 판결).

따라서 이 사안에서 전 소유자는 비록 도로를 소유하고 있다고 하더라도 배타적 사용수익권을 포기한 것이므로, 다른 인접토지소유주의 도로 사용에 대해 임료를 청구할 권리가 없다.

나. 건축허가에 동의를 받아야 하는지 여부

이 경우 인접토지소유주가 건축허가를 받음에 있어서 동의를 받을 필요도 없다. 왜냐하면 이 도로는 이미 건축법상 도로이기 때문이다.

다. 통행제한 가능여부

도로법 제3조에 의하면 도로는 사권행사가 제한된다. 따라서 법의 적용을 받는 토지에 대해서는 사유지라고 하더라도 그 통행을 함부로 제한할 수 없는 것이다.

또한 함부로 도로를 막으면 형법 제185조에 의해 일반교통방해죄로 형사 처벌을 받는다. (10년 이하의 징역 또는 1천500만 원 이하의 벌금) 즉 도로는 특별한 사정이 없는 한 막지 못하는 것이다. 특히 배타적 사용수익권을 포기한 도로를 막으면 상당한 벌금을 내야 할 것이고, 경우에 따라서는 징역형을 받을 수도 있다.

3. 결론

따라서 이 사안의 경우에 낙찰자는 전소유자에게 별도로 토지를 매입할 필요가 없다. 전 소유자는 임료를 청구할 수도, 통행을 제한할 수도 없다.

4. 기타 전원주택 부지 매수자가 꼭 알아야 할 사항

여기서 한 가지 전원주택을 매입하려는 사람들이 꼭 알아야 법리가 있다. 전원주택을 매입하려는 사람은 진입도로 문제가 어떻게 되어 있는지를 살펴보아야 한다. 가장 좋은 것은 관청에 기부채납이 완료되어 관청 소유로 도로가 등기되어 있는 부지를 매입하는 것이다. 그러나 관청이 관리문제로 기부채납을 잘 받아주지 않는 경향이 있다.

따라서 매도자 명의로 진입도로가 되어 있다면, 매매계약서에 반드시 진입도로 문제에 대해 "수분양택지에서의 주택 건축 및 수분양자의 통행이 가능하도록 조성·분양된 택지들의 현황에 적합하게 인접 부지에 건축법 등 관계 법령의 기준에 맞는 도로를 개설하여 제공하고 수분양자에 대하여 도로를 이용할 수 있는 권한을 부여하는 것이 조건"이라는 특약을 하고, 아울러 "매도자는 향후 영원히 배타적인 사용수익권을 포기하고, 그 어떠한 권리주장도 하지 않을 것이며, 만일 이를 어길 경우 매매대금의 2배에 해당하는 금액을 위약벌(위약금이 아니다)로 지급하기로 한다."는 특약을 할 것을 권한다.

또한 전원주택부지에 다른 사람이 건축허가를 받은 적이 있는지도 확인하여야 한다. 즉 대지소유자와 그 대지 위에 주택에 대한 건축허가권자가 다를 경우에는 복잡한 문제가 생긴다. 만일 대지만 경매가 나왔는데, 대지소유자와 건축허가권자가 다르다면 후일 대지를 낙찰 받더라도 그 대지 위의 건축허가권자로부터 허가권을 양수하지 못하면 아무것도 못한다. 법적으로 양수받으려면 매우 피곤하다. 이러한 대지는 낙찰을 피하는 것이 좋다.

매입한 땅이 나중에 맹지라는 걸 알게 된 사례

"엄마와 세컨드하우스를 지을 목적으로 시골에 땅을 샀습니다. 땅 주인은 땅에 100년 전부터 사용하던 출입로가 붙어 있어 큰 문제가 없을 거라고 했죠. 그런데 그 말을 덜컥 믿었던 게 화근이 됐습니다."

땅 위에 있는 기존의 주택을 수리하기엔 비용이 많이 들어서 새로 주택을 지으려고 하던 중 건축허가가 안 날 수도 있다는 말을 들었습니다.

새로 산 땅과 이어진 도로가 없기 때문이라고 하는데 새로 산 땅은 모든 면이 남의 땅으로만 둘러싸여 있는 '맹지'였습니다. 땅 주인이 말한 출입로는 법이 인정하는 도로가 아니었나 봅니다.

출입로가 위치한 땅의 소유자한테 사용허가권을 받으면 건축허가를 받을 수 있다는 말도 들었습니다. 그런데 많은 돈을 요구할 거 같아요. 더 알아보고 사야 했는데 후회가 이만저만이 아닙니다. 방법이 없을까요?

토지를 사기 전에는 지적도상 도로가 접해 있는지를 반드시 확인해야 한다. 건축법 제44조는 "건축물의 대지는 2미터 이상이 도로에 접하여야 한다."고 규정하고 있기 때문이다. 이를 '접도 의무'라고 하는데, 이 규정으로 인해 도로가 접해 있지 않은 맹지에는 건축이 불가능하다. 맹지는 그 위에 건물을 지을 수 없기 때문에 헐값에 팔리는 경우가 많다.

그런데도 기존에 사용하는 출입로가 있다는 사실만을 확인하고 맹지를 높은 가격에 덜컥 매수하는 사람들을 흔히 볼 수 있다. 이른바 '맹지 사기'에 속아넘어가는 것이다.

맹지 사기를 당한 사람은 손해를 볼 수밖에 없다. 건축허가를 포기하고 매수가보다 훨씬 낮은 가격에 토지를 팔아버려야 하는 상황을 맞을 수도 있습니다. 하지만 팔기 전에 맹지 탈출이 가능한 방법은 없는지 먼저 확인해보는 게 좋다. 만약 맹지에서 벗어날 수 있는 방법이 있다면 건축허가가 가능해지고 토지의 가치도 크게 상승한다. 사연에서 질문자가 기존 출입로를 활용해 맹지에서 탈출할 수 있는 방법은 아래와 같다.

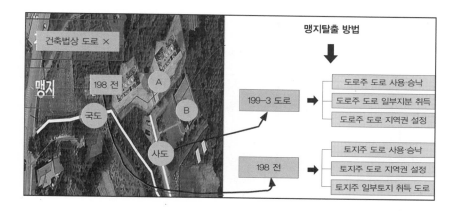

비도시지역의 면 지역인지 확인

시골의 땅을 구매한 경우라면 비도시지역의 면 지역에 해당하는지 확인해보아야 한다.

건축법 제3조 제2항에 따르면 '비도시지역으로서 동이나 읍이 아닌 지역'에는 건축물의 대지가 도로에 2m 접해야 한다는 건축법 제44조의 접도 의무를 적용하지 않는다.

한때 이 건축법의 접도의무를 적용하지 않는다는 것이 대지가 반드시 도로에 접할 필요가 없다는 의미인지, 접하는 부분이 2m 이상이 아니더라도 최소한 도로에 접하기는 해야 한다는 의미인지 견해가 엇갈린 적이 있었기.

법제처는 법령 해석(안건번호 12-0559)에서 "적용하지 않는다는 것은 건축물의 대지가 도로에 접하지 않아도 된다는 의미"라고 판단했다. 따라서 비도시 면 지역에서 건축허가를 받기 위해서는 대지가 반드시 도로에 접할 필요가 없다. 단 출입에 지장이 있어서는 안 된다.

토지대장을 보니 질문자는 경주시 ○○면의 비도시지역 맹지를 구매한 것으로 확인되었다. 또한 맹지 위에는 건축법 제정 전인 1940년에 사용승인된 오래된 건물이 있고 출입에 문제가 없었다.

건축허가를 받기 위해서는 신청자 본인이 허가요건을 모두 충족한다고 주장해야 한다. 질문자는 담당 공무원에 건축허가를 신청할 때 비도시 면지역에는 건축법 제44조 접도의무를 적용하지 않는 점, 토지 위에 이미 건물이 존재하는 점을 주장할 수 있다.

하지만 건축허가는 공무원의 재량이 다소 반영되는 재량행위이다. 오래 전부터 사용하던 출입로는 지적상 타인 소유이므로 출입에 지장이 있다고 신청을 반려할 가능성도 있는데, 이때 출입로가 설치된 땅 주인의 사용허가를 받아오라고 요구할 수도 있다. 땅 주인이 건축허가에 이의를 제기해 상황이 복잡해지는 경우를 방지하기 위함이다.

현황도로 입증 시도

하지만 기존의 출입로가 현황도로라는 사실을 증명하면 땅 주인의 사용허가를 받지 않아도 건축허가가 나올 수 있다. 마찬가지로 건축허가 신청자가 입증해야 하는 부분이므로 적극적으로 주장해야 하는데, '현황도로'란 지적도에 도로로 표기돼 있지는 않지만 주민이 오랫동안 통행로로 이용하고 있는 사실상의 도로를 말한다. 지적도에는 없지만 100년 전부터 사용해오던 기존의 출입로는 현황도로로 인정될 가능성이 있다.

우선 출입로의 폭이 4미터 이상이라면 입증이 한결 쉬워진다. 대법원이 "사실상의 도로가 그 너비가 4미터 이상으로서 1975년 12월 31일 이전에 이미 주민들의 통행로로 이용되고 있었다면 이는 건축법상의 도로에 해당

한다."는 입장이기 때문이다. (대법원 1994. 1. 28. 선고 93누20023 판결)

따라서 질문자가 구매한 맹지까지 이어지는 출입로의 폭이 4미터 이상이라면 공무원의 현장 확인과 사실증명을 거쳐 건축허가가 나올 가능성이 크다. 반면에 출입로의 폭이 4미터 미만이라면 △5가구 이상의 작은 마을의 실제 거주민이 사는 주택에서 일상적으로 사용되는지 여부 △출입로를 이용하여 건축허가나 신고를 받은 사실이 있는지 여부 △출입에 문제가 없는지 여부 △도로의 포장 여부 △상·하수도 등 공공기반 시설이 설치되어 있는지 여부 등의 유리한 사실을 종합해 사정을 설명해야 한다.

각 지방자치단체는 조례에 현황도로 인정 기준을 명시하고 있는데 내용은 지자체마다 조금씩 다르다. 따라서 출입로 폭이 4미터 미만이라면 조례 기준에 부합하는 사실을 주장하는 게 유리할 것이다.

땅 주인과 합의 시도

위 두 방법으로 건축허가를 받을 수 없으면 최후의 방법으로 출입로가 지어진 땅 주인과 합의를 시도해야 한다. 합의가 잘 이뤄져 무상이나 적은 돈을 내고 사용허가를 받을 수 있다면 좋겠지만 그렇지 않은 경우가 적지 않다.

만약 출입로 땅 주인이 큰 액수를 요구한다면 교환계약으로 구입한 토지 일부를 잘라주는 방법도 있다. 이 경우 땅 주인의 토지에는 분할이 발생하고 질문자의 토지에는 합병이 발생한다. 이렇게 진입로 소유자와 맹지 소유자 간에 토지를 교환하는 방법이 실무에선 종종 활용되고 있다.

돈 되는 맹지 임야 찾아보기

부동산사이트의 임야 매물을 살펴보다 보면 의외로 맹지인 물건을 많이 발견하게 된다. 수차 이야기했지만 맹지란 도로와 연결되어 있지 않은 땅을 의미하고, 이러한 맹지인 임야는 차량통행이 불가능하기 때문에 건축허가는 물론 개발행위를 할 수 없다.

따라서 도로와 접한 다른 토지들에 비해 가격은 상대적으로 낮게 형성되는 것이 사실이다. 이로 인해 맹지 임야는 일반투자자들의 기피대상(정확하게 이야기하자면 관심을 못 받는) 물건이기에, 저렴한 시세로 연접한 토지 소유주에게 팔리곤 한다.

하지만 몇 년 전부터 '맹지 전문가'들이 휩쓸고 다니기 시작하면서, 황금덩어리 맹지는 찾아보기 힘든 것이 최근의 임야시장이다.

사실 토지개발의 수많은 노하우 중에서 맹지 개발은 의외로 간단하다. "도로" 문제 하나만 해결하면 되는 것이기 때문이다. 즉 도로와 얼마나 접해 있느냐가 투자의 포인트라는 이야기가 된다.

따라서 맹지에 투자하기 위해서는 사전에 여러 가지 준비가 선행되어야 한다. 도로를 어떻게 확보할 것인가, 도로를 확보하기 위해 인접한 토지소유주와 어떻게 협의를 이끌어낼 것인가, 협의가 이루어지지 않는다면 어떤 대안을 갖고 접근할 것인가 등에 따라 성공투자 여부가 달려 있다.

맹지에 투자한다는 것은 그만큼 위험을 안고 투자한다는 것임을 명심하고 세심한 주의와 준비로써 성공투자의 길을 열어보도록 하자.

통고서

수신 : OOO
충남 공주시 중동 OOO

1. 귀하의 무궁한 발전을 기원합니다. 본인은 주식회사 OOO(이하 의뢰인이라 함)의 대리인 변호사입니다.

2. 귀하의 의회인에게 충남 공주시 장기면 대교리 OOO임야 23,690㎡(이하 이 건 부동산이라 함)를 매도하는 계약(이하 이 건 계약이라 함)을 체결하면서.

'잔금시까지 6m 포장도로를 준공하고 지목변경을 완료하여 사용 가능하게 해 줄 것'을 약속한 바 있습니다.

이를 확실히 하는 차원에서 '6m 도로 미확정시 이 건 계약은 원인무효로 한다'는 취지의 내용을 특약으로도 기재하였습니다.

그런데, 현재 도로의 상태는 준공 및 지목변경은커녕 4m 폭도 되지 않는 비포장 상태에 불과하고, (인근토지소유주들의) 사용승낙도 이루어지지 않고 있는 실정입니다.

그렇다면 6m 도로 확정에 대한 약속이 전혀 지켜지지 않은 바, 특약 3항에 따라 이건 계약은 무효가 되었다 할 것입니다.

이에, 즉시 계약금 1억 5천만 원을 의뢰인에게 반환해 주시기 바랍니다.

3. 한편, 그 외에도 당초 계약보다 면적이 줄어들고, 전혀 예상치 못했던 묘지가 발견되는 등 여러 가지 계약위반 사항이 발생하고 있는 바.

이를 이유로 계약 해지가 될 경우 귀하로서는 단순히 계약금 반환이 아니라, 계약금 상당의 손해배상금까지 부담할 수 있다는 점(계약서 제6조)을 양지해 주시기 바랍니다.

4. 이 건 통고서를 받은 날로부터 7일 이내에 의사를 밝혀주시기 바라며, 만약 아무런 회답이 없다면 의뢰인으로서도 부득이 법적 절차를 진행할 수밖에 없음을 알려드립니다. 이 경우 법원 비용, 변호사 보수 등이 추가로 부담될 수 있습니다.

5. 이 건에 관한 문의사항이 있으시면, OOO법률사무소로 연락바랍니다.

2017. 3. 21

발신 : 변호사 OOO
서울 서초구 서초동

맹지임야의 진입로(도로확보) 관련 투자실패 사례

결론 : 특 A급 맹지의 조건

① 물건의 연접(뒷면, 양측면) 부분이 광범위한 맹지로 구성되어 있을 때.
② 다리(공사비 1억~2억 원 범위)를 놓으면 되는 하천 건너에 최소 1만 평 이상이 맹지에서 풀려나는 토지.
③ 한 면은 도로와 접한 타인 소유의 토지가 있고 중간에 물건(맹지)이 있고, 후면 토지는 타 방향에서 도로개설이 가능하며, 개발 최적인 입지의 토지가 후면부에 위치해 있을 때.
④ 임야의 경우, 사유림(도로사용이나 매입 불가시)보다 국, 공유림의 도로 통행이 가능성이 높다.

※ 구거는 특별한 사유가 아니면 점용하여 도로로 사용할 수 있음.

역세권 맹지투자 성공사례

역세권 맹지도 돈이 된다.

KTX 역세권 신설, 이설로 많은 호재를 보고 있다. 새로 이설 또는 신설되는 복선전철 역사는 기존 도심보다 외곽인 농지에 이설, 신설되어 착공을 하는 사례가 많다. 과거 경춘선 개통시 가평역, 부발역, 청평역 사례분석으로 이미 가시화 되어진 역세권에서도 맹지를 볼 수 있다.

새로 이설된 역사 주변으로 시가화 예정지, 즉 도시지역으로 편입이 되어 맹지라도 지가는 상승한다.

부발역은 계획단계에서 착공 단계시까지 지속적인 지가상승을 확인할 수 있다. 역시 맹지인 땅을 분석한 바, 역세권 개발로 인한 도시편입지역 지가상승을 보여준 것이다.

공시지가 변동 : 경기도 이천시 부발읍 아미리 587-6(2017-2007)

기격기준년도	토지소재지	지번	개별공시지가	기준일자	공시일자
2017	경기도 이천시 부발읍 아미리	587-6	408,900	01월 01일	2017/05/31
2016	경기도 이천시 부발읍 아미리	587-6	408,900	01월 01일	2016/05/31
2015	경기도 이천시 부발읍 아미리	587-6	377,000	01월 01일	2015/05/29
2014	경기도 이천시 부발읍 아미리	587-6	350,200	01월 01일	2014/05/30
2013	경기도 이천시 부발읍 아미리	587-6	302,000	01월 01일	2013/05/31
2012	경기도 이천시 부발읍 아미리	587-6	303,000	01월 01일	2012/05/31
2011	경기도 이천시 부발읍 아미리	587-6	242,000	01월 01일	2011/05/31
2010	경기도 이천시 부발읍 아미리	587-6	258,000	01월 01일	2010/05/31
2009	경기도 이천시 부발읍 아미리	587-6	258,000	01월 01일	2009/05/29
2008	경기도 이천시 부발읍 아미리	587-6	258,000	01월 01일	2008/05/31
2007	경기도 이천시 부발읍 아미리	587-6	258,000	01월 01일	2007/05/31

공시지가변동 : 경기도 이천시 부발읍 아미리 587-3(2017-2007)

기격기준년도	토지소재지	지번	개별공시지가	기준일자	공시일자
2017	경기도 이천시 부발읍 아미리	587-3	468,700	01월 01일	2017/05/31
2016	경기도 이천시 부발읍 아미리	587-3	468,700	01월 01일	2016/05/31
2015	경기도 이천시 부발읍 아미리	587-3	432,100	01월 01일	2015/05/29
2014	경기도 이천시 부발읍 아미리	587-3	401,400	01월 01일	2014/05/30
2013	경기도 이천시 부발읍 아미리	587-3	346,000	01월 01일	2013/05/31
2012	경기도 이천시 부발읍 아미리	587-3	347,000	01월 01일	2012/05/31
2011	경기도 이천시 부발읍 아미리	587-3	277,000	01월 01일	2011/05/31
2010	경기도 이천시 부발읍 아미리	587-3	286,000	01월 01일	2010/05/31
2009	경기도 이천시 부발읍 아미리	587-3	286,000	01월 01일	2009/05/29
2008	경기도 이천시 부발읍 아미리	587-3	286,000	01월 01일	2008/05/31
2007	경기도 이천시 부발읍 아미리	587-3	286,000	01월 01일	2007/05/31

▶ 도시 편입 예상지역 : 대부분의 도시는 도시기본계획을 만들어 편입지역을 확정했다. 따라서 이들 도시는 도시지역으로 편입되는 곳은 어디고 주거지역, 상업지역, 도로개설 예정지, 공원 등도 얼마든지 알 수 있다.

▶ 투자적기 : 투자이익을 가장 많이 높일 수 있는 시기는 도시 편입 이야기가 전혀 나오지 않은 때다. 값이 오르지 않은 상태여서 일단 도시지역으로 바뀌면 단시일에 땅값이 많이 오른다.

물론 어느 곳이 편입지역이 될지 명확하지는 않지만 도시 여건을 잘 들여다보면 얼마든지 알 수 있다는 게 전문가들의 의견이다. 편입지역을 정하는 절차인 도시기본계획 수립기간 중에 투자해도 늦지 않다. 소문이 나서 값이 오른 상태지만 앞으로도 추가상승 여력은 얼마든지 있다.

편입지역이 정해진 경우 장기 투자로 나가야 한다. 실제 개발을 위해 도시계획을 수립하게 되면 땅값이 다시 뛰고 개발이 본격 진행되면 한 번 더 상승하는 게 지금까지의 땅값 상승 추이다.

▶ 주의 사항 : 10여 년 전 도시 편입 대상으로 소문났던 전남 해남군 화원면의 임야 6,000평과 밭 1,500평을 전 재산의 절반 가량인 4,000여만 원에 매입했던 서울 홍제동에 거주하는 P씨는 최근 매입가격 수준에 되팔아 그동안의 금융비용 등을 감안하면 큰 손해를 보았다. 개발이 되지 않아 땅값 상승은 고사하고 살 사람이 없어 장기간 돈이 묶여 큰 어려움을 겪었다.

따라서 개발계획을 믿고 토지에 투자하는 경우, 무엇보다도 "실제 개발의 확실성(상대 지역의 인구유입 및 개발 호재 자급자족도시 기능등 철저한 분석이 필요하다.)"이 얼마나 있는가에 유념해야 한다. 구체적인 개발 방식(수용방식, 환지방식 개념 : 이미 필자가 언급한 바 있다.)에 따라 토지소유주의 수익도 다르다는 점도 유념해야 할 사항이다.

여느 지역을 보더라도 도로에 접하지 않은 맹지는 저평가되어 거래가 되지 않고 있지만 기존 사례처럼 토지에 대한 관심 정보 취합으로 철저한 분석을 한다면 맹지투자로 수익을 올릴 수 있다.

장기 미집행시설 투자 비법 : 돈 되는 도로, 위험한 도로

기존 도로소유자의 대응 방안

기존 도로소유자는 다음과 같은 대응 방안이 있다.

① 도로지정 폐지신청 또는 ○○건축허가신청을 하는 방법.

② 2020. 7. 1.자 실효를 기다리는 방법.

③ 매수청구를 하는 방법.(지목이 '대'인 토지만 해당)

④ 손실보상을 받는 방법.(행정청이 스스로 보상을 하는 경우에만 해당)

⑤ 일반인이 통행하고 있다면 행정청을 상대로 부당이득금(지료) 반환청구를 하는 방법.

지목이 도로이거나 도로로 사용 중이면 재산세는 면제된다.

신규투자자 주의사항

도로법 제3조는 "도로를 구성하는 부지, 옹벽, 그 밖의 물건에 대하여는 사권을 행사할 수 없다."고 규정하고 있다. 따라서 공/경매, 매매 등으로 지목이 도로이거나 도로로 사용 중인 땅을 사려고 하는 자는 ①먼저 사려고 하는 목적을 명확히 하고, ②도로투자는 매우 위험하므로 철저히 분석을 하여 어떤 위험이 있는지를 알아야 하며, ③전문가의 상담을 받는 것이 좋다.

도로가 공매나 경매에 나올 경우 감정평가서를 살펴보면, 인근 토지가격의 1/3 정도로 감정가격(33%)이 매겨지고, 이것이 몇 번 유찰되면 그것의 1/2 가격에도 살 수 있는 것이 도로이다.

예를 들어 인근 토지가격이 1억 원이라면 경매 감정가격은 통상 3,300만 원이고 이것을 1,500만 원에 낙찰 받을 수 있다는 이야기이다. 그 이후 보상을 받거나 지료청구를 할 경우 운이 좋아 인근 토지가격의 100%를 인정받으면, 1억 원을 받을 수도 있으므로, 사람들이 도로 경매에 뛰어드는 것이다.

통상 도로를 사는 이유는 행정청으로부터 보상을 받거나, 지료를 받을 목적으로 매수를 하는 것이다. 그런데 우선 그 어떤 땅이든 내 토지를 보상해 달라고 행정청에 요구할 경우 행정청이 이에 응하여 보상을 해 줄 의무는 없으므로(행정청이 스스로 나서서 보상하는 것은 당연히 가능함), 만일 행정청이 예산이 없다면서 보상을 해 주지 않으면 투자금이 묶이는 결과가 초래되고, 그 이전 소유자 중 1명이라도 '배타적 사용수익권을 포기'하였다면 행정청을 상대로 지료청구도 불가능하다. 그래서 도로투자는 위험한 투자이기도 하다.

결론적으로 도로를 낙찰 받고자 하는 자는 ①도로지정 폐지소송 승소 여부, ②실효제도 이용 여부, ③매수청구 가능 여부, ④보상 가능 여부, ⑤지료청구 가능 여부를 검토하여야 한다. ⑥만일 매수청구 또는 보상이 된다면 인근 토지가격으로 보상이 될 가능성이 있는지를 검토하여야 할 것이다. ⑦나아가 기타 목적, 즉 재개발사업에서 분양권을 받을 목적, 지적 불부합 해결목적 등 확실한 투자목적을 가지고 낙찰을 받아야지, 막연히 싸니까 경험삼아 투자를 해보라는 주변 권유에 덜컥 낙찰을 받으면 보상도 받지 못하고, 지료도 못 받고, 그저 돈이 묶일 가능성도 있으므로 주의하여야 한다.

거듭 말하지만, 토지소유주의 보상요구에 행정청이 반드시 응할 의무는 없고, 손해배상청구는 행정청의 도로설치가 위법하더라도 그것을 행한 공무원 또는 통행한 제3자에게 고의 또는 과실이 없으므로 승소가 어렵다.

이 점을 명심하고 투자하여야 한다.

도로의 구분

공도와 사도

공도는 도로법 제2조에 따른 도로, 도로법 시행령 제7조에 따른 준용도로, 국토의 계획 및 이용에 관한 법률(이하 '국토법'이라고만 한다)에 따른 도시계획사업으로 설치된 도로, 그밖에 농어촌도로정비법 제2조에 따른 농어촌도로(이하 '공도'라 한다)등이 있고(토지보상평가지침 제36조 제1항), 사도는 사도법에 의한 사도, 사실상의 사도가 있다.

법률상 도로와 사실상 사도로 구분하면, 사도법에 의한 사도도 법률상 도로이다.

도로법상 도로

도로법상의 도로의 성립에 관하여 보건대, ㉠ 형태적 요소구비(일반의 교통에 공용될 수 있는 형태를 갖추어야 한다.), ㉡도로구역 결정고시(제24조), ㉢ 도로 사용개시 공고(제27조) 등이 있고, 도로의 사용개시 공고에 의하여 도로는 비로소 공공용물로서 일반인에게 제공되게 된다.

도로법상 "도로"란 일반인의 교통을 위하여 제공되는 도로로서 ㉠고속국도, ㉡일반국도, ㉢특별시도/광역시도, ㉣지방도, ㉤도, ㉥군도, ㉦구도를 말한다.

도로가 도로법의 적용을 받게 되는 시기는, 도로법에 의한 도로구역 결정 또는 이에 준하는 도시계획법 소정절차를 거친 때이다. 도로구역 결정(제24조)이 있으면, 사업인정이 의제되고 행위제한을 받는다.

준용도로

도로법 시행령 제7조(준용도로) 법 제7조에서 "대통령령으로 정하는 도로"란 법 제2조 제1항 제1호에 따른 도로 외의 도로(도시/군계획사업으로 설치된 도로는 제외한다. 이하 이 조에서 같다.) 중 법 제7조에 따라 준용하려는 도로의 소재지를 관할하는 시/도지사나 시장/군수 또는 구청장(자치구의 구청장을 말한다. 이 경우 그 공고를 한 행정청이 해당 도로의 관리청이 된다.)〈개정 2012. 4. 10, 2012. 11. 27〉 [전문개정 2009. 12. 14]

도로부지 투자(공·경매)시 주의사항

자신이 소유하는 토지가 도로부지로 사용되고 있을 경우, 도로는 사권행사가 제한되므로, 결국 부당이득반환청구를 하게 된다. 이때 먼저 부당이득반환청구권 성립 여부가 문제되고, 그것이 인정되면 다음으로 그 액수가 얼마인지가 문제된다. 즉 먼저 지방자치단체의 점유 여부를 먼저 판단한 후, 점유가 인정되면 대법원 판례가 일관되게 취하고 있는 "배타적 사용수익권의 포기 이론"에 따라 토지소유주가 대상 토지에 관하여 배타적 사용수익권을 포기했다고 볼 것인지를 판단하여 그렇다고 인정되면 부당이득반환의무의 성립을 부정하고, 그렇다고 인정할 수 없으면 임료 감정 결과에 따라 산정한 기초토지가격에 대략 2%~5% 범위 내의 기대 이율을 곱한 금액으로, 임료 상당의 부당이득금의 반환을 인정받는다.

통상 법원은 ① 먼저 지적도를 보고 사건 대상이 된 토지의 형태와 경계 및 도로 부분의 규모, 연결도로의 모양, 인근 토지들의 현황과 형태 및 배치를 살핀 후, ② 부동산등기부등본에 나타나는 대상 토지와 인근 토지들의 분할과정과 도로개설 및 점유에 관한 자료 내용을 확인한 다음, ③ 대상 토지가 사실상 도로로 사용되게 된 경위가 무엇인지, 지방자치단체의 도로개설 예비행위와는 어떤 선후관계·원인관계가 있는지를 살펴 판단하고 있으므로, 투자자도 이 점을 유의하여야 할 것이다.

그런데 위와 같은 점을 상세하게 살핀다고 하더라도 실제로 그 토지에 대해서 전 소유자가 배타적 사용수익권을 포기하였는지를 판단하기는 매우 어려운 것이 현실이고 보면, 가격이 저렴하다고 하여 무조건 투자하는 것은 매우 위험부담이 있다.

따라서 도로부지로 사용되고 있는 토지를 매수하거나 공·경매로 취득하고자 하는 경우에는 먼저 지방자치단체의 점유 여부를 판단하고, 나아가 대법원 판례가 확고하게 취하고 있는 "배타적 사용수익권의 포기"가 있었는지를 조사하여 매수 여부를 결정하여야 한다.

또한 투자자 입장에서는 궁극적으로는 지방자치단체에 매도를 하여야 하므로, 이때는 공익사업법에 따른 보상금액이 어떻게 될지에 신경을 써야 한다. 사실상의 사도로 판정되면 1/3로 평가되어 낭패를 볼 수도 있기 때문이다. 따라서 이 점을 명심하고 보상전문가와 협의를 하여 투자를 하여야 할 것이다. 특히 도로부지에 대해서는 과거 보상이 실시되었으나, 등기만 이전되지 않은 경우도 많다. 이런 경우에 대비하기 위해서 해당 지자체에 꼼꼼히 확인을 하여야 할 것이다.

이하에서는 점유 여부에 대해 알아보고, 다음 대법원 판례에 나타난 "배타적 사용수익권의 포기" 이론을 검토하고, 마지막으로 구체적인 부당이득금 산정문제에 대해서 서술하고자 한다.

지방자치단체의 점유 여부를 확인하라

점유 여부 : 도로관리청으로서 점유와 사실상의 지배주체로서의 점유

지방자치단체의 점유 사실을 인정할 것인지 여부와 관련하여, 대법원 판례의 주류는 "도로법 등에 의한 도로설정행위가 없더라도 국가나 지방자치단체가 기존의 사실상 도로에 대하여 확장, 도로포장 또는 하수도설치 등 도로의 개축 또는 유지 보수공사를 시행하여 일반 공중의 교통에 공용한 때에는 이때부터 그 도로는 국가나 지방자치단체의 사실상 지배하에 있는 것으로 보아 사실상 지배 주체로서의 점유를 인정할 수 있다."고 일관되게 판시하고 있다.(대법원 1991. 9. 24. 선고 91 다 21206판결. 대법원 1991. 3. 12. 선고 90 다 5795 판결 등 참조)

더 구체적으로 대법원은 "국가나 지방자치단체가 도로를 점유하는 형태는 도로관리청으로서의 점유와 사실상의 지배주체로서의 점유로 나누어 볼 수 있는 바 기존의 사실상 도로에 도로법에 의한 노선 인정의 공고 및 도로구역의 결정이 있거나 도시계획법에 의한 도시계획사업의 시행으로 도로설정이 된 때에는 이때부터 도로관리청으로서의 점유를 인정할 수 있으나 이러한 도로법 등에 의한 도로설정행위가 없더라도 국가나 지방자치단체가 종전부터 일반공중의 교통에 사실상 공용되거나 또는 공용되지 않던 사유지상에 사실상 필요한 공사를 하여 도로로서의 형태를 갖춘 다음 그 토지를 여전히 또는 비로소 일반공중의 교통에 공용한 때에는 이때부터 그 도로는 국가나 지방자치단체의 사실상 지배하에 있는 것으로 보아 사실상 지배주체로서의 점유를 인정할 수 있다."고 판시하고 있다.(대법원 1993.8.24. 선고 92 다 19804판결)

점유를 부정한 경우

아래 사례에 해당하는 토지를 취득하면 부당이득금 청구도 불가하게 되므로 매우 주의를 요한다.

① 인근 주민들이 토지를 통행로로 사용하면서 그 통행로에 시멘트 포

장공사를 하고서는 약 1년 후 반상회를 통하여 지방자치단체에게 하수도 설치를 요구하자 지방자치단체가 그 통행로에 하수도를 설치하고 맨홀과 빗물 유입구를 설치한 사안에서 지방자치단체가 위 통행로를 점유한다고 볼 수 없다고 판시.(1999.9.17. 선고 99 다 26276 판결)

② 택지를 분할 매각하고 남은 부분이 자연발생적으로 주변의 도로와 연결되어 일반의 통행에 제공되어 오던 중 인근 주민들이 자조사업의 일환으로 비용을 출연하여 포장 및 하수도공사를 한 후, 지방자치단체가 정식으로 도로를 개설하거나 도시계획사업의 시행으로 도로를 개설할 계획을 수립한 바도 없이 지역 주민의 요청을 받고 그 편의를 위하여 2차례 보수공사를 해 준 경우, 그러한 사정만으로는 사회관념상 토지를 사실상 지배하기 시작하였다고 보기 어렵고 더욱이 사실상의 지배가 성립하기 위하여 필요한 그 토지에 관한 점유설정의사가 생겼다고 보기도 어렵다.(대법원 1997.7.11. 선고 97 다 14040 판결) 그러나 원심(서울고법 1997.2.14. 선고 96 나 45681 판결)은 지방자치단체가 적어도 2차 보수공사를 시작한 무렵부터는 위 토지에 대한 사실상의 지배주체로서 위 토지를 점유, 관리하고 있다고 판단하였다.

③ 국가 또는 지방자치단체 이외의 자 예컨대 주민들이 자조사업으로 사실상 도로를 개설하거나 기존의 사실상 도로에 개축 또는 유지, 보수공사를 시행한 경우에는 그 도로의 사실상 지배주체를 국가나 지방자치단체라고 보기 어렵고, 다만 주민자조사업의 형태로 시공한 도로라고 할지라도 실제로는 국가나 지방자치단체에서 그 공사비의 상당 부분을 부담하고 공사 후에도 도로의 유지, 보수를 담당하면서 공중의 교통에 공용하고 있는 등 사정이 인정된다면 실질적으로는 그 도로는 국가나 지방자치단체의 사실상 지배하에 있다고 볼 수 있으나, 국가나 지방자치단체가 주민자조

사업의 공사비 일부를 부담한 사실이 있다는 것만으로 곧 그 점유 주체를 국가나 지방자치단체라고 단정할 수는 없다.

따라서 마을 주민들이 도로 부지의 일부를 마을 기금으로 매수하여 진입도로를 개설하면서 직접 포장공사 등 시공을 하였고 그 하자로 인한 변상책임도 모두 자신들이 지기로 하였으며, 관할 지방자치단체는 그 사업비의 일부만을 보조하였을 뿐 그 진행 여부를 직접 감독하거나 관여한 적이 없었던 경우, 그 도로의 관리주체 및 포장공사의 시행자는 관할 지방자치단체가 아니라 마을 주민들이다.(대법원 1996.11.22. 선고 96 다 25265 판결)

④ 토지가 인근 건물의 통로로 제공됨으로써 사실상 도로화되고 그 후 인근 주민들의 자력으로 도로포장공사가 시행된 후에 지방자치단체가 그 토지 위에 주민들의 편의를 위하여 주차 표시를 하고 하수도매설 공사를 시행하였으며 종전에 도시계획상 도로로 지정한 바 있다는 사정만으로는 지방자체단체가 그 토지를 도로로 개설하여 점유, 관리하고 있다고 볼 수 없다.(대법원 1994.8.23. 선고 93 다 58196 판결)

⑤ 주민들이 비용을 부담하여 포장공사를 한 토지상에 지방자치단체가 도로예정지 지정 및 지적승인고시를 하고 사실상 도로임을 이유로 과세를 하지 아니하여 왔다는 사정만으로는 지방자치단체가 이를 점유, 관리하는 것으로 볼 수 없다.(대법원 1992.4.14. 선고 91 다 45226 판결)

누가 지배주체인가

대법원은 "국가 또는 지방자치단체가 도로를 점유하는 형태에는 도로법 등 관계 법령에 의한 도로관리청으로서 점유하는 경우와 도로를 사실상의 지배주체로서 점유하는 경우로 나누어 볼 수 있는 바, 도로를 사실상 지배하는 주체로서 이를 점유하는 경우에 있어서는 도로의 노폭에 관한 특별시와 자치구의 사무분장 등 그 유지·관리에 관한 서울특별시 조례의 규정을 따져 볼 것도 없이, 지방자치법 제5조 제1항의 규정에 따라 지방자치법이 시행되기 전인 1988.4.30.까지는 서울특별시가 그 점유 주체가 될 것이나, 지방자치법이 시행된 1988.5.1.부터는 그 점유 주체가 서울특별시로부터 자치구에 당연히 이전된 것으로 보아야 한다."고 판시하고 있다.(대법원 1995.6.29. 선고 94 다 58216 판결)

배타적 사용수익권의 포기 이론

대법원은 구체적인 사안에서 토지소유주가 배타적 사용수익권을 포기하였는지를 판단하는 일응의 기준을 다음과 같이 제시하고 있다. 즉 "사실상 도로로 된 토지의 소유자가 그 사용수익권을 포기하였거나 도로로서의 사용승낙을 하였던 것으로 보기 위하여는 그가 당해 토지를 소유하게 된 경위나 보유기간, 통행로 인근의 나머지 토지를 도시계획선에 맞추어 분할 매각한 경위나 그 규모, 통행로로 쓰이는 당해 토지와 다른 토지들과의 위치와 주위환경 등을 고찰하여 분할된 다른 토지들의 효용증대를 위하여 당해 토지가 얼마나 기여하고 있는가 등을 종합적으로 고찰하여 판단하여야 한다."는 것이다.

대법원은 나아가 '도로예정지로 지정된 부분을 사실상 사용, 수익할 수 없게 된 탓으로 그 부분을 제외한 나머지 토지를 분할하여 타인에게 매각함으로써 이를 취득한 사람들이 그 토지를 대지화하고 도로예정선에 맞추어 가옥을 건축하여 거주하면서 공터로 된 위 도로예정지 부분을 도로로 이용, 통행하여 위 토지가 사실상 도로화된 경우, 토지소유주가 위 도로예정지 부분에 대한 사용수익권을 포기하였다거나 이를 스스로 도로로 제공하였다고 볼 수 없다'고 판시하고 있다.(대법원 1991. 10. 8. 선고 91 다 6702 판

결, 대법원 1992. 2. 14. 선고 91 다 22032 판결 등 참조)

　사용수익권 포기를 인정한 판결례로는 대법원 1989. 2. 28. 선고 88 다
카 4482 판결, 대법원 1991. 9. 24. 선고91 다 21206 판결, 대법원 1993.
2. 23. 선고 92 다 34155 판결, 대법원 1993. 9. 28. 선고 92 다 17778 판
결, 대법원1994. 5. 13. 선고 93 다 31412 판결 등이 있고, 사용수익권 포
기를 부정한 판례로는 대법원 1990.3. 23. 선고89 다카 2240 판결, 대법
원 1993. 4. 13. 선고 92 다 11930 판결, 대법원 1995. 11. 21. 선고 95 다
36268 판결, 대법원 1996. 6. 14. 선고 95 다 34675 판결, 대법원 1997.
6. 27. 선고 97 다 11829 판결 등이 있다.

　한편, 대법원 1991. 2. 8. 선고 90 다 7166 판결, 1991. 2. 8. 선고 90 다
14546 판결, 대법원 1994. 8. 23. 선고 93 다 58196 판결은 사용수익권
포기를 인정하면서도 지방자치단체가 도로로 개설하여 점유·관리하고 있
다고 볼 수 없다고 판시하였다.

토지의 특정 승계인에 대한 승계 여부에 관한 판례의 입장

　대법원 1992. 7. 24. 선고 92 다 15970 판결 이후로, 대법원은 태도를
바꾸어, '토지의 전 소유자가 자신의 토지를 인근주민들의 통행로로 제공
함으로써 독점적·배타적 사용수익권을 포기하고 이에 따라 인근주민들
이 그 토지를 무상으로 통행하게 된 이후에 토지의 소유권을 특정승계한
사람은, 그 토지상에 위와 같은 사용수익의 제한이라는 부담이 있다는 사
정을 용인하거나 적어도 그러한 사정이 있음을 알고서 그 소유권을 취득
하였다고 봄이 상당하여, 전 소유자나 현 소유자들에게 어떤 손해가 생긴
다고 할 수 없으므로 (또한 지방자치단체로서도 아무런 이익을 얻은 바가 없으므로)
부당이득이 성립하지 않는다'고 판시하고 있으며, 이것이 대법원 판례의
주류적 입장이 되었다.(대법원 1997. 1. 24. 선고 96 다 42529 판결, 대법원 1997.
4. 11. 선고 95 다 18017 판결 등 참조).

보상평가규정을 부당이득의 산정에 적용할 수 있는지의 여부

'공익사업을 위한 토지 등의 취득 및 보상에 관한 법률' 규정은 적용되지 않는다. 대법원은 "지방자치단체 등이 종전부터 일반 공중의 통행로로 사실상 공용되던 토지에 대하여 권원 없이 필요한 공사를 시행하여 사실상 지배주체로서 도로로 점유하게 된 경우에 그 토지에 대한 임료 상당의 부당이득액을 산정하기 위한 기초 가격은 도로로 편입될 당시의 현실적 이용 상태인 도로로 제한받는 상태, 즉 도로인 현황대로 감정평가하는 것은 별론으로 하고, 지방자치단체 등이 공공사업에 필요한 토지 등을 협의에 의하여 취득하거나 사용할 경우에 적용되는 공공용지의 취득 및 손실보상에 관한 특례법 시행규칙 소정의 평가 방법에 의할 수는 없다.(당원 1996. 2. 23. 선고 94 다 27465 판결, 1996. 3. 8. 선고 95 다 23873 판결, 1996. 8. 23. 선고96 다 20918 판결 등 참조)"고 판시하여(1997. 11. 28. 선고 96 다 15398), 사실상의 사도의 보상평가에 관한 규정을 부당이득의 산정에 적용할 수 없다고 하였다.

그 이유는 사실상의 사도는 그 소유자 스스로 자기 토지의 나머지 부분의 편익증진을 위해서 자의로 제공한 것임에 반하여 부당이득은 법률상 원인 없이 부당하게 재산적 이득을 얻고 그로 인하여 타인에게 손해를 주어야 성립하므로, 부당이득이 성립하기 위해서는 사실상의 사도에 해당할 수 없고, 사실상의 사도에 대해서는 부당이득이 성립될 수 없기 때문이다.
(임호정, 도로에 의한 사권의 제한과 권리구제 2004년)

부당이득금 결정

기초가격

(A) 일반적으로 개발이익을 공제한 임료상당액

도로로 편입된 토지의 주변일대의 토지의 이용상황이나 그 가격이 도로

개설 또는 정비공사 등으로 영향을 받아 그 만큼의 토지의 가격이 상승한 경우라면 임대료에서 그러한 개발이익을 공제하고 산정함이 타당하다.(대법원 1994.6.14. 선고 93 다 62515 판결)

(B) 자연발생 또는 제3자 설치시는 도로로, 행정청이 설치시는 편입 당시 현실 이용상황으로 기초가격 결정. 공익사업법은 적용되지 않으므로, 동법 시행규칙 제25조, 제26조는 적용되지 않는다, 다음 판례가 설시하는 바대로 결정된다.

대법원은 "국가 또는 지방자치단체가 도로로 점유 사용하고 있는 토지에 대한 임료 상당의 부당이득액을 산정하기 위한 토지의 기초가격은 국가 또는 지방자치단체가 종전부터 일반공중의 교통에 사실상 공용되던 토지에 대하여 도로법 등에 의한 도로설정을 하여 도로관리청으로서 점유하거나 또는 사실상 필요한 공사를 하여 도로로서의 형태를 갖춘 다음 사실상 지배주체로서 도로를 점유하게 된 경우에는 도로로 제한된 상태, 즉 도로인 현황대로 감정 평가하여야 하고, 국가 또는 지방자치단체가 종전에는 일반공중의 교통에 사실상 공용되지 않던 토지를 비로소 도로로 점유하게 된 경우에는 토지가 도로로 편입된 사정은 고려하지 않고 그 편입될 당시의 현실적 이용상황에 따라 감정 평가하여야 한다."고 판시한 바 있고 (2002.10.25. 선고 2002 다 31483, 1999.4.27. 선고 98 다 56232, 1994.6.14. 선고93 다 62515, 1996.3.26. 선고 95 다 33917, 대법원 2008.2.1. 선고 2007 다 8914 판결), "지방자치단체가 타인 소유의 토지를 아무런 권원 없이 도로부지로 점유, 사용하고 있는 경우, 토지의 점유자로서의 지방자치단체의 이득 및 토지 소유주의 손해의 범위는 일반적으로 토지가 도로로 편입된 사정을 고려하지 않고 그 편입될 당시의 현실적 이용상황을 토대로 하여 산정한 임대료에서 개발이익을 공제한 금액 상당이다."라고 판시한 바가 있다.(1994. 6. 28. 선고 94 다 16120)

기대이율

대법원은 "토지의 임료를 산정하기 위한 기대이율은 국공채이율, 은행의 장기대출금리, 일반시중의 금리, 정상적인 부동산거래이윤율, 국유재산법과 지방재정법 등이 정하는 대부료율 등을 고려하여 결정하여야 하며, 위 토지를 공공용지의 취득 및 손실보상에 관한 특례법 시행규칙 제6조의 2에서 규정하는 사도 등과 같이 보아 인근 토지의 정상거래 가격의 5분의 1범위 내에서 추정거래 가격을 구하여 이를 기준으로 하여 그 임료 상당의 손해액을 산정하여야 하는 것도 아니다."라고 판시하고 있다.(대법원 1993.8.24. 선고 92 다 19804 판결)

청구 후 사정 변경

과거 10년(행정청은 5년) 것만 청구하고 다시 청구하는 방법과 소유권상실 또는 인도시까지로 청구취지를 정하는 경우가 있다. 그런데 후자의 경우 토지소유주가 임료 상당 부당이득의 반환을 구하는 장래 이행의 소를 제기하여 승소판결이 확정된 후 임료가 상당하지 아니하게 되는 등 사정이 있는 경우 새로 부당이득반환을 청구할 수 있는지 여부가 문제된다.

이에 대해 대법원은 "토지의 소유자가 법률상 원인 없이 토지를 점유하고 있는 자를 상대로 장래의 이행을 청구하는 소로서, 그 점유자가 토지를 인도할 때까지 토지를 사용 수익함으로 인하여 얻을 토지의 임료에 상당하는 부당이득금의 반환을 청구하여, 그 청구의 전부나 일부를 인용하는 판결이 확정된 경우에, 그 소송의 사실심 변론종결 후에 토지의 가격이 현저하게 앙등하고 조세 등의 공적인 부담이 증대되었을 뿐더러 그 인근 토지의 임료와 비교하더라도 그 소송의 판결에서 인용된 임료액이 상당하지 아니하게 되는 등 경제적 사정의 변경으로 당사자간의 형평을 심하게 해할 특별한 사정이 생긴 때에는, 토지의 소유자는 점유자를 상대로 새로 소를 제기하여 전소 판결에서 인용된 임료액과 적정한 임료액의 차액에 상당하는 부당이득금의 반환을 청구할 수 있다고 봄이 상당하다."고 판시하고 있다.(대법원 1993.12.21. 선고 92 다 46226 전원합의체 판결)

Tip. 도로 경매가 위험하다? 도로는 사권행사가 제한된다.

도로를 사려고 하는 자는 매우 조심하여야 한다. 그럼에도 불구하고 도로 낙찰을 받으면 매우 고수익을 올릴 것이라고 생각하면서 투자를 한다. 그 이유는 통상 도로는 공매 경매를 위한 감정 평가시에 인근 토지 가격의 1/3로 평가를 하고, 또한 유찰이 되어 50% 정도면 낙찰이 가능하므로, 예를 들어 인근토지 가격이 제곱미터당 900만 원이라고 하면, 감정평가는 제곱미터당 300만 원에 나오고, 여기서 50%로 낙찰을 받으면 결국 제곱미터당 150만 원이면 취득한다. 그런데 제곱미터당 150만 원에 취득한 토지가 경우에 따라서 보상을 받을 경우 900만 원을 받을 수 있는 경우가 생기므로, 약 6배의 수익률을 기록할 수 있게 되므로 유혹에 빠지는 것이다.
그러나 세상일이 다 그렇듯 이러한 도로 투자는 엄청난 리스크가 존재한다. 경우에 따라서는 투자금이 고스란히 묶일 수도 있다.

도로를 공매 경매로 취득하는 이유는 간단할 것이다. 도로를 사서 국가나 지방자치단체로부터 비싸게 '보상'을 받기 위해서나, 아니면 국가나 지방자치단체로부터 도로를 사용하는 대가인 임료를 많이 받기 위할 목적일 것이다. 도로를 일반인에게 다시 팔기는 매우 어렵기 때문이다.
그러나 우선 도로를 취득할 경우 국가나 지방자치단체(이하 '행정청'이라고만 한다)에게 보상을 해달라고 요구할 권리는 없다.(대법원 1996. 9. 10. 선고 96 누 5896 판결) 이 점을 명심하여야 한다.
따라서 행정청이 스스로 보상에 착수하지 않는 한 도로소유자는 보상을 요구할 권리가 없으므로, 그저 기다리거나 임료 청구, 즉 부당이득반환청구를 할 수밖에 없다.
그런데 부당이득반환청구는 패소하는 경우가 많다. 과거 소유자가 자신의 토지에 대해 배타적사용수익권을 포기하였다고 인정되면 공매나 경매로 취득한 자도 그러한 지위를 승계하여 임료청구가 불가능한 경우가 매우 많다.(대법원 1998. 5. 8. 선고 97 다 52844 판결) 나아가 가사 임료청구가 인정되어도 그 이율은 2.5%가 많다. 또한 보상을 받는다고 하더라도 인근 토지 가격의 1/3로 보상받을 확률이 매우 많다. 그렇지 않고 인근 토지 가격의 100%를 받는 경우는 공도나 예정공도부지, 미불용지, 지적공부상 도로로 구분되어 있으나 가격시점 현재 도로로 이용되고 있지 아니하거나 사실상 용도폐지된 상태에 있는 것(토지보상평가지침 제35조의 2), 지적공부상 도로로 되어 있으나 가격시점 현재 사실상 통행에 이용되고 있으나 소유자의 의사에 의하여 법률적 사실적으로 통행을 제한할 수 있는 것(토지보상평가지침 제35조의 2)으로 한정되어 있다. 따라서 이러한 도로를 사지 않는 한 1/3로 보상받는다.

도로에 투자를 하고 싶은 사람은 먼저 공익사업구역 또는 예정구역 토지에 투자를 하는 것이 좋다. 이 경우는 일단 보상을 받으므로 자금이 묶일 염려가 없고, 보상액도 최소한 인근토지가격의 1/3은 보장되기 때문이다. 또한 재개발 분양권, 지적불합치 등 확실한 목적을 가지고 투자하여야 한다. 지료, 즉 임대료를 보고 투자하지 말아야 한다. 지료청구는 패소 위험이 크고, 나아가 승소해도 2.5% 이율이다. 결국 도로투자는 리스크가 크므로 정밀한 권리분석이 필수이며, 그렇지 않으면 낭패를 볼 수도 있다.

신설국도 주변 맹지투자

투자자 A씨는 국도확장 예정지역 토지를 주로 공략하고 있다. 그는 국토부가 국도 확장에 많은 돈을 투자하고 있다는 점에 주목하고 있다. 국토부는 일반국도의 4차로 이상 비율을 2015년 48%에서 2017년 65% 이상으로 높인다는 목표 아래 대규모 투자를 진행하고 있다. 이에 따라 지금 전국에서 국도 확장공사가 활발하게 진행되고 있다.

그가 투자대상으로 물색하는 땅은 맹지다. 지금은 맹지지만 장차 국도가 확장되면 도로를 끼게 되는 땅이다. 맹지인 까닭에 이런 땅의 현재 가격은 낮다. 그러나 도로를 끼게 되면 가격은 급등할 수밖에 없다.

그는 또 국도노선이 바뀌면서 새롭게 도로와 접하게 될 가능성이 높은 땅을 찾는다. 국도를 확장할 땐 선형개선도 함께 이뤄진다. 구불구불한 길을 곧게 편다는 얘기다. 이때 새롭게 국도와 접하게 되는 땅의 투자가치는 높다.

그러나 그는 아무 국도나 고르지 않는다. 국도 중엔 큰 손해를 안겨주는 곳도 있어서다. 예를 들어 새롭게 개통될 예정인 고속도로와 나란히 달리고 있는 국도는 절대 피한다. 고속도로가 개통되면 차량을 고속도로에 뺏기게 된다. 통행료를 지불하더라도 넓고 곧게 뻗은 고속도로를 이용하는 사람들이 훨씬 많기 때문이다.

이 영향으로 국도변의 상가나 주유소 매출은 급격하게 줄어들고, 땅값도 자연스럽게 떨어지게 된다. 진주 ~ 통영 사이 고속도로의 영향으로 인근 33번 국도 통행량이 줄어든 것이 대표적인 사례다.

우회노선이 날 것으로 예상되는 국도도 기피대상이다. 최근 국도 확장 시 시가지를 통과하는 구간은 가급적 우회하도록 건설하는 경향이 강하다. 즉 기존노선 대신 시 외곽을 타고 흐르는 별도의 노선을 건설하는 것이다. 시가지 교통혼잡을 줄이기 위해서다. 따라서 시가지 내 국도변 상권은 위축될 가능성이 높다.

국도가 군 지역 상권의 흥망성쇠를 좌우한다는 점도 놓치면 안 된다. 국도가 확장되면 인접한 군의 희비가 엇갈리게 마련이다. 도로 여건이 좋아지면 사람들은 흔히 더 큰 도시로 가서 소비를 한다. 이왕이면 다양한 시설과 다양한 상품이 있는 곳에서 장을 보게 되고 따라서 기존의 큰 군 소재지 상권은 팽창하는 반면 작은 군 소재지 상권은 죽을 수밖에 없다. 국도 확장이 반드시 모든 군에 호재를 작용하는 것은 아닌 셈이다.

실제로 영주 ~ 봉화간 국도 확장은 영주와 봉화의 운명을 갈라놓고 있다. 영주 상권은 기대에 부푼 반면 봉화 상권을 바짝 긴장하고 있다. 봉화지역 주민들이 인근 영주로 가서 소비를 할 것으로 예상되기 때문이다. 국도 개통으로 영주와 봉화간의 차량 이동시간이 기존 20분에서 10분으로 줄어들면서 나타난 현상이다.

때문에 봉화에선 군까지 나서서 대책 마련에 나서고 있다. 상인들에게 다양한 상품을 개발하고 서비스 수준을 높일 것을 독려하고 있다.

고속도로 IC 주변 맹지투자

투자자 B씨는 고속도로 IC 주변에 관심을 기울인다. 그는 향후 고속도로 IC 가 생기게 될 예정지의 반경 2킬로미터 이내의 땅을 주로 물색하고 다닌다. IC 주변은 시간이 지나면서 개발될 수밖에 없어서다.

특히 그는 개통된 고속도로보다는 개통되지 않은 고속도로 IC 예정지를 주로 찾아다닌다. 땅값은 계획 발표 단계에서도 오르지만 실제 개통단계에 가장 많이 오르는 까닭이다.

이런 지역을 찾기는 그리 어렵지 않다. 국토부는 이미 고속도로를 만들 곳을 다 확정해두고 예산이 편성되는 개로 시급한 노선부터 건설하고 있기 때문이다.

요즘 국토부는 남북 5개 축(서해안, 경부, 중부, 중앙, 중부내륙)이 완성됨에 따라 동서축 구축에 더 많은 예산을 투자하고 있다. 경기도 양평과 강원도 양양을 연결하는 동서고속도로와 같은 것이 대표적인 사례다.

경부고속도로 서해안고속도로 등의 사례를 볼 때 IC 주변은 그 지역의 중심지로 개발될 가능성이 높다. 교통 접근성이 가장 뛰어난 지역이 되기 때문이다. 그게 아니더라도 물류기지로 각광을 받게 된다.

경치가 좋은 곳이라면 전원주택, 펜션 수요자들이 많이 찾게 된다. 전원주택 수요자들 역시 교통 여건이 좋은 곳을 선호할 수밖에 없다. 이런 이유 때문에 동서고속도로 IC 예정지가 있는 경기도 가평, 강원도 춘천, 홍천 등의 땅값이 큰 폭으로 뛰었다.

도로와 도로등의 연결에 관한 규칙 법개정 활용 투자

투자자 K씨는 도로관련법을 활용해 투자를 하고 있다. 예를 들어 그는 요즘 '도로와 도로 등의 연결에 관한 규칙'이 개정됐다는 점에 주목하고 있다.

흔히 사람들은 국도변에 붙은 땅이면 무조건 좋은 것으로 알고 있다. 그러나 모든 국도 땅이 그런 것은 아니다. 예를 들어 국도와 일반도로가 만나는 교차로 주변 땅은 개발을 할 수 없다. 이런 땅을 잘못 샀다가는 큰 낭패를 보게 된다.

이유는 이렇다. 국도 양쪽의 일정 부분은 국가소유 도로부지다. 국도와 연결해 건축행위를 하려면 이 국가소유 부지를 지나야 한다. 이 국가소유 부지의 사용을 허가 받는 행위를 도로점용허가라고 한다.

일반적인 국도변에선 점용허가가 쉽게 난다. 그러나 교차로에선 도로점용이 엄격히 금지된다. 그런데 이 법이 개정됐다. 기존에는 국도와 1차로 이상의 도로가 만나는 곳에선 도로점용허가를 금지했으나 이것이 국도와 2차로 이상 도로가 만나는 곳으로 바뀌었다. 국도와 1차로 도로가 만나는 곳은 개발이 가능해진 것이다.

또 조명을 설치하지 않은 소규모 터널 및 지하차도 전·후 구간에서의 점용금지도 폐지됐다. 국도와 1차로도로가 만나는 곳, 소규모 터널이나 지하차도 전후 구간의 땅값이 크게 오를 가능성이 높다.

재미있는 것은 이런 법 개정 내용을 거의 대부분의 사람들이 모르고 있다는 점이다. 정부에서 발표를 했지만 신문에 보도된 곳은 없었다. 때문에 부동산 전문가들조차 이런 내용에 대해 알지 못한다. 다른 사람들이 알기 전에 이런 땅을 선점하면 톡톡히 재미를 볼 가능성이 높다.

국유지 주변 맹지 발굴 투자

평범한 샐러리맨 A씨의 맹지투자 성공사례 분석

현장 전문가들의 자문에 따르면, 초보 토지투자자들이 일반적으로 하는 실수가 바로, 중개업자의 말만 믿고 덜컥 "맹지"를 구입하는 것이라고 한다.

"맹지"란 주변 토지에 둘러싸여 진입로가 없는 토지를 말한다. 차량 진입이 불가능하기 때문에 건축허가를 받을 수 없다. 그렇기 때문에 매입할 때 부지 구입과 동시에 진입로를 함께 확보해야 하는데, 만일 맹지를 구입한 이후에 인접토지소유주에게 진입로를 사려고 하면, 토지소유주는 진입로가 없으면 건축허가를 받을 수 없다는 점을 이용해 비싼 값에 팔려고 할 것이다. 배보다 배꼽이 더 커질 수 있다는 얘기다.

이런 이유로 낭패를 본 투자자들이 나오면서, 토지 시장에서는, 상식적으로 생각을 했을 때 "맹지는 매입하면 안 된다." 라는 투자 정석이 자리 잡았다.

하지만 맹지투자시에도 철저한 계획과 분석, 토지를 보는 안목이 있다면 성공할 수 있다. 30대 후반의 평범한 직장인 A씨가 국유지가 접한 맹지를 구입해 투자 이익을 본 실전사례를 살펴보자.

2차로도로에 인접한 국유지에 둘러싸인 맹지

30대 후반 A씨는 펜션을 짓기 위해서 도로가 접하고, 주변이 자연과 어우러지고 실개천이나 물이 가까운 곳을 찾고 있었다. 최소한 강을 조망할 수 있는 곳을 원했다. 경기도 양평, 가평 일대를 열심히 찾다가 양평 인근 부지에 300미터 전방에 큰 강이 보이고, 2차로도로에 인접한 500평짜리 밭이 평당 30만 원에 매물로 나온 것을 찾았다.

하지만 아쉽게도 국유지가 부지 진입로를 가로막고 있었고, 부지 뒤편은 하천부지로 둘러싸인 맹지였다. 그러나 A씨에게는 크게 흠이 되지 않았다. 오히려 그 점을 역이용하기로 했다.

A씨는 그 자리에서 일시불처리 조건으로 시세보다 평당 5만 원 낮은 25만 원의 조건을 제시했다. 중개업자는 땅을 보자마자 그 자리에서 계약을 하겠다고 나서는 A씨를 보고 조금 놀랐지만 계약건수를 올리기 위해 토지 소유주를 설득한 후 그날 평당 25만 원의 조건으로 총 1억 2,500만 원에 계약을 끝마쳤다.

A씨가 맹지라는 문제점이 있음에도 불구하고 확신을 갖고 계약한 것은 두 가지 점을 눈여겨봤기 때문이다. 첫째, 주변 토지시세가 평당 30~35만 원 선으로, 해당 토지 시세가 저렴한 편이라는 점이다.

둘째, 도로와 접한 국유지의 규모가 작고, 부지 뒤로 하천부지 800여 평이 있다는 점이다.

좁은 국유지는 점용허가를 통해 도로를 내고 부지 뒤에 위치한 하천부지를 펜션사업에 활용한다는 목적이었다. 연간 몇 십만 원 안팎의 저렴한 점용료를 납부하면서 실제로는 진입로와 하천부지 1,300평을 활용할 수 있다는 이점을 미리 계산해봤기 때문이다.

철저한 입지 분석을 통한 적합한 사업 계획 마련

A씨는 서둘러 2층짜리 펜션 신축허가를 내기 위해서 작업에 들어갔다. 우선 울퉁불퉁한 땅을 하루 30만 원에 포크레인 장비를 빌려 고르게 정리하는 작업을 진행하고, 펜션 신축허가를 내기 위해 500평형 중 일부를 "전"에서 "대지"로 지목을 변경했다.

다음엔 도로와 인접한 국유지와 부지 뒤에 있는 하천부지에 대해 각각 점용허가를 받기 위한 사업계획서를 준비했다.

부지 앞 국유지는 진입로를 사용하는 목적, 부지 뒤쪽 하천부지는 야외정원으로 활용하겠다는 계획으로 각각 장기간 사용할 수 있는 점용허가를 받았다. 부지의 자연경관 및 지형을 그대로 살린 채 하천부지에 해당하는 지점의 꽃밭과 실개천을 활용하기로 했다. 또한 예쁜 정원과 천연 야외수영장 등 조경을 보강해 특별한 야외정원으로 기획을 마쳤다.

건축설계 및 허가비용 등을 합해 대략 2천만 원 가량이 소요됐다. 1년 후 급하게 자금이 필요했던 A씨는 펜션 신축허가서 및 자신이 기획한 하천부지활용 기획안을 포함해 중개업소에 다시 매물로 내놓았다.

토지 매입 후 1년이 지난 현재, 그 일대 펜션부지 시세는 평당 50만 원 선으로 오른 상황이었다. 평당 25만 원에 산 부지를 주변 시세대로 내놓았는데, 뜻밖에 가격조정 없이 A씨가 원하던 가격인 평당 50만 원에 해당 토지를 사겠다는 매수자가 쉽게 나타났다.

맹지기는 하지만 800여 평이란 하천부지를 활용할 수 있는 이점과 펜션부지 건축허가 등 철저한 사업계획이 준비된 상태라 원하던 가격에 쉽게 매각할 수 있었던 것이다.

소규모 국유지에 접한 사유지 많은 편, 기획에 따라 단순 맹지 아닐 수도

현지 전문가들의 조언에 따르면, 적은 규모의 국유지에 접한 사유지, 소위 맹지를 만나는 경우가 많은 편이라고 한다. 이들 중에는 적절한 기획과 투자분석, 사업계획 준비를 통해 돈 되는 땅으로 변신할 수 있는 경우도 있다. 또한 실제 〈토지이용계획확인원〉에서는 맹지 성격이 아닐 수도 있다.

A씨처럼 토지 사용가치를 높여주는 철저한 사업계획서의 준비가 뒷받침된다면 1억 원대의 비교적 소액투자로 토지투자에 성공할 수 있다. 물론 국유지에 접한 맹지를 보고 적합한 사업기획을 만들어낸 역발상이 적시했고, 남다른 토지를 보는 안목이 도움이 되기는 했지만, 누구나 틈틈이 발품을 팔고 지속적인 연습과 노력을 기울인다면, 가능한 일이다.

합병을 통한 맹지투자

평소 충남 예산의 토지가 투자가치가 높다고 생각하던 B씨는 지난 3월 중순 마음에 드는 땅을 발견했다. 각각 소유자가 다른 두 필지의 땅인데 두 필지를 한꺼번에 매입해야 한다는 조건이 붙어 있는 땅이었다.

1개 필지는 관리지역(5천 평)이었고 다른 1개 필지는 농림지역(1천 평)이었다. 관리지역 땅은 도로가에 붙은 땅이었고 농림지역 땅은 그 땅에 붙은 맹지였다. 도로가의 토지소유주가 내놓은 매도 희망가격은 평당 12만 원.

이 땅을 본 순간 B씨는 관리지역 땅을 차지하고 있으면 맹지는 가만히 있어도 굴러들어올 것이란 생각이 들었다. 진입로가 없는 맹지는 앞 땅이 없으면 활용이 불가능하기 때문이다. 그래서 맹지를 뺀 관리지역 땅만 매입하겠다고 제안했다.

그러나 매도인 측은 완강했다. 두 필지를 한꺼번에 사지 않으면 팔지 않겠다는 것이었다. B씨는 작전상 계약을 포기하고 중개업소를 나가려는 제스처를 취했다. 그러자 안달이 난 매도인 측이 황급히 B씨를 붙잡았다. 도로가에 붙은 땅만이라도 팔겠다는 것이었다. 그 자리에서 계약을 한 B씨는 느긋한 마음으로 집으로 돌아왔다.

그의 예상은 며칠 지나지 않아 맞아떨어졌다. 맹지의 소유자가 자신의 땅도 싸게 사라고 제안을 해온 것이다. 맹지소유자는 처음엔 평당 8만 원을 제시했다. 그러나 B씨가 이를 거절하자 가격은 평당 5만 원까지 내려갔고, B씨는 그 정도면 적당하다는 생각이 들어 매입계약을 체결했다.

관리지역 땅에 맹지를 합치자 땅 모양이 아주 좋아졌다. 뒤쪽이 푹 들어간 모양이었는데 반듯한 모양으로 변한 것이다. 매매를 중개한 중개업소는 당장 내놔도 평당 14만 원은 충분히 받을 수 있을 것이라고 말했다. 나중에 확인을 해보니 맹지소유자가 자신의 땅값을 더 받기 위해 앞 토지소유주를 설득해 동시 매각조건을 내걸었던 것으로 파악됐다.

이처럼 진입로가 없는 맹지는 치명적인 약점을 안고 있다. 특별한 사연이 없는 한 길이 없는 땅을 살 사람은 없다. 이런 약점을 파악하고 있으면 맹지를 아주 싸게 살 수 있다.

진입로 매입을 통한 맹지탈출

본건은 중소기업을 운영하는 M씨의 사례이다. M씨는 대전에서 공장을 운영하면서 수도권에 제2 공장을 지을 계획을 갖고 있었다. M씨가 제2공장부지로 선택한 곳은 경기도 여주였다. M씨는 틈날 때마다 여주 일대를 돌아다니면서 공장부지를 알아보았는데, 중소기업인데다 자금 사정도 넉넉하지 못했기에 가지고 있는 자본으로는 모양이 좋고 큰 도로에서 가까운 마음에 드는 공장 부지를 확보하기는 쉽지 않았다. 이미 큰 도로 주변은 가격이 오를 대로 오른 상태에서 마땅한 토지를 구입할 수 없다는 것을 알게 된 것이다.

M씨는 차로책으로 큰 도로에서 조금 떨어져 있더라도 가격이 저렴한 토지를 찾기로 생각을 바꾸고 본래 마음에 두었던 지역부터 다시 매물을 찾아 다녔다.

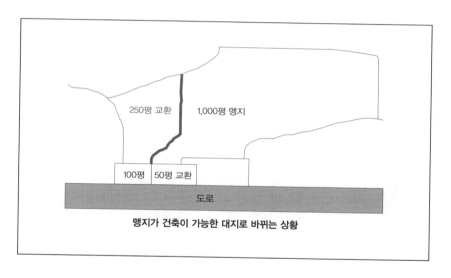

맹지가 건축이 가능한 대지로 바뀌는 상황

M씨가 공장부지를 알아보던 지역은 국도에 접한 토지들의 시세가 평당 40만 원 정도 선이며 도로에서 약간 들어간 토지도 35만 원 선에서 형성되어 있었다. 그러던 중 눈에 띄게 싼 매물을 찾게 되었다. 그 토지는 도로에서 그다지 멀리 떨어진 것도 아니었는데, 1,600평이 평당 20만 원씩, 매물로 나와 있었던 것이다. 도로에 접해 있는 토지보다 꼭 50% 저렴했는데, 그렇게 싼 이유는 곧 밝혀졌다.

바로 맹지였던 것이다. 가격은 더없이 좋았는데 맹지는 건축허가를 낼 수 없기 때문에 매입을 해도 공장부지로 허가를 받을 수 없다는 것을 M씨도 잘 알고 있었다.

하지만 M씨는 포기하지 않았다. 무엇보다 가격이 주변시세보다 절반 정도로 싸기 때문에 공장으로 들어가는 진입로만 확보하면, 시세의 반 가격에 토지를 매입하는 것과 같았기 때문이다. M씨는 지적도를 떼어 토지의 모양과 형태를 살폈다.

큰 도로에서 매물로 나온 물건까지는 얼마 떨어지지 않았다. 하지만 도로와 M씨가 매입을 원하는 토지 사이에는 다른 사람의 토지가 끼여 있었다.

M씨는 진입로를 확보하기 위해 중간에 끼어 있는 토지소유주를 만나보기로 마음먹고 앞 토지의 등기부등본을 발급받아 소유주의 주소를 알아냈다. 주소지를 찾아간 M씨는 도로에 접한 토지소유주에게 본 토지까지의 4미터 폭으로 땅을 팔 것을 부탁하였다.

하지만 쉽지 않았다. M씨는 도로를 내기 위해서라고 설명하며 앞쪽에 도로가 있긴 하지만 이왕이면 본인에게 땅을 조금 팔아 옆쪽에도 도로가 생기면 그 땅의 가치가 더욱 높아질 거라고 설득하였다.

참고로 도시지역은 물론 논이나 밭 등 토지 역시 도로를 하나 끼고 있을 때보다 두 개 끼고 있는 것이 훨씬 가치가 높다.

접한 도로가 2개면 진·출입 등 활용가치가 높아지고, 활용가치가 높아지면 그만큼 지가도 상승한다.

어렵게 협의한 결과 측량하여 폭 4미터에 편입되는 토지 50평을 시세보다 비싼 평당 60만 원씩 3천만 원에 매입하기로 했다. 도로에 접해 있는 토지 시세가 평당 40만 원에 형성되어 있었지만 맹지를 매입하는 입장에서는 60만 원씩 주고 사서 맹지에서 탈출하는 것이 그 땅을 사지 않는 것보다는 현명한 판단이었다.

평당 60만 원씩, 50평 정도 매입을 하게 되면 뒤쪽 맹지였던 토지

1,600평이 맹지에서 탈출하여 가격이 무려 두 배 가까이 상승하기 때문에 평당 100만 원을 달라고 요구해도 매입을 하는 것이 이득이었다.

측량을 통해 폭 4미터 진입로 50평을 확보하게 되면서 맹지였던 M씨의 토지는 진입로를 확보하게 되었고, 맹지에서 탈출이 가능해지자 평당 20만 원씩, 1,600평을 약 3억 2천만 원에 매입하게 되었다.

여기에 도로를 확보하기 위해 평당 60만 원씩 50평을 매입하는 데 3천만 원의 추가비용이 들어갔다. 이렇게 두 토지를 합쳐 1,650평을 매입하는 데 순수한 토지 매입 비용만 3억 5천만 원이 투입되었다.

하지만 추가 매입비용 3천만 원을 투자하여 평당 20만 원에 매입한 토지가 주변시세대로 평당 35만 원씩, 모두 1,650평의 토지가격이 상승한 효과를 가져왔다. 그 결과 M씨가 매입한 토지가격 총액은 시세대로 5억 7,750만 원으로 상승하였다. 맹지 역시 대형 평수에서 높은 수익이 난다.

맹지라 해서 지레 포기하고 사지 않는 것보다는 맹지를 계약하기 전에 주변 토지소유주들을 만나 협의를 하면 얼마든지 해결 방안을 찾을 수 있다. 설령 진입로를 확보하기 위해 시세보다 높은 가격으로 토지를 매입한다고 하더라도 맹지에서 주변시세만큼 상승하는 금액보다 적다면 매입을 하는 것이 당연할 것이다.

맹지투자로 인해 수익을 올릴 수 있다는 것을 알면서도 진입로를 확보해야 한다는 부담 때문에 본인 자금에 맞추어 소형 평수를 찾는 사람들이 있다.

하지만 M씨의 사례에서 본 것처럼 맹지투자 역시 대형 평수가 정답이다.

M씨의 경우, 맹지가 무려 1,600평이나 되었기에 맹지에서 탈출하는 순간, 평당 15만 원씩의 수익만 발생해도 엄청난 수익이 얻을 수 있었다. 맹지 역시 평수가 크면, 맹지에서 탈출하는 순간 수익도 많이 발생한다.

구거를 통한 맹지탈출

Case 1 : 실개천 등 인접 국유지 이용 땐 저렴하게 진입로 확보 가능

경기도 남양주시에 사는 L씨는 전원주택 부지를 물색하던 중 경매로 나온 관리지역의 임야 2천 제곱미터를 발견했다. 감정평가액은 1억 2천만 원이었으나 3번이나 유찰돼 최저 입찰금액은 감정평가액의 절반 수준인 6,144만 원. 주변 경관이 수려하고 마을과도 가까워 전원주택을 짓기에는 더할 나위 없이 좋았다. 문제는 진입로가 없는 맹지라는 것.

하지만 L씨는 그 땅을 포기하기엔 너무나 아깝다는 생각을 하던 중 지인을 통해 특별한 사실 하나를 알게 됐다. 당시 경매토지와 접한 조그만 실개천이 있었는데 이를 복개하면 도로로 활용이 가능하다는 것이다.

반신반의하던 L씨는 시청에 확인해 똑같은 답변을 얻었다. 하천보다 폭이 좁고 흐르는 물의 양이 적은 실개천은 지적법상 '구거'로 분류되는데, 대부분 국가소유다. 구거의 경우 해당관청에서 구거점용허가를 받아서 진입로 개설 등 개인용도로 활용이 가능하다. 다만 물의 흐름을 방해하지 않도록 적절한 조치를 취해야 하며 일정금액의 대부료를 납부해야 한다.

마침내 L씨는 해당 토지를 6,500만 원에 낙찰 받은 후 각종 세금과 등기비, 점용허가와 공사비 등 1,500만 원을 합쳐 총 8천만 원을 지출했다. 모든 정리가 끝나자 해당 토지를 사겠다는 사람이 있어서 전체 2천 제곱미터 중 절반인 1천 제곱미터를 1억 원에 매각했다.

결과적으로 L씨는 8천만 원을 투자해 본인이 희망하던 전원주택 부지를 마련했을 뿐 아니라 1억 원의 부수입까지 챙기게 된 셈이다.

맹지의 경우 진입로 확보를 위해 주변 토지를 매입하려고 하면 지나치게 높은 금액을 요구하는 경우가 많다. 하지만 위의 경우처럼 구거 등 국유지가 접하고 있는 경우 아주 저렴한 비용으로도 진입로 확보가 가능하다. 지금 당장은 진입로 확보가 어려운 토지라도 각종 개발이 예정돼 있거나 토지 수용이 예상되는 지역은 좋은 투자처가 될 수 있다. 개발로 인해 도로가 생길 수도 있고 감정가보다 저렴하게 낙찰 받은 토지로 감정가 이상의 보상금을 받을 수도 있기 때문이다.

상가건물을 건축하기 위하여 2차로 대로변의 토지 200평을 평당 250만 원에 매입한 K씨.

K씨는 매입한 땅과 바로 붙어 있는 맹지를 나중에 헐값으로 사들일 수 있다는 계산 하에 그 토지를 매입했다. K씨가 구입한 토지는 2차로 대로변 및 3미터 비포장도로에 붙어 있어 건축허가가 가능하지만 맹지는 현재 아무짝에도 쓸 수 없는 땅처럼 보였다. 부동산을 조금만 아는 사람이라면 K씨의 생각이 타당성이 있는 것처럼 보인다. 하지만 그렇지 않을 때도 있는 법이다.

Case 2 : 맹지에 투자해 구거점용으로 고수익을 올린 경우

이번에 소개하는 사례 역시 맹지를 투자하여 원하는 토지도 매입하고 고수익을 올린 경우이다.

서울에 거주하는 L씨는 직장인이다. 하지만 퇴직을 얼마 남겨 놓지 않고 있었다. L씨는 퇴직 후에 직장동료와 같이 전원주택을 짓고 살 계획을 갖고 있었다. 전원주택단지로 예정한 곳은 가평이었다. 공기 맑고, 경치 좋은 곳에 저렴한 토지를 사서 아담한 전원주택을 짓고 평범한 노후를 보냈으면 하는 바람을 갖고 있었다.

문제는 L모씨를 비롯한 회사 동료의 여유자금이 생각보다 많지 않다는 것이었다. 그래서 저렴한 토지를 구해줄 것을 의뢰했는데, 퇴직할 때까지 약 2, 3년의 기간이 있었기에 조급하게 알아볼 필요는 없었다.

의뢰를 받은 뒤에 오랜 시간을 두고 가평 지역의 토지를 알아보던 중 생각 외로 L씨 등이 원하는 가격대의 저렴한 토지가 나왔다. 본 토지의 주변에서 도로에 접한 토지는 평당 약 25만 원에 가격이 형성이 되어 있었고, 도로에 접했지만 뒤쪽에 위치한 토지는 평균 평당 약 20만 원 정도였지만 매물로 나온 토지는 평당 13만 원이었다. 주변토지보다 평당 7만 원이 싸게 나온 것이었다.

부랴부랴 현장답사를 한 결과 매물로 나온 물건은 낮은 임야로 형성되어 있는 토지였다. 뒤쪽으로는 산이 높았지만 매물로 나온 토지는 임야 부분의 초입부분이라 낮게 형성이 되어 있었다.

우선 평수는 1,730평이라 둘이 나누어도 꾕장히 큰 토지였다. 평소 원했던 대로 집을 짓고 텃밭을 가꾸면서 가축 등을 기르며 전원생활을 하기엔 더없이 좋은 위치였다.

이 토지의 가격이 쌌던 이유는 맹지여서이다. 가평의 중개업소에서 연락을 받았을 때부터 맹지라는 것을 알고 있었다. 하지만 팩스로 지적도를 받아본 결과, 이 토지에는 다행히도 예전에 구거가 지나갔다. 따라서 지적도 상에는 구거 자리가 남아 있었다.

구거가 있던 곳이라는 사실이 지적도상에 남아 있으면 토지를 관할하는 지자체에서 구거점용허가를 받을 수 있다. 그렇게 되면 구거를 진입로로 사용할 수 있다. 구거는 폭이 4미터가 조금 넘어 진입로로 사용하기에 좋은 조건이었다.

전원주택으로서 입지도 상당히 좋았다. 현장답사 결과 낮은 임야로 형성이 되어 있고 뒤로는 높은 산으로 형성이 되어 있었다. 또 정남향이라 햇빛도 잘 들어와 집을 짓고 살기도 좋았다. 그리고 낮은 임야라 아래쪽을 내려다보는 형세여서 생활하기에 쾌적하고 좋은 여건을 갖고 있었다.

차량으로 3분에서 4분 정도 나가면 면사무소가 있었고 면사무소 소재지에는 금융기관이나, 공판장, 약국 등 편의시설을 쉽게 이용할 수 있었다. 현장답사를 마친 L씨와 동료는 그 토지를 무척 마음에 들어 했기에 계약을 추진하였다. 평당 13만원씩, 총 1,730평을 2억 2,490만 원에 계약을 체결했다.

계약을 체결한 후에는 구거점용허가를 받기 위해 측량사무소를 선정하여 위탁했다. 구거점용허가는 개인이 직접 할 수도 있지만 본인이 거주하는 지역이 아닌 타 지자체일 경우 불편할 수도 있기에 측량사무소에 일을 맡기는 것도 괜찮은 방법이다. 비용 또한 몇 십만 원 정도로 생각보다 적게 나온다.

구거점용허가를 받은 뒤에 30미터에 이르는 구거도로 포장과 구거에 조금씩 물이 흘렀기에 콘크리트관을 묻어주는 공사를 해야 했다. 이렇게 하여 구거점용허가비와 콘크리트 관을 묻고, 4미터 포장도로를 만드는 데 들어가는 비용으로 총 1천만 원에 설계사무소와 거래를 체결했다.

구거점용허가비용으로 1천만 원이 들어가면서 토지매입금과 공사비를 합해 2억 3,490만 원이 투자되었는데, 구거점용허가를 받아내 맹지가 풀리면서 주변시세인 평당 20만 원으로 회복됐다. 3억 4,600만 원짜리 토지로 변모해, 구거점용허가를 통해 진입로를 개설한 것만으로 1억이 넘는 순수익이 발생한 것이다.

지방이나 시골마을 맹지의 지적도를 떼어 보면 구거와 물려 있는 곳이 의외로 많다. 위 사례처럼 설계사무소에 상담을 받으면 허가부터 필요한 공사까지 일괄 의뢰할 수 있어 편리하다. 구거점용허가 여부는 설계사무소의 주요 업무여서 상담만 받아도 점용허가를 받을 수 있는지 없는지 쉽게 알 수 있다. 이처럼 구거점용허가를 받아 진입로를 개설하면 맹지라는 약점이 보완되어 아주 높은 고수익을 올릴 수 있다.

하지만 모든 법칙에는 예외가 있다. 통상적으로 맹지는 피해야 하는 땅이지만 의외로 높은 수익을 낼 수 있는 기회 역시 가지고 있는 것이다. 맹지를 푸는 방법으로 가장 많이 쓰이는 것은 진입로를 낼 토지소유주에게 토지사용승낙서를 받아 사도를 내는 것이다.

법적인 양식이 따로 있지는 않고 사용할 토지의 지번, 지목, 면적, 사용

목적을 쓰고(사용기한은 보통 적지 않는다.) 사용자의 주소, 성명과 토지소유주의 인감을 날인한 후 등기부등본, 토지(임야)대장과 인감증명서를 첨부한다. 필요한경우 도로로 쓰일 부분의 토지 분할을 위해 측량 및 설계도면을 작성해서 붙이기도 한다.

Tip. 폐구거와 접한 맹지는 투자가치가 높다

세상에 길 없는 땅이 어디 있을까 싶지만 맹지는 도심의 대지를 비롯해 농지나 임야, 전원주택지에도 숱하게 많다. 개울을 건너야만 접근할 수 있는 임야라든가 다른 밭을 가로질러 들어가야 하는 밭두렁 같은 작은 농로를 거쳐 가야 하는 농지 등은 지적도를 보지 않고도 맹지임을 곧바로 알 수 있다.

땅에 건축물은 지으려면 원칙적으로 진입도로가 있어야만 건축허가가 난다. 허가요건에 필수적으로 진입도로 유무와 폭을 따지기 때문이다.

도로 또한 건축법 제2조 제1항 제11호 규정으로 '보행 및 자동차통행이 가능한 너비 4미터 이상의 도로로서 국토의 계획 및 이용에 관한 법률, 도로법, 사도법, 기타 관계법령에 의하여 신설 또는 변경에 관한 고시가 된 도로와 건축허가 또는 신고 시 시장, 군수 또는 구청장이 지정, 고시한 도로' 여야 한다.

지적도에는 도로로 나오는데 실제로는 밭으로 쓰고 있다면 원래 지적도에 따라 실제 통행할 수 있는 길을 새로 만들어야 할 것이다. 또한 현재 사람과 차량이 다니고 있는 현황도로라도 실제 지목이 밭이고 지적도에도 길이 아니라면 건축법상 도로가 아닌 것이다. 진입도로의 폭은 전원주택의 경우 보통 4미터 기준으로 대지에 2미터 이상 접해야 한다. 그러나 전원주택단지나 창고, 공장, 유통센터 등의 경우에는 6미터나 8미터의 폭을 요구하기도 한다.

경매 고수들 중에는 어떻게든 진입로를 확보해야 하는 맹지소유자의 당면과제를 이용해 맹지를 도로와 이어줄 땅만을 골라 덫을 치듯 투자하는 경우도 있다. 이래저래 초보투자자에게 맹지는 절대 매입해서는 안 되는 '쪽박 차는 땅'으로 인식된 듯하다.

토지사용승낙서를 내주는 대가는 해당 지주의 성향에 따라 천차만별이다. 소정의 사용료만 받고 쓸 수 있게 해 주는 사람도 있지만 생각보다 큰 비용을 요구하기도 한다. 따라서 후일의 안전을 도모한다면 도로 부분을 아예 매입하는 것이 좋다. 지주가 지나치게 높은 가격을 요구한다면 내 땅의 일부를 땅값 대신 잘라주는 방법도 있다.

성인군자가 아닌 이상 대가 없이 사용승낙을 해 주는 경우는 굉장히 드물다. 혼자서 부담하기가 어렵다면 옆에 붙은 다른 맹지의 지주들을 설득해 공동부담을 하거나 함께 공유지분으로 땅을 사서 등기하는 방법도 있다. 도로지분등기를 해두면 사용에도 지장이 없고 팔 때도 무리가 없어 서로 마음만 잘 맞는 다면 아주 유용한 방법일 것이다.

또 다른 방법은 앞 장에서 언급한 것처럼 구거를 이용해 구거점용허가를 받아 길을 내는 방법이다.

물론 구거가 붙어 있는 땅만 가능한 방법이며, 그나마도 살아 있는 구거는 점용허가를 받기가 꽤 까다롭다는 점을 알아두자. 이전에 점용허가를 받은 분들이 구거를 매립했는데, 비가 많이 와서 땅으로 범람하는 바람에 인근 농경지에 피해를 끼친 사례도 있다. 따라서 실제 구거보다는 폐구거, 즉 물이 흐르지 않아 구거의 기능을 상실한 도랑이 쉽게 도로로 쓸 수 있고, 그래서 폐구거와 접한 맹지는 투자가치가 높다.

비록 맹지라 해도 탐이 나는 땅이라면 미리 포기하지 말고 활용할 수 있는 방법이 있는지를 따져보자. 구거점용허가를 받을 수 있는지, 폐구거 신청이 가능한지, 토지사용승낙서를 받을 수 있는지, 길을 낼 땅을 적절한 가격에 살 수 있는지 여부를 확실히 알아보고 수익분석을 마친 후 매입을 결정해야 한다. 싸다고 덥석 샀다가 애물단지로 전락하면 곤란하니 말이다.

맹지인가 알박기인가?

먼저 이해를 돕기 위하여 잠시 다음 그림의 지적도상의 시세를 파악해 보자.

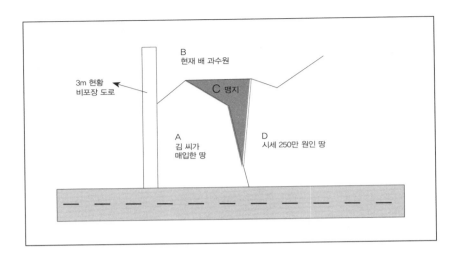

A와 D는 2차로 도로에 접한다. 건축이 가능한 토지여서 시세는 250만 원이다. 김모 씨가 구입한 A는 200평이고, 현재 배나무 밭으로 이용되고 있는 B는 2차로 대로와 연결된 3미터 도로와 접하고 있다. 건축법상 허가 가능한 도로는 아니지만 시세는 평당 90만 원이다.

문제의 C는 맹지로서 어디에도 길과 저촉하고 있지 않다. 시세는 잘 받아봐야 40만 원이다. 땅 모양 역시 삼각형으로 각이 져서 건축하기에는 거의 불가능하다. 평수는 80평이다.

김모 씨는 A 토지를 알선한 중개사에게 C 땅의 소유자를 찾아가 시세 40만 원보다 낮은 가격이라면 매입할 의향이 있다고 타진하도록 했다. 중개사는 C 토지의 소유자와 만난 후 평당 80만 원을 요구한다고 전했다.

김모 씨는 맹지를 평당 80만 원이나 달라고 하는 것은 제정신이 아니라고 분개하며 C 토지를 포기했다.

하지만 C 토지소유주는 자신의 땅을 현재 다른 용도로 사용할 의사가 없고 지방으로 이사를 갔으므로, 일시적으로 A 토지소유주인 김모 씨가 건축하는 건축물의 주차장으로 사용해도 된다는 말을 중개사를 통해서 들었다.

김모 씨는 별다른 생각 없이 건물을 짓기 시작했는데, 건물 층수가 올라가다 보니 건물 높이에 비해 주차장 면적이 협소해 보였다. 이때부터 맹지인 C 토지가 더 절실히 필요하다는 것을 느끼게 되었지만 맹지인 자투리 땅을 비싸게 주고 사고 싶지는 않았다.

건물이 올라가고 있는 과정에서 몇 달이 지난 후, 김모 씨는 다시 중개사에게 맹지 매입을 흥정해보라고 부탁하였다. 하지만 맹지소유자를 만나고 온 중개사는 평당 150만 원까지 제시했음에도 꿈쩍도 하지 않는다면서 포기하자고 전했다.

이제 건물이 4층까지 올라가 완공됐다. 아직 준공등기는 내지 않은 상태였지만 건물이 다 완공되고 보니 이제 정말 건물에 비해 주차장이 너무 협소했다. 이렇게 되면 건물의 가치가 살아나지 못한다.

그제야 김모 씨는 맹지를 반드시 매입해야겠다고 마음먹고 중개사를 찾아가 맹지소유자에게 마지막으로 흥정을 시도해보라고 채근했다. 중개사는 투덜거렸다. 그도 그럴 것이 맹지소유자는 충북 영동으로 이사를 가서 목장을 하고 있는데, 그를 만나기 위해서는 하루를 꼬박 소비해야 했으며 경비도 무시할 수 없었다. 결국 마지막이라는 전제로 맹지소유자를 만나고 온 중개사는 "평당 300만 원 미만으로는 두 번 다시 찾아오지 말라."는 말을 전한다.

결국 김모 씨는 중개사가 두 번째로 제시했던 150만 원과 마지막에 상대가 제시한 평당 300만 원의 중간선인 평당 230~250만 원으로 협상을 시도하고자 한다.

위 사례를 보면 어딘가에 문제가 있음을 느낄 수 있다. 2차로에 접한 대지를 평당 250만 원에 매입한 김모 씨가 7~8개월이 흐른 후 많이 주어야 시세가 40만 원인 땅을 매입하는 데 평당 250만 원까지 지불할 각오를 하고 있다.

무엇이 문제였을까?

첫째, C 토지의 소유자는 평범한 일반인이 아니었다.

그는 시세가 40만 원인 땅값으로 80만 원을 제시했다. 그것도 도로에 접한 토지가 아닌 맹지인데도 말이다. 이 부분에서 김모 씨는 깊게 생각해 봐야 했다. 상대가 무엇을 근거로 80만 원을 제시하는지 파악해야 했다. 하지만 중개사는 그 이유를 알아내지 못했고, 김모 씨 역시 그럴 필요도 없다고 생각했다. 당시 중개사나 김모 씨는 "비싸면 사지 않으면 그만이지."라는 생각만 했을 뿐이었다.

하지만 두 번 다시 만날 일이 없다면 몰라도 그렇지 않다면 적어도 상대의 의중은 파악했어야 한다. 시작부터 협상 마인드가 빠져 있었다.

둘째, 김모 씨의 매수 의사를 파악한 중개사는 맹지소유자를 만나러 갈 때 협상자로서의 사명감을 가지고 있었어야 한다. 그렇다면 첫 번째 답변을 받아 온 평당 80만 원이나 두 번째로 제시받은 평당 150만 원에 대한 근거 이유를 김모 씨로부터 가져 왔어야 했다.

물론 중개사의 입장을 충분히 이해할 수는 있다. 경기도에서 멀리 충북 영동까지 찾아갔는데, 토지소유주가 "당신이 줄 수 있는 최대치를 얘기해 보시오."라는 요구만 할 뿐 자신의 마지노선은 밝히지 않았을 수도 있다. 이런 상황에서는 경비를 쓰면서 먼 길을 찾아간 사람은 협상 위치가 불리해진다. 어떻게든 결론을 얻어내기 위해 조급한 마음을 갖게 되기 때문이다.

하지만 그런 실수를 두 번씩이나 저지른 것이 사태를 여기까지 오도록 만든 원인이기도 하다.

셋째, 땅을 바라보는 시각에서 서로 이견이 있었다.

김모 씨는 C 토지를 맹지라고 보았다. 실제로 맹지이다. 그가 생각하고 투자했던 방식에 의하면 맹지는 거저 주는 가격이 아니면 팔리지 않는 땅이다.

하지만 C 토지소유주는 그 땅을 알박기로 보았다. 알박기 방법을 사용하는 사람들은 TV에서 자주 나오듯 시세의 몇 배를 눈 하나 깜짝하지 않고 요구하며 챙겨간다.

C 토지소유주는 김모 씨에게 어차피 사용할 수 없는 자신의 맹지를 잠시 주차장으로 무상 사용하라고 했지만 건물이 완공되는 시점에서는 다시 번복해 현재 주차장으로 평탄 작업된 곳을 경계 측량하여 땅 경계선에 담을 설치할 것이라고 은근히 소문을 흘렸다. 용의주도한 전략이었다.

주변 사람들을 탐문해서 알아본 바에 의하면 역시 맹지소유자는 전국을 떠돌며 개발가능성 있는 곳에 맹지만 수없이 사 놓고 이것을 수 십 년 동안 팔지 않고 끌고 가는 행태를 보이고 있었다. 그리고 그렇게 뿌려 놓은 맹지 중에 드디어 김모 씨가 걸려 든 것이다.

넷째, 처음 상대가 시세의 두 배를 부를 때 괘씸하다고 접촉을 하지 않은 것도 문제다.

김모 씨는 자신은 급하지 않으니 시간이 흐르면 언젠가 자신에게 팔지 않겠느냐고 안일하게 생각했을 것이다. 하지만 당시 김모 씨가 매입한 땅값은 평당 250만 원이었다. 누가 봐도 40만 원밖에 안 되는 맹지지만 김모 씨가 소유하고 있는 토지와 합병이 되면 250만 원의 가치를 갖게 된다.

따라서 이때 상대가 제시한 금액에서 좀 더 주는 한이 있더라도 상대가 자신의 입으로 금액을 제시할 때 어떻게든 결론을 지었어야 했다. 평당 100만 원을 주고 매입한다고 해도 김모 씨가 매입한 200평과 합쳐지면 평당 250만 원이 되므로 평당 150만 원의 차익이 발생한다.

다섯째, 가장 큰 문제는 김모 씨가 아직도 상대가 왜 맹지임에도 불구하고 평당 300만 원이라는 가격을 제시했는지에 대한 이유를 모른 채 평당 250만 원에 절충하고자 하는 희망을 가지고 접근하고 있다는 것이다. 그렇게 되면 아마도 상대는 더 높은 가격을 내놓을 것이 뻔하다.

팔리지 않는 맹지를 매도하는 해법

맹지는 흔히 눈먼 토지로 취급돼 일반 토지에 비해 훨씬 저렴하게 거래되거나 거래를 기피하는 경향이 있는 토지다. 실제 거래에 있어서 일반 토지의 1/3 시세에 거래가 되기 일쑤다. 따라서 보통 토지답사를 다녀보면 맹지라고 하면 꺼리는 경우를 수없이 본다. 대로변의 반듯한 토지를 선호하고 도로에서 조금 떨어진 맹지는 거의 매입자에게 인기가 없다.

사실 맹지라고 무조건 꺼릴 것은 아니다. 맹지를 많이 보유했다가 새로 생긴 도로 때문에 도로에 접하면서 신데렐라가 된 맹지도 많다. 또한 도로에 접한 토지를 소유한 경우 그 토지에 인접한 맹지를 저렴하게 매수해 활용방안을 모색해보면 투자성이 있을 수 있다.

특히 펜션용지로 쓸 수 있는 바닷가 맹지는 장기투자 목적으로 저가에 매수해 두면 최소한 손해는 보지 않는다. 부동산개발업자들이 도로를 개설하고 펜션단지로 조성을 하기 시작하면 그 일대의 토지 시세도 상승하기 마련이고 그때는 큰 폭의 지가상승으로 투자가치가 충분히 있기 마련이다. 산골짜기 맹지는 용도의 다양성이 다소 떨어지지만 펜션지로 사용될 수 있는 바닷가 맹지는 개발 가능성이 크므로 미래를 보고 투자할 만하다.

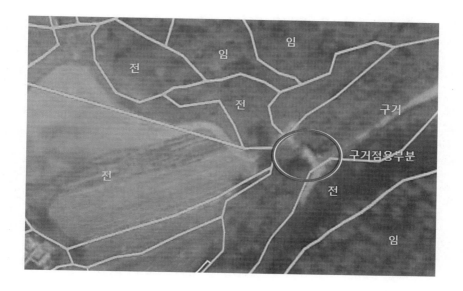

다음은 맹변신 씨의 맹지투자 성공사례를 들고자 한다.

자영업자 맹 씨는 맹지만을 전문적으로 매입해 대박을 터뜨리는 투자자다. 일반인은 맹지라면 무조건 꺼리지만 맹 씨에게는 어느 정도 개발 가능성이 있다고 판단이 되면 맹지를 저가에 매입해 사도를 개설한 뒤 직접 개발해 처분하거나 적당한 구매자를 물색해 100%의 이익을 보고 처분하는 타입이다.

맹 씨의 맹지투자 요령은 다음과 같다.

첫째, 도로와 접한 반듯한 토지를 먼저 매입한 후 그 토지에 접한 맹지를 아주 저가에 매수하여 함께 처분함으로써 적절한 수익을 얻는다.

둘째, 도로와 다소 가까운 곳의 맹지를 구입하는 경우다. 맹지를 매입한 이후에는 사도개설을 위해 타인의 토지 일부를 사도개설 목적으로 매입한 후 다용도로 개발하는 경우다.

맹지분석	면적(평)	평당가격	비맹지 평당 거래가	매수가격
	1,730.00	₩ 130,000	₩ 200,000	₩ 224,900,000

구분		수치	내용
구거점용시	면적(평)	8.00평	폭 × 길이 × 0.3025
	공사비율	₩ 10,000,000	교량, 녹강 설치 및 포장 비율
	공시지가	₩ 10,000	인근 토지 공시지가
	10년사용료	₩ 290,910	(점용면적 × 공시지가 + 부가세 10%)
	전체소요비용	₩ 234,900,000	매수가격 + 공사비율
	가치반영 현재가	₩ 346,000,000	비맹지 평당거래가 × 면적
	가치 상승률	147.30%	실매입 평단가	₩ 135,780
	매매시 투자수익	₩ 111,100,000	투자수익률	47.30%

간혹 알박기 식으로 도로개설에 협조하지 않는 지주들이 있으므로 사전에 치밀한 준비가 필요하다. 답사를 할 때는 도로 사정을 잘 파악해 맹지인지 여부를 잘 살펴보는 것이 매우 중요하다.

토지매입에 있어서 도로 접근성은 매우 중요하다고 누누이 말했다. 잘 뚫린 도로 주변이 지가상승이 높고 비싼 이유가 있기 마련이다. 초보자일수록 당하기 쉬운 것 중 하나가 맹지를 덜컥 사는 경우인데, 일부 중개업자의 말만 믿고 맹지를 샀다가 큰 고생을 하곤 한다.

다음은 얼떨결에 맹지를 매수해 마음고생을 한 사례다.

아실수 씨는 토지를 처음 매수한 초보투자자로, 중개업자의 말만 믿고 맹지를 덜컥 사버린 경우이다.

중개업자는 거래를 성사시킬 의도로 아실수 씨에게 도로 사정에 대한 언급 없이 그냥 땅 모양이 반듯하고 남향이며 시야가 탁 트인 밭을 투자목적으로 구입하면 좋다며 감언이설을 늘어놓았고, 아실수 씨는 이에 현혹돼 이것저것 생각 없이 여유자금 2억 원을 장기투자 목적으로 매입했다.

아실수 씨는 친구들에게 고민을 털어놓고 이야기를 하는 것조차 창피스럽게 여겨 한동안을 고민하다가 시세보다 훨씬 낮은 값에 눈물을 머금고 처분했다. 아실수 씨가 매입한 가격에는 아무도 관심을 보이지 않았고 저가에 매수해 농사나 대충 지어먹겠다는 농민에게 처분된 것이다.

이 경우에서처럼 맹지라면 정상 토지에 비해 30% 이상 시세가 저렴하고 매매 역시 잘 성사되지 않는다. 토지 매입에 있어서 도로가 있고 없고가 얼마나 중요한 부분인지 알 수 있는 사례라고 할 수 있다.

쉽게 얘기해서 소형차라도 지나갈 수 있는 농로라도 있어야 농지로서 가치가 있고 농로조차 없는 맹지는 거의 쓸모가 없는 토지임에 틀림없다.

이런 맹지는 팔 수 없다

예전에는 꼭 팔고 싶다고 하면, 기획부동산으로부터 매수한 맹지도 물건으로 접수했었다. 그런데 이런 토지는 팔아줄 자신도 없고 어필을 해서도 안 된다고 생각하고 있다. 기획부동산이 팔아 넘긴 맹지는 탈출하기가 거의 불가능한 토지다.

의뢰를 받았던 토지 중에 기획부동산으로부터 매수를 했지만 맹지탈출 사례로 예상되는 한 필지가 있다. 다행히도 원삼IC 건설로 인해 보상이 될 만한 토지였다. 산꼭대기 한가운데 있는 토지라 웬만하면 맹지를 탈출하기 어렵지만, 도로나 IC건설은 보상가가 저렴한 임야 라인으로 건설하기 때문에 토지 보상으로 인한 맹지 탈출이 가능해 보였다. 포곡IC 모현IC도 마찬가지로 보상 토지에 임야가 많이 포함되어 있다.

임야의 소유자는 보상을 받고, 보상금 일부는 현금으로 사용하고, 대부분의 자금으로 또 다른 임야를 매수한다. 그래서 내년에 풀리는 수도권 45조 원에 달하는 토지 보상금으로 인해 2020년 땅값이 많이 오를 것으로 예상한다.

한번은 지인이, 경매에서 네모 반듯한 맹지가 싸게 나왔는데 어떻게 생각하는지 물었다. 맹지에서 탈출하기 어려운 토지이므로 절대 사지 말라고 조언했다. 자연스럽게 맹지가 된 토지는 도로에 접한 토지소유주와 협의하여 매도를 하거나, 내 땅 주변에 개발계획이 들어섰을 때, 그 계획에 묻어서 땅을 팔 수 있다.

하지만 산꼭대기 한가운데 다른 필지들 속에 갇혀 있는 토지는 그 임야 전체가 전원주택지나 산업단지로 지정되어 개발을 하지 않는 한, 거래가 되기 어렵다. 대부분 기획부동산이 매매한 예쁘고 바른 모양의 맹지는 평균경사도가 높아서 개발이 불가능한 임야가 대부분이다.

"그래도 값이 엄청 싸요. 싸게 사면 되지 않아요?"

엄청나게 값이 저렴한 맹지라도 누군가에게 매도를 해야 현금으로 내 손에 쥐어지는 것이다. 아무리 땅값이 싸다고 해도 매입할 사람 없는 토지를 가지고 있다면, 이미 내 돈이 아니다. 비록 적은 돈으로 투자했더라도 맹지탈출이 어려운 토지는 환가하기 힘들기 때문에 그 땅을 그냥 가지고 있어야 한다. 맹지탈출이 어려운 토지인 기획부동산 토지는 물건 접수를 하지 않기로 한 것은 이 때문이다. 만약, 누군가에게 맹지 탈출 가능성 거의 없는 토지를 판다면, 매수하는 사람도 나중에 속았다고 생각하게 된다. 누군가에게 손해가 되는 토지를 팔 수는 없는 것이다.

"기획부동산한테 토지를 사는 사람이 얼마나 된다고?" 라고 생각할 수도 있지만, 의외로 이런 사람들이 많다. "보이스피싱에 속는 사람 얼마나 되겠어?"와 똑같다. 정신차리지 않으면 순식간에 돈이 내 주머니에서 빠져나간다.

토지는 크게 두 가지로 나눈다. 도로에 접한 있는 토지와, 도로에 접하지 않은 토지다.

용인 처인구처럼 개발압력이 높은 곳이고 개발계획이 많은 입지의 전, 답이 만약 맹지라면(인위적으로 자른 토지는NO!) 장기투자로 묻어 둘 만하다. 아무래도 맹지이므로 도로에 접한 땅에 비해 훨씬 저렴하기 때문이다.

맹지는 묻어가는 토지다. 맹지의 소유주는 도로에 접한 토지소유주가 내 땅을 사기 위해 협상하거나 도로를 내어줄 때, 내가 협상테이블에서 갑이 될 수 없다. 웃으면서 협의에 조용히 응해야 한다.

용인 포곡읍 같은 경우는, 맹지 탈출하기 위해 거래할 때는 도로에 접한 땅의 반값 정도로 거래된다. 반값 이하가 될 수도 있고, 거래 사례가 많지 않기 때문에 협의하기 나름이다. 토지의 교환으로 내 땅에 도로를 만들 때는 1:3의 비율로 내 땅 맹지 3을 내 주고, 도로에 접한 땅 1을 받아오는 형식이다. 맹지를 탈출해야 건축을 할 수 있는 땅으로 변신하기 때문에 맹지 소유주가 약자가 될 수밖에 없다.

반대로, 다음 그림처럼 내 땅 뒤에 맹지가 있다면 어떨까? 맹지를 저렴하게 살 수 있는 좋은 땅을 보유하고 있는 것이다.

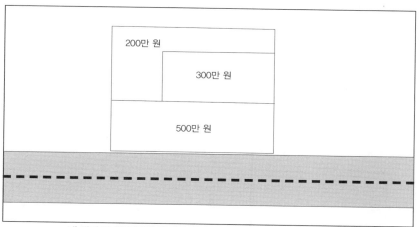

내 땅과 내 땅 뒤편의 맹지를 합치게 되면, 이제 더 이상 맹지가 아니다.

기획부동산이 팔아 치운 맹지의 지번은 부번 숫자가 높다. 예를 들어, 내가 맹지에서 탈출하기 어려운 토지를 샀는데, 지번을 보니 용인 처인구 00읍 00리 산23-57일 경우, 이 땅은 임야 23번지를 57번째로 자른 땅이란 뜻이다.

경매, 공매로 물건을 검색할 때도, "용인이 요즘 핫하다는 데 엄청 유찰이 되어서 싼 물건이 나왔네?" 하고 반기기보다는 "아~ 이거 임야에서 57번째로 잘린 땅이구나!" 라는 걸 알고 물건을 보면 시간을 아낄 수 있다.

정리하자면, 자연스럽게 만들어진 맹지는 팔 수 있지만, 기획부동산이 산 한가운데를 바르고 예쁘게 잘라놓은 맹지는 팔 수 없다. 주의를 기울여야 한다.

PART

9

맹지투자의
함정 피하기

맹지에 투자할 때의 위험 회피 체크포인트

'도로' 관련 체크포인트

철원은 한탄강 협곡으로 매우 유명한 곳이다. 궁예가 도읍지로 정할 만하다는 소리가 절로 나올 정도로 곳곳에 절경을 품고 있다. 그 협곡과 인접한 곳에 있던 약 5천 평 정도의 임야 물건을 봐두었다가 경관이 좋은 토지를 매수하고 싶어 하는 고객에게 브리핑을 했던 적이 있었다.

절반 정도는 농림지역 보전산지였고, 나머지는 준보전산지였다. 평균 경사도 역시 완만했다. 임목 축적률도 그리 높지 않아 임야로서는 이상적이다 싶었고, 경관도 뛰어나 펜션을 짓기에도 좋았다. 오수처리도 별문제가 없었다.

그런데 문제는 현황 진출입 통로가 승용차가 진입하는 데는 문제가 없었으나 뒤쪽으로 건축물이 없어 법적으로는 맹지라는 것이다.

도로를 확보하기 위해서는 2필지의 농지를 거쳐 가야 했다. 수소문을 해서 농지소유자를 찾아 진입도로 확보에 필요한 토지사용승낙서와 인감을 받고 도로에 필요한 해당 면적만큼 비용을 지불하고 계약서를 작성했다. 이 단계까지는 일상의 부동산 사무실에서 하는 중개행위다. 농지 취득을 위한 농지취득자격증명을 받고 잔금을 치른 뒤, 정상적으로 등기이전도 했고, 수수료도 다 받았다.

하지만 여기에서 문제가 생겼다. 매수자가 곧바로 건축허가를 위한 행위(펜션 건축)에 착수하지 않고 1년 넘게 지난 후에야 관련 인·허가 과정을 알아보다가 도로 문제에 부딪치자 필자에게 연락이 온 것이다.

토지사용승낙서를 써준 농지소유자가 1년 사이에 땅을 팔아 소유자가 바뀌었던 것인데, 한마디로 이미 받아놓은 토지사용승낙서가 휴지조각이 돼버린 것. 이런 경우를 '매매는 임대차를 깨트린다.'는 말로 표현하곤 한다. 사실 이 부분에서 "우리가 잘못한 것이 있습니까?" 하고 법리 관계를 따지면 토지사용승낙서를 써줬던 농지소유자와 매수자와의 손해배상문제가 발생할 뿐이다. 현 농지소유자가 새로 토지사용승낙서를 써주지 않으면 그 임야는 여전히 맹지인 것이다.

일부 부동산업을 하는 사람들은 사용승낙서를 받을 당시 도로로 사용할 땅에 시멘트 포장을 하면 객관적인 공시효과를 얻게 된다고 말할지도 모른다. 하지만 천만의 말씀이다. 만약에 새로운 토지소유주가 자신의 땅에 농사를 짓는다는 명분으로 시멘트 포장을 걷어내면 그만인 것이다. 그런 경우가 있겠느냐고 생각할지 모르나 요즘은 자기 권리를 찾아먹는 것을 매우 중요하게 생각하고 민감하게 대응한다는 것을 기억해야 한다.

물론 포장공사에 대해 지방자치단체의 동의를 받고 "도로"로 고시한 것이라면 법적 효력이 분명히 있을 것이다.

그 외에 통행을 위한 지역권설정 등의 방법도 있다. 그러나 이런 방법은 담당공무원이 지역권에 관해서 잘 알지 못하는 관계로 무조건 안 되는 경향이 많다. 통상적으로 하던 방법에서 조금이라도 벗어나면 대개 곤란하다는 입장을 표한다.

결국 새로운 농지소유자를 삼고초려로 찾은 끝에 다시 땅값을 비싸게 쳐서 계약을 성사시켰다. 그리고 여담이지만, 곧바로 건축허가를 받지 않고 방치한 매수자의 실수가 작용한 결과였지만 나도 도의상 책임을 지고 수수료의 일부를 매수자에게 내놓았다.

　사실 그렇게 해야 할 이유는 없었다. 하지만 그 매수자는 또 그걸 당연하게 여기는 것 같았다. 거기에 내가 할 수 있는 모든 허가까지 다 받아줬더니 건축허가에다 지목변경까지 해달라고 요구했는데, 훗날 알아보니 펜션은 짓지 않고 비싸게 팔았다고 한다.

　도로 사용을 위한 토지사용승낙서를 너무 맹신하지 말라. 잘못하면 낙동강 오리알이 되는 수가 있다.

토지사용승낙서

　토지사용승낙서는 토지의 매매가 아니라 말 그대로 사용을 승낙하는 것이다. 이는 사실상 토지에 대한 소유권 외의 권한을 승낙 받는 자에게 일임하는 것이나 마찬가지다.

　승낙을 받은 자는 이 서류를 근거로 지상에 건축물을 지을 수도 있다. 사용승낙서에 대한 대가는 별도로 정할 수는 없고 당사자간 협의에 의할 수밖에 없다. 그래서 때로는 시세보다도 훨씬 비싼 가격이 오가기도 한다.

　토지사용승낙서는 다음과 같은 경우에 매도인이 매수인에게 교부해 주는 보편적인 경우로 요약할 수 있다.

　① 진입도로가 필요한 경우.

　② 토지매수 계약을 하지 않고 지주와의 토지임대차계약을 체결한 후 토지상 건축물 또는 어떤 행위를 하고자 하는 경우.

　③ 매매계약과 동시에 인·허가를 진행해야 할 필요성이 있을 때, 계약

금 혹은 중도금을 지급하고 인·허가를 득한 후에 잔금을 지급한다는 등의 내용으로 계약을 하는 경우 등.

간혹 진입도로가 없거나 폭이 부족한 토지에 대하여 진입도로를 확보하기 위해 인접토지소유주의 토지사용승낙서를 받아서 인·허가신청서류에 첨부하는 경우가 있다. 그러나 가능하면 해당 면적만큼을 분할해서 매수하는 편이 대대손손 무난할 것으로 생각된다.

물론 최근에는 인·허가처리 업무체계가 워낙 잘 정비되어 있어서 일부 지자체에서처럼 진입로에 해당하는 토지의 분할과 지목변경까지 확실히 마무리하도록 유도하는 경우라면 별 문제가 없을 수도 있다.

하지만 그렇지 않을 경우 지적상 지목이 도로가 접해 있지 않는 건축물이 될 수도 있고, 향후 토지사용승낙을 해 준 토지의 소유주가 바뀐다거나 건축물의 증축이나 용도변경 등이 필요할 경우 또다시 해당 지자체에서 토지사용승낙서를 첨부하라고 요구하게 될 수도 있다. 애초에 이런 곤란한 상황을 겪지 않도록 분할 매수를 하는 것이 좋다.

가끔씩 매수인들이 토지사용승낙서를 이용해 인·허가를 핑계로 잔금을 지급하지 않고 각종 허가를 취득한 후 일방적으로 건축 행위를 하기도 한다. 그러나 이로 인해 지상권이나 유치권 등의 법적인 문제가 발생하는 경우가 많다. 토지를 매도하거나 중개하는 입장이라면 상당한 주의를 필요로 하는 것이 바로 토지사용승낙서다.

토지사용승낙서에서 주의할 점

부동산 중개시 도로로 인한 분쟁을 수없이 보게 된다. 도로 부분에 관한 토지사용승낙서에서 꼭 짚고 가야 할 이유를 알아보자.

부동산 매입시 현황도로만을 보고 덜컥 매매계약서에 도장을 찍어선 안 된다. 또한 매도, 매수인의 구두약속만을 믿어서도 안 될 것이다.

맹지를 소유한 지주가 도로를 낼 때는 도로변 지주에게 토지사용승낙서를 받아야 한다. 개발을 위해 토지사용승낙서를 받는 경우도 있지만 지가 상승을 위해 도로만 내는 경우도 있다.

구두 허락만 받아 사용하거나 허락 없이 도로를 내 사용하다가 매매할 경우도 있다. 이런 경우에는 문제가 간단치 않다. 새로운 지주가 도로를 사용하지 못하도록 하는 경우가 발생할 수도 있다. 만일 토지사용승낙서를 받아 도로를 낸다면 그 땅은 물론 도로에 접한 땅값으로 가치가 형성될 가능성이 있다. 이때 비용이 발생하는데, 칼자루는 도로변 토지소유주가 쥐고 있으므로 말 그대로 '부르는 게 값'이다. 통상 시세의 3배 정도로 매듭을 짓게 되는 경우가 많다.

통상 건축허가에 필요한 4~6미터 도로를 낼 수 있는 땅 정도면 되지만 토지거래 허가구역 내에서는 매도자 입장에서 유의할 사항이 생긴다. 지주가 계약금을 받고 매수자가 요구한 대로 토지사용승낙서와 인감을 떼어 준 상태에서 만일 계약이 해지된다고 해도 자동으로 토지사용승낙은 그대로 인정된다는 것이다. 매수자가 악의를 가지고 그와 같은 행위를 했을 경우 매도자는 상당한 피해를 볼 수 있다. 다시 말해서 함부로 내준 토지사용승낙서와 인감으로 인해 매수자가 악의적으로 땅을 사용하면서 잔금 지급을 늦출 수도 있다.

반대로 매수자 입장에서 맹지 상태로 매입할 경우 도로에 접한 땅 지주에게 토지사용승낙서를 받았다는 말만 믿고 계약하는 실수는 없어야 한다. 반드시 토지사용승낙서를 검토하고 도로 작업이 가능한지 확인하도록 해야 한다.

통상 땅을 팔게 되면 계약금을 받고 중도금과 잔금을 받으면서 등기 이전에 필요한 서류를 넘겨주는 것으로 매매가 완료된다. 매도인은 특별한 경우가 아니면 잔금과 동시에 명의이전을 해주어야 한다.

그런데 계약하고 등기를 완료하기까지는 시일이 많이 걸린다. 새로 매수를 한 사람은 등기를 완료하고 그 땅을 이용해서 건축허가를 받거나 담보로 제공하거나 다시 팔기도 하는데, 명의가 변경되기 전에는 그런 행위를 할 수 없으므로 전 소유자에게 잔금을 치르기 전에 토지사용승낙서를 요구하는 경우가 있다. 토지사용승낙서와 백지 인감을 요구한다면 매수자가 미등기 전매를 하려는 것일 수도 있다.

토지사용승낙서에는 "상기 토지사용자가 허가신청 및 건축행위를 함에 있어 아무런 하등의 이의가 없이 사용을 승낙하며, 이후 발생하는 민·형사상의 책임을 감수할 것을 서약합니다." 등의 내용이 들어간다.

접도구역의 지정 등

관리청은 도로 구조의 손궤 방지, 미관 보존 또는 교통에 대한 위험을 방지하기 위해 도로경계선으로부터 20미터를 초과하지 않는 범위에서 대통령령으로 정하는 바에 따라 접도구역으로 지정할 수 있다.

접도구역에서는 ① 토지의 형질을 변경하는 행위, ② 건축물이나 그 밖의 공작물을 신축·개축 또는 증축하는 행위를 해서는 안 된다.

도로법에서는 도로 보호, 교통사고방지 등을 위해 도로경계선으로부터 20미터를 초과하지 않는 범위 안에서 접도구역으로 지정할 수 있도록 규정하고 있다. 접도구역으로 지정할 경우, 일반도로에서는 경계선으로부터 5미터를 초과하지 않는 범위 안에서 이를 지정해야 한다고 명시돼 있다.

접도구역에 포함돼 있는 위치에서는 건축물의 신축이나 증축 등의 행위를 엄격히 금지 또는 제한하고 있다.

접도구역의 표시는 〈토지이용계획확인원〉에도 기재되지 않다. 일반국도, 지방도, 군도, 시도 등 도로법에서 분류하고 있는 도로와 접하고 있는 토지일 경우에는 관할 관리청(고속도로 : 한국도로공사, 일반도로 : 해당 국도유지건설사무소, 지방도 : 도지사, 시군읍면사무소)에 접도구역 지정 여부를 확인하고 그 폭을 확인해야 한다.

대개 도로변에서 약 5~15미터 거리에 접도구역이라는 노란색 표식을 볼 수 있다면 접도구역에 대한 규제 내용을 상기하면서 건축물을 앉힐 폭이나 길이 등을 감안해 땅을 살펴봐야 한다.

자세한 행위제한 내용을 알아두는 것보다는 접도구역에 해당되는 위치에는 기본적으로 건축물을 지을 수 없다고 알아두는 것이 속이 편하다. 만약에 접도구역이 적용되는 도로에 길게 접한 토지의 폭이 작을 경우라면, 접도구역을 제외한 나머지 면적에 과연 어떠한 건축물을 지을 수 있는지 잘 생각한 후 토지의 가치를 판단해야 한다는 것이다.

흔히 도로의 경계가 눈에 보이는 흰색 선까지인 줄 알지만 사실은 전봇대까지가 도로의 경계선이다. 그 도로의 경계선부터 몇 미터 거리를 두고 접도구역이 지정된다. 그러므로 도로 옆에 논이 있다면 논 안쪽으로 들어가게 된다.

도로점용허가의 이해

국가나 지방자치단체의 소유로 돼 있는 도로에 접한 토지를 이용해서 어떤 행위를 하기 위해 도로를 사용하려 한다면 허가(도로점용허가)를 받아야 한다. 또한 허가를 받더라도 공짜로는 안 되고 도로점용료를 지불해야 한다.

도로법에서 분류되는 도로구역 안에서 어떤 시설을 설치하는 등의 목적으로 도로를 점유하여 사용하고자 할 경우 관리청의 허가를 받아야 한다.

예를 들자면 도로상에 전봇대 하나를 설치하고자 하더라도 점용허가를 받아야 한다는 것이다.

나아가 도로에 접해 있는 토지상 어떠한 건축행위나 새로운 진입도로 등의 개설을 하고자 한다면, 공공소유의 도로를 통한 지속적인 점용행위를 할 것이므로 이 또한 허가를 받도록 하고 있다. 법에 규정된 점용료를 납부해야 하는 것이다.

일반적으로 도로에 접한 토지에 대한 각종 인·허가를 신청할 경우 측량 설계사무소에서 도로 점용면적, 장소, 기간, 점용방법, 시기 등의 사항을 기재하여 도로점용허가를 함께 신청한다. 세부적인 내용과 점용허가기준까지 알 필요는 없고, 단지 소액이지만 규정에 의한 도로점용료를 납부하여야 한다는 정도만 알아두면 되겠다.

자신의 땅이 비록 도로에 접하고 있는 것이 분명하지만 도로법에서 정하고 있는 점용허가 기준에 맞지 않는 상황이 발생한다면 참으로 황당한 일이 아닐 수 없다. 눈으로는 멀쩡하게 도로가 있는데도 그 도로를 사용할 수가 없다면, 나아가서 어떠한 허가도 받을 수 없다면, 그야말로 낭패다. 이러한 위험을 당하지 않기 위해서는 토지를 답사하고 점검하는 과정에서 최소한의 기준을 알아둔다는 것은 매우 중요한 일이다.

도로 문제에서 빠지기 쉬운 함정

일반적으로 도로변에 위치한 토지는 각종 개발행위허가를 받기도 쉽고 또 투자가치가 많을 것이라는 생각이 지배적이어서 다른 위치의 부동산보다도 선호도가 대단히 높다. 멀쩡히 보이는 도로를 두고 도로라고 하면 대부분의 초보자들은 쉽게 믿게 되는 경우가 종종 있다.

비도시지역의 국도변에 접한 토지의 경우에 주위 시세보다 현저하게 싸고 급매물이라는 말까지 듣고는 앞뒤 가리지 않고 덥석 매수하는 경우가 많다. 그러나 나중에 낭패를 당하는 사람들이 하나 둘이 아니다.

도로점용허가가 나지 않는 구간은 내 땅이 법적인 도로에 접하고 있음에도 불구하고 어떠한 건축행위를 할 수 없는 구간을 말한다. 이와 관련된 내용을 사전에 숙지해서 공공연하게 나도는 토지 사기에 걸려들지 말아야 한다.

비도시지역의 일반국도의 도로점용에 관한 내용은 도로법과 그와 관련된 도로와 다른 도로 등과의 연결에 관한 규칙을 살펴볼 줄 알아야 한다.

변속차로의 설치에 관하여

운전을 해본 사람이라면 기름을 넣기 위해 주유소를 진입할 때, 진입이 편리하도록 감속차로가 먼저 만들어져 있다는 것을 잘 알고 있을 것이다. 이는 차량의 속도를 점점 줄일 수 있도록 법으로 규정해 놓았기 때문이다.

또한 주유를 한 이후에도 가속할 수 있는 최소한의 차로와 안전을 위한 분리 화단 등을 만들어 놓았다. 만약 법에서 정하고 있는 도로를 따라 접하고 있는 자신의 땅에 어떠한 행위를 하기 위해서 개발행위허가를 신청하는 경우가 있다면, 용도에 따라 법에서 정하고 있는 최소한의 변속차로를 설치해야 한다. 그러므로 변속차로를 설치하기 위한 최소한의 길이를 확보해야 한다.

일반적으로 도로는 육안으로 보이는 부분뿐만 아니라 갓길을 포함한 법면까지도 여유 있게 포함돼 아주 곤란한 경우를 겪는 경우는 별로 없다. 하지만 이런 것도 있다는 정도는 알고 있는 상태에서 땅을 살펴봐야 한다. 물론 그렇다고 해서 모든 도로에 공히 적용되는 것은 아니다.

구거점용허가(목적 외 사용승인신청)를 통한 도로개설

흔히 진입도로를 개설하기 위하여 도로와 연접되어 있는 구거를 본래의 목적이 아닌 도로용도로 사용할 수 있도록 복개하거나 인공구조물의 설치를 위하여 허가를 득하는 행위를 말한다. 일반적으로 구거에 대한 점용허가를 득하여 진입로를 확보하기도 한다.

구거(용수 또는 배수를 위해 일정한 형태를 갖춘 인공적 혹은 자연적인 소규모 수로부지)를 통해 점용허가를 받게 되면 도로 확보를 하는 데 많은 도움이 되기에 많은 사람들이 이를 통해 진입로를 사용할 수 있게 된다.

보통 구거라고 하면 구거의 용도에 따라서 지자체에서 관리하는 경우(구거점용)가 있고, 그 외 해당기관에서 관리(목적 외 사용승인)하기도 한다. 사전에 도로확보를 위한 공사비 등 세부적인 견적을 미리 받아보는 것이 현명하다.

임도, 농로, 관습상 도로를 통한 진입로 개설

실무상 형태와 용도가 건축법상 도로와 유사한 것으로 이를 이용하여 건축허가가 가능한지 의문스러운 것들이 있다.

임도林道는 산지관련법상 산림의 효율적인 개발, 이용의 고도화, 임업의 기계화 등 임업의 생산기반정비를 촉진하기 위하여 산림청장이 산림소유자의 동의를 받아 개설한 도로를 말한다.

임도는 수목의 산림경영과 수목의 반출 등 필요한 공적 역할을 하기 때문에 임도를 건축허가시에 필요한 진입도로로 인정하거나 사용할 수는 없다. 따라서 포장이 되어 있다 하더라도 원칙상 임도를 이용하여 건물을 신축할 수는 없다. 다만, 농어가주택(660제곱미터 미만)의 경우 자기 소유인 산의 기존 임도를 이용한 진입로개설은 산지관리법상 가능하다고 본다.

임도를 이용하여 건물을 신축할 수는 없으나 조례에 따라 아주 예외적으로 허용되는 경우도 있다.

그렇다면, 경운기 등이 통행하는 시골의 논과 밭 사이의 농로를 진입도로로 이용하여 집을 지을 수 있을까?

시골 밭두렁 등을 가로 지르는 농로農路 혹은 농도는 도로가 아니고, 개인 소유의 농지 혹은 한국농촌공사의 농업기반시설에 속한다. 따라서 농로는 건축법상 도로가 아니다. 비록 경운기나 사람이 다니는 현황도로라 할지라도 일반적으로는 이를 이용하여 건축허가를 받기는 어렵다는 것이 통설이다.

그러나 지방자치단체에 따라서는 건축조례로 이러한 개인 소유의 농로라 할지라도 주민이 장기간 통행로로 이용하고 있는 사실상의 통로로서 인정하는 경우, 토지소유주의 동의 없이도 도로로 지정할 수 있다는 규정이 있는 경우에는, 이를 이용하여 건축허가를 내줄 수 있어, 실제로 가능한지 여부는 해당 지자체의 조례를 찾아보아야 확인할 수 있다.

예컨대 충주시 조례에는 주민이 20년 이상 사실상의 통로로 쓰는 경우(관습상 도로)에는 이해관계인의 동의 없이 도로로 고시할 수 있다는 규정도 있다. 또 지적상 도로가 아니더라도 현황도로를 진입도로로 이용하여 집을 지을 수 있는 경우가 있다.

이 중에는 종전에 이 현황도로를 이용하여 건축허가가 난 사례가 있다면, 새로운 건축허가도 가능하다는 질의응답도 있다.

어쨌든 현황도로, 관습상 도로, 사실상의 통로 등을 진입도로로 사용할 수 있는가는 실제 구체적인 도로의 이용현황과 토지 여건 및 도로 여건에 따라 조례 등의 해석상 차이에 대한 국토교통부의 유권해석과 대법원 판례에 따라 건축허가 여부를 판가름할 수 있다고 본다.

현황도로, 관습상 도로, 사실상의 통로

지자체마다 각기 다른 조례를 들어 주민이 20년 이상 사실상의 통로로 쓰는 경우(관습도로)에는 이해관계인의 동의 없이 도로로 인정받을 수 있다는 지자체도 있고, 지적법상 도로가 아니더라도 현황도로를 이용하여 건축허가가 난 사례가 있는 경우에는 현황도로를 진입도로로 보아 새로운 건축허가도 가능하다고 본다.

다만, 경우에 따라서는 현황도로를 통과하여 사용하는 가구가 5호 이상이라면 사유지라 할지라도 관습상 도로로 인정하여 건축허가를 득할 수도 있으며, 사도법에 의한 사도개설도 고려할 수 있다. 즉 개인 소유의 농로라 할지라도 주민이 장기간 통행로로 이용하고 있는 사실상의 통로로서 인정하는 경우는 토지소유주의 동의 없이도 도로로 지정할 수 있다는 규정이 있는 경우에는 건축허가를 득할 수도 있다는 조례 내용이 있는지 확인해야 할 것이다. 또는 건축법상 통행에 지장이 없다고 판단되는 현황도로의 경우 개인 소유의 도로라 할지라도 건축허가가 가능한 경우도 있으나 건축허가시 토지소유주와의 마찰 여부도 고려하여야 할 것이다.

현황도로, 관습상 도로, 사실상의 통로 등을 건축법상의 도로로 사용할 수 있는가는 토지의 이용현황과 토지 여건에 따라 조례 등의 해석이 다를 수가 있고, 경우의 수도 다양하므로 건축허가 가능여부 및 진입도로사용 가능여부 확인은 필수적이라 하겠다. 도로 확인을 위해서는 돌다리도 두드려보고 건너라는 속담처럼 몇 번이라도 확인 또 확인하는 습관이 필요하다 하겠다.

하지만, 편법(감언이설/지인의 도움/권력의 이용 등등)을 이용한 도로이용, 사용은 결국은 나중에 부메랑이 되어 자신에게 되돌아와 해를 입게 되므로 장기적인 안목을 가지고 법률의 테두리 안에서 올바른 해결 방안을 강구하여 건축허가 등 도로 이용 가능 방안을 찾으려 애쓰는 것이 좋을 것이라 생각된다.

맹지탈출을 위한 개발행위와 기반시설 그리고 도로

헌법의 비례의 원칙을 이해하여야 한다.

개발협의가 완료되지 않은 녹지지역과 비도시지역의 토지를 건축목적 또는 형질변경 등으로 개발인·허가신청을 함에 있어 허가권자가 판단해야 하는 것은 기반시설의 확보와 환경성 검토이다. 그리고 일정 면적 이상의 토지개발에는 사전환경성 검토와 사전재해영향성 평가 등이 있고 문화재관련법, 군사시설관련법, 환경법(46개) 등은 별개이다.

국가는 국토의 효율적 이용을 통한 공공복리 달성을 해야 하는 책무 때문에 10여 개 부서에서(국토부, 농림부, 환경부 등) 116 가지의 이상의 부동산 공법을 만들어 국민의 사유재산권을 제한하고 있는 것이다.(헌법 제122조)

특히 개발행위허가는 국토계획법에 의하여 허가권자에게 금지 요건을 불확정 개념으로 규정하고 있기 때문에 법원은 독자적으로 판단할 수 없고, 다만 허가권자의 재량권의 일탈·남용을 비례·평등의 원칙 위배에 대해서만 판단할 수 있다고 대법원은 해석하고 있다.(대법원 2005.7.14 선고 2004 두 6181)

그러므로 그 국가(허가권자)의 재량권은 인정되지만 그렇다고 하여 재량권이 무한대인 것은 아니다. 행정법 또는 헌법의 비례의 원칙이란 과잉금지의 원칙과 필요 최소한을 말한다.

이 비례의 원칙 위배를 따지기 전에 법이란 허가권자와 국민 모두가 지켜야 하며, 허가권자에게 재량권을 부여한 범위 내에서만 재량권이 인정되어야 한다.

우리가 인·허가에 있어 불허가를 받으면 불허가처분취소소송을 통하여 권리를 찾을 수 있고, 이때 어떤 법조문이 비례의 원칙에 어긋난다고 판단되면 결국 위헌청구소송을 통하여 법을 개정하여야 한다.

그런데 그 기간과 비율이 과다하므로 우리는 법과 지침, 유권해석 등을 통하여 허가권자(담당공무원)를 설득할 수 있는 자료를 확보하고 그 후에 비례의 원칙 위배를 판단해야 한다.

개발행위허가 공무원을 설득하려면 법과 지침을 보아야 한다. 만약 농지나 임야를 대지로 형질을 변경해 건축물을 짓기 위해서는 허가신청권자가 기반시설을 확보해야 한다.(법제57조) 여기서 기반시설이란 도로와 상하수도를 말한다.

이 개발행위허가에 대한 구체적 기준은 법에서 상세하게 기술하고 있다. 여기서 지침이란 일선 공무원이 개발행위를 허가할 때에 적용해야 할 법령에 대한 전문성이 떨어지기 때문에 국토부가 해당 담당공무원을 위한 일종의 교육용으로 만들어진 법조문에 대한 일종의 구체적인 해설서라고 생각하면 좋을 것이다.

그리고 지자체와 사업시행자 등 국토부에 질의한 내용에 대한 답변을 정리하여 놓은 '국토의 계획 및 이용에 관한 법률'의 「질의회신집」(국토부)이 있다. 이 유권해석은 행정부 최고의 유권해석이므로 허가권자를 구속하는 것이다. 그러므로 개발행위허가에 대한 종합적인 이해를 하기 위해서는 헌법의 비례의 원칙, 대법원의 개발행위허가 성격에 대한 판례, 법조문, 개발행위허가운영지침, 질의회신집, 법제처 유권해석 등을 이해하여야 한다.

비도시지역 개발은 기반시설이 있어야 한다. 비도시지역의 토지의 개발(지목변경을 수반하는 형질변경)은 모두 개발행위허가를 받아야 한다. 반대로 도시지역의 토지는 (녹지지역 제외) 50센티미터 이상의 성토·절토·정지작업을 할 때에만 개발행위허가를 받아야 한다.

비도시지역(계획관리지역 제외)의 산림(임야)의 개발행위는 국토계획법이 아니라 산지관리법을 적용해야 한다. 그래서 현재는 임야개발이 더 쉬울 수도 있다.

그런데 건축 목적의 토지의 형질변경(개발행위대상 6가지 중 하나)을 받기 위해서는 대상 부지의 허가기준은 금지요건이 불확정 개념이므로 허가권자의 재량권이 있지만, 기반시설인 도로(진입로) 확보는 건축법에서 명시한 규정이 있으므로 개발행위부서의 재량이 아니라 건축법을 적용하는 부서에서 판단할 사항이다.

건축허가에서의 '도로'와 개발행위허가에서의 '도로'의 차이

개발행위허가에서 기반시설은 허가신청자가 확보해야 한다. 법이 개정되기 전(2009. 8. 24)「개발행위허가운영지침」에 의하면, 허가신청자는 "기반시설은 인근도로와 연결되는 4미터 이상의 도로를 확보해야 하며, 대지와 도로의 관계는 건축법에 적합할 것. 다만 비도시지역 면지역의 건축목적인 형질변경은 제외하고(건축법 3조 2항) 건축법 제46조(건축후퇴선)와 건축법 영 제3조의 3항(지형적 조건으로 인한 경우에는) 4미터를 적용하지 않는다."라고 되어 있다. 그러므로 비도시지역의 면 지역에서 개발행위를 위한 도로의 신설에는 4미터 이상의 너비를 요구하지 않아도 되는 것이다.

그럼에도 불구하고 파주시 등 일부 지자체에서는 4미터 이상의 진입도로를 확보하라고 여전히 고집하고 있다. 국민을 존재하는 지자체가 법과 지침을 무시하는 행태는 참으로 안타까운 일이다. 법에 4미터 미만의 도로에도 건축허가를 할 수 있다는 이유는 비도시지역의 면 지역은 차량통행이 많지 않기 때문이다.

비도시지역 면지역은 4미터 이상의 도로를 확보하지 않아도 본인 또는 공공의 사용에 불편이 없는데도 불구하고 무리한 요구를 하고 있다. 그리고 사실상 지자체가 만들어야 할 공공시설물이면서 공익시설인 도로의 설치를 개발행위허가를 신청하는 사람에게 떠넘기는 어처구니없는 행정을 하고 있는 것이다.

도로의 실제 적용

도시지역이 아닌 도시지역 외 지역은 건축허가 구비조건 중 도로에 대한 법 규정은 현재 없다.

일부 지역에서는 4미터 폭의 도로가 있어야 건축허가를 내줄 수 있다는 담당공무원도 있지만 시골에서 4미터 폭의 도로를 갖추고 있는 땅이 얼마나 될까? 현실적이지 않은 문제다. 그러므로 실무에서는 건축 행위를 행함에 있어 공사를 할 수 있는지 없는지만 확인하고 건축허가를 내 준다.

하지만 심한 경우 국도부터 건축현장까지 거리가 있고 지적도상 도로는 있으나 새마을운동의 일환으로 시멘트포장을 하면서 지적도의 도로를 사용을 편리하게 하기 위해 넓혔거나 아니면 중간에 구간을 개인 땅을 지나게 하여 포장한 경우, 마을사람들이 반대를 하여 건축 준공에 지장을 받은 사례도 있다.(마을기금을 내고 신고식을 하고 준공검사를 받는 경우들이 있다.)

결국 토지를 매입하고 집을 짓기 위해서는 건축허가를 받고 현황도로를 사용할 때 민원이 발생하지 않을 것이라는 확률로 토지에 대한 도로를 판단하는 것이 가장 현실적이다.

준공 후에는 도로에 대해 민원이 들어와도 건축물대장상 건축물이 등재되면 도로에 대한 소유권이 있는 사람의 민원은 거의 무의미해진다. 우리나라 법은 자신에게 적용되는 법을 잘 챙기는 사람만을 우선 보호해 주는 방식을 택하기 때문이다.

구거 관련 체크포인트

"구거는 모두 진입로로 만들 수 있을까?"

가끔 수도권 토지에 관한 문의를 받다 보면 어이없는 실수를 하신 분들을 가끔 보게 된다. 몇 달 전에 상담을 했던 분도 양평군 양서면의 토지를 매입하면서 큰 실수를 한 경우였다.

상담 의뢰가 들어온 것은 6천 평짜리 토지를 평당 40만 원에 매입하기로 하고 계약금 10%를 이미 지불한 상태에서였다. 현장에 도착해 물건지 건너편에서 현장을 관찰해 보았는데, 15개 정도의 필지로 가분할을 해놓고 전원주택사업 용도로 매입한다고 했다. 한마디로 '그림'은 좋았다.

가분할도와 비교해보며 현장을 답사해보니 현장 옆 구거는 이미 콘크리트를 쳐서 양생만 끝나면 차량이 다닐 수 있도록 해놓은 상태로, 본 물건지로 들어가기 위한 진입로는 오로지 구거를 이용할 수밖에 없는 상태였다. 아니면 옆의 땅을 비싸게 매입하든가.

현지 중개인으로부터 구거를 이용해 얼마든지 진입로를 확보해서 건축행위를 할 수 있다고 해서 매입을 한 것이라고 하였는데, 구거라도 지자체 소유인 구거와 국유지인 구거의 조건은 다르며, 구거가 횡이 아닌 종으로 된 경우는 더 더욱 진입로 사용허가를 받기가 어렵다는 점을 간과하고 있었다. 분명히 이 경우의 구거는 원상복구를 해야만 하는 구거였다. 결국 몇 달의 시간이 지나 인근 토지를 좀 비싼 가격에 더 매입을 해 도로를 만들어서 해결은 됐지만 많은 손해를 볼 수밖에 없는 상황이 발생한 것이다.

또 이 분이 실수를 한 것은 양서면의 경우 거의 특별대책지역 1권역이라는 것이다. 1권역에서는 무주택자에 한해 한 채의 집만 지을 수 있다. 또한 1권역에서 건축을 하려면 이미 1권역에서 6개월 이상을 거주해야만 하고 또 세대원 전부가 주민등록이 되어 있어야 하는 번거로움이 있다.

물론 해당구역이 아닌 인근의 1권역에서 6개월 이상의 거주 요건을 갖추어도 일반건축물(건축 연면적 800제곱미터 미만)을 지을 수 있기는 하다.

요즘 수도권에는 전망이 괜찮거나 좀 괜찮다는 토지는 거의 없다고 해도 과언이 아니다. 그러다 보니 그나마 남아 있는 토지는 거의 1권역, 2권역이다. 종종 이런 사고가 생기는 이유다.

1권역은 자연환경이 잘 보전되어 있어서 법 규정을 잘 이용해 세컨하우스로 접근을 해보는 것도 투자수익을 올리는 방법이긴 하다. 하지만 특히 1권역에서 토지를 매입할 때는 반드시 매입하기 전에 전문가와 한번쯤은 상담을 하는 것이 좋을 것 같다.

'도로지정동의서'를 꼭 받아라

맹지는 토지사용승낙서 외에도 도로지정동의서를 꼭 받아야만 한다. 앞으로 도로가 없는 맹지를 구입하여 인·허가를 신청할 경우 토지사용승낙서가 아니라 아래와 같은 서류를 받도록 한다.

만일 도로로 사용하여야 할 토지와 도로를 개설하여야 할 토지가 같은 사람의 소유라면 도로지정동의서를 받고 토지사용승낙서를 따로 한 부 더 받아야 한다. 이런 서류는 재발급을 해달라고 하면 또 비용을 달라는 사람들이 많다. 서류에서 보면 사용자에 대한 언급이 없다. 도로로 어느 누가 사용하여도 무방하다는 서류인 것 같다.

도로지정고시

사도 혹은 지목이 "도"가 아니나 실질적인 현황도로로 사용되고 있는 토지를 공개적으로 도로로 인정하게 되는 공시

포항시 북구 공고 제2018- 호

도로지정 공고

건축법 제45조 제1항의 규정에 의거 건축허가(신고)시 위치를 지정한 도로를 아래와 같이 공고합니다.

1. 제 목 : 도로지정 공고
2. 지정근거 : 건축법 제2조제1항제11호 및 동법 제45조제1항
3. 공고내용
   - 경상북도 포항시 북구 흥해읍 학천리 산82-4, 671-1, 671-4 일부를 건축법 제2조제1항 제11호 및 동법 제45조제1항 규정에 의하여 아래와 같이 도로 지정 공고합니다.
4. 도로지정 내역

도로 지정 위치		도로면적(㎡)	도로길이(m)	도로너비(m)	이해관계인 동의여부	비고
포항시 북구 흥해읍 학천리	산82-4	55.00	42.30	6.00	토지소유자 동의	
	671-1	247.00				
	671-4	6.00				
	계	308.00	42.30	6.00		

5. 관련서류(도면) : 북구청 건축허가과 비치
5. 공고기간 : 2018. 02. 20 ~ 2018. 03. 06
6. 게시장소 : 전국 시(군,구) 게시판 및 인터넷 홈페이지 게시판
7. 기타사항 : 도로지정과 관련된 문의사항에 대하여는 포항시 북구청 건축허가과(☎054-240-7484)로 문의하시기 바랍니다.

2018. 02. 20.

포항시 북구청장

도로지정동의서

대지위치

지번	지적면적	동의면적	기타

상기 취지상 토지에 대하여 건축법 제2조 제1항 제11호 나목에 따라 건축법 제45조(도로지정, 폐지 또는 변경) 제1항에 의거 도로 지정함에 있어 동의하며, 기타 도로 통행에 있어 방해 기타인의 사용에 있어 어떠한 이의도 제기하지 않을 것을 확인 및 각서 합니다.

2017년   월   일

토지소유주 성명 :

주민번호 :

주소 :

첨부 : 인감증명서 1부

○○○군수 귀하

내 땅과 붙은 맹지의 적정 가격 판독법

"내 땅과 붙은 맹지를 사고자 할 때 적정가격은 얼마면 될까?"
"도로에 붙은 토지를 먼저 산 다음 맹지를 헐값에 살 수 있을까?"

맹지소유자에겐 가혹하겠지만 맹지를 소유해도 그 지역에 계획도로와 그 지역 전체가 개발되지 않는 이상 그 토지는 계속 맹지이므로 활용가치가 없기 때문에 헐값에 살 수 있다.

통상 다른 필지를 통해 도로를 확보할 수 있는 맹지는 도로 붙은 땅의 50~60%를 계산하면 적정하다고 본다. 그것을 근거로 부동산공법에서 흔히 계산하는 방식은 이렇다.

내 땅을 A라 하고, 상대방의 땅을 B라고 하자.

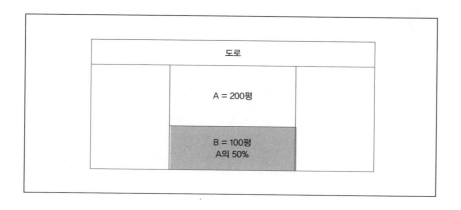

내 땅의 현재 가치는 200평 × 40만 원 = 8천만 원이 된다. 상대방 B 토지의 현재 가치는 평당 20만 원씩 총 2천만 원이다.

내가 B의 땅을 인수했을 때, 내 땅의 미래가치는 300평 × 4천만 원=1억 2천만 원이 된다. B의 순수한 가치는 2천만 원이었는데, 내 땅과 합쳐지면서 4천만 원짜리가 된다. 두 필지의 소유권이 한 사람에게 넘어가면서 땅의 가치가 높아진 것이다.

그렇다면, 초과수익을 나 혼자만 독식할 수 있을까? 아니다. 둘이 면적 비율로 나누는 게 합리적인 방법이다. 즉 B의 처음 금액 2천만 원 × 100/300=6,666,666원을 더해 준다. 그래서 B의 땅을 인수하고자 한다면 B에게 26,666,666원을 지불하는 것이 적정한 금액이다.

위에 소개한 공식은 필자가 마음대로 정한 게 아니다. 서로 조금 손해를 본 듯한 거래가 좋을 수 있다.

상대방의 땅이 맹지라고 터무니없는 금액으로 깎으려고만 들면 맹지에 가축을 키우겠다거나, 거름을 뿌려서 서로 피곤하게 할 수도 있는 것이다.

서두에서 밝혔듯이 이것이 반드시 정답은 절대 아니다. 부동산에 대해 좀 알고 융통성이 있는 사람은 쉽게 수긍할 수 있지만 벽창호 같은 사람에겐 통하지 않을 수도 있다.

자, 그럼 다음의 경우에는 얼마를 주고 매입해야 할까?

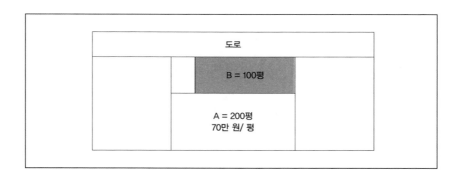

코랜드연구소 맹지 P.M 사례 분석

맹지의 인접필지 매입가격 산정례

구분	A확지		B확지		합병후 비맹지 평당 거래가
	면적(평)	평당가격	면적(평)	평당가격	
	25	₩ 1,000,000	75.00	₩ 800,000	₩ 1,250,000

B 획지 75평(80만원/ 평)

A획지 25평 (100만원/ 평)

도로

매입가격의 결정

▶ A의 매각가치 : 100만원 × 25평 = 2,500만 원
▶ B의 매각가치 : 80만원 × 75평 = 6,000만 원
▶ 매입 후 전체가치 : 125만 원/ 평
  (도로변, 획지형태 적정 : 100만 원 이상)
  125 × 100평 = 12,500만 원
▶ 매입에 따른 증가가치 : 매입후·매입전
  12,500만원 − (2,500 + 6,000)만 원 = 4,000만 원
▶ A의 매각가액 : 2,500만 원 이상
▶ 최대 매각가액 : 2,500만 원 + 4,000만 원 = 6,500만 원
▶ 적정 매각 가격은?

구분	A획지	B획지	합병 후	합병 후 증분
면적	25,000평	75.00	100.00평	–
평단가	₩ 1,000,000	₩ 800,000	₩ 1,250,000	–
매각가치	₩ 25,000,000	₩ 60,000,000	₩ 125,000,000	₩ 40,000,000

면적비 방식 : 각 획지의 단가가 유사한 경우, 획지의 질적 요인(단가)에 의한 배분		
A획지 배분액	₩ 10,000,000	▶ 합병 후 증분 × 합병 후 면적의 A획지 비율
최종 매입액	₩ 35,000,000	▶ A의 매각가치 × A 획지 배분액

단가비 방식 : 각 획지의 면적이 근사한 경우, 획지의 질적요인(단가)에 의한 배분		
A획지 배분액	₩ 22,222,000	▶ 합병 후 증분 × 합병 전 A획지의 평단가 비율
최종 매입액	₩ 47,222,000	▶ A의 매각가치 × A 획지 배분액

총액비 방식 : 획지의 면적과 평단가를 모두 반영한 총액에 의한 배분 공헌도 중시		
A획지 배분액	₩ 11,765,000	▶ 합병 후 증분 × 합병 후 A획지의 비율
최종 매입액	₩ 36,765,000	▶ A의 매각가치 × A 획지 배분액

3방식의 산술평균가격	최대매입가격	프로그램에 의한 매입가격
₩ 39,662,000	₩ 65,000,000	₩ 36,765,000

맹지의 인접필지 매입교환시 산정례

구분	A 획지		B 획지		합병후 비맹지 평당 거래가	A필지 교환면적
	면적(평)	평당가격	면적(평)	평당가격		
	454.05	₩ 2,500,000	1,212.03	₩ 2,00,000	₩ 2,500,000	200평

A획지 : 경기도 용인시 기흥구 보라동 346 전 (자연녹지), 가장형 토지로 건축에 매우 불리한 상태임.
B획지 : 경기도 용인시 기흥구 보라동 346 전 (자연녹지), 현 맹지이며, 삼각형 토지라 매매가 어려움.

구분	A획지	B획지	합병후	합병후 증분
면적	454.05평	1,213.03평	1,667.08평	–
평단가	₩ 2,500,000	₩ 2,000,000	₩ 2,500,000	–
매각가치	₩ 1,135,131,250	₩ 2,426,050,000	₩ 4,167,693,750	₩ 606,512,500

면적비 방식 : 각 획지의 단가가 유사한 경우, 획지의 양적 요인(면적)에 의한 배분		
A획지 배분액	₩ 165,192,390	▶ 합병 후 증분 × 합병 후 면적의 A획지 비율
최종 매입액	₩ 1,300,323,640	▶ A의 매각가치 × A 획지 배분액

단가비 방식 : 각 획지의 면적이 근사한 경우, 획지의 질적요인(단가)에 의한 배분		
A획지 배분액	₩ 336,951,000	▶ 합병 후 증분 × 합병 전 A획지의 평단가 비율
최종 매입액	₩ 1,472,082,250	▶ A의 매각가치 × A 획지 배분액

총액비 방식 : 획지의 면적과 평단가를 모두 반영한 총액에 의한 배분 공헌도 중시		
A획지 배분액	₩ 193,327,000	▶ 합병 후 증분 × 합병 후 A획지의 비율
최종 매입액	₩ 1,328,458,250	▶ A의 매각가치 × A 획지 배분액

3방식의 산술평균가격		최대매입가격		프로그램에 의한 매입가격	
₩ 1,366,955,000		₩ 1,741,643,750		₩ 1,328,458,250	
A 획지 매입 평단가	A:B 교환비율		최대교환비율		필요한 A면적	교환할 B면적
₩ 2,925,781	1.46	1	1.92	1	200평	293평

눈먼 땅을
황금으로 바꾸는
투자전략
맹지탈출

지은이 이인수 (코랜드연구소장)
발행일 2017년 12월 5일 (1쇄)
　　　　 2020년 11월 27일 (개정판)
펴낸이 양근모
발행처 도서출판 청년정신 ◆ **등록** 1997년 12월 26일 제 10—1531호
주　 소 경기도 파주시 문발로 115, 세종출판벤처타운 408호
전　 화 031)955—4923 ◆ **팩스** 031)955—4928
이메일 pricker@empas.com